EUROPA-FACHBUCHREIHE
für wirtschaftliche Bildung

# Fit für die kaufmännische Berufspraxis

## Arbeitsheft mit Lernarrangements für die fachtheoretische und fachpraktische Kompetenz

3. Auflage

Brämer · Aubertin · Bach · Blesius · Quint

VERLAG EUROPA-LEHRMITTEL
Nourney, Vollmer GmbH & Co. KG
Düsselberger Straße 23
42781 Haan-Gruiten

Europa-Nr.: 28549

Pädagogisches Konzept:
Ulrike Brämer

Text:
Ulrike Brämer
Barbara Aubertin
Bärbel Bach
Karin Blesius
Andrea Quint

3. Auflage 2022

Druck 5 4 3 2 1

Alle Drucke derselben Auflage sind parallel einsetzbar, da sie bis auf die Behebung von Druckfehlern identisch sind.

ISBN 978-3-8085-4417-4


www.europa-lehrmittel.de

Umschlag und Satz: Punkt für Punkt GmbH · Mediendesign, 40549 Düsseldorf
Druck: mediaprint solutions GmbH, 33100 Paderborn

# Handhabung des Arbeitsbuches

| | |
|---|---|
| **Lern-situation** | Das Arbeitsbuch enthält zwölf Lernsituationen, in denen Sie Ihre berufliche Handlungskompetenz erwerben. Die berufsorientierten Lernsituationen beinhalten jeweils mehrere Lernaufgaben; in der ersten Lernsituation eignen Sie sich grundlegende Lernstrategien an, die Sie in den folgenden Lernsituationen trainieren und festigen werden. |
| **Warm-up** | Die Lernsituation startet mit einem Warm-up. Dabei werden die in der Lernsituation angestrebten Kompetenzen grafisch dargestellt, sodass Sie einen strukturierten Überblick bekommen, was Sie in den nächsten Unterrichtsstunden erwartet. Sie sollen den Lernstoff im Kontext sehen und neue Informationen in Ihr bestehendes Wissen integrieren. Sie erhalten schnell einen Überblick, welches Vorwissen Sie aktivieren müssen, um den Lernstoff möglichst effizient zu bearbeiten. Sie integrieren somit leichter neue Informationen in bestehendes Wissen. |
| **Lernarrangement** | Zu Beginn jeder **Lernaufgabe** steht eine authentische Situation, die Sie zunächst lesen und anschließend mit eigenen Worten konkretisieren.<br><br>Aus der Situation heraus, bilden Sie eine **Leitfrage,** an der Sie sich beim Erledigen des Arbeitsauftrages orientieren sollten. Bei der abschließenden Präsentation ist die Leitfrage ausführlich zu beantworten.<br><br>Der **Arbeitsauftrag** ist methodisch nach dem Modell der vollständigen Handlung (informieren – planen – entscheiden – ausführen – kontrollieren – auswerten) konzipiert.<br><br>Sie werden an die systematische Informationsbeschaffung und -verarbeitung herangeführt. Zu allen **rosa markierten Begriffen** informieren Sie sich. Sie suchen über den Index (Schlagwortverzeichnis) nach Informationen in den integrierten Manualen (Theorieteil, Methoden, TV-Funktionen).<br><br>Nachdem Sie neue Informationen erhalten und sich gedanklich damit auseinandergesetzt haben (Ich-Phase), tauschen Sie sich kooperativ aus, planen verschiedene Umsetzungskonzepte und entscheiden sich für einen Lösungsweg (Du-Phase). In der Regel führen Sie Aktionen allein aus (Ich-Phase) und kontrollieren mit einem Partner die Umsetzung Ihres Lösungsansatzes (Du-Phase).<br><br>Im Plenum kontrollieren Sie Ihr Handlungsprodukt und werten Ihren Lernprozess aus. Hier soll nun konstruktiv das erarbeitete Produkt oder der Vortrag beurteilt werden (Wir-Phase). Nach der Präsentation eines oder mehrerer Handlungsprodukte sollten Sie dann ggf. Ihr eigenes Handlungsprodukt optimieren bzw. die eigenen Schlüsse daraus ziehen (Ich-Phase). |
| **Kompetenz-Portfolio** | In den letzten Lernaufgaben der Lernsituationen reflektieren Sie schriftlich Ihren Lernzuwachs. Einerseits setzen Sie sich noch einmal intensiv mit fachlichen Inhalten auseinander und andererseits reflektieren Sie Ihren Lernprozess. |
| **Manual** | Zur Unterstützung des selbstorganisierten Lernens stehen Ihnen in den Manualen Informationen zur Bewältigung der Arbeitsaufträge zur Verfügung. |

**Recherchieren**

# Vorwort

Liebe Lernende, liebe Leser,

dieses Arbeitsbuch bietet Ihnen **Lernsituationen** mit vertiefenden Lernaufgaben aus dem kaufmännischen Berufsalltag. Professionelle Kommunikation, normgerechtes Formatieren von Texten, Gestalten von Lern- und Arbeitsplätzen und angemessene Umgangsformen sind u. a. Inhalte der Lernsituationen.

In den berufsorientierten **Lernaufgaben** der jeweiligen Lernsituation werden Sie in die Lage eines Praktikanten versetzt und müssen selbst entscheiden und planen, wie Sie die vorgegebenen fiktiven beruflichen Situationen bewältigen können (z. B.: Wie reagieren Sie auf mangelhafte Lieferungen? Wie führen Sie ein professionelles, geschäftliches Telefonat? Nach welchen Ordnungsmerkmalen legen Sie Schriftstücke ab?). So sind Sie gerüstet, wenn Sie im Praktikumsbetrieb tatsächlich mit solchen oder ähnlichen Gegebenheiten konfrontiert werden.

Viele Situationen könnten für Sie aber auch in ähnlicher Form im alltäglichen Leben auftreten. So sollten Sie grundsätzlich wissen, was Sie beim Abschließen von Verträgen zu beachten haben, wie Sie im Leben überzeugend auftreten, wie Sie sowohl Ihren Arbeitsplatz im Büro als auch zu Hause so einrichten, dass Ihre Leistungsfähigkeit nicht absinkt etc.

In der ersten Lernsituation entwickeln Sie Leitfäden, Regelwerke usw., um individuelle Lernstrategien zu entwickeln. Diese nutzen Sie in den späteren Lernsituationen, um eigenständig Aufgaben zu lösen. Zu Beginn werden Sie noch konkret bei den Arbeitsaufträgen aufgefordert, die entsprechende **Lernstrategie** anzuwenden. Später planen Sie eigenständig Ihren Lernprozess, indem Sie zu Beginn der Erarbeitungsphase die jeweils benötigte Lernstrategie am Rand der Lernaufgabe notieren.

## Aufbau der Lernsituationen

Jede Lernsituation ist nach dem gleichen Schema aufgebaut (Umschlag Innenseite). Zu Beginn finden Sie einen Überblick über die zu erreichenden Kompetenzen, Inhalte, **Handlungsprodukte** für das Portfolio und einen ungefähren Zeitansatz. Die Lernsituation beginnt mit einem Warm-up. Mithilfe der grafischen Darstellungen, Fachbegriffe usw. wird im Plenumsgespräch bekanntes Fachwissen abgerufen. Die Lernaufgaben beginnen zunächst mit einem berufsorientierten Einstiegsszenario, aus welchem sich eine Leitfrage ergibt. In dem anschließenden Arbeitsauftrag werden kooperativ die Phasen Informieren – Planen – Entscheiden – Durchführen – Präsentieren und Reflektieren durchlaufen.

# Vorwort

In der Informationsphase erarbeiten Sie sich mithilfe der entsprechenden Theorie neues Fachwissen, in der Planungs- und Entscheidungsphase überlegen Sie sich Wege, um die Aufgabenstellung zu lösen, in der Durchführungsphase fertigen Sie das Handlungsprodukt. In der Präsentationsphase stellen Sie das Handlungsprodukt mit Ihrem neu erworbenen Fachwissen vor. Ihre Mitschüler werden Ihre Präsentation mithilfe von Bewertungskriterien besprechen und beurteilen. Ihre Lehrkraft lenkt die Besprechung durch Impulse; falls Fehler, Lücken oder Unstimmigkeiten auftreten, steht Sie Ihnen hilfreich zur Seite.

Durch die Vielfalt der unterschiedlichen Handlungsprodukte innerhalb Ihrer Klasse erhalten Sie neue Ideen und Anregungen. Dadurch werden Sie inspiriert, Ihre eigenen Ergebnisse zu optimieren.

In diesem Buch werden Sie in den Arbeitsaufträgen aufgefordert, Ihre Produkte in die **Entwicklungs-Portfolio-Mappe** abzuheften. Außerdem werden Sie im letzten Arbeitsauftrag jeder Lernsituation aufgefordert, Ihren Lernzuwachs zu reflektieren. Hier fassen Sie noch einmal die Weiterentwicklung der Fachkompetenz zusammen und äußern sich umfangreich über den vergangenen Lernprozess, Lernbehinderungen und zukünftige Ziele. Mit dieser intensiven Auseinandersetzung des Lernstoffes erfolgt eine weitere Steigerung bzw. Verinnerlichung des Lernzuwachses.

Mithilfe Ihrer Entwicklungs-Portfolio-Mappe können Sie sehr gut ein Gespräch mit Ihrer Lehrkraft führen, ob Ihre Selbsteinschätzung mit der Fremdeinschätzung übereinstimmt. Ebenso können Sie bei späteren Bewerbungsgesprächen Ihre Mappe mitnehmen, um auf Ihre erworbenen Kompetenzen aufmerksam zu machen.

Wir hoffen, dass Sie mit dem Arbeitsbuch Ihre berufsbezogenen Kompetenzen und Ihr eigenständiges Lernen entwickeln, viel Spaß bei der Arbeit haben und durch die regelmäßigen Partner- und Gruppenarbeiten Ihre Teamkompetenz gestärkt wird.

Viel Erfolg

*U. Brämer, B. Aubertin, B. Bach, K. Blesius, A. Quint*

Winter 2021/22

# Inhalt

# Firmenporträt

| | | |
|---|---|---|
| Anschrift | **Bürobedarf<br>Hauser & Schulte GmbH**<br><br>Hausanschrift<br>Balduinstraße 15<br>54296 Trier | Postanschrift<br>Postfach 1 23<br>54207 Trier |
| Kommunikation | Telefon: 0651 487-0 (Zentrale)<br>Freecall: 0800 428737<br>Telefax: 0651 487-1345<br>E-Mail: info@hauser-schulte.de<br>Internet: www.hauser-schulte.de | |
| Gesellschafter | Sabrina Hauser<br>Thomas Schulte | |
| Rechtsform | Gesellschaft mit beschränkter Haftung (GmbH) | |
| Gründungsjahr | 1997 | |
| Handelsregister | Amtsgericht Trier, HR B 40392 | |
| Steuer-Nr. | 10/201/0204/5<br>USt-ID DE 190453342 | |
| Mitarbeiter(innen) | 32 Mitarbeiter(innen) | |
| Jahresumsatz | 4 Mio. € | |
| Bankverbindung | Sparkasse Trier<br>IBAN DE67 2630 0000 0923 00<br>BIC: RLade21NOH | |
| Abteilungen | • Poststelle<br>• Sekretariat<br>• Einkauf<br>• Verkauf<br>• Buchhaltung<br>• Lager | |
| Bürotechnikgeräte | • Aktenvernichter<br>• Kopiergeräte und Zubehör<br>• Drucker, Multifunktionsgeräte und Zubehör<br>• Telefone und Zubehör<br>• PC und Notebooks<br>• Poststraße | |
| Bürobedarf | • Etiketten, Umschläge, Papier<br>• Formulare, Blöcke, Geschäftsbücher<br>• Ordner und Archivierung<br>• Tinte und Toner<br>• Schreibutensilien | |

# Arbeitsplan

| | |
|---|---|
| **Kompetenzen** | • Lernen organisieren<br>• Erfolgreich in einem Team arbeiten<br>• Informationen erschließen<br>• Informationen urheberrechtlich korrekt verarbeiten<br>• Schwierige Situationen bewältigen<br>• Informationen professionell präsentieren |
| **Inhalte** | • Verhaltensnormen im Team<br>• Konzentration, Motivation und Zeitmanagement<br>• Arbeitsumfeld und Stressbewältigung<br>• Lesestrategien<br>• Präsentationsregeln<br>• Entwicklungsportfolio |
| **Portfolio** | • Regelwerk mit Ich-Botschaften<br>• Ablaufplan zu den drei Phasen des Lesens<br>• MindMaps zu Internetrecherche/Datenschutz/Urheberrecht<br>• Persönlicher Leitfaden „Lernen organisieren"<br>• Matrix „Gefühle steuern"<br>• Katalog mit Präsentationstipps<br>• Reflexion |
| **Zeit** | ca. 20 Stunden |

## Warm up (Brainstorming – Kartenabfrage)

### *Erfolgreich lernen – aber wie?*

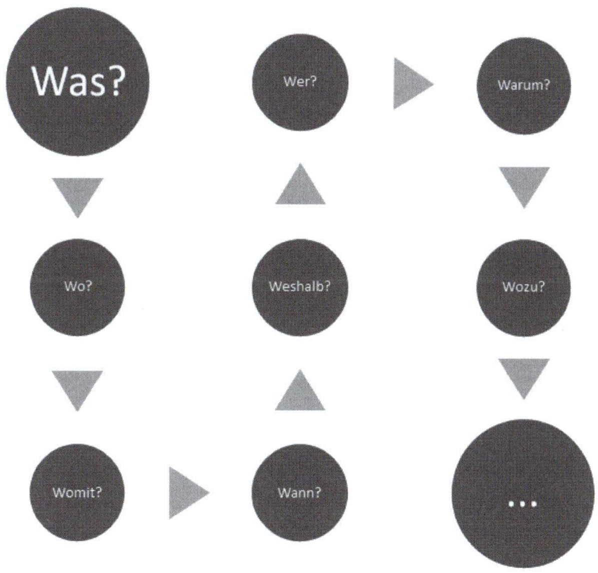


 

## 1.1 Lernaufgabe

Ihr Ziel ist es, im kommenden Jahr eine berufliche Grundbildung zu erlangen. Dazu gehören u. a. eine professionelle Kommunikation, effizientes Schreiben von Texten, angemessene Umgangsformen und teamorientiertes Arbeiten.

Ihre zukünftigen Arbeitgeber legen großen Wert auf gut zusammenarbeitende Teams, weil die Mitarbeiter sich an ihrem Arbeitsplatz wohlfühlen und dadurch für das Unternehmen bessere Ergebnisse erzielen. Dies bedeutet, dass die Unternehmen immer passende Mitarbeiter suchen. Ob der neue Mitarbeiter über Teamfähigkeiten verfügt, wird oft während des Bewerbungsverfahrens in Gruppendiskussionen überprüft.

Um in der Schule und auf dem Arbeitsmarkt gute Ergebnisse zu erzielen, beginnen Sie zunächst, die Grundlagen des Teamverhaltens einzuüben.

### *Wie verhalten Sie sich erfolgreich im Team?*

## Arbeitsauftrag

*Tandem (Partnerarbeit)*

1. **Suchen** Sie im Indexverzeichnis nach dem Schlagwort **Erfolgreiches Teamverhalten** (SSeite 229), schlagen Sie die entsprechende Seite auf, teilen Sie sich die Bearbeitung der Informationen auf und legen Sie fest, wer sich über Textteil Gesprächsregeln Teil 1 bzw. Teil 2 informiert.

| Gesprächsregeln (1) | Gesprächsregeln (2) |
|---|---|
| 2. **Lesen** Sie das Informationsblatt „Gesprächsregeln im Team (1)". | 2. **Lesen** Sie das Informationsblatt „Gesprächsregeln im Team (2)". |
| 3. **Schreiben** Sie wichtige Kernaussagen auf einen Spickzettel bzw. arbeiten Sie mit Randnotizen. | 3. **Schreiben** Sie wichtige Kernaussagen auf einen Spickzettel bzw. arbeiten Sie mit Randnotizen. |
| 4. **Setzen** Sie sich in den Außenkreis. | 4. **Setzen** Sie sich in den Innenkreis. |
| 5. **Erläutern** Sie mithilfe Ihres Spickzettels Ihrem Gegenüber die Gesprächsregeln (1). Ihr Partner erstellt währenddessen einen Spickzettel. Beim Signal der Lehrkraft rückt Ihr Partner eine Position weiter. | 5. **Hören** Sie Ihrem Gegenüber zu und ergänzen Sie Ihren Spickzettel mit den Gesprächsregeln (1). Beim Signal der Lehrkraft rücken Sie eine Position nach rechts. |

| | |
|---|---|
| 6. **Kontrollieren** Sie die Erläuterungen Ihres Gegenübers über die Gesprächsregeln (1). Beim Signal der Lehrkraft rückt Ihr Partner eine Position weiter. | 6. **Erläutern** Sie mithilfe Ihres Spickzettels/Ihrer Randnotizen Ihrem Gegenüber die neuen Gesprächsregeln (1). Beim Signal der Lehrkraft rücken Sie eine Position nach rechts. |
| 7. **Hören** Sie Ihrem Gegenüber zu und ergänzen Sie Ihren Spickzettel mit den Gesprächsregeln (2) bzw. machen Sie sich Randnotizen. Beim Signal der Lehrkraft rückt Ihr Partner eine Position weiter. | 7. **Erläutern** Sie Ihrem Gegenüber die Gesprächsregeln (2). Beim Signal der Lehrkraft rücken Sie eine Position nach rechts. |
| 8. **Erläutern** Sie mithilfe Ihres Spickzettels/Ihrer Randnotizen Ihrem Gegenüber die Gesprächsregeln (2). | 8. **Kontrollieren** Sie die Erläuterungen Ihres Gegenübers zu den Gesprächsregeln (2). |

*Tandem*

9. **Erstellen** Sie ein übersichtliches Regelwerk „Lernstrategie: Erfolgreiches Teamverhalten“ mit begründeten Ich-Botschaften (z. B. Ich höre meinen Gesprächspartnern zu, um sie zu verstehen und meine Meinung zu überdenken.)
10. **Formulieren** Sie aus Arbeitgebersicht Fragen, die ihm zeigen, dass der Bewerber die Regeln des Teamverhaltens beherrscht (z. B. „Was tun Sie, wenn ein Teammitglied nur seine Meinung durchsetzen möchte?“).

*Plenum (Stuhlkreis)*

11. **Stellen** Sie sich im Uhrzeigersinn Ihre Ich-Botschaften vor. Halten Sie Blickkontakt zu Ihren Zuhörern.
12. **Korrigieren** Sie ggf. Ihre begründeten Ich-Botschaften.
13. **Stellen** Sie anschließend Ihre passende Frage aus Arbeitgebersicht vor.
14. **Diskutieren** Sie gemeinsam über eine mögliche Antwort, die Sie geben könnten.

*Einzelarbeit (Hausaufgabe)*

15. **Ziehen** Sie für sich ein Fazit aus diesem Stuhlkreis und überlegen Sie sich, wo Ihre Stärken und Schwächen liegen.
16. **Formulieren** Sie einen Vorsatz, den Sie bei Ihrer nächsten Teamarbeit beachten werden.
17. **Bringen** Sie das Regelwerk „Lernstrategie: Erfolgreiches Teamverhalten“ in eine optisch ansprechende Form und kennzeichnen Sie das Blatt in der rechten oberen Ecke durch ein großes „T“. Schützen Sie es für eine langfristige Verwendung durch eine Folie und heften es mit Ihrem Vorsatz in Ihre **Entwicklungs-Portfolio-Mappe** (Seite 229) ab.

## Lernstrategie: Erfolgreiches Teamverhalten

## 1.2 Lernaufgabe

Damit Sie sich für Schule und Beruf ausreichend vorbereiten können, ist es wichtig, passende Fachtexte, -bücher, Zeitschriften und Zeitungen lesen zu können. Gewöhnen Sie sich an, diese Informationen nach den drei Phasen der Lesestrategie zu erschließen, denn sonst verlieren Sie leicht den Überblick. Wenn Sie die benutzten Informationen in Ihren Ausarbeitungen, Präsentationen, Referaten u. Ä. verwenden, müssen Sie unbedingt das Urheberrecht beachten.

***Wie erschließen und verarbeiten Sie Informationen effektiv und urheberrechtlich korrekt?***

## Arbeitsauftrag

*Einzelarbeit*

1. **Informieren** Sie sich im Methoden-Manual über **Lesestrategien einsetzen** (Seite 215) und lesen Sie auch die Texte der hervorgehobenen Begriffe (Texte markieren und Inhalte strukturieren und visualisieren). Suchen Sie diese über den Index.
2. **Erstellen** Sie einen Ablaufplan zu den drei Phasen der Lesestrategie und erläutern Sie kurz an den entsprechenden Stellen die erforderlichen Arbeitstechniken.

*3er-Gruppe*

3. **Vergleichen** Sie Ihre Ablaufpläne – ergänzen Sie ggf. Bereiten Sie sich auf die Präsentation vor – jedes Teammitglied übernimmt eine Phase der Lesestrategie.

*Plenum*

4. **Präsentieren** Sie den Ablaufplan zu den drei Phasen der Lesestrategie.

*Hausaufgabe*

5. **Bringen** Sie den Ablaufplan „Lernstrategie: Effektiv Lesen" in eine optisch ansprechende Form und kennzeichnen Sie das Blatt in der rechten oberen Ecke durch ein großes „L". Schützen Sie ihn für den ständigen Einsatz durch eine Folie und heften ihn in Ihre Entwicklungs-Portfolio-Mappe ab.

**Lernstrategie: Effektiv Lesen**

*Einzelarbeit*

6. **Erschließen** Sie den Informationstext **Informationen beschaffen und filtern** (Seite 216) mithilfe Ihres Ablaufplanes zu den Lesestrategien. **Verwenden** Sie zur Strukturierung eine **MindMap** (Seite 224).

*Tandem*

7. **Tauschen** Sie mithilfe der MindMap die gewonnenen Informationen aus.
8. **Bereiten** Sie sich gemeinsam auf die folgende Präsentation vor, indem der eine die Vorgehensweise bei der Texterschließung und der andere die MindMap vorstellt.

*Plenum*

9. **Stellen** Sie Ihre MindMap vor und erläutern Sie mithilfe Ihres Ablaufplanes die Vorgehensweise Ihrer Texterschließung. Sprechen Sie klar und deutlich in ganzen Sätzen.
10. **Geben** Sie dem Tandem ein konstruktives Feedback – äußern Sie sich in Ich-Botschaften.
11. **Erschließen** Sie in gleicher Weise den Informationstext **Informationen festhalten und darstellen** (Seite 217).

*Hausaufgabe*

12. **Bringen** Sie die beiden MindMaps „Informationen beschaffen und filtern“ sowie „Informationen festhalten und darstellen“ in eine optisch ansprechende Form und kennzeichnen Sie diese in der rechten oberen Ecke durch ein großes „I“. Schützen Sie die beiden MindMaps für den ständigen Einsatz durch eine Folie und heften sie in Ihre Entwicklungs-Portfolio-Mappe ab.

## Lernstrategie: Informationen verwerten

## 1.3 Lernaufgabe

Es ist wichtig – egal ob für die Schule oder am Arbeitsplatz –, organisiert, motiviert und selbstständig an Ihre täglichen Aufgaben heranzugehen. Diese Fähigkeiten sind erlernbar bzw. Sie üben bewusst sogenannte **ressourcenbezogene Lernstrategien** (Seite 208) ein. Mit einer effektiven Arbeitsweise in der Vorbereitung und Durchführung Ihrer Aufgaben sowie mit einer positiven inneren Einstellung geht Ihnen die Arbeit leichter von der Hand, und der Erfolg stellt sich schon nach kurzer Zeit ein.

### *Wie organisieren und motivieren Sie sich, um eigenständig Aufgaben zu lösen?*

## Arbeitsauftrag

*Stammgruppe (vier Teammitglieder)*

1. **Verschaffen** Sie sich einen Überblick im Methodenmanual über **Motivation** (Seite 208), **Konzentration** (Seite 210), **Zeitmanagement** (Seite 209) und **Arbeitsumfeld** (Seite 211).
2. **Entscheiden** Sie sich arbeitsteilig für jeweils ein Thema.
3. **Schicken** Sie Ihre Stammgruppen-Mitglieder in die jeweilige Expertengruppe (A = Motivation, B = Konzentration, C = Zeitmanagement, D = Arbeitsumfeld).

*Expertengruppe*

4. **Lesen** Sie nach den bereits erlernten Lesestrategien Ihren jeweiligen Informationstext.
5. **Erläutern** Sie sich gegenseitig den Inhalt des Informationstextes und klären Sie innerhalb Ihrer Gruppe auftretende Fragen.
6. **Erstellen** Sie einen Leitfaden zu Ihrer Lernstrategie.

*Stammgruppenarbeit*

7. **Geben** Sie Ihr Wissen mithilfe des Leitfadens über Ihre Lernstrategie verantwortungsvoll an Ihre Teammitglieder weiter. Jeder Experte hat etwa fünf Minuten Zeit. Die anderen Teammitglieder machen sich Notizen zu den einzelnen Lernstrategien.
8. **Entwickeln** Sie ein szenisches Spiel, in dem die Handlungen nicht den optimalen Lernstrategien entsprechen. Halten Sie den Ablauf des Spiels schriftlich fest.
9. **Bereiten** Sie sich im Team auf das szenische Spiel vor (Hilfsmittel: Ablaufplan).

*Plenum*

10. **Stellen** Sie Ihr szenisches Spiel vor.
11. **Schlagen** Sie mithilfe Ihrer Leitfäden Verbesserungsmöglichkeiten vor.

*Einzelarbeit*

12. **Entwickeln** Sie Ihren persönlichen Leitfaden zum „Lernen organisieren".

*Hausaufgabe*

13. **Bringen** Sie Ihren persönlichen Leitfaden zum „Lernen organisieren" in eine optisch ansprechende Form und kennzeichnen Sie das Blatt in der rechten oberen Ecke durch ein großes „O". Schützen Sie ihn für den ständigen Einsatz durch eine Folie und heften ihn in Ihre Entwicklungs-Portfolio-Mappe ab.

## Lernstrategie: Lernen Organisieren

## 1.4 Lernaufgabe

Sie haben Ihre ersten Lernaufgaben bewältigt und sicherlich manchmal Unsicherheiten innerhalb der Gruppe oder während der Plenumsarbeit verspürt.

Damit Sie in Zukunft mit schwierigen Situationen besser umgehen können, gibt es auch dazu Methoden, um mehr Selbstbewusstsein und Sicherheit zu erlangen.

### *Wie meistern Sie schwierige Situationen?*

## Arbeitsauftrag

*Einzelarbeit*

1. **Erschließen** Sie (Lesestrategie) den Informationstext **Mit Stress umgehen** (Seite 212). Verwenden Sie als Strukturierungstechnik **grafische Mittel** (Seite 223), wie z. B. Matrix, Beziehungsnetz oder eine Tabelle. Führen Sie die leistungshemmende und leistungsfördernde Strategien in Bezug auf schwierige Situationen auf.

*Tandem*

2. **Vergleichen** Sie Ihr Ergebnis und sprechen Sie über bereits erlebte Situationen.

*Plenum (Stuhlkreis)*

3. **Diskutieren** Sie mithilfe der erstellten Grafik, wie Sie lernen können mit Ängsten umzugehen.

*Einzelarbeit*

4. **Listen** Sie drei Situationen auf, die Sie beschäftigen, und schreiben Sie Ihre Gedanken/Gefühle auf. Finden Sie zu jedem Fall Möglichkeiten, Ihre Ängste zu bewältigen bzw. zu steuern. Verwenden Sie zur Strukturierung eine Tabelle.

*Hausaufgabe*

5. **Bringen** Sie Ihre Tabelle „Gefühle steuern" in eine optisch ansprechende Form und kennzeichnen Sie das Blatt in der rechten oberen Ecke durch ein großes „G". Schützen Sie sie für den ständigen Einsatz durch eine Folie und heften sie in Ihre Entwicklungs-Portfolio-Mappe ab.

**Lernstrategie: Gefühle steuern**

6. **Geben** Sie Ihre Tabelle „Gefühle steuern" zur Kontrolle Ihrer Lehrkraft ab – suchen Sie ggf. das Gespräch.

## 1.5 Lernaufgabe

In der letzten Lernaufgabe haben Sie sich mit schwierigen Situationen beschäftigt. Sicherlich gehört das Präsentieren vor einem Publikum für einige zu einer solchen Situation. Sie benötigen Präsentationsregeln, eine positive Einstellung und Ausdauer. Gutes Präsentieren ist eine Kompetenz, die aus vielen einzelnen Faktoren besteht. Hier hilft fleißiges Üben und ehrliche Selbsteinschätzung. Um sich also stets weiter zu verbessern, beobachten Sie Ihren Entwicklungsfortschritt und halten ihn schriftlich fest.

***Wie steigern Sie systematisch Ihre Präsentations- und Reflexionskompetenz?***

## Arbeitsauftrag

*Tandem (Partnerarbeit)*

1. **Suchen** Sie im Indexverzeichnis nach dem Schlagwort **Präsentationsmöglichkeiten nutzen (A)** (Seite 236) und **Plakat und Overheadfolie gestalten (B)** (Seite 234, Seite 235), und schlagen Sie die entsprechende Seite auf.
2. **Teilen** Sie sich die Bearbeitung der Informationen auf und legen Sie fest, wer sich über Text (A) und (B) informiert.

| Präsentation (A) | Präsentation(B) |
|---|---|
| 3. **Erschließen** Sie mithilfe der Lesestrategie Text (A). | 3. **Erschließen** Sie mithilfe der Lesestrategie Text (B). |
| 4. **Setzen** Sie sich in den Außenkreis. | 4. **Setzen** Sie sich in den Innenkreis. |
| 5. **Erläutern** Sie mithilfe Ihrer Notizen Ihrem Gegenüber die Inhalte zu Text (A). Ihr Partner macht sich währenddessen Notizen. Beim Signal der Lehrkraft rückt Ihr Partner eine Position weiter. | 5. **Hören** Sie Ihrem Gegenüber zu und schreiben Sie die gehörten Informationen stichwortartig mit. Beim Signal der Lehrkraft rücken Sie eine Position nach rechts. |
| 6. **Kontrollieren** Sie die Erläuterungen Ihres Gegenübers. Beim Signal der Lehrkraft rückt Ihr Partner eine Position weiter. | 6. **Erläutern** Sie mithilfe Ihrer Notizen Ihrem Gegenüber die Informationen aus Text (A). Beim Signal der Lehrkraft rücken Sie eine Position nach rechts. |
| 7. **Hören** Sie Ihrem Gegenüber zu und schreiben Sie die gehörten Informationen stichwortartig mit. Beim Signal der Lehrkraft rückt Ihr Partner eine Position weiter. | 7. **Erläutern** Sie Ihrem Gegenüber die Informationen aus Text (B). Beim Signal der Lehrkraft rücken Sie eine Position nach rechts. |
| 8. **Erläutern** Sie mithilfe Ihrer Notizen Ihrem Gegenüber die Informationen aus Text (B). | 8. **Kontrollieren** Sie die Erläuterungen Ihres Gegenübers zu Text (B). |

*Einzelarbeit*

9. **Erstellen** Sie einen Katalog mit zehn Tipps für eine lebendige und anschauliche Präsentation.

*Plenum (Stuhlkreis)*

10. **Vergleichen** Sie Ihre Kataloge und ergänzen Sie Ihren jeweils um fünf Tipps.

*Hausaufgabe*

11. **Bringen** Sie Ihren Katalog „Präsentationstipps" in eine optisch ansprechende Form und kennzeichnen Sie das Blatt in der rechten oberen Ecke durch ein großes „P". Schützen Sie ihn für den ständigen Einsatz durch eine Folie und heften ihn in Ihre Entwicklungs-Portfolio-Mappe ab.

## Lernstrategie: Nachhaltig Präsentieren

*Einzelarbeit*

12. **Erschließen** Sie sich den Text **Lernzuwachs reflektieren** (Seite 229).
13. **Bereiten** Sie sich auf eine lebendige Präsentation zum Thema **Reflektieren** (Seite 229) vor. Schreiben Sie sich einen Ablaufplan mit den entsprechenden Handzetteln zur Präsentation (Regieanweisung). Beachten Sie dabei die bisher erlernten Strategien und Ihre gefundenen Präsentationstipps.

*4er-Gruppe*

14. **Stellen** Sie sich gegenseitig Ihre Vorträge mithilfe der Handzettel und Regieanweisungen vor.
15. **Notieren** Sie Ihre persönliche Einschätzung zu Ihrem eigenen Vortrag.
16. **Lassen** Sie sich ein Feedback geben, zum einen zum Inhalt und zum anderen zur Präsentation. Korrigieren Sie ggf. Ihre Präsentationsvorbereitung.
17. **Wählen** Sie aus Ihrer Gruppe die Präsentation aus, die vom Inhalt sowie vom Vortrag her den Präsentationsanforderungen am besten entspricht.

*Plenum*

18. **Stellen** Sie Ihre Präsentationen vor und lassen Sie sich von der Klasse ein Feedback geben.

*Hausaufgabe*

19. **Bringen** Sie Ihre Handzettel „Systematisches Reflektieren" in eine optisch ansprechende Form und kennzeichnen Sie das Blatt in der rechten oberen Ecke durch ein großes „R". Schützen Sie sie für den ständigen Einsatz durch eine Folie und heften sie in Ihre Entwicklungs-Portfolio-Mappe ab.

## Lernstrategie: Systematisches Reflektieren

## 1.6 Kompetenz-Portfolio

Die Lernsituation ist abgeschlossen und nun möchten Sie in Ihrem persönlichen Entwicklungsportfolio (Handlungsprodukte und Reflexionen) Ihren derzeitigen Lernzuwachs reflektieren. Dazu setzen Sie sich erneut mit den Kerninhalten auseinander:

- ⇨ Erfolgreich in einem Team arbeiten
- ⇨ Informationen verwerten
- ⇨ Effektiv lesen
- ⇨ Lernen organisieren
- ⇨ Schwierige Situationen bewältigen
- ⇨ Informationen professionell präsentieren
- ⇨ Systematisch reflektieren

***Wie planen und überwachen Sie Ihre Vorgehensweise beim Lernen, um optimale Ergebnisse zu erzielen?***

## Arbeitsauftrag

*Einzelarbeit*

1. **Äußern** Sie sich aus den in der vergangenen Lernsituation gemachten Erfahrungen zu den einzelnen Kerninhalten. Nehmen Sie Ihre erstellten Handlungsprodukte zu Hilfe (Ablaufplan, Tabelle, MindMap ...).
2. **Geben** Sie in der Einleitung wieder, womit Sie sich in dieser Lernsituation beschäftigt haben. **Stellen** Sie im Hauptteil Ihre Lernerfolge, -wege und -probleme dar. **Ziehen** Sie am Schluss ein Fazit und stecken Sie sich neue Ziele.
3. **Gestalten** Sie Ihr Portfolio leserfreundlich, indem Sie Name, Datum ... in die Kopfzeile eintragen, Ihre Gedanken in Abschnitte gliedern und mit Abschnittsüberschriften versehen.

*Jour fixe (Beratungsgespräch mit Lehrkraft)*

4. **Erläutern** Sie anhand des Portfolios (Handlungsprodukte und Reflexion) Ihre Entwicklung.

### Inhaltskategorien für Ihr Kompetenz-Portfolio

**Ihre fachliche Weiterentwicklung:** *Ich habe die Verhaltensregeln im Team angewandt. Ich habe den Nutzen eines Zeitplans erkannt und eingesetzt ...*

**Ihre persönlichen Erfahrungen, Erlebnisse und Einsichten:** *Ich habe gemerkt, dass es mit Geduld besser geht. Es fällt mir leichter, wenn ich mir Notizen mache.*

**Ihre (Lern-)Aktivitäten bzw. Lernstrategien/Arbeitsmethoden:** *Ich habe meine Konzentration gestärkt, durch ... Ich erschließe neue Textinhalte, indem ich ... Ich strukturierte meine Gedanken zunächst ...*

**Empfundene Behinderung beim Lernen:** *In der Gruppe herrschte Verwirrung, weil ...*

**Wertungen, emotionale Äußerungen:** *Besonders gefallen hat mir: ... Heute war mir alles zu viel.*

**Schildern Sie innere Zustände wie Irritationen, Erleichterung, Spannungserleben etc.:** *Ich fühlte mich unter Druck gesetzt, weil ... Erleichtert fühlte ich mich nach der Präsentation, weil meine Lehrkraft ...*

**Resultierende Hoffnungen, Erwartungen, Wünsche, Vorhaben:** *Ich wünsche mir, dass ich mehr Sicherheit in ... erlange. Ich nehme mir vor, ... Jetzt bin ich gespannt, ...*

*(Vgl. Winter, 2004, S. 259)*

# Arbeitsplan

| | |
|---|---|
| **Kompetenzen** | • Berufsprofile erstellen<br>• Ausbildungsbetriebe in der Region analysieren<br>• Berufsanforderungen erkunden<br>• Persönliche berufliche Fähigkeiten beurteilen<br>• Rechte und Pflichten als Praktikant anwenden |
| **Inhalte** | • Personale Voraussetzungen für Ausbildungsberufe<br>• Berufsprofile<br>• Regionale Betriebsstrukturen<br>• Rechte und Pflichten als Praktikant |
| **Portfolio** | • Regelmerkblatt Typografie<br>• Tabelle Hard- und Softskills<br>• Tabellarische Berufsprofile<br>• Unternehmens-Auswertungs-Raster als Vorlage und ausgefüllt<br>• Merkblatt Rechte und Pflichten von Praktikanten<br>• Rollenkarten zum szenischen Spiel im Prakikums-unternehmen<br>• Reflexion |
| **Zeit** | Ca. 20 Stunden |

# Warm up

Erzählen Sie eine Kurzgeschichte, in der alle nachstehenden Begriffe vorkommen.

Unternehmen

Beruf

Praktikum

Rechte

Ausbildungsabbruch

**Zukunft**

**Pflichten**

Ausbildung

Zufriedenheit

Fähigkeiten

Fertigkeiten

***Region***

## 2.1 Lernaufgabe

Ihr Ziel ist es, nach dem erfolgreichen Abschluss der Berufsfachschule eine zukunftssichere Ausbildung zu absolvieren. Das ist leichter gesagt als getan. Nehmen Sie sich daher zunächst Ihren **Leitfaden „Lernen organisieren"** und stimmen Sie sich auf diese umfangreiche Aufgabe ein.

Sie wissen, dass eine gelungene schriftliche Bewerbung die erste große Hürde auf dem Weg zum Praktikums- bzw. Ausbildungsplatz ist. Die erste Hürde ist der erste optische Eindruck – die zweite ein aussagekräftiger Inhalt. Neben Ihrem fachlichen Wissen müssen Sie die speziell auf die ausgeschriebene Stelle geforderten Kompetenzen schriftlich begründen.

***Wie bereiten Sie sich vor, damit Ihre künftigen Bewerbungsunterlagen ansprechend gestaltet und aussagekräftig sind?***

## Arbeitsauftrag

*Einzelarbeit*

1. **Erschließen** Sie mithilfe der Lernstrategie „Effektiv **L**esen" die Informationen zur **Typografie** (Seite 227).
2. **Formulieren** Sie fünf aussagekräftige Regeln.

*Partnerarbeit*

3. **Vergleichen** Sie Ihre Regeln und ergänzen Sie drei weitere Regeln.
4. **Erstellen** Sie gemeinsam ein Regelmerkblatt zur Typografie – wenden Sie dabei die typografischen Regeln an.
5. **Bereiten** Sie sich auf die Präsentation vor, erläutern Sie dabei die Regeln, die Sie bei Ihrem Regelmerkblatt angewendet haben und welche Regeln für die Bewerbungsunterlagen von Bedeutung sind.

*Plenum*

6. **Präsentieren** Sie Ihr Regelmerkblatt, indem Sie die Umsetzung der Regeln erläutern und die Anwendung bei Bewerbungsunterlagen nennen.
7. **Besprechen** Sie die Präsentation des Tandems.

*Einzelarbeit*

8. **Erschließen** Sie die Informationen zu den **berufsrelevanten Kompetenzen** (Seite 126) und strukturieren Sie die Informationen zu den Hard- und Softskills in einer **normgerechten Tabelle** (Seite 107).
9. **Wählen** Sie Kompetenzen aus, die auf Sie zutreffen. Belegen Sie Ihre Kompetenzen, indem Sie zwei Situationen beschreiben, in denen Sie sie erworben haben bzw. anwenden. (Durch meine sechsjährige Mitgliedschaft im Handballverein bin ich zu einem Teamplayer geworden, habe mein Durchhaltevermögen bewiesen und habe gelernt, mit Kritik umzugehen).

10. **Gestalten** Sie unter Beachtung der typografischen Regeln Ihre Vorlage, die Sie zukünftig beim Verfassen von Bewerbungsschreiben zu Hilfe nehmen.

*Gruppenarbeit*

11. **Stellen** Sie sich Ihre Tabelle zu den Hard- und Softskills gegenseitig vor.
12. **Bereiten** Sie sich darauf vor, dass jeder eine aussagekräftige Kompetenzbeschreibung präsentiert.

*Plenum*

13. **Präsentieren** Sie mithilfe der Lernstrategie „Nachhaltig **P**räsentieren" Ihr Ergebnis.
14. **Beurteilen** Sie die Ergebnisse
    - ⇨ Vorlage zu den Hard- und Softskills: Inhalt, Typografie
    - ⇨ Kompetenzbegründungen: Aussagekraft, Stimmigkeit
15. **Heften** Sie Ihr Regelblatt „Typografie" und Ihre Tabelle Hard- und Softkills in Ihre Entwicklungs-Portfolio-Mappe ab.

## 2.2 Lernaufgabe

Nachdem Sie sich intensiv mit der optischen Gestaltung Ihrer Unterlagen und Ihren berufsrelevanten Kompetenzen auseinandergesetzt haben, stellen Sie sich die Fragen: In welchem Berufsfeld möchten Sie später arbeiten? Was wird von Ihnen erwartet?

### *Wie finden Sie den passenden Ausbildungsberuf?*

## Arbeitsauftrag

*Einzelarbeit*

1. **Informieren** Sie sich mithilfe der Lernstrategie „**I**nformationen verwerten" in den verschiedenen berufsbildenden Schulen Ihrer Region (30 km Umkreis) welche Berufe dort ausgebildet werden. Notieren Sie vier Berufe, die unterschiedliche Bedingungen aufweisen (z. B. drinnen, draußen, körperliche Belastung, Kontakt mit Menschen, Arbeitszeiten usw.) auf Medienkarten (pro Karte ein Beruf), damit eine Vielfalt von Berufen gewährleistet ist.

*Plenum (Stuhlkreis)*

2. **Erläutern** Sie einen Ihrer ausgesuchten Berufe und legen Sie Ihre Medienkarten in die Mitte. Achten Sie darauf, dass keine Berufe doppelt genannt werden. Nur wenn keine neuen Berufe mehr genannt werden können, sind Doppelnennungen erlaubt, diese Karten werden übereinander gelegt.
3. **Drehen** Sie alle Karten um und mischen Sie sie. Jeder Lernende zieht nun eine Karte.

*Einzelarbeit*

4. **Informieren** Sie sich im Internet, Arbeitsamt, bei berufsbildenden Schulen usw. über Ihren Beruf. Erstellen Sie eine Tabelle für Ihr Berufsprofil mit folgenden Leitwörtern: Beruf, Vorbildung, Ausbildungsdauer, Unterrichtsfächer, kurze Beschreibung des Berufsbildes.

*Plenum*

5. **Hängen** Sie Ihre Berufsprofile im Klassenraum aus.
6. **Informieren** Sie sich über die verschiedenen Berufe und notieren Sie zu jedem Beruf aus Ihrer Sicht die Vor- und Nachteile. Entscheiden Sie sich für zwei Berufe, die Ihren Fähigkeiten am ehesten entsprechen.
7. **Erläutern** Sie Ihren Mitschülern, warum Sie sich für diese Berufe entschieden haben.

*Einzelarbeit*

8. **Übernehmen** Sie die beiden ausgewählten Berufsprofile und heften Sie diese in Ihre Entwicklungs-Portfolio-Mappe ab.

## 2.3 Lernaufgabe

Nachdem Sie sich mit den Berufsprofilen auseinandergesetzt haben, entscheiden Sie sich für einen Wunschberuf. Sie möchten mithilfe eines Praktikums erkunden, ob dieser passend für Sie ist. Außerdem bietet ein Praktikum die Chance, einen Ausbildungsplatz zu erhalten, da Sie Ihre Fähigkeiten vor dem Arbeitgeber unter Beweis stellen können.

***Welches Unternehmen eignet sich für Sie für ein Praktikum bzw. eine Ausbildung?***

## Arbeitsauftrag

*Tandem*

1. **Erstellen** Sie mithilfe der Lernstrategie „Informationen verwerten" ein Unternehmens-Auswertungs-Raster, das Ihnen später als Analyseinstrument dient, um ausgewählte Unternehmen zu vergleichen. Verwenden Sie dabei die Fragen zur Zielgruppenanalyse für ein **Unternehmensprofil** (Seite 126).

*Zwei Tandems*

2. **Vergleichen** Sie die Auswertungsraster und optimieren Sie diese ggf.

*Einzelarbeit*

3. **Suchen** Sie im Internet, Branchenverzeichnis oder vor Ort nach drei verschiedenen Unternehmen aus Ihrer Region, die Ihren Wunschberuf ausbilden. Analysieren Sie mithilfe des Unternehmens-Auswertungs-Rasters die Unternehmen.
4. **Stellen** Sie fest, welches Unternehmen sich für Sie am ehestens für ein Praktikum bzw. eine Ausbildung eignet.

*Plenum*

5. **Stellen** Sie ein Unternehmen mithilfe Ihres Rasters vor und begründen Sie Ihre Auswahl. Sprechen Sie deutlich und in vollständigen Sätzen. Halten Sie Blickkontakt zum Publikum.
6. **Lassen** Sie sich mithilfe der Lernstrategie „Systematisch **R**eflektieren" ein Feedback geben.

*Einzelarbeit*

7. **Heften** Sie Ihre Unternehmens-Auswertungs-Raster in Ihrer Mappe ab.

*Variante*

8. **Führen** Sie mit Ihrer Klasse einen Unterrichtsgang zu ausgewählten Unternehmen durch. Füllen Sie jeweils ein Unternehmens-Auswertungs-Raster aus.
9. **Besprechen** Sie im Plenum Ihre gefundenen Informationen und Eindrücke.

## 2.4 Lernaufgabe

Zu einem erfolgreichen **Praktikum** (Seite 127) gehört eine gründliche Vor- und Nachbereitung. Das bedeutet, dass Sie sich frühzeitig um einen Praktikumsplatz bemühen, der Ihnen hilfreiche Einblicke in Ihren Wunschberuf gewährt. Optimal wäre es, wenn Sie Ihr bereits erworbenes berufsbezogenes Wissen einbringen können. Vier Wochen können sehr langweilig sein, wenn Sie keine zielgerichteten Aufgaben erhalten. In der Durchführungsphase erhalten Sie einen Mehrwert durch einen kritisch reflektierten Bericht, der Ihre persönlichen Einstellungen zu den durchgeführten Tätigkeiten wiedergibt. Am Schluss ist darauf zu achten, dass Sie eine aussagekräftige Praktikumsbescheinigung erhalten. Diese benötigen Sie für spätere Bewerbungen.

Sie nehmen sich vor, in Ihrem Praktikumsbetrieb durch korrektes Verhalten einen guten Eindruck zu hinterlassen.

***Wie verhalten Sie sich korrekt in Ihrem Praktikum?***

## Arbeitsauftrag

*Einzelarbeit*

1. **Informieren** Sie sich mithilfe der Lernstrategie „Effektiv **L**esen" zu dem Thema **Rechte und Pflichten von Praktikanten** (Seite 128).

*Tandem*

2. **Erstellen** Sie ein Merkblatt über Rechte und Pflichten von Praktikanten.

### *Zwei Tandems*

3. **Entwickeln** Sie ein szenisches Spiel, wie es in einem Praktikumsunternehmen vorkommen könnte. Die Handlung soll nicht den optimalen Vorgaben der Rechte und Pflichten entsprechen.
4. **Erstellen** Sie Rollenkarten.
5. **Bereiten** Sie sich mithilfe der Lernstrategie „**G**efühle steuern" auf die Präsentation vor. Jeder übernimmt eine Rolle.

### *Plenum*

6. **Stellen** Sie Ihr szenisches Spiel vor.
7. **Diskutieren** Sie im Plenum über das fehlerhafte Verhalten und schlagen Sie mithilfe Ihres Merkblattes Lösungen vor.

### *Einzelarbeit*

8. **Heften** Sie Ihr Merkblatt „Rechte und Pflichten von Praktikanten" und Ihre Rollenkarten zum szenischen Spiel im Praktikumsunternehmen in Ihre Entwicklungs-Portfolio-Mappe ab.

## 2.5 Reflexion des Lernzuwachses

Die zweite Lernsituation ist abgeschlossen und nun reflektieren Sie für Ihre persönliche Entwicklungs-Portfolio-Mappe Ihren derzeitigen Lernzuwachs. Dazu setzen Sie sich erneut mit den Kerninhalten auseinander:

⇨ Berufsrelevante Kompetenzen
⇨ Ausbildungsberufe in der Region
⇨ Ausbildungsbetriebe in der Region
⇨ Rechte und Pflichten im Praktikumsbetrieb

***Wie finden Sie einen passenden Ausbildungsberuf?***

## Arbeitsauftrag

*Einzelarbeit*

1. **Äußern** Sie sich aus den in der vergangenen Lernsituation gemachten Erfahrungen zu den unten stehenden Inhaltskategorien – **Lernzuwachs reflektieren** (Seite 229). Orientieren Sie sich an den Kerninhalten, nehmen Sie Ihre erstellten Handlungsprodukte zu Hilfe.
2. **Geben** Sie in der Einleitung wieder, womit Sie sich in dieser Lernsituation beschäftigt haben. Stellen Sie im Hauptteil Ihre Lernerfolge, -wege und -probleme dar. Ziehen Sie am Schluss ein Fazit und stecken Sie sich neue Ziele.
3. **Gestalten** Sie Ihr Portfolio leserfreundlich, indem Sie Name, Datum ... in die Kopfzeile eintragen, Ihre Gedanken in Abschnitte gliedern und mit Abschnittsüberschriften versehen.

*Jour fixe (Beratungsgespräch mit Lehrkraft)*

4. **Erläutern** Sie anhand der Entwicklungs-Portfolio-Mappe Ihren Lernfortschritt.

### Inhaltskategorien – Lernzuwachs reflektieren

**Ihre fachliche Weiterentwicklung:** *Ich verhalte mich pflichtbewusst im Praktikum, indem ich ...*

**Ihre persönlichen Erfahrungen, Erlebnisse und Einsichten:** *Ich werde in Zukunft das Unternehmens-Auswertungs-Raster einsetzen, damit ...*

**Ihre (Lern-)Aktivitäten bzw. Lernstrategien/Arbeitsmethoden:** *Meine Motivation/Konzentration, mein Zeitmanagement habe ich verbessert, indem ... Meine Recherchemethoden ...*

**Empfundene Behinderung beim Lernen:** *Meine Konzentration wurde beeinträchtigt, weil meine Mitschüler ...*

**Wertungen, emotionale Äußerungen:** *Besonders schwer gefallen ist mir, ...*

**Schildern Sie innere Zustände wie Irritationen, Erleichterung, Spannungserleben etc.:** *Ich verspüre Erleichterung in der Berufswahl, weil ...*

**Resultierende Hoffnungen, Erwartungen, Wünsche, Vorhaben:** *Ich freue mich auf ...*

*(Vgl. Winter, 2004, S. 259)*

3

# Arbeitsplan

| | |
|---|---|
| **Kompetenzen** | • Kompetenzorientierten Lebenslauf erstellen<br>• Geeignete Stellenausschreibungen finden<br>• Passgenaue Bewerbung schreiben<br>• Vorstellungsgespräch vor- und nachbereiten |
| **Inhalte** | • Bewerbungsunterlagen<br>• Online-Bewerbung<br>• Bewerbungsgespräch |
| **Portfolio** | • Dokumentvorlage mit eigenen Kontaktdaten<br>• Kompetenzorientierter Lebenslauf<br>• Passgenaues Bewerbungsanschreiben<br>• Screenshot – Onlinebewerbung<br>• Dokumentation über eigene Stärken und Schwächen innerhalb des Bewerbergespräches<br>• Rollentexte eines Bewerbungsgespräches |
| **Zeit** | Ca. 20 Stunden |

## Warm up (Brainstorming – Kartenabfrage)

***Wie erhalte ich eine Ausbildungsstelle, die meinen Wünschen und Fähigkeiten entspricht?***

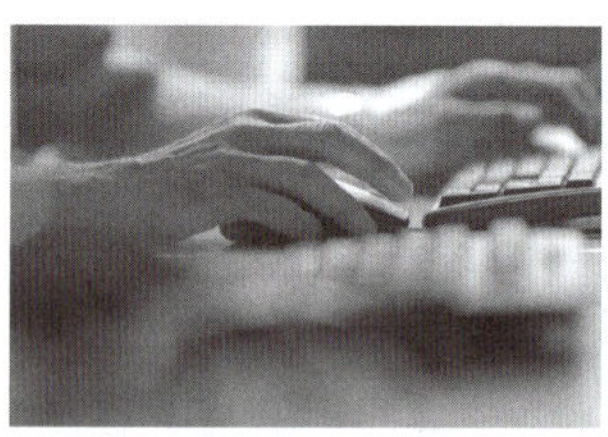

## 3.1 Lernaufgabe

Es ist soweit. Die ersten Bewerbungen für einen Praktikumsplatz bzw. einen Ausbildungsplatz stehen an. Erstellen Sie zunächst einen kompetenzorientierten Lebenslauf. Dieser sollte aussagekräftige Daten enthalten, damit das Unternehmen ein umfangreiches Bild von Ihnen erhält.

Außerdem sollten sich Ihre Bewerbungsunterlagen durch die äußere Form von denen der Mitbewerber abheben. Daher erhalten alle Unterlagen ein einheitliches und individuelles Layout, das von der Farbgestaltung und Schriftart Ihrem Typ entspricht.

***Wie sieht ein aussagekräftiger, ansprechender Lebenslauf aus?***

## Arbeitsauftrag

*Einzelarbeit*

1. **Erschließen** Sie den Infotext **Lebenslauf** (Seite 135) mithilfe der Lernstrategie „Effektiv **L**esen". Vergessen Sie nicht, sich mit Ihrem Partner auszutauschen, um Unstimmigkeiten zu klären.

2. **Erstellen** Sie zunächst eine **Dokumentvorlage** (Seite 250) mit Ihren Kontaktdaten. Die Informationen finden Sie unter den **Wordfunktionen**:
   - **Seite einrichten** (Seite 245)
   - Kontaktdaten in die **Kopf- und Fußzeile** (Seite 247) in Ihrem **Corporate Design** (Seite 135) einfügen.
   - Datei abspeichern als Dateityp **Dokumentvorlage** unter dem Dateinamen „Bewerbungsmaske".
   - Dokumentvorlage schließen und anschließend wieder öffnen, damit Sie als Dokument abgespeichert werden kann.

3. **Sammeln** Sie alle notwendigen Daten für Ihren aktuellen Lebenslauf. Machen Sie sich Ihrer Stärken und Schwächen bewusst (Tabelle Hard- und Softskills).

4. **Schreiben** Sie einen **tabellarischen Lebenslauf** (Seite 267). Achten Sie darauf, dass Sie mit den aktuellen Daten beginnen und stets die gleiche Schreibweise des Datums verwenden.

5. **Gestalten** Sie Ihren Lebenslauf, indem Sie Schwerpunkte (Schulbildung, Praktika, Fähigkeiten und Neigungen ...) gruppiert darstellen und ansprechend nach Ihrem Corporate Design formatieren.

6. **Speichern** Sie Ihren Lebenslauf unter dem Dateinamen Nachname_Vorname_Lebenslauf in einem Ordner „Bewerbungskorrespondenz" ab und legen Sie ihn ausgedruckt Ihrer Lehrkraft zur Korrektur vor.

7. **Heften** Sie Ihre Dokumentvorlage mit den eigenen Kontaktdaten und dem tabellarischen Lebenslauf in Ihrer Entwicklungs-Portfolio-Mappe ab.

## 3.2 Lernaufgabe

Ihren kompetenzorientierten Lebenslauf haben Sie erstellt und suchen nun ggf. mithilfe des Unternehmens-Auswertungs-Rasters einen Betrieb, der für Ihr Praktikum oder eine Ausbildung infrage kommt. Um einen Kontakt zu einem geeigneten Betrieb aufzubauen, müssen Sie Ihre Bewerbungsunterlagen vervollständigen, indem Sie ein passgenaues Bewerbungsanschreiben formulieren.

***Wie sehen passgenaue Bewerbungsunterlagen aus?***

## Arbeitsauftrag

*Partnerarbeit*

1. **Informieren** Sie sich mithilfe der Lernstrategie „Effektiv **L**esen" zunächst über das **Bewerbungsanschreiben** (Seite 141).

2. **Notieren** Sie die Bestandteile und die für Sie wichtigen Informationen als Randnotiz neben der **Musterbewerbung** (Seite 144) zur Ausbildung als Kaufmann im Einzelhandel Kennziffer 712.

*Einzelarbeit*

3. **Laden** Sie Ihre Dokumentvorlage „Bewerbungsmaske".

4. **Formulieren** Sie in Bezug auf Ihre Stellenausschreibung ein passgenaues Bewerbungsanschreiben.

5. **Speichern** Sie Ihre Datei unter: Nachname_Vorname_Bewerbungsanschreiben ab. Verwenden Sie für jedes Unternehmen einen eigenen Unterordner, um die Übersichtlichkeit zu behalten. Hierzu vergeben Sie jeweils den Namen: Bewerbung_Unternehmensnamen.

***Gruppenarbeit*** – Kreisbrief (es darf nicht gesprochen werden)

6. **Lassen** Sie sich von Ihren Gruppenmitgliedern mithilfe des Leitfadens „Erfolgreiches **T**eamverhalten" ein Feedback geben, indem Sie Ihr Anschreiben und ein unbeschriebenes Blatt Ihrem rechten Teammitglied vorlegen.

7. **Lesen** Sie das Anschreiben, das Sie bekommen, gewissenhaft durch und notieren Sie auf einem leeren Blatt Ihren Kommentar hinsichtlich:
   - Rechtschreibung, Grammatik und Zeichensetzung
   - Normgerechter Gestaltung
   - Individueller Formulierung
   - Inhaltlicher Vollständigkeit – begründete Hard- und Softskills

8. **Unterschreiben** Sie Ihren Kommentar und reichen Sie das Blatt Ihrem rechten Teammitglied weiter.

*Einzelarbeit*

9. **Korrigieren** Sie ggf. Ihr Anschreiben.
10. **Scannen** Sie die infrage kommenden Anlagen zur Bewerbung ein und speichern diese in einer Datei unter dem Dateinamen: Nachname_Vorname_Zeugnisse in den Ordner „Bewerbungskorrespondenz" ab.
11. **Erstellen** Sie ein **Deckblatt** (Seite 140), fügen Sie ein **Bewerbungsfoto** (Seite 140) ein und speichern Sie es entsprechend in den Bewerbungsordner des Unternehmens ab.
12. **Geben** Sie Ihre Bewerbungsmappe in einem beschrifteten Umschlag (**Bewerbungsmappe per Post** Seite 148) Ihrer Lehrkraft zur Kontrolle ab.
13. Heften Sie Ihre Bewerbungsmappe mit beschriftetem Umschlag nach der Rückgabe durch Ihre Lehrkraft in Ihre Entwicklungs-Portfolio-Mappe ab.

## 3.3 Lernaufgabe

Bestimmt ist Ihnen bei der Recherche nach Stellenausschreibungen aufgefallen, dass viele Unternehmen die Bewerbungen als E-Mail-Bewerbung oder direkt im Online-Bewerbungs-Formular erhalten möchten.

***Welche Aspekte sind bei einer Online-Bewerbung zu beachten?***

## Arbeitsauftrag

***Einzelarbeit*** (ggf. Hausaufgabe)

1. **Informieren** Sie sich zunächst mithilfe der Lernstrategie „Effektiv **L**esen" über das Thema **Online-Bewerbung** (Seite 145). Nehmen Sie alle Einstellungen in Ihrem E-Mail-Account vor, um professionelle Bewerbungs-E-Mails versenden zu können.
2. **Legen** Sie sich eine **E-Mail-Signatur** (Seite 147) an.
3. **Formulieren** Sie einen aussagekräftigen Betreff und geben Sie ggf. die Kennziffer der Stellenausschreibung an.
4. **Verfassen** Sie einen kurzen Anschreiben-Text. Achten Sie auf die persönliche Anrede des Personalverantwortlichen.
5. **Fügen** Sie die Bewerbungsunterlagen (Anschreiben, Lebenslauf mit Foto in der rechten oberen Ecke und Zeugnisse) als **PDF-Datei** (Seite 286) an. Achten Sie auf die korrekten Dateinamen und auf den Dateiumfang (höchstens zwei bis drei MB).
6. **Erstellen** Sie als spätere Erinnerungsstütze einen **Screenshot** (Seite 271) Ihrer E-Mail.
7. **Versenden** Sie zunächst eine Kontroll-Mail an sich selbst oder einen Bekannten und anschließend an Ihre Lehrkraft.
8. **Lassen** Sie sich von Ihrer Lehrkraft ein Feedback zu Ihrer Online-Bewerbung geben.
9. **Heften** Sie Ihren Screenshot der E-Mail (Benutzerinformationen inkl. Signatur) in Ihre Entwicklungs-Portfolio-Mappe ab.

## 3.4 Lernaufgabe

Die Bewerbung war ein voller Erfolg. Sie sind zum Vorstellungsgespräch eingeladen. Nun gilt es, sich noch einmal intensiv mit dem Firmenprofil auseinanderzusetzen. Sie müssen damit rechnen, dass evtl. mehrere Personen an dem Gespräch teilnehmen.

***Wie wird Ihr Bewerbungsgespräch zum Erfolg?***

## Arbeitsauftrag

*Einzelarbeit*

1. **Informieren** Sie sich über mögliche Fragen eines **Vorstellungsgespräches** (Seite 151).
2. **Formulieren** Sie schriftlich Antworten auf diese Fragen, die auf die Stellenausschreibung und auf Ihre eigene Person passen.

*Gruppenarbeit* (Dreierteams)

3. **Bereiten** Sie mithilfe der Lernstrategie „**G**efühle steuern" und des Unternehmens-Auswertungs-Rasters ein Bewerbungsgespräch vor, indem jeder die Rollentexte für alle Beteiligten (Bewerber – Personal- und Fachverantwortlicher) schriftlich festhält.
4. **Führen** Sie ein Bewerbungsgespräch mithilfe Ihrer Bewerbungsunterlagen durch (Bewerber – Personal- und Fachverantwortlicher).
5. **Besprechen** Sie den Ablauf – optimieren Sie die schwächeren Passagen und üben Sie das Gespräch noch einmal – wechseln Sie hierzu die Rollen.

*Plenum* (alle Bewerbungsunterlagen liegen auf dem Schreibtisch vor)

6. **Wählen** Sie einen Personal- und Fachverantwortlichen aus.
7. **Entscheiden** Sie sich für einen Bewerber und **inszenieren** Sie das Bewerbungsgespräch.
8. **Geben** Sie als Personal- und als Fachverantwortlicher ihr/ihm ein Feedback.
9. **Reflektieren** Sie als Beobachter im Plenum das Bewerberverhalten.
10. **Wiederholen** Sie das ganze Verfahren mit einer anderen Zufallsgruppe.

*Einzelarbeit*

11. **Dokumentieren** Sie Ihre Stärken und Schwächen, die während eines Bewerbungsgespräches aufgetreten sind.
12. **Heften** Sie Ihre Rollentexte des Bewerbungsgesprächs und die Dokumentation über eigene Stärken und Schwächen innerhalb des Bewerbungsgesprächs in Ihrer Entwicklungs-Portfolio-Mappe ab.

## 3.5 Reflexion des Lernzuwachses

Die dritte Lernsituation ist abgeschlossen und nun reflektieren Sie wiederum für Ihre persönliche Entwicklungs-Portfolio-Mappe Ihren derzeitigen Lernzuwachs. Dazu setzen Sie sich erneut mit den Kerninhalten auseinander:

⇨ Persönliche Dokumentvorlage gestalten
⇨ Individuelle Bewerbungsunterlagen erstellen
⇨ Sich auf ein Bewerbungsgespräch vorbereiten

### *Wie bewerben Sie sich erfolgreich?*

## Arbeitsauftrag

*Einzelarbeit*

1. **Äußern** Sie sich aus den in der vergangenen Lernsituation gemachten Erfahrungen zu den unten stehenden Inhaltskategorien – **Lernzuwachs reflektieren** (Seite 229). Orientieren Sie sich an den Kerninhalten, nehmen Sie Ihre erstellten Handlungsprodukte zu Hilfe.
2. **Geben** Sie in der Einleitung wieder, womit Sie sich in dieser Lernsituation beschäftigt haben. Stellen Sie im Hauptteil Ihre Lernerfolge, -wege und -probleme dar. Ziehen Sie am Schluss ein Fazit und stecken Sie sich neue Ziele.
3. **Gestalten** Sie Ihr Portfolio leserfreundlich, indem Sie Name, Datum ... in die Kopfzeile eintragen, Ihre Gedanken in Abschnitte gliedern und mit Abschnittsüberschriften versehen.

*Jour fixe (Beratungsgespräch mit Lehrkraft)*

4. **Erläutern** Sie anhand der Entwicklungs-Portfolio-Mappe Ihren Lernfortschritt.

### Inhaltskategorien – Lernzuwachs reflektieren

**Ihre fachliche Weiterentwicklung:** *Ich habe passgenaue Bewerbunsunterlagen erstellt, d. h. ...*

**Ihre persönlichen Erfahrungen, Erlebnisse und Einsichten:** *Ich habe gemerkt, dass mit einer intensiveren Auseinandersetzung ...*

**Ihre (Lern-)Aktivitäten bzw. Lernstrategien/Arbeitsmethoden:** *Ich bereite Checklisten vor, weil ...*

**Empfundene Behinderung beim Lernen:**

**Wertungen, emotionale Äußerungen:** *Besonders gefallen hat mir: ... Heute war mir alles zu viel.*

**Schildern Sie innere Zustände wie Irritationen, Erleichterung, Spannungserleben etc.:** *Wenn es um Bewerbungen geht, fühle ich ...*

**Resultierende Hoffnungen, Erwartungen, Wünsche, Vorhaben:** *Jetzt bin ich gespannt, wie ...*

*(Vgl. Winter, 2004, S. 259)*

# Arbeitsplan

| | |
|---|---|
| **Kompetenzen** | • Büroarbeitsplätze beschreiben und beurteilen<br>• Ergonomische Aspekte berücksichtigen<br>• Individuelle Gesundheitsprophylaxe entwickeln |
| **Inhalte** | • Umwelt- und Gesundheitsaspekte<br>• Raumformen<br>• Büroeinrichtung<br>• Ergonomie |
| **Portfolio** | • Büro-Arbeitsplatz-Guide<br>- MindMap Umweltfaktoren/Gestaltung am Arbeitsplatz mit eigenem Logo<br>- Empfehlungsschreiben Wohlfühl-Arbeitsplatz"<br>- Entscheidungsmatrix „Raumformen"<br>- Anforderungskatalog „Büroeinrichtung"<br>• Reflexion |
| **Zeit** | Ca. 12 Stunden |

# Warm-up

***Was verbinden Sie gedanklich mit folgenden Begriffen?***

**Schreibtisch**

**Luft**

***Kopfschmerzen***

**Sonne**

**Pflanzen**

**Menschen**

Klimaanlage

Telefon

**Straßenlärm**

## 4.1 Lernaufgabe

Sie befinden sich im Praktikum in dem Unternehmen Bürobedarf Hauser & Schulte GmbH in Trier. Herr Raimann von der Einkaufsabteilung betreut Sie. Er zeigt Ihnen die Räumlichkeiten und bemängelt während des Rundganges verschiedene Dinge, z. B. dass die Temperatur in einigen Räumen zu hoch ist. Dort kann man sich doch nicht wohlfühlen? Er möchte dies ändern und allgemeine Empfehlungen für die Einkaufsabteilung aussprechen.

Er bittet Sie, diese Empfehlungen für einen Wohlfühl-Arbeitsplatz auszuarbeiten, die später am Schwarzen Brett der Einkaufsabteilung veröffentlicht werden. Außerdem rät er Ihnen, die Ergebnisse für sich selbst in einem Büro-Arbeitsplatz-Guide festzuhalten, um immer wieder darauf zurückzugreifen.

***Wie muss ein Arbeitsplatz aussehen, damit Sie sich wohlzufühlen?***

## Arbeitsauftrag

*Tandem*

1. **Stellen** Sie sich gegenseitig mithilfe Ihrer Leitfäden „Lernen **o**rganisieren" und „Erfolgreiches **T**eamverhalten" Ihre Lernstrategie für diese Situation vor.
2. **Teilen** Sie sich die Texterarbeitung der Themen **Umweltfaktoren und Gestaltung am Arbeitsplatz** (Seite 153).

*Einzelarbeit*

3. **Erschließen** Sie mithilfe Ihrer Lernstrategie „Effektiv **L**esen" Ihre ausgewählten Fachtexte.

*Tandem*

4. **Erläutern** Sie Ihrem Partner Ihre beiden Themen.
5. **Erstellen** Sie eine gemeinsame **MindMap** (Seite 224) über die Umweltfaktoren und die Gestaltung. Bedenken Sie, dass jeder später eine MindMap abheften kann.
6. **Entwerfen** Sie mithilfe der MindMap ein Empfehlungsschreiben fürs Schwarze Brett, indem Sie den Mitarbeitern Tipps für Ihren Wohlfühl-Arbeitsplatz geben. **Beachten** Sie die Gestaltungsregeln der **Typografie** (Seite 227).
7. **Visualisieren** Sie mit Symbolen, Grafiken oder Bildern.
8. **Bereiten** Sie sich mithilfe Ihrer Lernstrategie „**P**räsentieren" auf die Präsentation vor, indem Sie mit lebendigen Beispielen für Ihren eigenen Arbeitsplatz die Anforderungen an die Umweltfaktoren erläutern. Jedes Gruppenmitglied übernimmt einen Schwerpunkt.

*Plenum*

9. **Präsentieren** Sie Ihr Empfehlungsschreiben zum Wohlfühl-Arbeitsplatz.
10. **Reflektieren** Sie in Ich-Botschaften mithilfe Ihrer MindMap den fachlichen Inhalt des Vortrages (Was?). Geben Sie anschließend ein Feedback zur Präsentation (Wie?).

11. **Legen** Sie Schwerpunkte fest, worauf sich die nächste Gruppe bei ihrem Vortrag konzentrieren soll.

*Einzelarbeit*

12. **Überprüfen** Sie Ihre MindMap und Ihr Empfehlungsschreiben auf Vollständigkeit
13. **Gestalten** Sie Ihre Ergebnisse für Ihren Büro-Arbeitsplatz-Guide. Dazu entwerfen Sie ein Logo für den Bürobedarf Hauser & Schulte mithilfe der Anleitung **Logo erstellen** (Seite 275).
14. **Erstellen** Sie nun eine Kopfzeile mit der Firmenbezeichnung, Ihrem Namen und dem Logo. Verwenden Sie das Layout für alle zukünftigen Unterlagen (Dokumentvorlage).
15. **Heften** Sie Ihren Büro-Arbeitsplatz-Guide in Ihrer Entwicklungs-Portfolio-Mappe ab.

## 4.2 Lernaufgabe

Bürobedarf Hauser & Schulte GmbH stellt neue Mitarbeiter ein. Es handelt sich um eine neue Mitarbeiterin für die Personalabteilung (eine ihrer Aufgaben ist es, Mitarbeitergespräche zu führen), drei Mitarbeiter für die Einkaufsabteilung, ein Abteilungsleiter für den Verkauf und zwei Kundenberater, die vor Ort die Kunden betreuen. Es ist noch nicht klar, welche Büroräume ihnen zugewiesen werden.

Ihr Praktikumsbetreuer, Herr Raimann, erteilt Ihnen zur schnelleren Entscheidungsfindung den Auftrag, eine entsprechende Übersicht zu erstellen, die Sie später wiederum in Ihren Büro-Arbeitsplatz-Guide abheften.

***Welche Büroräume eignen sich für die neuen Arbeitskollegen?***

## Arbeitsauftrag

*Tandem*

1. **Stellen** Sie sich gegenseitig mithilfe Ihrer Leitfäden „Lernen **o**rganisieren“ und „Erfolgreiches **T**eamverhalten“ Ihre Lernstrategie für diese Situation vor.
2. **Teilen** Sie sich die Texterarbeitung, indem jeder sich über zwei **Raumformen** (Seite 155) informiert.

*Einzelarbeit*

3. **Erschließen** Sie mithilfe Ihrer Lernstrategie „Effektiv **L**esen“ den Fachtext **Raumformen**.

*Tandem*

4. **Erläutern** Sie Ihrem Partner Ihre Raumformen und erstellen Sie eine gemeinsame **Entscheidungs-Matrix** (Seite 223) mit den entsprechenden Vor- und Nachteilen. Beachten Sie die Gestaltungsregeln der Typografie.

5. **Bereiten** Sie sich mithilfe Ihrer Lernstrategie „**P**räsentieren" auf die Präsentation vor, zeigen Sie dabei die Vor- und Nachteile der jeweiligen Raumformen auf und begründen Sie, warum Sie die jeweiligen Büros für die neuen Mitarbeiter ausgesucht haben. Jedes Gruppenmitglied übernimmt einen Schwerpunkt.

*Plenum*

6. **Präsentieren** Sie überzeugend mithilfe Ihrer Notizen Ihre Entscheidung bezüglich der Raumzuordnung.
7. **Reflektieren** Sie professionell den Inhalt des Vortrages (Was?) und anschließend die Entscheidungsmatrix Raumformen (Wie?). Achten Sie auf Ich-Botschaften.
8. **Legen** Sie Schwerpunkte fest, worauf sich die nächste Gruppe bei ihrem Vortrag konzentrieren soll.

*Einzelarbeit (Hausaufgabe)*

9. **Überprüfen** Sie Ihre Entscheidungs-Matrix „Raumformen" auf Vollständigkeit.
10. **Gestalten** Sie Ihr Ergebnis für Ihren Büro-Arbeitsplatz-Guide und heften Sie ihn in Ihre Entwicklungs-Portfolio-Mappe ab.

## 4.3 Lernaufgabe

Nachdem die Raumformen für die neuen Mitarbeiter festgelegt wurden, wird nun die Einrichtung der Räumlichkeiten nach den aktuellen ergonomischen Erkenntnissen geplant. Herr Raimann wünscht sich von Ihnen einen aussagekräftigen Anforderungskatalog für einen kompletten Bildschirmarbeitsplatz unter Berücksichtigung der Gesundheitsprophylaxe.

Bereiten Sie sich auf diese Lernaufgabe mithilfe Ihrer Lernstrategie „Lernen **O**rganisieren" vor.

### *Welche Anforderungen werden an einen ergonomischen und gesundheitsschützenden Bildschirmarbeitsplatz gestellt?*

## Arbeitsauftrag – Gruppenpuzzle

*Stammgruppen (______Min)*

1. **Informieren** Sie sich über die Büroeinrichtung und verteilen Sie die Themen: A = **Bildschirmarbeitsplatz** (Seite 156), B = **Bürodrehstuhl** (Seite 158) und **Büroarbeitstisch** (Seite 159), C = **Sitzhaltung** und **Sehtraining**, D = **Entspannung** und **Ernährung** (Seite 161).
2. **Schicken** Sie Ihre Stammgruppen-Mitglieder in die jeweilige Expertengruppe.

*Expertengruppe (______Min)*

3. **Erschließen** Sie sich in Einzelarbeit Ihr Expertenthema. Achten Sie darauf, den Text zu strukturieren (Lernstrategie "**L**".)
4. **Besprechen** Sie mithilfe Ihrer strukturierten Zusammenfassung Ihr Expertenthema. Kontrollieren Sie, ob Sie alles richtig verstanden haben.

*Stammgruppen (______Min)*

5. **Informieren** Sie Ihre Stammgruppe über Ihr Expertenthema.
6. **Erstellen** Sie einen visualisierten Anforderungskatalog – arbeiten Sie ökonomisch, indem Sie jeweils zu zweit einzelne Themen aufbereiten und später zusammenführen (jeder erhält eine Ausarbeitung.)
7. **Recherchieren** Sie nach Bewegungs- und Entspannungsübungen und listen Sie mindestens vier Übungen auf.
8. **Bereiten** Sie sich mithilfe der Lernstrategie „**P**räsentieren" auf die Präsentation vor, achten Sie einerseits auf die ergonomischen Anforderungen und andererseits begründen Sie die daraus resultierenden gesundheitlichen Aspekte.
9. **Bauen** Sie in Ihre Präsentation einen aktiven Teil ein, indem Sie mit dem Publikum einige Übungen durchführen.

*Plenum*

10. **Präsentieren** Sie überzeugend mithilfe Ihres Anforderungskataloges Ihre Vorstellungen und führen Sie die Übungen mit Ihrem Publikum durch.
11. **Reflektieren** Sie professionell das **Was?** und **Wie?** des Beitrages.

*Einzelarbeit (Hausaufgabe)*

12. **Überprüfen** Sie Ihren Anforderungskatalog „Büroeinrichtung" auf Vollständigkeit.
13. **Gestalten** Sie Ihren eigenen Bewegungs- und Entspannungsplan für Ihren Büro-Arbeitsplatz-Guide.
14. **Heften** Sie ihn in Ihre Entwicklungs-Portfolio-Mappe ab.

## 4.4 Reflexion des Lernzuwachses

Die vierte Lernsituation ist abgeschlossen und nun reflektieren Sie für Ihre persönliche Entwicklungs-Portfolio-Mappe Ihren derzeitigen Lernzuwachs. Dazu setzen Sie sich erneut mit den Kerninhalten auseinander:

⇨ Büroarbeitsplatz gestalten
⇨ Raumformen begründet den Mitarbeitern zuordnen
⇨ Büroräume ergonomisch einrichten
⇨ Maßnahmen zur Gesundheitsprophylaxe anwenden

***Wie richten Sie ergonomische Büroarbeitsplätze ein?***

## Arbeitsauftrag

*Einzelarbeit*

1. **Äußern** Sie sich aus den in der vergangenen Lernsituation gemachten Erfahrungen zu den unten stehenden Inhaltskategorien – **Lernzuwachs reflektieren** (Seite 229). Orientieren Sie sich an den Kerninhalten, nehmen Sie Ihre erstellten Handlungsprodukte zu Hilfe.
2. **Geben** Sie in der Einleitung wieder, womit Sie sich in dieser Lernsituation beschäftigt haben. Stellen Sie im Hauptteil Ihre Lernerfolge, -wege und -probleme dar. Ziehen Sie am Schluss ein Fazit und stecken Sie sich neue Ziele.
3. **Gestalten** Sie Ihr Portfolio leserfreundlich, indem Sie Name, Datum ... in die Kopfzeile eintragen, Ihre Gedanken in Abschnitte gliedern und mit Abschnittsüberschriften versehen.

*Jour fixe (Beratungsgespräch mit Lehrkraft)*

4. **Erläutern** Sie anhand der Entwicklungs-Portfolio-Mappe Ihren Lernfortschritt.

### Inhaltskategorien – Lernzuwachs reflektieren

**Ihre fachliche Weiterentwicklung:** *Die ergonomische Gestaltung des Arbeitsplatzes ...*

**Ihre persönlichen Erfahrungen, Erlebnisse und Einsichten:** *Ich werde in Zukunft auf eine ergonomische Arbeitsplatzgestaltung achten, damit ... Es fällt mir leichter, wenn ich ...*

**Ihre (Lern-)Aktivitäten bzw. Lernstrategien/Arbeitsmethoden:** *Ich achte darauf, dass ich immer positiv denke, damit ...*

**Empfundene Behinderung beim Lernen:** *Ich habe mich von meinem Handy ablenken ...*

**Wertungen, emotionale Äußerungen:** *Besonders gefallen hat mir: ... Heute war ich nicht gut drauf, ...*

**Schildern Sie innere Zustände wie Irritationen, Erleichterung, Spannungserleben etc.:** *Ich fühlte mich ..., meinen Vortrag habe ich gut vorbereitet und bin gespannt, ...*

**Resultierende Hoffnungen, Erwartungen, Wünsche, Vorhaben:** *Jetzt möchte bei der nächsten Lernaufgabe ...*

*(Vgl. Winter, 2004, S. 259)*

# Arbeitsplan

| | |
|---|---|
| **Kompetenzen** | • Firmenporträt adressatengerecht visualisieren<br>• Notwendige Arbeitsschritte der Postbearbeitung erläutern<br>• Papierformate und Falzarten für den kostenbewussten Versand nutzen<br>• Postgebühren des Postkorbes berechnen<br>• Versandkosten zweier Anbieter vergleichen |
| **Inhalte** | • Digitale Präsentation<br>• Postein- und -ausgang<br>• Versendungsart und Zusatzleistungen<br>• Papierformate und Falzarten<br>• Grundlagen in einem Kalkulationsprogramm<br>• Formulargestaltung |
| **Portfolio** | • Büro-Arbeitsplatz-Guide<br>- Handzettel der PowerPoint-Präsentationen „Firmenporträt" und „Postbearbeitung"<br>- Kostenübersicht der Tagespost des Bürobedarfs<br>- Kostenvergleich der Paket-Transport-Anbieter<br>- Online-Fax-Formular<br>• Reflexion |
| **Zeit** | • Ca. 20 Stunden |

# Warm-up

***Was verbinden Sie gedanklich mit folgenden Begriffen?***

**Briefmarken** **Einschreiben**

**Stempel** ***Briefkasten***

**E-Mail**

**Postkarte**

Postbote

Briefwaage **Paket**

## 5.1 Lernaufgabe

Im Praktikum sollen Sie für die neuen Mitarbeiter eine aussagekräftige PowerPoint-Präsentation über Ihren Praktikumsbetrieb erstellen. Von dem Fachhandel für Bürobedarf Hauser & Schulte GmbH haben Sie eine Betriebsbeschreibung erhalten, die Sie gut für diese Aufgabenstellung brauchen können. In dieser Aufgabenstellung trainieren Sie wiederum die Lernstrategie „Informationen verwerten", da Sie die richtige Entscheidung für die relevanten Informationen treffen sollen – also nicht alles wahllos verwerten.

**Planen** Sie nun Ihren **Lernprozess**, indem Sie am Rand dieser Lernaufgabe die entsprechenden Buchstaben der jeweils benötigten Lernstrategie notieren.

### *Wie gestalten Sie ein aussagekräftiges Firmenporträt?*

## Arbeitsauftrag

### *Einzelarbeit*

1. **Informieren** Sie sich über das **Firmenporträt** (Seite XVIII) des Bürobedarfs Hauser & Schulte GmbH.
2. **Erstellen** Sie fünf Folien für eine PowerPoint-Präsentation mit einem einheitlichen Foliendesign (**Masterfolie** (Seite 289) – Corporate Design – Firmenlogo).
3. **Beachten** Sie die **Gestaltungsregeln für digitale Präsentationen** (Seite 237).
4. **Suchen** Sie passende Bilder im Internet und dokumentieren Sie die Quellen auf einer gesonderten Folie am Ende der Präsentation.
5. **Bereiten** Sie Ihr Ergebnis zur Präsentation vor (Folienübergang mit Mausklick und etwas Animation).
6. **Speichern** Sie Ihre Präsentation in einem neuen Ordner *Postabläufe* unter *Firmenporträt* ab.

### *Partnerarbeit*

7. **Zeigen** Sie Ihrem Partner Ihre PowerPoint-Präsentation.
8. **Überprüfen** Sie gemeinsam, ob Sie die Regeln beachtet haben.
9. **Bereiten** Sie sich auf die Präsentation vor, überlegen Sie dabei Ihre technische sowie auch Ihre gestalterische Vorgehensweise.

### *Plenum*

10. **Präsentieren** Sie den neuen Mitarbeitern nachhaltig das Firmenporträt.
11. **Reflektieren** Sie mithilfe der gewonnenen Erkenntnisse über digitale Präsentationen die PowerPoint-Präsentation.

### *Einzelarbeit*

12. **Erstellen** Sie aus Ihrer Präsentation **Handzettel** (Seite 305) und gestalten Sie diese für den Büro-Arbeitsplatz-Guide mit Ihrem eigenen Layout.
13. **Heften** Sie den Handzettel in Ihre Entwicklungs-Portfolio-Mappe ab.

## 5.2 Lernaufgabe

In Ihrem Praktikumsbetrieb geht täglich Post ein und Briefe müssen versandt werden. Bei der Bearbeitung der ein- und ausgehenden Post kommt es immer wieder zu folgeschweren Fehlen. Um dies zu vermeiden, verschaffen Sie sich einen Überblick über die Postbearbeitung und erstellen zur Information für alle Mitarbeiter eine aussagekräftige PowerPoint-Präsentation.

**Planen** Sie nun Ihren **Lernprozess**, indem Sie am Rand dieser Lernaufgabe die entsprechenden Buchstaben der jeweils benötigten Lernstrategie notieren.

***Welche folgenschweren Fehler können bei der Postbearbeitung passieren?***

## Arbeitsauftrag

*Partnerarbeit*

1. **Suchen** Sie sich einen Partner, der sich mit Ihnen die Informationstexte **Postein-** und **Postausgang** (Seite 164) teilt.

*Einzelarbeit*

2. **Erschließen** Sie Ihr Thema und erstellen Sie dazu einen Ablaufplan.
3. **Vermerken** Sie an den entsprechenden Stellen des Ablaufes mögliche Fehlerquellen.

*Partnerarbeit*

4. **Machen** Sie sich mithilfe Ihrer Ablaufpläne gegenseitig schlau.
5. **Erstellen** Sie über den Ablauf des Postein- und –ausgangs eine grafisch gestaltete PowerPoint-Präsentation (ca. fünf Folien).
6. **Arbeiten** Sie mit beschrifteten **Illustrationen** (Seite 299), z. B. SmartArts und Formen.
7. **Überprüfen** Sie gemeinsam, ob Sie die Gestaltungsregeln für digitale Präsentation beachtet haben.
8. **Bereiten** Sie Ihr Ergebnis zur Präsentation vor. Achten Sie darauf, dass die Animation Ihrem Vortrag entspricht.
9. **Entscheiden** Sie sich für jeweils zwei Fehlerquellen des Postein- und -ausgangs.
10. **Üben** Sie mit Ihrem Partner einen lebendigen Vortrag ein, erläutern Sie mit praktischen Beispielen die Fehler, die in einer Poststelle passieren können.

*Plenum*

11. **Erläutern** Sie mithilfe Ihrer PowerPoint-Präsentation die Leitfrage.
12. **Reflektieren** Sie mithilfe der gewonnenen Erkenntnisse den Vortrag.

*Einzelarbeit*

13. **Korrigieren** Sie ggf. Ihre Präsentation und erstellen wiederum **Handzettel** (Seite 305) für den Büro-Arbeitsplatz-Guide.
14. **Heften** Sie den Handzettel in Ihre Entwicklungs-Portfolio-Mappe ab.

## 5.3 Lernaufgabe

Während Ihrer Präsentation über Fehler in der Postbearbeitung stellten sich auch große Unsicherheiten bezüglich der Postgebühren heraus. Es muss eine Vielzahl an unterschiedlichen Briefen, Päckchen usw. verschickt werden. Das ist ganz schön kompliziert. Anhand eines Tagesbeispiels der Ausgangspost des Bürobedarfs Hauser & Schulte GmbH zeigen Sie auf, was alles für das Freimachen der Postsendungen zu beachten ist.

Zunächst informieren Sie sich über unterschiedliche Papierformate und anschließend mithilfe der Internetseite der Deutschen Post AG über die Versendungsarten und die Zusatzleistungen.

**Planen** Sie nun Ihren **Lernprozess**, indem Sie am Rand dieser Lernaufgabe die entsprechenden Buchstaben der jeweils benötigten Lernstrategie notieren.

***Was müssen Sie beachten, um die optimalen Postgebühren für die Tagespost zu ermitteln?***

## Arbeitsauftrag

*Tandem*

1. **Erschließen** Sie arbeitsteilig den Text zu **Papierformate** (Seite 166) sowie **Briefhüllenformate und Falzarten** (Seite 167).
2. **Erstellen** Sie eine ansprechende Übersicht über die unterschiedlichen Formate und Falzarten mit eigenen Beispielen. Machen Sie sich zunächst mit den Funktionen in **Excel** – **Zellen formatieren** (Seite 311) vertraut.
3. **Bereiten** Sie sich auf einen lebendigen Vortrag vor, arbeiten Sie mit entsprechendem Anschauungsmaterial.

*Plenum*

4. **Stellen** Sie die Papierformate und Falzarten vor und lassen Sie sich ein konstruktives Feedback geben.

*Einzelarbeit*

5. **Erstellen** Sie eine tabellarische Übersicht (Bezeichnung, Maße, Gewicht und Preise) über die nationalen Produkte und Zusatzleistungen der Deutschen Post AG. Entnehmen Sie die entsprechenden Gebühren dem Internet oder der entsprechenden Broschüre.

6. **Ermitteln** Sie in Excel die Postgebühren des Bürobedarfs (siehe nachfolgenden Notizzettel). Berechnen Sie mithilfe Ihrer erstellten Übersicht die Gebühren und den Gesamtbetrag. Arbeiten Sie in **Excel** mit den entsprechenden **Formeln** (Seite 313), **Grundrechenarten** usw.

*Partnerarbeit*

7. **Vergleichen** Sie Ihre Exceltabellen und korrigieren Sie sie ggf.
8. **Bereiten** Sie sich auf die Präsentation vor. Erläutern Sie Ihre Berechnungen und Ihre Vorgehensweise (Formeln, Grundrechenarten usw.) in Excel. Überlegen Sie etwaige Fehlerquellen.

*Plenum*

9. **Präsentieren** Sie Ihre Exceltabelle mit den Tagespost-Gebühren des Bürobedarfs.
10. **Geben** Sie dem Tandem ein Feedback zu den ermittelten Postgebühren.

*Einzelarbeit*

11. **Korrigieren** und gestalten Sie Ihre Tabelle für den Büro-Arbeitsplatz-Guide.
12. **Heften** Sie Ihre beiden Excel-Tabellen „Papierformate und Falzarten“ sowie die „Gebühren Tagespost“ in Ihre Entwicklungs-Portfolio-Mappe ab.

## Notizzettel

- 250 Einladungen zum Tag der offenen Tür innerhalb Triers
- 136 Rechnungen an Kunden in ganz Deutschland
- 15 Prospekte in A4-Format (Gewicht 150 g)
- 1 Brief mit einer Kündigung
- 2 Aktenordner an einen Geschäftspartner nach Berlin (Format 33 x 34 x 5 cm, 1 230 g)
- 1 Blindensendung nach München (Format 30 x 15 x 3 cm, 400 g)
- 2 CDs ohne Brief mit einer Kurzmitteilung an einen Kunden nach Köln (Format 15 x 16 cm, 300 g)
- 4 000 Briefe gleichen Inhalts in ganz Deutschland (Format DIN lang, 25 g)

## 5.4 Lernaufgabe

Ein Kunde des Bürobedarfs Hauser & Schulte GmbH, das Steuerbüro Meier & Partner in 54470 Bernkastel-Kues, erhält monatlich fünf Kartons à 5 kg mit Kopierpapier. Zurzeit werden diese Kartons durch DHL versandt. Da es auch andere Anbieter gibt, informieren Sie sich, ob diese den Transport eventuell billiger ausführen können.

Da von den Mitarbeitern Eigeninitiative erwartet wird, möchten Sie die Geschäftsleitung von einem alternativen Paket-Transportanbieter überzeugen.

**Planen** Sie nun Ihren **Lernprozess**, indem Sie am Rand dieser Lernaufgabe die entsprechenden Buchstaben der jeweils benötigten Lernstrategie notieren.

***Wie viel Prozent an Postgebühren kann der Bürobedarf mit einem privaten Anbieter einsparen?***

## Arbeitsauftrag

*Partnerarbeit*

1. **Informieren** Sie sich im Internet über Leistungen und Kosten privater Paketdienste.
2. **Vergleichen** Sie die Preise der Post AG mit denen der privaten Anbieter.

*Einzelarbeit*

3. **Erfassen** Sie die Daten in einer Excel-Tabelle.
4. **Ermitteln** Sie die prozentuale Differenz (Formel unter **Grundrechenarten** Seite 313).
5. **Visualisieren** Sie Ihr Ergebnis auf dem gleichen Blatt in einem **Balkendiagramm** (Seite 321).
6. **Gestalten** Sie die Seite ansprechend.

*Partnerarbeit*

7. **Vergleichen** Sie Ihre Tabellen und Diagramme und korrigieren Sie sie ggf.
8. **Bereiten** Sie sich auf die Präsentation vor, erläutern Sie dabei Ihre Berechnungen und Ihre Vorgehensweise bei der Erstellung des Diagramms.

*Plenum*

9. **Präsentieren** Sie überzeugend Ihre Excel-Tabelle mit Diagramm über Leistungen und Kosten privater Paketdienste und lassen Sie sich ein Feedback zu Gestaltung und Argumentation geben.

*Einzelarbeit*

10. **Korrigieren** Sie Ihr Ergebnis für Ihren Büro-Arbeitsplatz-Guide und heften ihn in Ihre Entwicklungs-Portfolio-Mappe ab.

## 5.5 Lernaufgabe

Nach wie vor gehen bei Bürobedarf Hauser & Schulte GmbH zahlreiche Briefe ein und werden auch per Post wieder beantwortet. Außerdem werden immer wieder Unterlagen per Telefax versendet. Der vorhandene Fax-Vordruck, um die Informationen rationell zu erfassen, wird immer wieder kopiert und entspricht nicht den Grundsätzen für ablaufgerechte Vordruckgestaltung. Die Angaben sind kaum noch lesbar, die Leitwörter sind zu klein. Außerdem ist das Formular nicht frei von Rechtschreibfehlern.

Dies alles wirkt sich nicht positiv auf die Außenwirkung des Unternehmens aus. In letzter Zeit kam es häufiger zu Reklamationen oder Beschwerden von Kunden. Herr Raimann beauftragt Sie, einen neuen Telefax-Vordruck zu entwerfen, der von allen Mitarbeitern in der Firma am PC ausgefüllt werden kann.

**Planen** Sie nun Ihren **Lernprozess**, indem Sie am Rand dieser Lernaufgabe die entsprechenden Buchstaben der jeweils benötigten Lernstrategie notieren.

***Welche Anforderungen werden an ein Faxformular gestellt?***

## Arbeitsauftrag

*Einzelarbeit*

1. **Informieren** Sie sich über **Formulare konzipieren** (Seite 108) und die Funktion **Formulare gestalten** (Seite 108).
2. **Entwerfen** Sie ein Faxformular in einem Tabellenraster.
3. **Erstellen** Sie nun Ihr Fax-Online-Formular. Verwenden Sie Textfelder, Kontrollkästchen und Dropdown-Formularfelder.
4. **Schützen** Sie Ihr Dokument und speichern Sie es als Dokumentvorlage ab.
5. **Entwerfen** Sie für Ihren Tischnachbarn eine berufliche Situation; er soll überprüfen, ob Ihr Online-Formular einwandfrei funktioniert.

*Partnerarbeit*

6. **Füllen** Sie das Online-Formular Ihres Tischnachbarn aus.

*Plenum*

7. **Präsentieren** Sie Ihr Fax-Online-Formular und füllen Sie es während Ihres Vortrages aus.
8. **Bewerten** Sie die Präsentation und das Formular.

*Einzelarbeit*

9. **Drucken** Sie Ihr Formular für Ihren Büro-Arbeitsplatz-Guide aus und heften ihn in Ihre Entwicklungs-Portfolio-Mappe ab.

## 5.6 Reflexion des Lernzuwachses

Die fünfte Lernsituation ist abgeschlossen und nun reflektieren Sie für Ihre persönliche Entwicklungs-Portfolio-Mappe Ihren derzeitigen Lernzuwachs. Dazu setzen Sie sich erneut mit den Kerninhalten auseinander:

- ⇨ PowerPoint-Präsentation erstellen
- ⇨ Abläufe des Postein- und Postausgang analysieren
- ⇨ Sendungsarten und Zusatzleistungen für Postsendungen ermitteln
- ⇨ Pakete kostengünstig versenden – Excelkalkulationen erstellen
- ⇨ Formulare nach DIN 5008 konzipieren

### *Welche Aufgaben kommen in einer Poststelle vor?*

## Arbeitsauftrag

*Einzelarbeit*

1. **Äußern** Sie sich aus den in der vergangenen Lernsituation gemachten Erfahrungen zu den unten stehenden Inhaltskategorien – **Lernzuwachs reflektieren** (Seite 229). Orientieren Sie sich an den Kerninhalten, nehmen Sie Ihre erstellten Handlungsprodukte zu Hilfe.
2. **Geben** Sie in der Einleitung wieder, womit Sie sich in dieser Lernsituation beschäftigt haben. Stellen Sie im Hauptteil Ihre Lernerfolge, -wege und -probleme dar. Ziehen Sie am Schluss ein Fazit und stecken Sie sich neue Ziele.
3. **Gestalten** Sie Ihr Portfolio leserfreundlich, indem Sie Name, Datum ... in die Kopfzeile eintragen, Ihre Gedanken in Abschnitte gliedern und mit Abschnittsüberschriften versehen.

*Jour fixe (Beratungsgespräch mit Lehrkraft)*

4. **Erläutern** Sie anhand der Entwicklungs-Portfolio-Mappe Ihren Lernfortschritt.

### Inhaltskategorien – Lernzuwachs reflektieren

**Ihre fachliche Weiterentwicklung:** *Die Abläufe in der Postbearbeitung ...*

**Ihre persönlichen Erfahrungen, Erlebnisse und Einsichten:** *Mir ist bewusst, dass die Briefe sehr gewissenhaft ...*

**Ihre (Lern-)Aktivitäten bzw. Lernstrategien/Arbeitsmethoden:** *Bevor ich mit dem Arbeitsauftrag beginne, mache ich mir Gedanken, welche Lernstrategien ...*

**Empfundene Behinderung beim Lernen:** *Für mich ist es schwierig, Aufgaben mit Excel ...*

**Wertungen, emotionale Äußerungen:** *Es macht mich sehr ungeduldig, wenn ich nicht direkt die Lösung ...*

**Schildern Sie innere Zustände wie Irritationen, Erleichterung, Spannungserleben etc.:** *Besonders froh war ich, dass mein Ergebnis ...*

**Resultierende Hoffnungen, Erwartungen, Wünsche, Vorhaben:** *Ich beschäftige mich in der nächsten Zeit mit der Software ...*

*(vgl. Winter, 2004, S. 259)*

# Arbeitsplan

| | |
|---|---|
| **Kompetenzen** | • Kundendaten alphabetisch sortieren<br>• Aufbewahrungsfristen berechnen<br>• Schriftgut den Wertstufen zuordnen<br>• Standorte der Schriftgutaufbewahrung bestimmen<br>• Dokument-Management-Systeme beschreiben |
| **Inhalte** | • DIN 5007 – alphabetische Ordnung<br>• Standorte der Registratur<br>• Wertstufen und Aufbewahrungsfristen des kaufmännischen Schriftgutes<br>• Ablagetechniken<br>• Dokument-Management-Systeme |
| **Portfolio** | • Büro-Arbeitplatz-Guide<br>  • Alphabetisch geordnete Kundenliste<br>  • Informationsblätter „Ablagesysteme"<br>  • Flyer „Dokument-Management-Systeme"<br>• Reflexion |
| **Zeit** | Ca. 12 Stunden |

# Warm-up

Nehmen Sie Stellung zu der folgenden Aussage:

Zu Beginn Ihres Praktikums erläutert Ihr Praktikumsbetreuer, dass es das Ziel eines jeden Unternehmens sei, die Personalkosten zu reduzieren. Weiterhin sei es für ein Unternehmen wichtig, dass es nach außen hin, also seinen Kunden und Geschäftspartnern gegenüber, einen guten Eindruck hinterlässt. Er verrät Ihnen seinen Leitsatz:

*Die Basis einer gesunden Ordnung ist ein großer Papierkorb.*

(Quelle des Zitats: Kurt Tucholsky)

## 6.1 Lernaufgabe

Ihr Praktikumsbetreuer Herr Raimann vom Bürobedarf Hauser & Schulte GmbH erläutert Ihnen, dass er vor einigen Tagen folgende Situation erlebt hat: Ein Kunde kam in den Betrieb und beschwerte sich über eine fehlerhafte Rechnung. Er monierte, dass im Angebot der Preis niedriger sei als in der Rechnung.

Der angesprochene Kollege suchte vergeblich nach dem Angebot, konnte es aber nicht finden. Er sicherte dem Kunden zu, das Angebot herauszusuchen und die Sache zu klären. Der Kunde ging unzufrieden weg. So etwas soll Ihnen zukünftig nicht passieren.

**Planen** Sie nun Ihren **Lernprozess**, indem Sie am Rand dieser Lernaufgabe die entsprechenden Buchstaben der jeweils benötigten Lernstrategie notieren.

***Nach welchen Ordnungsmerkmalen legen Sie ein Schriftstück ab?***

## Arbeitsauftrag

*Einzelarbeit*

1. **Erfassen** Sie den Text über **Alphabetische Ordnung nach der DIN 5007** (Seite 168) und speichern Sie Ihre Daten ab.
2. **Ordnen** Sie die Kundennamen des Bürobedarfs nach der DIN 5007. **Schreiben** Sie die Reihenfolge in die Spalte vor die Namen (Nr.) mit Bleistift, um evtl. Korrekturen vornehmen zu können.

| Nr. | Name | Re. | Nr. | Name | Re. |
|---|---|---|---|---|---|
| | Schneider, T. | | | Schneider, Tim | |
| | Hoffmann GmbH & Co. KG | | | Hoffmann, Alexandra, Trierweiler | |
| | Schneider, Jürgen | | | Hofmann, Gero | |
| | Hacher, Sabine | | | Schneider | |
| | Staaß, Niklas | | | Schneider, Julius | |
| | Scholl, Sophie | | | Schneider-Jubelius, Annika | |
| | Schneider, Theo | | | Staas, Katharina | |
| | Schneider, Otto, Dr. | | | Sandmann, Beatrice | |
| | DM-Markt | | | Schneider, Ottfried | |
| | Staas, Katharina | | | Hack, Gisela | |
| | Hoffmann, Alexandra, Trier | | | Hack, Jutta | |
| | Sandmann & Becker KG | | | DB AG | |
| | Scholl-Sophie-Stiftung | | | Hofmann, Gebrüder | |
| | Staas, Katharina-Marie | | | Schneider, Tjorben | |

3. **Notieren** Sie hinter jedem Kundennamen (rechte Spalte) die Regelnummer der DIN 5007. ACHTUNG: Auf jede Regel sollte nur **einmal** verwiesen werden, sodass nicht hinter allen Kundennamen eine Regelnummer einzutragen ist.

*Partnerarbeit (Tandem)*

4. **Vergleichen** Sie Ihr Ergebnis mit dem Ergebnis Ihres Mitschülers. Schauen Sie sich bei Differenzen nochmals die DIN-Regeln an und entscheiden Sie sich für eine Lösung.
5. **Führen** Sie nun die Kundennamen mit der entsprechenden Regel in einer Tabelle zusammen. Arbeiten Sie rationell!
6. **Drucken** Sie Ihr Regelwerk aus.

*Plenum*

7. **Präsentieren** Sie Ihr Regelwerk zur DIN 5009 und erläutern Sie mithilfe der Beispiele die alphabetische Ordnung.

*Einzelarbeit*

8. **Gestalten** Sie für Ihren Büro-Arbeitsplatz-Guide Ihr Regelwerk zur alphabetischen Ordnung nach DIN 5007.
9. **Heften** Sie ihn in Ihre Entwicklungs-Portfolio-Mappe ab.

## 6.2 Lernaufgabe

Im Hinblick auf den Leitsatz Ihres Praktikumsbetreuers, dass ein großer Papierkorb für eine gesunde Ordnung sorgt, nehmen Sie sich für die Zukunft vor, alles Unnötige direkt wegzuwerfen und nur das Wichtige aufzubewahren. Daher informieren sich zunächst, über die Gründe für das Unternehmen Schriftstücke aufzubewahren und erstellen für Ihren Büro-Arbeitsplatz-Guide eine aussagekräftige Übersicht.

**Planen** Sie nun Ihren **Lernprozess**, indem Sie am Rand dieser Lernaufgabe die entsprechenden Buchstaben der jeweils benötigten Lernstrategie notieren.

### *Weshalb müssen Sie Schriftstücke aufbewahren?*

## Arbeitsauftrag

*Einzelarbeit*

1. **Informieren** Sie sich über die **Gründe zur Aufbewahrung des Schriftgutes** (Seite 169) gemäß § 257 HGB.
2. **Markieren** Sie die im Gesetzestext genannten **Aufbewahrungsfristen** (Seite 169) und anschließend die im Gesetzestext aufgeführten Schriftstücke. Verwenden Sie für die unterschiedliche Aufbewahrungsdauer und die dazugehörigen Schriftstücke jeweils eine andere Farbe.
3. **Berechnen** Sie die Aufbewahrungsdauer für eine am heutigen Tage verschickte Rechnung.

| Der Bürobedarf Hauser & Schulte GmbH hat am heutigen Tag eine Rechnung verschickt. Wie lange muss das Duplikat (Zweitschrift) der Rechnung aufbewahrt werden? | |
|---|---|
| Beginn der Aufbewahrungsfrist: | |
| Aufbewahrungsdauer: | |
| Ende der Aufbewahrungsfrist: | |
| Frühester Entsorgungstermin: | |

*Partnerarbeit*

4. **Kontrollieren** Sie gegenseitig Ihre Markierungen und Berechnung der Aufbewahrungsdauer.
5. **Stellen** Sie die Gründe für die Aufbewahrung von Schriftgut mit passenden Beispielen in einem tabellarischen Informationsblatt dar.
6. **Überprüfen** Sie Ihre Mitschüler, indem Sie ihnen eine Berechnungsaufgabe über eine Aufbewahrungsfrist für einen Handelsbrief (Schriftstück genau benennen) oder ein in § 257 Abs. 1 Nr. 1 HGB genanntes Schriftstück stellen. Halten Sie die Aufgabe mit Lösung unterhalb Ihrer Tabelle fest.

*Plenum*

7. **Präsentieren** Sie überzeugend Ihr Arbeitsergebnis.

   **Beurteilungskriterien**

   a) Gestaltung
   b) Argumentation

*Einzelarbeit*

8. **Korrigieren** und gestalten Sie Ihr Informationsblatt Aufbewahrungsfristen für Ihren Büro-Arbeitsplatz-Guide.

9. **Heften** Sie ihn in Ihre Entwicklungs-Portfolio-Mappe ab.

## 6.3 Lernaufgabe

Nachdem Sie nun erfahren haben, dass es zweierlei Gründe gibt, Schriftgut aufzubewahren, ist Ihnen aber immer noch unklar welche Schriftstücke vernichtet werden dürfen, also in den großen Papierkorb wandern, um die Übersicht zu bewahren bzw. Platz zu sparen.

**Planen** Sie nun Ihren **Lernprozess**, indem Sie am Rand dieser Lernaufgabe die entsprechenden Buchstaben der jeweils benötigten Lernstrategie notieren.

***Wie können Kosten bei der Unterbringung von Schriftgut eingespart werden?***

## Arbeitsauftrag

*Einzelarbeit*

1. **Informieren** Sie sich über die **Wertstufen des Schriftgutes** (Seite 170).
2. **Ordnen** Sie die genannten Schriftstücke den jeweiligen Wertstufen zu.

| | T | P | G | D |
|---|---|---|---|---|
| Tageszeitung | | | | |
| Unterlagen über die Entwicklung des Unternehmens | | | | |
| Einladung zu einer Fortbildung an der Sie teilnehmen werden | | | | |
| Bewerbungen | | | | |
| Patente | | | | |
| Kontoauszüge | | | | |
| Grundstückspläne | | | | |
| Einladung zu einer Fortbildung an der Sie nicht teilnehmen werden | | | | |
| Mängelrüge | | | | |
| Preisliste der Post AG über Leistungen und Gebühren | | | | |

*Partnerarbeit*

3. **Kontrollieren** Sie gegenseitig Ihre Zuordnung des Schriftgutes zu den Wertstufen.
4. **Erweitern** Sie Ihr Informationsblatt zu den Aufbewahrungsfristen und veranschaulichen Sie die Wertstufen mit Beispielen.
5. **Bereiten** Sie sich auf eine lebendige und nachhaltige Präsentation vor – beachten Sie dabei die Leitfrage. Schließen Sie Ihre Präsentation mit einer Frage, einem Fazit oder einer These ab.

*Plenum*

6. **Präsentieren** Sie Ihr Informationsblatt zu den Aufbewahrungsfristen und Wertstufen anschaulich.
7. **Reflektieren** Sie professionell das Was? und Wie? der Präsentation.

*Einzelarbeit (Hausaufgabe)*

8. **Gestalten** Sie Ihr Informationsblatt für Ihren Büro-Arbeitsplatz-Guide ab.
9. **Heften** Sie ihn in Ihre Entwicklungs-Portfolio-Mappe ab.

## 6.4 Lernaufgabe

Sie wissen bereits, welche Schriftstücke, wie lange und nach welchen Ordnungsmerkmalen aufzubewahren sind. Ziel und Zweck ist es aber auch, das Schriftgut schnell und sicher zu finden, zu verwalten und zu archivieren. Es gibt Unterlagen auf die andere Personen Zugriff haben müssen.

**Planen** Sie nun Ihren **Lernprozess**, indem Sie am Rand dieser Lernaufgabe die entsprechenden Buchstaben der jeweils benötigten Lernstrategie notieren.

***Wo bewahren Sie Schriftgut der verschiedenen Wertstufen auf?***

## Arbeitsauftrag

*Stammgruppe (Dreiergruppe)*

1. **Informieren** Sie sich über die **Ablagetechniken für Schriftgut** (Seite 170) und die **Standorte der Registratur** (Seite 171).
2. **Schicken** Sie Ihre Stammgruppen-Mitglieder in die jeweilige Expertengruppe

   A = Geheftete Ablage/Ungeheftete Ablage, B = Arbeitsplatz- und Abteilungs-Registratur, C = Zentral-Registratur, Altablage und Archiv).

*Expertengruppe*

3. **Erschließen** Sie in Einzelarbeit über Ihr Expertenthema.
4. **Erstellen** Sie einen Spickzettel oder ein Mindmap.
5. **Sprechen** Sie mithilfe Ihres Spickzettels oder Ihrer Mindmap über Ihr Expertenthema, um zu kontrollieren, ob Sie die Informationen richtig und vollständig erfasst haben.

*Stammgruppe*

6. **Informieren** Sie die Mitglieder Ihrer Stammgruppe über Ihr Expertenthema.
7. **Erstellen** Sie ein/e Collage/Plakat mit zweckmäßigem Mobiliar und den entsprechenden Behältern bzw. Ablagetechniken.

8. **Bereiten** Sie sich auf eine lebendige Präsentation vor, indem jeder eine Wertstufe mit einem Praxisbeispiel erläutert.

*Plenum*

9. **Präsentieren** Sie Ihre Collage und erläutern Sie mithilfe der Praxisbeispiele die Leitfrage und lassen Sie sich ein konstruktives Feedback geben.

*Einzelarbeit*

10. **Fotografieren** Sie Ihre Collage/Plakat.
11. **Gestalten** Sie mit Ihrem Foto eine aussagekräftiges Infoblatt für Ihren Büro-Arbeitsplatz-Guide.
12. **Heften** Sie es in Ihre Entwicklungs-Portfolio-Mappe ab.

## 6.5 Lernaufgabe

Die herkömmliche papierbezogene Schriftgutablage haben Sie auf Ihrem Informationsblatt für die Ablage von Geschäftspapieren umfangreich zusammengetragen. Als zweiten Bereich sollen Sie sich nun mit der elektronischen Schriftgutablage beschäftigen. Das Angebot einer passenden Software wird immer umfangreicher und für die Unternehmen in vieler Hinsicht interessanter.

**Planen** Sie nun Ihren **Lernprozess**, indem Sie am Rand dieser Lernaufgabe die entsprechenden Buchstaben der jeweils benötigten Lernstrategie notieren.

***Welche Vorteile bietet ein Dokumenten-Management-System der Bürobedarf Hauser & Schulte GmbH?***

## Arbeitsauftrag

*Einzelarbeit*

1. **Recherchieren** Sie im Internet über ein Dokumenten-Management-System.

*Partnerarbeit*

2. **Erstellen** Sie in Word einen 3-spaltigen Informationsflyer über dieses System und illustrieren Sie diesen mit aussagekräftigen Bildern.
3. **Erläutern** Sie die technischen Voraussetzungen, den Ablauf der digitalen Schriftgutdokumentation und die Vorteile.
4. **Bereiten** Sie sich auf die Präsentation vor. Denken Sie daran, dass Sie Ihre Mitschüler von diesem System überzeugen möchten.

*Plenum*

5. **Präsentieren** Sie überzeugend Ihre Infobroschüre.
6. **Beurteilen** Sie die Präsentation mithilfe des Kriterienbogens und lassen Sie sich ein konstruktives Feedback geben.

**Bewertung der Präsentation (Dokumentenmanagement-System)**

| Kriterien | Erläuterungen/Beispiele | Punkte | |
|---|---|---|---|
| Inhalt und Fachwissen | • Sachliche Richtigkeit<br>• Aktualität,<br>• Berücksichtigung aller wesentlichen Aspekte<br>• Korrekte Verwendung der Fachbegriffe | 40 | |
| Gestaltung | • Angemessene Informationsmenge<br>• Strukturierung<br>• Visualisierung<br>• Grafiken eingebunden<br>• Schriftgröße<br>• Farben | 20 | |
| Vortrag | • Sinnvoll und nachvollziehbar<br>• Struktur/Gliederung des Vortrags<br>• Bezug zur Aufgabenstellung<br>• Abrundung (Denkanstöße)<br>• Frei sprechen (evtl. mit Stichwortzettel)<br>• Lautstärke<br>• Sprechgeschwindigkeit/Betonung<br>• Mimik und Gestik<br>• Blickkontakt<br>• Ausstrahlung und Haltung | 20 | |
| Interaktion | • Eingehen auf Publikum<br>• Überzeugungskraft<br>• Engagement<br>• Eingehen auf Fragen<br>• Zuhören<br>• Ausreden lassen<br>• Sinnvoller Fragenkatalog | 10 | |
| Kreativität | • Ideen (eigene Einfälle)<br>• Kreativität | 10 | |
| | | | |
| | Gesamt | 100 | |

*Einzelarbeit*

7. **Drucken** Sie Ihr Arbeitsergebnis für Ihren Büro-Arbeitsplatz-Guide aus.
8. **Vervollständigen** Sie nun abschließend Ihren Büro-Arbeitsplatz-Guide mit einem Deckblatt und einem **Inhaltsverzeichnis** (Seite 282).

## 6.6 Reflexion des Lernzuwachses

Die sechste Lernsituation ist abgeschlossen und reflektieren wiederum für Ihre persönliche Entwicklungs-Portfolio-Mappe Ihren derzeitigen Lernzuwachs. Dazu setzen Sie sich erneut mit den Kerninhalten auseinander:

⇨ Alphabetisch nach DIN 5007 ordnen
⇨ Aufbewahrungsfristen und Wertstufen berücksichtigen
⇨ Aufbewahrungsbehälter und Standorte der Registratur zuordnen
⇨ Dokumentenmanagement-Systeme erläutern

***Welche Rolle spielt die Schriftgutablage in einem Unternehmen?***

## Arbeitsauftrag

*Einzelarbeit*

1. **Äußern** Sie sich aus den in der vergangenen Lernsituation gemachten Erfahrungen zu den unten stehenden Inhaltskategorien – **Lernzuwachs reflektieren**. Orientieren Sie sich an den Kerninhalten, nehmen Sie Ihre erstellten Handlungsprodukte zu Hilfe.
2. **Geben** Sie in der Einleitung wieder, womit Sie sich in dieser Lernsituation beschäftigt haben. Stellen Sie im Hauptteil Ihre Lernerfolge, -wege und -probleme dar. Ziehen Sie am Schluss ein Fazit und stecken Sie sich neue Ziele.
3. **Gestalten** Sie Ihr Portfolio leserfreundlich, indem Sie Name, Datum ... in die Kopfzeile eintragen, Ihre Gedanken in Abschnitte gliedern und mit Abschnittsüberschriften versehen.

*Jour fixe (Beratungsgespräch mit Lehrkraft)*

4. **Erläutern** Sie anhand des Entwicklungs-Portfolio-Mappe Ihren Lernfortschritt.

### Inhaltskategorien – Lernzuwachs reflektieren

**Ihre fachliche Weiterentwicklung:** *Die Schriftgutablage bedeutet ...*

**Ihre persönlichen Erfahrungen, Erlebnisse und Einsichten:** *Ich werde in Zukunft die Schriftgutablage auch zu Hause professionell organisieren, damit ...*

**Ihre (Lern-)Aktivitäten bzw. Lernstrategien/Arbeitsmethoden:** *Ich mache für die Präsentation Notizzettel, damit ...*

**Empfundene Behinderung beim Lernen:** *In der Gruppe lies die Aufmerksamkeit nach, weil ...*

**Wertungen, emotionale Äußerungen:** *Besonders Freude hatte ich, als mir die Sortieraufgabe ...*

**Schildern Sie innere Zustände wie Irritationen, Erleichterung, Spannungserleben etc.:** *Ich bin froh, dass mir die Informationsmappe Ablagesysteme ...*

**Resultierende Hoffnungen, Erwartungen, Wünsche, Vorhaben:** *Jetzt hoffe, das mir das neue Fachwissen in meinem Praktikum ...*

*(Vgl. Winter, 2004, S. 259)*

# Arbeitsplan

| | |
|---|---|
| **Kompetenzen** | • Kaufverträge unter Berücksichtigung von Rechtsnormen und Rechtsbegriffen abschließen<br>• Bei ausgewählten Kaufvertragsstörungen angemessen reagieren und Maßnahmen zu deren Beseitigung einleiten<br>• Eine einfache kaufmännische Kalkulation durchführen<br>• Zahlungsarten situationsgerecht auswählen<br>• Gefahren und Auswirkungen einer privaten Verschuldung erkennen und Lösungswege aufzeigen |
| **Inhalte** | • Rechtsgeschäfte<br>• Geschäftsfähigkeit<br>• Kaufvertrag<br>• ausgewählte Kaufvertragsstörungen<br>• kaufmännische Kalkulation<br>• Zahlungsarten<br>• Private Verschuldung |
| **Portfoliio** | ⇨ Glossar über die Rechtsbegriffe des Kaufvertrages<br>⇨ Grafik über Stufen der Geschäftsfähigkeit<br>⇨ Handzettel zum szenischen Spiel „Geschäftsfähigkeit"<br>⇨ Angebotsvergleich<br>⇨ Rollenkarten zum szenischen Spiel „Rechtsgeschäfte und Kaufvertrag"<br>⇨ Strukturbild „Zahlungsalternativen" |
| **Zeit** | Ca. 20 Präsenz-Stunden |

# Warm-up

**Was ist alles zu berücksichtigen, um ein neues Handy zu kaufen?**

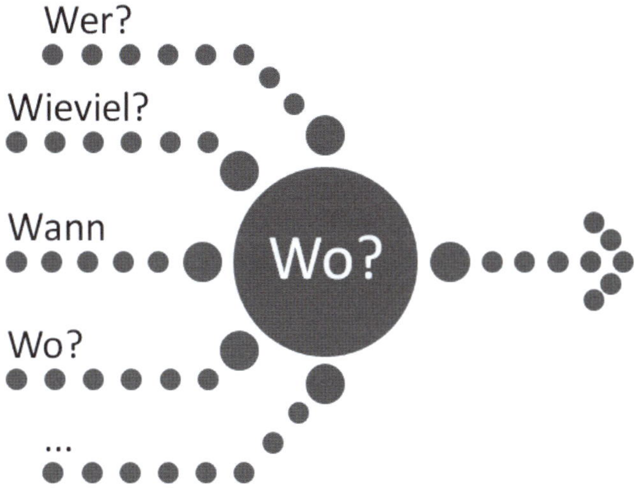

## 7.1 Lernaufgabe

Sie sind seit einigen Tagen Praktikant im Bürobedarf Hauser & Schulte GmbH in Trier. Momentan sind Sie in der Abteilung Einkauf eingesetzt und werden in die alltägliche Arbeit mit eingebunden. Zurzeit wird die Produktpalette um Telefone und passendes Zubehör erweitert. Aus diesem Grund beauftragt Sie die Sachbearbeiterin Frau Schönfeld WLAN-Headsets telefonisch zu ordern. Über diesen Auftrag sind Sie ganz verwundert, da erst kürzlich bei dem Kauf eines Handys Ihre Eltern einwilligen mussten.

**Planen** Sie nun Ihren **Lernprozess**, indem Sie am Rand dieser Lernaufgabe die entsprechenden Buchstaben der jeweils benötigten Lernstrategie notieren.

### *Wer darf Kaufverträge abschließen?*

## Arbeitsauftrag

*Einzelarbeit*

1. **Erschließen** Sie den Text **Rechtssubjekte und Ihre Fähigkeiten** (Seite 173) und erstellen Sie ein Glossar (zweispaltige Tabelle - links den Fachbegriff und rechts die Erläuterung) über die verwendeten Rechtsbegriffe.

*Tandem*

2. **Erklären** Sie sich gegenseitig die verschiedenen Rechtssubjekte.
3. **Erstellen** Sie ein Organigramm über die Rechtssubjekte und ihre Rechtsfähigkeit. Schließen Sie Ihr Organigramm mit konkreten Beispielen ab.

*Einzelarbeit*

4. **Erschließen** Sie den Text **Stufen der Geschäftsfähigkeit** (Seite 173) und ergänzen Sie Ihr Glossar.

*Zwei Tandems*

5. **Tauschen** Sie sich über die neuen Fachbegriffe aus.
6. **Entwickeln** Sie zum Thema Geschäftsfähigkeit ein kleines szenisches Spiel, binden Sie möglichst viele Fachbegriffe aus Ihrem Glossar mit ein. Wählen Sie zwei konkrete Beispiele zu unterschiedlichen Stufen der Geschäftsfähigkeit aus (Ihre Mitschüler sollen die Stufen der Geschäftsfähigkeit bestimmen). Halten Sie den Ablauf Ihres Spiels mit den entsprechenden Fachbegriffen auf einem Handzettel fest.
7. **Üben** Sie das szenische Spiel – jeder spielt mit.

*Plenum*

8. **Stellen** Sie Ihr szenisches Spiel vor.
9. **Lassen** Sie die Stufen der Geschäftsfähigkeit vom Plenum bestimmen und sich ein Feedback geben, ob Ihr Beispiel korrekt ausgewählt war und Sie treffende Fachbegriffe verwendet haben.
10. **Legen** Sie sich fest, ob Sie die WLAN-Headsets eigenständig ordern dürfen.

*Einzelarbeit*

11. **Gestalten** Sie für Ihre Entwicklungs-Portfolio-Mappe einen Zeitstrahl zu den Stufen der Geschäftsfähigkeit.
12. **Heften** Sie Ihr Glossar, Ihr Organigramm über die Rechtssubjekte, Ihren Zeitstrahl und Ihren Ablaufplan zum szenischen Spiel zu den Stufen der Geschäftsfähigkeit ab.

## 7.2 Lernaufgabe

Mittlerweile wurden verschiedene **Anfragen** (Seite 175) über WLan-Headsets gestellt, woraufhin drei Angebote zum Vergleichen vorliegen. Herr Raimann beauftragt Sie die Angebote zu sichten und auszuwerten. Er erwartet von Ihnen, dass Sie ihm mitteilen, welcher Anbieter das beste Preis-Leistungs-Verhältnis hat.

**Planen** Sie nun Ihren **Lernprozess**, indem Sie am Rand dieser Lernaufgabe die entsprechenden Buchstaben der jeweils benötigten Lernstrategie notieren.

### *Welcher Lieferant erhält die Bestellung?*

## Arbeitsauftrag

*Tandem*

1. **Informieren** Sie sich über das **Angebot und seine Mindestbestandteile** (Seite 175) und die **Gültigkeit eines Angebotes** (Seite 176) – teilen Sie sich diese Texterschließung. Erweitern Sie Ihr Glossar, verwenden Sie zu jedem Fachbegriff ein Beispiel.
2. **Erläutern** Sie Ihrem Partner die Fachbegriffe aus Ihrem Textabschnitt und suchen Sie gemeinsam weitere Beispiele. Jeder ergänzt die ihm fehlenden Fachbegriffe zu Anfrage und Angebot in seinem persönlichen Glossar.
3. **Legen** Sie ein Strukturbild zu Anfrage und Angebot. Verwenden Sie die Fachbegriffe aus Ihrem Glossar. (Schreiben Sie die Begriffe auf kleine A8-Kärtchen. Ordnen Sie die Begriffe nach Anfrage und Angebot, sortieren Sie sinnvoll, sodass Sie anhand Ihres Strukturbildes den Zusammenhang der Begriffe erläutern können.)

*Gruppenarbeit (zwei Tandems)*

4. **Erläutern** Sie mithilfe Ihres Strukturbildes das Hintergrundwissen von Anfrage und Angebot.
5. **Optimieren** Sie ein gemeinsames Strukturbild. Bereiten Sie es für einen Museumsgang vor – jede Gruppe stellt ein Teammitglied ab, der den anderen das Strukturbild erläutert – die Übrigen informieren sich an den anderen Stationen.

*Plenum (Museumsgang)*

6. **Lassen** Sie sich von den anderen Gruppen Ihr Strukturbild erklären.
7. **Reflektieren** Sie im Plenum die gesehenen Strukturbilder.

*Einzelarbeit*

8. **Sichten** Sie die drei **Angebote über WLAN-Headsets**, wählen Sie ein beliebiges davon aus und markieren die Mindestbestandteile für ein Angebot.

9. **Erstellen** Sie eine Tabelle. In die erste Spalte kommen Mindestbestandteile – übernehmen Sie in der zweiten bis vierten Spalte die konkreten Angaben der vorliegenden Angebote.

| Angebotsvergleich | | | |
|---|---|---|---|
| Min. | An1 | An2 | An3 |
| | | | |

*Tandem*

10. **Entscheiden** Sie sich für eines der Angebote, begründen Sie Ihre Entscheidung.

11. **Bereiten** Sie sich auf die Präsentation vor, indem einer die Mindestbestandteile erläutert und der andere Ihre Entscheidung schlüssig begründet.

*Plenum*

12. **Präsentieren** Sie überzeugend Ihrem Praktikumsbetreuer Ihren Angebotsvergleich und Ihre Entscheidung.

13. **Diskutieren** Sie die Entscheidung des Tandems.

*Einzelarbeit*

14. **Heften** Sie Ihren korrekten Angebotsvergleich in Ihre Entwicklungs-Portfolio-Mappe ab.

R & B
Sektkellerei

Rothenberg & Baumann GmbH- Im Blegel 28 - 60328 Frankfurt

Bürobedarf
Hauser & Schulte GmbH
Herrn Horst Raimann
Balduinstraße 15
54290 Trier

Ihr Zeichen:
Ihre Nachricht vom: 3. Oktober 20..
Unser Zeichen: hm
Unsere Nachricht vom:

Name: Heinrich Meierhofen
Telefon: 069 587412-36
Telefax: 069 587412-50
E-Mail: info@rothenberg-baumann.de
Internet: www.rothenberg-baumann.de

Datum: 4. Oktober 20..

**Angebot über WLAN-Headsets**

Sehr geehrter Herr Raimann,

wir bedanken uns für das angenehme Telefonat und Ihr Interesse an unserem Artikel. Wie vereinbart unterbreiten wir Ihnen gerne folgendes Angebot ohne jegliche Gewähr:

- 1.500 WLAN-Headsets „sound"; Modellnummer: WH-S-100
- Je 500 Stück á 72,00 EUR
- Versandkosten 0,01 EUR pro Stück
- Verpackungskosten entstehen keine
- Lieferbar innerhalb von 14 Tagen
- Zahlung sofort nach Erhalt der Ware

Ermöglichen Sie es uns, Sie von unserer Leistung zu überzeugen und erteilen uns Ihren Auftrag.

Mit freundlichen Grüßen

Sektkellerei
Rothenberg & Baumann GmbH

i. A. *H. Meierhofen*

Heinrich Meierhofen

Im Blegel 28
60328 Frankfurt

info@rothenberg-baumann.de
www.rothenberg-baumann.de

Telefon: 069 587412-36

Telefax: 069 587412-50

IBAN: DE83 5008 0000 0097 6271 00
BIC: COBADEFFXXX

Steuer-Nr. DE158713682587
USt-IDNr. 15/5874/3654

# Papier Klaus

Papier Klaus GmbH - Hochstraße 143 a - 54290 Trier

Bürobedarf
Hauser & Schulte GmbH
Balduinstraße 15
54290 Trier

Ihr Zeichen:
Ihre Nachricht vom: 03.10.20..
Unser Zeichen: pk-kl
Unsere Nachricht vom:

Name: Peter Klaus
Telefon: 0651 897412-47
Telefax: 0651 897412-48
E-Mail: info@papier-klaus.de
Internet: www.papier-klaus.de

Datum: 04.10.20..

**Angebot: WLAN-Headsets „easy use"**

Sehr geehrte Damen und Herren,

bezugnehmend auf unser gestriges Telefonat informieren wir Sie heute freibleibend über unser exklusives Angebot:

- Artikel: WLAN-Headset „easy use"
- Modellnummer: Weu-478911
- Anzahl: 1.500 Stück
- Stückpreis: 74,00 EUR
- Verpackungskosten: 127,00 EUR
- Versandkosten: 0,00 EUR
- Lieferzeit: 8 Tage
- Zahlungsbedingungen: innerhalb von 10 Tagen per Überweisung

Bei Rückfragen stehe ich Ihnen gerne zur Verfügung. Ihren Auftrag werden wir sorgfältig ausführen und verbleiben bis dahin

mit freundlichen Grüßen

*Peter Klaus*

Peter Klaus

Hochstraße 143 a
54290 Trier

info@papier-klaus.de
www.papier-klaus.de

Telefon: 0651 897412-47

Telefax: 0651 897412-48

IBAN: DE08 5855 1221 0666 2199 22
BIC:: TRISDE55XXX

Steuer-Nr. DE158598712587
USt-IDNr. 19/7974/3687

Deko-Ideen Schlei

Deko-Ideen Schlei OHG - Zum Hügel 68 - 66111 Saarbrücken

Bürobedarf
Hauser & Schulte GmbH
Herrn Horst Raimann
Balduinstraße 15
54290 Trier

Ihr Zeichen:
Ihre Nachricht vom: 20..-10-03
Unser Zeichen: mf
Unsere Nachricht vom:

Name: Margret Fuhrmann
Telefon: 0681 159312-91
Telefax: 0681 159312-89
E-Mail: info@deko-schlei.de
Internet: www.deko-schlei.de

Datum: 20..-10-04

**Angebot Nr. 18 über WLAN-Headset „classic"**

Sehr geehrter Herr Raimann,

vielen Dank für Ihre Anfrage. Wir freuen uns Ihnen unverbindlich nachstehendes Angebot zu unterbreiten:

Unsere WLAN-Headsets „classic" (Artikelnummer W-cla-2398) liefern wir Ihnen zu dem Vorteilspreis von 76,00 EUR/Stück. Bei einer Abnahme von 1.500 Stück innerhalb von 3 Wochen. Ab einem Bestellwert von 100.000,00 EUR berechnen wir weder Verpackung noch Versand. Zudem gewähren wir Ihnen einen Mengenrabatt von 10 Prozent, bei einer Abnahme ab 1.000 Stück. Die Lieferung erfolgt innerhalb von 8 Tagen nach Bestellungseingang. Aufgrund unserer langjährigen Geschäftsbeziehung räumen wir Ihnen ein Zahlungsziel von 30 Tagen ein. Ihre Rechnung begleichen Sie bitte per Überweisung.

Gerne bearbeiten wir Ihre Bestellung und verbleiben bis dahin

mit freundlichen Grüßen aus Saarbrücken

Deko-Ideen Schlei OHG

*i. A. M. Fuhrmann*

*Margret Fuhrmann*

Am Hügel 68
66111 Saarbrücken

info@deko-schlei.de
www.deko-schlei.de

Telefon: 0681 159312-91

Telefax: 0681 159312-89

IBAN: DE85 8905 0101 0580 0812 32
BIC: SAKS DE 55XXX

Steuer-Nr. DE1589713663287
USt-IDNr. 21/9894/3698

## 7.3 Lernaufgabe

Sie haben Herrn Raimann Ihren Angebotsvergleich und die Entscheidung unterbreitet. Er ist begeistert und akzeptiert Ihren Vorschlag. Nun gilt es einen konkreten Kaufvertrag abzuschließen.

**Planen** Sie nun Ihren **Lernprozess**, indem Sie am Rand dieser Lernaufgabe die entsprechenden Buchstaben der jeweils benötigten Lernstrategie notieren.

### *Wie schließen Sie einen rechtsgültigen Kaufvertrag ab?*

## Arbeitsauftrag

*Tandem*

1. **Informieren** Sie sich über die **Rechtsgeschäfte** (Seite 177) und den **Kaufvertrag** (Seite 178) – teilen Sie sich diese Texterschließung. Erweitern Sie wiederum Ihr Glossar, erläutern Sie die Fachbegriffe mit Ihren eigenen Worten.
2. **Erklären** Sie Ihrem Partner die Fachbegriffe aus Ihrem Textabschnitt. Jeder ergänzt die ihm fehlenden Fachbegriffe in seinem persönlichen Glossar.
3. **Legen** Sie ein Strukturbild zu Rechtsgeschäften und Kaufvertrag. Verwenden Sie die Fachbegriffe aus Ihrem Glossar. (Schreiben Sie die Begriffe auf kleine A8-Kärtchen. Ordnen Sie die Begriffe nach Rechtgeschäfte und Kaufvertrag, sortieren Sie sinnvoll, sodass Sie anhand Ihres Strukturbildes den Zusammenhang der Begriffe erläutern können.)

*Gruppenarbeit (zwei Tandems)*

4. **Erläutern** Sie mithilfe Ihres Strukturbildes das Hintergrundwissen von Rechtsgeschäften und Kaufvertrag.
5. **Optimieren** Sie ein gemeinsames Strukturbild. Bereiten Sie es für einen Museumsgang vor – jede Gruppe stellt ein Teammitglied ab, der den anderen das Strukturbild erläutert – die Übrigen informieren sich an den anderen Stationen.

*Plenum (Museumsgang)*

6. **Lassen** Sie sich von den anderen Gruppen Ihr Strukturbild erklären.
7. **Reflektieren** Sie im Plenum die gesehenen Strukturbilder.

*Tandem*

8. **Entwickeln** Sie ein szenisches Spiel zum Kaufvertrag. **Schreiben** Sie sich Rollenkarten, begründen Sie auf diesen die Entscheidung für Ihr Beispiel.
9. **Üben** Sie Ihre Szene.

*Plenum (Losverfahren)*

10. **Stellen** Sie Ihre Szene vor.
11. **Lassen** Sie das Plenum begründen, ob und wie der Kaufvertrag zustande gekommen ist.
12. **Reflektieren** Sie anhand Ihres Glossars die jeweilige Szene.

 

13. **Legen** Sie Schwerpunkte fest, worauf sich das nächste Tandem konzentrieren soll.
14. **Korrigieren** Sie anhand des szenischen Spiels die Begründungen auf Ihren Rollenkarten.

*Einzelarbeit*

15. **Heften** Sie Ihr korrekte Rollkarten mit Begründungen in Ihre Entwicklungs-Portfolio-Mappe ab.

## 7.4 Lernaufgabe

Heute haben Sie die Lieferung der bestellten WLAN-Headsets erhalten. Wie es Ihre Pflicht ist, haben Sie die Lieferung sofort geprüft. Dabei ist Ihnen aufgefallen, dass an allen Headsets der Bügel abgebrochen ist, in den der Nutzer spricht. Eine Verwendung ist so nicht möglich. Sie informieren Herrn Raimann über die fehlerhafte Lieferung. Er nimmt seinerseits sofort telefonisch Kontakt mit Ihrem Lieferanten auf.

**Planen** Sie nun Ihren **Lernprozess**, indem Sie am Rand dieser Lernaufgabe die entsprechenden Buchstaben der jeweils benötigten Lernstrategie notieren.

### *Wie reagieren Sie auf mangelhafte Lieferungen?*

## Arbeitsauftrag

*Einzelarbeit*

1. **Erschließen** Sie den Text **Kaufvertragsstörungen am Beispiel der Schlechtleistung** (Seite 179). Erweitern Sie Ihr Glossar um die neuen Fachbegriffe, indem Sie diese mit eigenen Worten erklären.

*Tandem*

2. **Vergleichen** Sie Ihr Glossar und korrigieren Sie ggf.
3. **Gehen** Sie nun arbeitsteilig vor. Ein Partner erstellt ein Organigramm zu den Reaktionsmöglichkeiten auf die Schlechtleistung der andere Partner erstellt eine Mind-Map zu den weiteren Kaufvertragsstörungen.
4. **Stellen** sie sich gegenseitig Ihre Arbeitsergebnisse vor. Beantworten Sie offene Fragen Ihres Partners fachlich korrekt.

*Einzelarbeit*

5. **Ergänzen** bzw. korrigieren Sie ggf. Ihr Glossar.

*Tandem*

6. **Entscheiden** Sie gemeinsam, welche Forderung Herr Raimann an Ihren Lieferanten stellen kann. Nehmen Sie eventuell Ihr Organigramm über die Schlechtleistungen zu Hilfe.

7. **Verfassen** Sie gemeinsam eine schriftliche Mängelrüge, die Sie Herrn Raimann übergeben, falls die telefonische Mitteilung über die fehlerhaften Headsets nicht ausreicht. Achten Sie sowohl auf Ausdruck als auch auf Rechtschreibung und Zeichensetzung.
8. **Bereiten** Sie sich auf Ihre Präsentation im Plenum vor. Ein Partner stellt Ihr Anschreiben vor, der andere Partner begründet nachvollziehbar welche Forderung Herr Raimann an Ihren Lieferanten stellen kann.

*Plenum*

9. **Stellen** Sie Ihre Arbeitsergebnisse vor. Stehen Sie für Rückfragen zur Verfügung.
10. **Geben** Sie dem Tandem ein konstruktives Feedback.
11. **Einigen** Sie sich bei abweichenden Vorschlägen.

*Einzelarbeit*

12. **Halten** Sie das Plenumsergebnis in Ihren Unterlagen schriftlich fest.
13. **Heften** Sie Ihre korrekte Mängelrüge in Ihre Entwicklungs-Portfolio-Mappe ab.

## 7.5 Lernaufgabe

Bei der Warenprüfung mussten Sie die einzelnen WLAN-Headsets sichten. Dabei ist Ihnen aufgefallen, dass nicht nur Unmengen an Pappkarton anfallen, die Bestandteil der Umverpackung sind, sondern vielmehr auch jedes Headset in eine Plastikfolie gewickelt ist. Auf Ihre Rückfrage an Herrn Raimann was damit geschieht antwortet er Ihnen, dass Ihr Lieferant entweder alle Bestandteile der Umverpackung wieder zurücknimmt oder die Hauser & Schulte GmbH für die Entsorgung verantwortlich ist.

**Planen** Sie nun Ihren **Lernprozess**, indem Sie am Rand dieser Lernaufgabe die entsprechenden Buchstaben der jeweils benötigten Lernstrategie notieren.

## *Was macht ein Unternehmen mit den vielen Verpackungen?*

# Arbeitsauftrag

| Gruppenarbeit | Allgemeines |
|---|---|
| **Teilen** Sie sich in der Gruppe die Themen auf:<br><br>1. Verpackungsarten<br>2. Entsorgung/ Recycling<br>3. Rücktransport | **Zeit**<br>Fünf Minuten Vortrag mit ca. fünf Minuten Besprechungsphase je Referent(in).<br>**Absprache**:<br>Spätestens zwei Wochen vor dem Termin die gemeinsame Gliederung der Lehrkraft kurz vorstellen.<br>**Vortrag**<br>Bitte das Referat nicht vollständig ablesen; das Vorlesen von Zitaten ist natürlich erlaubt.<br>**Besprechungsphase**<br>Bereiten Sie für Ihre Mitschüler(innen) ein Aufgabenblatt zu Ihrem Thema vor, um Ihren Vortrag zu reflektieren.<br>**Bewertung**<br>Grundlage sind Bewertungskriterien der nachfolgenden Seite |

*Einzelarbeit*

1. **Informieren** Sie sich zum Thema **Referat halten** (Seite 228).
2. **Besorgen** Sie sich zusätzliches Informationsmaterial zu Ihrem Thema (Fachbuch, Internet).
3. **Erstellen** Sie ein Referat über Ihr ausgesuchtes Thema. Zitieren Sie Ihre Quellen im Text (Denken Sie auch an das Literaturverzeichnis) – veranschaulichen Sie Ihre Ausführungen mit Medien.

*Gruppenarbeit*

4. **Stellen** Sie die Referate zu einem gemeinsamen Dokument zusammen.
5. **Finden** Sie eine gemeinsame Einleitung und überlegen Sie sich eine Werbekampagne für einen Artikel Ihres Unternehmens, die Sie in Ihrem Schlusswort begründet vorstellen.
6. **Erstellen** Sie zur Unterstützung Ihres Vortrages einen Programmablauf (Pinnwand/Flipchart/Plakat).
7. **Bereiten** Sie sich auf die Präsentation vor. Wählen Sie Sprecher für die Einleitung und das Schlusswort – ansonsten stellt jeder seine eigene Ausarbeitung vor.

*Plenum*

8. **Präsentieren** Sie Ihr gemeinsames Referat „Entsorgung von Verpackungsabfällen"
9. **Reflektieren** Sie den Vortrag mithilfe des Bewertungsrasters.
10. **Korrigieren** Sie ggf. Ihr Referat und heften es mit Ihrem Programmablauf in Ihre Entwicklungs-Portfolio-Mappe ab.

# Bewertungsraster zur Präsentation des Referates

## Wohin mit der Verpackung?

| | (Leistung je Schwerpunkt individuell gewichten) | Punkte gesamt |
|---|---|---|
| Präsentation | Das Publikum fühlte sich angesprochen – Zielgruppenanalyse umgesetzt | 25/ |
| | Der Auftritt wirkte überzeugend – z. B. aufrechte Körperhaltung | |
| | Der Vortrag wurde verständlich dargeboten | |
| | Referat wurde nicht wörtlich wiedergegeben, sondern Stichworte genutzt | |
| | Die zusätzlich genutzten Medien wurden harmonisch eingebunden | |
| | ... | |
| Inhalt | Die Inhalte wurden präzise und einprägsam vorgestellt | 25/ |
| | Der Referatsabschnitt wurde in Einleitung, Hauptteil, Schluss gegliedert | |
| | Es wurde ein verständlicher Ausdruck gebraucht | |
| | Fachbegriffe wurden verwendet und erläutert | |
| | Das Aufgabenblatt machte den Vortrag transparent | |
| | Das Aufgabenblatt erhöht die Erinnerungsfähigkeit der Zuhörer | |
| | ... | |
| Gestaltung | Referat wurde durch anschauliche Medien unterstützt | 25/ |
| | Programmablauf wurde übersichtlich dargestellt | |
| | Publikum wurde aktiviert – z. B. Murmelpause | |
| | Aufgabenblatt wurde übersichtlich formatiert | |
| | ... | |
| | | |
| Das gemeinsame Referat | Die Einleitung führte zum Thema hin | 25/ |
| | Die Einzelteile des Referates fügten sich harmonisch zusammen | Gesamt: 100/ |
| | Der Referatsabschluss wies eine sinnvolle Zusammenfassung auf | |
| | ... | |

## 7.6 Lernaufgabe

Mittlerweile ist die Neulieferung der WLAN-Headsets bei der Hauser & Schulte GmbH eingetroffen. Die gesamte Lieferung ist fehlerfrei. Herr Raimann beauftragt Sie mit Begleichung der Rechnung. Sie haben so etwas noch nicht gemacht und müssen sich zunächst über die Zahlungsalternativen informieren.

**Planen** Sie nun Ihren **Lernprozess**, indem Sie am Rand dieser Lernaufgabe die entsprechenden Buchstaben der jeweils benötigten Lernstrategie notieren.

***Welche Möglichkeiten gibt es, eine Rechnung zu begleichen?***

## Arbeitsauftrag

*Einzelarbeit*

1. **Erschließen** Sie den Text **Zahlungsalternativen** (Seite 180). Erweitern Sie Ihr Glossar um die neuen Fachbegriffe, indem Sie diese mit eigenen Worten erklären.

*Partnerarbeit*

2. **Vergleichen** Sie Ihr Glossar und korrigieren Sie ggf.
3. **Strukturieren** Sie gemeinsam die möglichen Zahlungsalternativen in einem Strukturbild/Schaubild.
4. **Entscheiden** Sie gemeinsam, welche Zahlungsalternative für die Begleichung der Rechnung für die WLAN-Headsets geeignet ist. Begründen Sie schlüssig.
5. **Bereiten** Sie sich gemeinsam auf eine Präsentation vor. Einer stellt ihr erstelltes Schaubild vor der andere teilt dem Plenum ihre Entscheidung über eine Zahlungsalternative mit und begründet diese korrekt.

*Plenum*

6. **Stellen** Sie dem Plenum sowohl Ihr Schaubild als auch Ihre Entscheidung vor. Geben Sie dem Tandem ein konstruktives Feedback.
7. **Diskutieren** Sie bei abweichenden Zahlungsalternativen über die Gründe für Ihre Ergebnisse. Überdenken Sie eventuell Ihre Entscheidung.

*Einzelarbeit*

8. **Halten** Sie das Plenumsergebnis in Ihren Unterlagen schriftlich fest und heften Sie Ihr korrektes Schaubild in Ihre Entwicklungs-Portfolio-Mappe ab.

## 7.7 Lernaufgabe

Nachdem Sie die Rechnung der WLAN-Headsets beglichen haben, müssen Sie dafür sorgen, dass die Hauser & Schulte GmbH die Ware verkauft. Herr Raimann überträgt Ihnen die Aufgabe herauszufinden welcher Preis angemessen ist, d. h., dass alle entstandenen Kosten gedeckt werden und die Hauser & Schulte GmbH dazu noch Gewinn erzielt.

**Planen** Sie nun Ihren **Lernprozess**, indem Sie am Rand dieser Lernaufgabe die entsprechenden Buchstaben der jeweils benötigten Lernstrategie notieren.

***Zu welchem Preis wird das WLAN-Headset verkauft?***

## Arbeitsauftrag

*Einzelarbeit*

1. **Erschließen** Sie den Text **Ermittlung des Nettoverkaufspreises (Warenhandelskalkulation)** (Seite 185). Erweitern Sie Ihr Glossar um die neuen Fachbegriffe, indem Sie diese mit eigenen Worten erklären.

*Tandem*

2. **Vergleichen** Sie Ihr Glossar und korrigieren Sie ggf.
3. **Entwickeln** Sie zu zweit ein allgemeingültiges Schema zur Ermittlung des Nettoverkaufspreises. Gehen Sie dabei vom Listeneinkaufspreis aus, wie im Manual bereits dargestellt.

*Zweier-Tandem*

4. **Stellen** Sie sich gegenseitig ihr allgemeines Berechnungsschema (Rechenweg vom Listeneinkaufs- zum Nettoverkaufspreis) vor. Klären Sie offene Fragen.
5. **Diskutieren** Sie die Gründe bei abweichenden Vorgehensweisen.

*Einzelarbeit*

6. **Wenden** Sie Ihr Schema an und ermitteln Sie den Nettoverkaufspreis für WLAN-Headsets der „Hauser & Schulte GmbH“, wenn nachstehende Angaben gelten:

| | |
|---|---|
| Listeneinkaufspreis | 76,00 €/Stück |
| Mengenrabatt | 10 % |
| Skonto | kein Skontoabzug |
| Handlungskostenzuschlag | 25 % |
| Gewinnzuschlag | 10 % |
| Als Zahlungsbedingungen weisen die Rechnungen der „Hauser & Schulte GmbH „folgende Angabe aus: "Zahlbar innerhalb von 30 Tagen. Bei Zahlung innerhalb von 10 Tagen unter Abzug von 2 % Skonto." | |
| Die „Hauser & Schulte GmbH“ gewährt einen Treuerabatt von 10 % | |

*Tandem*

7. **Vergleichen** Sie sowohl Ihren Rechenweg als auch Ihr Ergebnis des Nettoverkaufspreises. Beantworten Sie sich gegenseitig offene Fragen und korrigieren ggf. Ihren Lösungsweg.

*Plenum*

8. **Stellen** Sie dem Plenum sowohl ihr allgemeines Berechnungsschema als auch ihre konkrete Ermittlung des Nettoverkaufspreises für die WLAN-Headsets vor.
9. **Geben** Sie dem Tandem ein konstruktives Feedback.
10. **Diskutieren** Sie bei Abweichungen im Schema bzw. in der Berechnung über die Gründe. Korrigieren Sie eventuell.

*Einzelarbeit*

11. **Halten** Sie das Plenumsergebnis in Ihren Unterlagen schriftlich fest.
12. **Heften** Sie Ihre Handelskalkulation zu den WLAN-Headsets in Ihre Entwicklungs-Portfolio-Mappe ab.

*Hausaufgabe*

13. **Bringen** Sie Ihr Glossar zum Abschluss der Lernaufgabe 7 in eine optisch ansprechende Form.

## 7.8 Reflexion des Lernzuwachses

Die siebte Lernsituation ist abgeschlossen und Sie möchten wiederum für Ihre persönliche Entwicklungs-Portfolio-Mappe Ihren derzeitigen Lernzuwachs reflektieren. Dazu setzen Sie sich erneut mit den Kerninhalten auseinander:

⇨ Angebotsvergleich erstellen
⇨ Kaufvertrag abschließen
⇨ Auf Kaufvertragsstörungen reagieren
⇨ Zahlungsmöglichkeiten auswählen

***Wie wickeln Sie einen Kaufvertrag ordnungsgemäß ab?***

## Arbeitsauftrag

*Einzelarbeit*

1. **Äußern** Sie sich aus den in der vergangenen Lernsituation gemachten Erfahrungen zu den unten stehenden Inhaltskategorien – **Lernzuwachs reflektieren** (Seite 229). Orientieren Sie sich an den Kerninhalten, nehmen Sie Ihre erstellten Handlungsprodukte zu Hilfe.
2. **Geben** Sie in der Einleitung wieder, womit Sie sich in dieser Lernsituation beschäftigt haben. Stellen Sie im Hauptteil Ihre Lernerfolge, -wege und -probleme dar. Ziehen Sie am Schluss ein Fazit und stecken Sie sich neue Ziele.
3. **Gestalten** Sie Ihr Portfolio leserfreundlich, indem Sie Name, Datum ... in die Kopfzeile eintragen, Ihre Gedanken in Abschnitte gliedern und mit Abschnittsüberschriften versehen.

*Jour fixe (Beratungsgespräch mit Lehrkraft)*

4. **Erläutern** Sie anhand der Entwicklungs-Portfolio-Mappe Ihren Lernfortschritt.

### Inhaltskategorien – Lernzuwachs reflektieren

**Ihre fachliche Weiterentwicklung:** *Wenn ich etwas bestelle, achte ich ... Bei beschädigter Ware ...*

**Ihre persönlichen Erfahrungen, Erlebnisse und Einsichten:** *Ich habe gemerkt, dass ich, bevor ich etwas kaufe ...*

**Ihre (Lern-)Aktivitäten bzw. Lernstrategien/Arbeitsmethoden:** *Durch den Einsatz des Ablaufplanes der Lesestrategie habe ich den Text ...*

**Empfundene Behinderung beim Lernen:** *Ich habe eine Sperre verspürt, mich mit dem doch anspruchsvollen Thema ...*

**Wertungen, emotionale Äußerungen:** *Ich bin froh, dass ich jetzt mehr über meine Rechte in Bezug auf ...*

**Schildern Sie innere Zustände wie Irritationen, Erleichterung, Spannungserleben etc.:** *Ich fühlte mich sehr angespannt, da ich zunächst nicht alles ...*

**Resultierende Hoffnungen, Erwartungen, Wünsche, Vorhaben:** *Ich hoffe, dass das neu gelernte Fachwissen mir im Praktikum ... (vgl. Winter, 2004, S. 259)*

# Arbeitsplan

| | |
|---|---|
| **Kompetenzen** | • Waren artgerecht lagern<br>• Waren kundenorientiert platzieren<br>• Waren verkaufswirksam präsentieren<br>• Werbemaßnahmen zielgruppenorientiert entwickeln |
| **Inhalte** | • Aufgaben der Lagerhaltung<br>• Lagerzonen und -bestand<br>• Grundsätze der Lagerhaltung<br>• Kosten der Lagerhaltung<br>• Werbemaßnahmen |
| **Portfolio** | • Anleitung zur Warenaufbewahrung<br>• Checkliste zur Warenpräsentation<br>• Strukturbild zu Werbemaßnahmen<br>• Werbeflyer<br>• Werbepräsentation |
| **Zeit** | Ca. 20 Stunden |

# Warm-up

***Wie muss Ware präsentiert werden, damit Sie diese kaufen?***

**Kleider**

**Konserven**

**Getränke**

**Gemüse**

**Tiefkühlpizza**

***Schuhe***

***Süßigkeiten***

Duschgel

Milch

**Obst**

## 8.1 Lernaufgabe

Nachdem eine mangelfreie Lieferung der WLAN-Headsets bei Ihnen eingetroffen ist, erhalten Sie von Herrn Raimann den Auftrag, die gesamte Anzahl ordnungsgemäß zu lagern. Im Lager versuchen Sie sich einen Überblick zu verschaffen, wie Sie die Headsets lagern können. Auf den ersten Blick wirkt dort alles unübersichtlich auf Sie. Der Lagerhalter hat keine Zeit Auskunft zu geben, sodass Sie sich selbst helfen müssen.

**Planen** Sie nun Ihren **Lernprozess**, indem Sie am Rand dieser Lernaufgabe die entsprechenden Buchstaben der jeweils benötigten Lernstrategie notieren.

***Wo und wie bewahren Sie die Ware artgerecht auf?***

## Arbeitsauftrag

*Einzelarbeit/Tandem*

1. **Erschließen** Sie arbeitsteilig den Text. Einer übernimmt sowohl die **Aufgaben der Lagerhaltung** (Seite 187) als auch die **Lagerzonen** (Seite 187). Der andere die **Grundsätze der Lagerhaltung** (Seite 188).
2. **Erstellen** Sie zur Strukturierung der Informationen jeweils eine Mind-Map.

*Tandem*

3. **Informieren** Sie sich gegenseitig mithilfe Ihrer Mind-Maps über die gewonnenen Informationen zum Thema Lager. Beantworten Sie Ihrem Partner offene Fragen.
4. **Erstellen** Sie mithilfe Ihrer Einzel-Mind-Maps eine Anleitung zur korrekten Warenaufbewahrung, die alle Ihnen bekannten Informationen über die Lagerhaltung zusammenfasst. Ergänzen Sie Ihre Anleitung durch geeignete Beispiele, die Sie ggf. visualisieren.

*Zwei Tandems*

5. **Stellen** Sie sich gegenseitig die Anleitungen vor, klären Sie Unklarheiten und korrigieren Sie ggf.
6. **Wählen** Sie die verständlichste Anleitung aus und bereiten Sie sich auf eine lebendige Präsentation vor.

*Plenum (Losverfahren)*

7. **Präsentieren** Sie Ihr Ergebnis.
8. **Nehmen** Sie konstruktives Feedback aus dem Plenum entgegen und stehen Sie für Rückfragen zur Verfügung.

*Einzelarbeit*

9. **Halten** Sie das Plenumsergebnis in Ihren Unterlagen schriftlich fest und heften Sie Ihr korrektes Ergebnis in Ihre Entwicklungs-Portfolio-Mappe ab.

## 8.2 Lernaufgabe

Ware, die sich lediglich im Lager befindet, verkauft sich nicht. Herr Raimann überträgt ihnen die Aufgabe, die WLAN-Headsets so auszustellen, dass Kunden der Hauser & Schulte GmbH auf die Erweiterung der Produktpalette aufmerksam werden.

**Planen** Sie nun Ihren **Lernprozess**, indem Sie am Rand dieser Lernaufgabe die entsprechenden Buchstaben der jeweils benötigten Lernstrategie notieren.

***Wie verkaufen Sie die Ware kundenorientiert und werbewirksam?***

## Arbeitsauftrag

*Partnerarbeit*

1. **Suchen** Sie sich einen Partner, der sich mit Ihnen die Informationstexte **Werbewirksame Warenpräsentation** (Seite 189) sowie **Grundsätze der Warenpräsentation** (Seite 190) teilt.

*Einzelarbeit*

2. **Verfassen** Sie einen Handzettel, mit dessen Hilfe Sie Ihren Partner informieren können.

*Partnerarbeit*

3. **Tauschen** Sie sich mit Ihrem Partner aus und beantworten Sie seine Fragen.

*Einzelarbeit*

4. **Halten** Sie sowohl Ihre Notizen als auch die Notizen Ihres Partners schriftlich in Ihrer Entwicklungs-Portfolie-Mappe fest.

*Partnerarbeit*

5. **Erstellen** Sie gemeinsam mit Ihrem Partner eine Checkliste über die Warenpräsentation. Beachten Sie dabei sowohl die Präsentation im als auch außerhalb eines Regals, die Anordnungskriterien und Grundsätze. Arbeiten Sie sorgfältig.

| Nr. | Frage | Empfinde ich als gelungen, weil … | Es besteht Handlungsbedarf, weil … |
|---|---|---|---|
| 1 | Wird der Preis deutlich sichtbar gezeigt? | | |
| 2 | ... | | |

*Vierer-Gruppe oder Plenum*

6. **Stellen** Sie Ihre Checkliste vor. Begründen Sie dabei die von Ihnen formulierten Fragestellungen. Diskutieren Sie gemeinsam, ob alle Fragen geeignet sind und welche Antworten Sie sich erhoffen.
7. **Entscheiden** Sie sich für eine gemeinsame Checkliste.

*Einzelarbeit*

8. **Halten** Sie die zusammen erstellte Checkliste in Ihrer Entwicklungs-Portfolio-Mappe fest.

*Hausaufgabe*

9. **Testen** Sie Ihre Checkliste in der Realität, indem Sie sich, eventuell zu zweit, auf den Weg machen. Suchen Sie sich ein Geschäft aus (Lebensmittel-, Kleidergeschäft, …). Prüfen Sie vor Ort, ob die Kriterien zur Warenpräsentation erfüllt werden.
10. **Stellen** Sie Ihr Ergebnis in der nächsten Stunde der gesamten Klasse vor. (Losverfahren) Seien Sie also auf eine fachlich richtige und überzeugende Präsentation vorbereitet.
11. **Diskutieren** Sie über Ihre Erlebnisse und reflektieren Sie Ihren Fragebogen.
12. **Bringen** Sie den ggfs. korrigierten Fragebogen in eine ansprechende Form und heften ihn in Ihrer Entwicklungs-Portfolio-Mappe ab.

## 8.3 Lernaufgabe

Herr Raimann ist mit dem Umsatz der WLAN-Headsets unzufrieden. Trotz der in den Ausstellungsräumen der Hauser & Schulte GmbH gelungenen Präsentation läuft der Verkauf schleppend. Dies möchte Herr Raimann ändern. Aus diesem Grund erteilt er Ihnen den Auftrag eine passende Produktinformation zu entwerfen und ihm vorzustellen. Doch dazu müssen Sie sich zunächst informieren.

**Planen** Sie nun Ihren **Lernprozess**, indem Sie am Rand dieser Lernaufgabe die entsprechenden Buchstaben der jeweils benötigten Lernstrategie notieren.

***Wie werden Werbemaßnahmen zielgruppenorientiert entwickelt?***

## Arbeitsauftrag

*Gruppenarbeit (Vierer-Team – Losverfahren)*

1. **Suchen** Sie sich drei weitere Gruppenmitglieder.

*Einzelarbeit*

2. **Lesen** Sie den gesamten Text, d. h. die Bereiche **Marktforschung** (Seite 191), **Werbeziele** (Seite 192), **-grundsätze** (Seite 192) sowie **Werbemittel und -träger** (Seite 192).
3. **Spezialisieren** Sie sich in Absprache mit den anderen Mitgliedern auf einen Bereich, sodass Sie die übrigen Gruppenmitglieder fachlich korrekt informieren können. Überlegen Sie sich zur Kontrolle drei offene Fragen, die Ihre Gruppenmitglieder umfangreich beantworten sollen. Erstellen Sie einen Lösungsvorschlag.

*Gruppenarbeit (Vierer-Team)*

4. **Stellen** Sie Ihren Themenbereich umfangreich vor und lassen Sie anschließend die Fragen von Ihren Teammitgliedern schriftlich beantworten. Führen Sie diesen Ablauf für jedes Thema durch.
5. **Kontrollieren** Sie sich gegenseitig, korrigieren Sie ggf.

*Plenum (Gruppenwettbewerb)*

6. **Stellen** Sie den anderen Gruppen eine Ihrer Fragen. Bei richtiger Antwort erhält diese Gruppe einen Punkt und darf die nächste Frage stellen. Bei falscher Antwort erhält die fragende Gruppe einen Punkt und darf die nächste Frage stellen.

*Einzelarbeit*

7. **Entwerfen** Sie auf einem A4-Blatt eine Produktinformation zu den WLAN-Headsets. Beachten Sie dabei die Grundsätze der Werbung, die typografischen Regeln und das Corporate Design von Hauser & Schulte.

*Gruppenarbeit (Dreierteam)*

8. **Vergleichen** Sie Ihre Ergebnisse und erstellen Sie eine optimierte Produktinformation. Bereiten Sie sich auf ein Beratungsgespräch vor. Bestimmen Sie für die Präsentation (Markt der Möglichkeiten) die Reihenfolge der Berater.

*Plenum* **(Markt der Möglichkeiten – wechselnde Betreuung)**

9. **Gehen** Sie zu den anderen Infoständen und lassen Sie sich die Ergebnisse erläutern.
10. **Diskutieren** Sie im Plenum, wer die Anforderungen an eine Produktinformation am besten umgesetzt hat.

*Einzelarbeit*

11. **Heften** Sie Ihre korrigierte Produktinformation in Ihre Entwicklungs-Portfolio-Mappe.

## 8.4 Lernaufgabe

Der erste Versuch einen Werbeträger zu gestalten, ist Ihnen schon gut gelungen. Nun sollen Sie für den Verkaufsraum noch eine Monitor-Werbung zusammenstellen.

**Planen** Sie nun Ihren **Lernprozess**, indem Sie am Rand dieser Lernaufgabe die entsprechenden Buchstaben der jeweils benötigten Lernstrategie notieren.

***Wie erstellen Sie eine werbewirksame Monitor-Werbung für den Verkaufsraum?***

## Arbeitsauftrag

*Einzelarbeit*

1. **Informieren** Sie sich über die **Gestaltungsregeln für digitale Präsentationen** (Seite 237).
2. **Erstellen** Sie eine Checkliste.

*Tandem*

3. **Vergleichen** Sie die Checklisten.
4. **Entwickeln** Sie eine digitale Werbepräsentation für die WLAN-Headsets, indem Sie zunächst die Inhalte planen – skizzieren Sie handschriftlich. Es kann Text, statische Bilder, bewegte Animationen, Filme oder die Komposition aus mehreren eingesetzt werden. Die **Kioskpräsentation** (beginnt automatisch von vorne) darf nicht länger als 20 bis 30 Sekunden dauern.
5. **Erstellen** Sie die Präsentation mit einem einheitlichen Foliendesign (**Masterfolie** – Corporate Design – Firmenlogo).
6. **Beachten** Sie die Gestaltungsregeln hinsichtlich: Normung, Typografie und digitale Präsentationen.
7. **Suchen** Sie passende Grafiken im Internet – denken Sie an das Urheberrecht.
8. **Animieren** Sie sparsam, richten Sie Ihre Bildschirmpräsentation mit einem automatischen **Folienübergang** und einer automatischen **Wiederholung** ein.

*Gruppenarbeit (zwei Tandems)*

9. **Überprüfen** Sie gemeinsam, ob Sie die Gestaltungsregeln beachtet haben.
10. **Bereiten** Sie sich auf ein Beratungsgespräch vor, indem Sie sich Notizen machen über Ihre planerische, technische sowie gestalterische Vorgehensweise. Bestimmen Sie für den „Markt der Möglichkeiten" die Reihenfolge der Berater.

*Plenum* **(Markt der Möglichkeiten – wechselnde Betreuung)**

11. **Gehen** Sie zu den anderen Infoständen und lassen Sie sich die Ergebnisse erläutern.
12. **Diskutieren** Sie im Plenum, wer die Anforderungen an eine Monitor-Werbung am besten umgesetzt hat.

*Plenum*

13. **Präsentieren** Sie Ihre Monitor-Werbung und lassen Sie sich vom Plenum ein Feedback geben.

*Einzelarbeit*

14. **Drucken** Sie Ihre Monitor-Werbung aus und heften sie mit Ihren Notizen in Ihrer Entwicklungs-Portfolie-Mappe ab.

## 8.5 Lernaufgabe

Sie sind nun bereits seit einigen Monaten bei der Hauser & Schulte GmbH beschäftigt, sodass Ihnen Herr Raimann immer mehr zutraut. Herr Raimann möchte von Ihnen, dass Sie eine Kundenberatung durchführen und die Ware der Hauser & Schulte GmbH entsprechend präsentieren. Auch hierfür müssen Sie sich erst informieren.

**Planen** Sie nun Ihren **Lernprozess**, indem Sie am Rand dieser Lernaufgabe die entsprechenden Buchstaben der jeweils benötigten Lernstrategie notieren.

### *Worauf achten Sie bei der Kundenberatung?*

## Arbeitsauftrag

*Tandem*

1. **Informieren** Sie sich über die **Erwartungen und Wünsche der Kunden** (Seite 193) sowie die **Grundsätze der Warenvorlage** – teilen Sie sich diese Texterschließung.

*Einzelarbeit*

2. **Erstellen** Sie zu Ihrem Textabschnitt eine Mind-Map.

*Tandem*

3. **Erläutern** Sie Ihrem Partner die Fachbegriffe aus Ihrem Textabschnitt. Nehmen Sie Ihre Mind-Map zu Hilfe. Beantworten Sie offene Fragen.
4. **Entwickeln** Sie zum Thema „Kundenberatung“ ein kleines szenisches Spiel, welches eine konkrete Kundenberatung von der Begrüßung bis zum Verkauf der Ware berücksichtigt. Binden Sie möglichst viele Fachbegriffe aus Ihren Mind-Maps mit ein. Halten Sie den Ablauf Ihres Spiels mit den entsprechenden Fachbegriffen auf einem Handzettel fest.
5. **Üben** Sie das szenische Spiel – jeder spielt mit.

*Plenum*

6. **Stellen** Sie Ihr szenisches Spiel vor.

7. **Lassen** Sie sich ein Feedback geben und legen Sie gemeinsam fest, worauf das nächste Tandem achten soll.
8. **Diskutieren** Sie über Ihre eventuell unterschiedlichen Kundenberatungen und finden Sie Gründe dafür.

***Einzelarbeit***

9. **Heften** Sie beide Mind-Maps und Ihren Handzettel in Ihrer Entwicklungs-Portfolio-Mappe ab.

## 8.6 Lernaufgabe

Herr Raimann hat Ihr letztes Kundengespräch beobachtet und ist zufrieden. Er erklärt Ihnen, dass Sie das Glück hatten, einen interessierten und kauffreudigen Kunden zu bedienen. Herr Raimann erwartet von Ihnen, dass Sie auch bei kritischen Kunden souverän auftreten und kompetent beraten. Wie stets müssen Sie sich vor einer solchen Situation informieren:

**Planen** Sie nun Ihren **Lernprozess**, indem Sie am Rand dieser Lernaufgabe die entsprechenden Buchstaben der jeweils benötigten Lernstrategie notieren.

### *Wie gehen Sie mit Kundeneinwänden um?*

## Arbeitsauftrag

*Einzelarbeit*

1. **Informieren** Sie sich über die **Arten von Kundeneinwänden** (Seite 195) sowie die **Reaktionsmöglichkeiten hinsichtlich Kundeneinwänden** (Seite 179). Jeder liest den gesamten Text.

*Tandem*

2. **Tauschen** Sie sich über die neuen Lerninhalte aus. Beantworten Sie sich gegenseitig offene Fragen fachlich korrekt.

*Einzelarbeit*

3. **Erstellen** Sie zum Thema Kundeneinwände „Lernkarten", z. B. kleine A8-Kärtchen. Notieren Sie dazu auf der Vorderseite von Art des Kundeneinwand, auf der Rückseite halten Sie eine mögliche Reaktion des Verkäufers fest. Verwenden Sie für jeden Einwand ein neues A8-Kärtchen.

*Tandem*

4. **Erläutern** Sie Ihrem Partner Ihre Kundeneinwände einschließlich Ihrer Reaktionsmöglichkeiten.
5. **Geben** Sie sich gegenseitig konstruktives Feedback.
6. **Einigen** Sie sich auf insgesamt vier Kundeneinwände einschließlich der jeweiligen Verkäuferreaktion.

7. **Notieren** Sie für diese Beispiele lediglich die Kundeneinwände. Verwenden Sie für jeden Einwand ein neues A8-Kärtchen.
8. **Legen** Sie die Kärtchen verdeckt vor sich auf den Tisch. Mischen Sie die Karten.
9. **Ziehen** Sie jeder ein beliebiges Kärtchen und lesen Sie den Kundeneinwand. Stellen Sie sich vor Ihr Partner hat soeben Ihnen, dem Verkäufer, gegenüber diesen Einwand formuliert.
10. **Stellen** Sie abwechselnd Ihrem Partner Ihre Reaktion in Form eines Kundengespräches vor.
11. **Geben** Sie sich erneut gegenseitig konstruktives Feedback. Halten Sie eventuelle Verbesserungsvorschläge schriftlich in Ihren Unterlagen fest.
12. **Wählen** Sie eine Ihrer Situationen aus. (Einseitig beschriftetes A8-Kärtchen)
13. **Üben** Sie für diese Situation ein szenisches Spiel. Einer ist Kunde, der andere Verkäufer. Halten Sie den Ablauf Ihres Spiels auf einem Handzettel fest.

### *Plenum (Losverfahren) – Alternative 1*

14. **Stellen** Sie Ihr szenisches Spiel vor und lassen Sie sich ein Feedback geben.
15. **Diskutieren** Sie über alternative Reaktionsmöglichkeiten.

### *Plenum (Losverfahren) – Alternative 2*

16. **Sammeln** Sie die Kärtchen aller Tandems, indem Sie das A8-Kärtchen mit Ihrer ausgewählten Situation verdeckt im Klassenraum auslegen. Ziehen Sie ein beliebiges Kärtchen.

### *Tandem – Alternative 2*

17. **Bereiten** Sie ein kurzes szenisches Spiel vor, in welchem Sie die auf dem Kärtchen beschriebene Situation nachspielen. Die Reaktion des Verkäufers erarbeiten Sie gemeinsam. Halten Sie den Ablauf Ihres Spiels auf einem Handzettel fest.

### *Plenum (Losverfahren) – Alternative 2*

18. **Stellen** Sie Ihr szenisches Spiel vor und lassen Sie sich ein Feedback geben.
19. **Diskutieren** Sie über alternative Reaktionsmöglichkeiten.

### *Einzelarbeit*

20. **Heften** Sie sowohl Ihre Lernkarten als auch Ihren Handzettel in Ihrer Entwicklungs-Portfolio-Mappe ab.

## 8.7 Reflexion des Lernzuwachses

Die achte Lernsituation ist abgeschlossen und Sie möchten wiederum für Ihre persönliche Entwicklungs-Portfolio-Mappe Ihren derzeitigen Lernzuwachs reflektieren. Dazu setzen Sie sich erneut mit den Kerninhalten auseinander:

⇨ Waren artgerecht lagern
⇨ Waren werbewirksam verkaufen
⇨ Werbemaßnahmen zielgruppenorientiert entwickeln

***Wie biete ich die Ware zielgruppenorientiert und fachgerecht an?***

## Arbeitsauftrag

*Einzelarbeit*

1. **Äußern** Sie sich aus den in der vergangenen Lernsituation gemachten Erfahrungen zu den unten stehenden Inhaltskategorien – **Lernzuwachs reflektieren** (Seite 229). Orientieren Sie sich an den Kerninhalten, nehmen Sie Ihre erstellten Handlungsprodukte zu Hilfe.

2. **Geben** Sie in der Einleitung wieder, womit Sie sich in dieser Lernsituation beschäftigt haben. Stellen Sie im Hauptteil Ihre Lernerfolge, -wege und -probleme dar. Ziehen Sie am Schluss ein Fazit und stecken Sie sich neue Ziele.

3. **Gestalten** Sie Ihr Portfolio leserfreundlich, indem Sie Name, Datum ... in die Kopfzeile eintragen, Ihre Gedanken in Abschnitte gliedern und mit Abschnittsüberschriften versehen.

*Jour fixe (Beratungsgespräch mit Lehrkraft)*

4. **Erläutern** Sie anhand der Entwicklungs-Portfolio-Mappe Ihren Lernfortschritt.

### Inhaltskategorien – Lernzuwachs reflektieren

**Ihre fachliche Weiterentwicklung:** *Ich habe die ... Das Thema gliedert sich in ...*

**Ihre persönlichen Erfahrungen, Erlebnisse und Einsichten:** *Ich habe gemerkt, dass es mit Geduld besser geht. Es fällt mir leichter, wenn ich mir Notizen mache.*

**Ihre (Lern-)Aktivitäten bzw. Lernstrategien/Arbeitsmethoden:** *Ich machte mir Randbemerkungen. Ich strukturierte meine Gedanken zunächst mithilfe einer MindMap.*

**Empfundene Behinderung beim Lernen:** *In der Gruppe herrschte Verwirrung. Die Aufgabenstellung ...*

**Wertungen, emotionale Äußerungen:** *Besonders gefallen hat mir: ... Heute war mir alles zu viel.*

**Schildern Sie innere Zustände wie Irritationen, Erleichterung, Spannungserleben etc.:** *Ich fühlte mich unter Druck gesetzt. Ich hatte keine Meinung zu diesem Unterrichtsthema.*

**Resultierende Hoffnungen, Erwartungen, Wünsche, Vorhaben:** *Jetzt bin ich gespannt, wie es weitergeht.*

*(Vgl. Winter, 2004, S. 259)*

# Arbeitsplan

| | |
|---|---|
| **Kompetenzen** | • Geschäftsbriefe normgerecht schreiben<br>• Geschäftsbriefe leserfreundlich gestalten<br>• Angebote professionell berechnen |
| **Inhalte** | • Geschäftsprozess (Anfrage bis Rechnung)<br>• Teilbetreff<br>• Normgerechte Seitennummerierung<br>• Objektverknüpfung |
| **Portfolio** | • Normgerechter Geschäftsbrief (Anfrage/Angebot)<br>• Geschäftsbrief „zweiseitiges übersichtliches Angebot mit Teilbetreff)<br>• Preiskalkulation (Auftragsbestätigung)<br>• Geschäftsbrief (Rechnung) mit verknüpfter Excel-Tabelle<br>• Reflexion |
| **Zeit** | Ca. 15 Stunden |

# Warm-up

**Welche Ziele müssen Geschäftsbriefe für ein Unternehmen erfüllen?**

## 9.1 Lernaufgabe

Im Büro müssen Sie in der Lage sein, den Schriftverkehr, der innerhalb eines Handelsgeschäftes anfällt, zu erledigen. Wie beim privaten Brief muss ich beim Handelsbrief bzw. Geschäftsbrief die DIN 5008 beachten.

Um den Empfänger von der Kompetenz unseres Unternehmens zu überzeugen, müssen Geschäftsbriefe normgerecht gestaltet und fehlerfrei geschrieben sein. Der erste optische Eindruck von schriftlicher Korrespondenz ist genauso ausschlaggebend wie der erste Eindruck von einer Person.

**Planen** Sie nun Ihren **Lernprozess**, indem Sie am Rand dieser Lernaufgabe die entsprechenden Buchstaben der jeweils benötigten Lernstrategie notieren.

### *Wie erstellen Sie ein formal korrektes Angebot?*

## Arbeitsauftrag

Gewinnen Sie eine Prämie! Zum Abschluss der Übung muss jeder einzelne in Ihrer Stammgruppe einen Geschäftsbrief allein schreiben. Die Stammgruppe, deren Mitglieder die wenigsten Fehler geschrieben hat, gewinnt.

*Stammgruppenarbeit*

1. **Verschaffen** Sie sich einen Überblick zur normgerechten Gestaltung eines Geschäftsbriefes.

   A = **Anschriftfeld** (Seite 111)
   B = **Informationsblock/Betreff/Anrede** (Seite 111)
   C = **Briefabschluss/Anlagen- und Verteilvermerk** (Seite 118)

2. **Entscheiden** Sie sich arbeitsteilig für jeweils ein Thema.
3. **Schicken** Sie Ihre Stammgruppen-Mitglieder in die jeweilige Expertengruppe.

*Expertengruppe (____ Min.)*

4. **Erschließen** Sie Ihr Expertenthema.
5. **Überlegen** Sie gemeinsam, wie Sie Ihren Teammitgliedern die Regeln zu Ihrem Thema vermitteln können.
6. **Erstellen** Sie einen Notizzettel, damit Sie die Regeln Ihren Teammitgliedern erläutern können.
7. **Erstellen** Sie mindestens eine Übungsaufgabe, mit der Sie die Kenntnisse Ihrer Teammitglieder überprüfen können.
8. **Probieren** Sie die Übungsaufgabe in Ihrer Expertenrunde. Sie möchten schließlich, dass Ihr Team gewinnt.

*Stammgruppenarbeit (____ Min.)*

9. **Geben** Sie Ihr Wissen über das Gestalten eines Anschriftfeldes, eines Informationsblocks bzw. eines Briefabschlusses geschickt und effektiv an Ihre Teammitglieder weiter. Jeder Experte hat etwa fünf Minuten Zeit.

10≠. **Kontrollieren** Sie mithilfe Ihrer Übungsaufgabe, ob Ihre Teammitglieder das Thema verstanden haben und ob sie für den abschließenden Test fit sind.

*Einzelarbeit (____ Min.)*

9. **Bearbeiten** Sie die nachfolgende berufliche Situation:

   Als Praktikant(in) des Bürobedarf Hauser & Schulte GmbH in Trier beantworten Sie am 6. November d. J. die Anfrage von Rothenberg & Baumann GmbH, Im Blegel 28, 60328 Frankfurt. Ihr Praktikumsbetreuer – Horst Raimann (rai) – hat Ihnen dazu unten stehenden Brieftext diktiert. Als Briefschreiber verwenden Sie als Kurzzeichen die Anfangsbuchstaben Ihres Vor- und Nachnamens.

   Herr Horst Raimann hat die Telefondurchwahl 0651 487-13, die Telefaxdurchwahl 0651 487-15 und die E-Mail-Adresse: raimann@hauser-schulte.de. Der Bürobedarf ist im Internet unter www.hauser-schulte.de präsent. Gestalten Sie den Betreff, die Anrede und den Briefabschluss selbstständig.

10. **Öffnen** Sie die Briefmaske „Hauser & Schulte GmbH". **Hinweis:** Diese Briefmaske wird für alle nachfolgenden Briefe zu verwenden.
11. **Beantworten** Sie die Anfrage von Rothenberg & Baumann normgerecht.
12. **Überprüfen** Sie Ihr Anschriftfeld, den Informationsblock und den Briefschluss im Hinblick auf das vorhin Erlernte.
13. **Kontrollieren** Sie den Geschäftsbrief auf eventuelle Fehler (Rechtschreibung, DIN-Fehler), damit Ihr Team viele Punkte erhält.
14. **Speichern** Sie den Brief unter Ihrem Namen und Ihrer Team-Nummer ab.

**Brieftext**

Vielen Dank für Ihre Anfrage zur Verpackung von Geschenken. Selbstverständlich haben wir diese in unserem Angebot.

Diesem Schreiben legen wir Ihnen unseren aktuellen Katalog bei, in dem Sie auf Seite 74 Ihren gewünschten Artikel finden. Die Verpackung mit Blumenmotiv (Bestellnummer 39023) oder Landschaftsmotiv (Bestellnummer 39024) bieten wir Ihnen bei einer Abnahmemenge von 120 Stück im A5-Format zum Preis von 54 Euro an. Der Preis versteht sich zzgl. MwSt. und ist in 30 Tagen fällig. Bei Zahlung innerhalb von acht Tagen gewähren 2 % Skonto.

Sind Sie an weiteren Geschenkartikel interessiert? In unserem Katalog finden Sie unser umfangreiches Geschenkartikelsortiment auf den Seiten 70 bis 83. Schon heute freuen wir uns auf Ihren Auftrag und können die Ware innerhalb von acht Tagen liefern.

*Plenum (Auswertung)*

15. **Hängen** Sie alle Ergebnisse – sortiert nach Stammgruppen – auf.
16. **Kontrollieren** Sie sich gegenseitig, d. h., jede Stammgruppe streicht die Fehler (Tipp- und Norm-Fehler) in den Geschäftsbriefen einer anderen Stammgruppe an.
17. **Notieren** Sie die Summe der Fehler und dividieren Sie die Summe der Fehler durch die Anzahl der Stammgruppenmitglieder – **Prämierung**.

*Einzelarbeit*

18. **Korrigieren** Sie evtl. Ihren Brief und heften Sie ihn in Ihre Entwicklungs-Portfolio-Mappe ab.

 

R & B
Sektkellerei

Rothenberg & Baumann GmbH - Im Blegel 28 - 60328 Frankfurt

Bürobedarf
Hauser & Schulte GmbH
Balduinstraße 15
54290 Trier

Ihr Zeichen:
Ihre Nachricht vom:
Unser Zeichen: hr-kl
Unsere Nachricht vom:

Name: Dr. Heinrich Rothenberg
Telefon: 069 587412-36
Telefax: 069 587412-50
E-Mail: info@rothenberg-baumann.de
Internet: www.rothenberg-baumann.de

Datum: 4. November 20..

¶
¶
**Anfrage über Verpackung von Präsenten**
¶
¶
Sehr geehrte Damen und Herren,
¶
Weihnachten naht, und wie in jedem Jahr möchten wir uns bei einigen unserer Kunden für die gute Zusammenarbeit im vergangenen Jahr mit einem Präsent bedanken.
¶
Die Geschenke möchten wir ansprechend verpacken. Bitte senden Sie uns ein Angebot über Verpackungsmöglichkeiten zu und berücksichtigen Sie dabei, dass wir an ca. 120 Kunden Präsente (Jahreskalender im A5-Format und Schreibset) verschicken werden.
¶
Freundliche Grüße
¶
Sektkellerei
Rothenberg & Baumann GmbH
¶
Dr. H. Rothenberg
¶
Dr. Heinrich Rothenberg

Im Blegel 28
60328 Frankfurt

info@rothenberg-baumann.de
www.rothenberg-baumann.de

Telefon: 069 587412-36

Telefax: 069 587412-50

IBAN: DE83 5008 0000 0097 6271 00
BIC: COBADEFFXXX

Steuer-Nr. DE158713682587
USt-IDNr. 15/5874/3654

## 9.2 Lernaufgabe

Zu Ihren Aufgaben als Praktikant des Bürobedarfs Hauser & Schulte GmbH in Trier gehört es auch, die Aufträge, die über die Homepage eingehen, zu bearbeiten. Heute morgen kam diese Anfrage zu Grußkarten.

| **Kontaktformular** | |
|---|---|
| Firma | Schreinerei Schneider |
| Straße | Hochstraße 35 |
| PLZ | 54294 |
| Ort | Trier |
| Ansprechpartner | Sebastian Schneider |
| Telefonnummer | 0651 9852147-36 |
| Telefax | 0651 9852147-50 |
| E-Mail | info@schreinerei-schneider.de |
| Homepage | www.schreinerei-schneider.de |
| Nachricht:<br><br>Bitte senden Sie mir Ihren aktuellen Winterkatalog zu. Außerdem unterbreiten Sie mir bitte ein umfangreiches Angebot zu Grußkarten. | |

Herr Raimann beauftragt Sie, diese Anfrage zu beantworten, und diktiert Ihnen dazu den untenstehenden Brieftext.

Sie haben auf unserer Homepage den speziellen Winterkatalog angefordert und interessieren sich für Grußkarten. Herzlichen Dank dafür.

Wir bieten Ihnen hochwertige Grußkarten mit oder ohne Eindruck zu fairen Preisen an. Folgende Modelle an Grußkarten inkl. selbstklebenden Briefumschlägen können wir Ihnen bei einer Verpackungsmenge von jeweils 30 Stück zukommen lassen.

*Anweisung: folgende Artikel übersichtlich darstellen*

Klappkarten ohne Aufdruck zu 32,70 EUR (Artikel-Nr. K1703); Klappkarten mit Eindruck zu 34,80 EUR (Artikel-Nr. K1708); Karten mit ausbrechbarem Kalender ohne Aufdruck zu 42,50 Euro (Artikel-Nr. W1705); Karten mit ausbrechbarem Kalender mit Aufdruck 44,60 EUR ( Artikel-Nr. W1706); Duftkarten (Rosenduft) Perlmuttkarton ohne Aufdruck 34,50 EUR (Artikel-Nr. D1707); Perlmuttkarton mit Aufdruck 36,50 EUR (Artikel-Nr. D1708);

Für die Lieferung berechnen wir Ihnen eine Versandkostenpauschale von 7 EUR. Ihre Bestellung erhalten Sie innerhalb von 8 Tagen. Der Preis versteht sich zzgl. MwSt. und ist in 30 Tagen fällig. Bei Zahlung innerhalb von 8 Tagen gewähren wir 2 % Skonto.

Anbei finden Sie Muster der genannten Modelle. Lassen Sie sich von der Qualität unserer Karten überzeugen.

Wir freuen uns auf Ihren Auftrag.

**Planen** Sie nun Ihren **Lernprozess**, indem Sie am Rand dieser Lernaufgabe die entsprechenden Buchstaben der jeweils benötigten Lernstrategie notieren.

***Wie erreichen Sie beim Kunden die notwendige Aufmerksamkeit?***

## Arbeitsauftrag

*Einzelarbeit*

1. **Beantworten** Sie die Anfrage (Briefmaske „Hauser & Schulte") von Schreinerei Schneider normgerecht und leserfreundlich.

*Partnerarbeit*

2. **Kontrollieren** Sie gegenseitig Ihre Geschäftsbriefe auf eventuelle Fehler (Rechtschreibung, DIN-Fehler) und Übersichtlichkeit.
3. **Überarbeiten** Sie evtl. Ihr Angebot.
4. **Speichern** Sie den Brief unter dem Dateinamen: „Angebot Schreinerei Schneider" mit aktuellem Datum ab.

*Plenum*

5. **Präsentieren** Sie den Brief im Hinblick auf die obige Leitfrage und erläutern Sie Ihre Vorgehensweise.
6. **Geben** Sie dem Präsentator ein Feedback in Ich-Botschaften.
7. **Korrigieren** Sie evtl. Ihren Brief und heften Sie ihn in Ihre Entwicklungs-Portfolio-Mappe ab.

## 9.3 Lernaufgabe

Nach Durchsicht des Angebotes an die Schreinerei Schneider hat Herr Horst Raimann noch einige Ergänzungen, die am Ende des Angebots mit aufgenommen werden sollen. Der Brief umfasst nun zwei Seiten. Sie wissen nicht, wie Sie ihn normgerecht und übersichtlich schreiben sollen.

**Planen** Sie nun Ihren **Lernprozess**, indem Sie am Rand dieser Lernaufgabe die entsprechenden Buchstaben der jeweils benötigten Lernstrategie notieren.

> Dürfen wir Sie auf unsere Sonderaktionen hinweisen? Wenn Sie bis zum 31. Oktober Ihre Bestellung aufgeben, erhalten Sie einen Frühbestellerrabatt und sparen ganze 12 % auf den Kartenpreis. Als Klassiker zum Jahreswechsel bieten wir unseren exklusiven Tischkalender mit Ihrem Firmenlogo in vier verschiedenen Farben zum Stückpreis von 3,95 EUR an. Eine ganz besonders nachhaltige Werbung erreichen Sie durch unseren USB-Stick „Info-CAP". Mit aktueller Technik werden die Daten Ihrer Kunden sicher transportiert und Ihre Werbebotschaft erhält eine größere Aufmerksamkeit.

 

## *Wie erstellen Sie ein umfangreiches Angebot übersichtlich und leserfreundlich?*

## Arbeitsauftrag

1. **Suchen** Sie im Indexverzeichnis nach dem Schlagwort **Betreff/Teilbetreff** (A) (Seite 116) sowie **Brief mit Folgeseiten** (B) (Seite 119) und schlagen Sie die entsprechende Seite auf.
2. **Teilen** Sie sich die Bearbeitung der Informationen auf und legen Sie fest, wer sich über Text (A) und (B) informiert.

| Betreff/Teilbetreff (A) | Brief mit Folgeseiten (B) |
|---|---|
| 3. **Erschließen** Sie mithilfe der Lesestrategie Text (A). | 3. **Erschließen** Sie mithilfe der Lesestrategie Text (B). |
| 4. **Setzen** Sie sich in den Außenkreis. | 4. **Setzen** Sie sich in den Innenkreis. |
| 5. **Erläutern** Sie mithilfe Ihrer Notizen Ihrem Gegenüber die Inhalte zu Text (A). Ihr Partner macht sich währenddessen Notizen. Beim Signal der Lehrkraft rückt Ihr Partner eine Position weiter. | 5. **Hören** Sie Ihrem Gegenüber zu und schreiben Sie die gehörten Informationen stichwortartig mit. Beim Signal der Lehrkraft rücken Sie eine Position nach rechts. |
| 6. **Kontrollieren** Sie die Erläuterungen Ihres Gegenübers. Beim Signal der Lehrkraft rückt Ihr Partner eine Position weiter. | 6. **Erläutern** Sie mithilfe Ihrer Notizen Ihrem Gegenüber die Informationen aus Text (A). Beim Signal der Lehrkraft rücken Sie eine Position nach rechts. |
| 7. **Hören** Sie Ihrem Gegenüber zu und schreiben Sie die gehörten Informationen stichwortartig mit. Beim Signal der Lehrkraft rückt Ihr Partner eine Position weiter. | 7. **Erläutern** Sie Ihrem Gegenüber die Informationen aus Text (B). Beim Signal der Lehrkraft rücken Sie eine Position nach rechts. |
| 8. **Erläutern** Sie mithilfe Ihrer Notizen Ihrem Gegenüber die Informationen aus Text (B). | 8. **Kontrollieren** Sie die Erläuterungen Ihres Gegenübers zu Text (B). |

9. **Öffnen** Sie Ihre Datei mit dem Angebot der Schreinerei Schneider.
10. **Ergänzen** Sie den Brief gemäß dem Diktat von Herrn Raimann.
11. **Gestalten** Sie den Brief durch einen aussagekräftigen Betreff sowie entsprechende Teilbetreffe übersichtlicher.
12. **Nehmen** Sie einen ansprechenden Seitenwechsel vor und beschriften Sie den Brief normgerecht.

**Dreierteam**

13. **Vergleichen** Sie Ihre Briefe und **entscheiden** Sie sich für das Ergebnis, das Ihrer Meinung nach am besten gelungen ist.

14. **Bestimmen** Sie eine(n) Gruppensprecher(in), die/der das Ergebnis vorstellt.
15. **Bereiten** Sie sich auf die Präsentation vor.

**Plenum**

16. **Präsentieren** Sie Herrn Raimann den Brief im Hinblick auf die obige Leitfrage.
17. **Stellen** Sie dabei die Formulierungen des Betreffs und der Teilbetreffe sowie Ihre Vorgehensweise zur Erstellung der zweiten Seite vor.

**Einzelarbeit**

18. **Korrigieren** Sie evtl. Ihren Brief und heften Sie ihn in Ihre Entwicklungs-Portfolio-Mappe ab.

## 9.4 Lernaufgabe

Heute Morgen kam eine Bestellung von der Stadtverwaltung Saarburg über Monitore und Drucker. Die Stadtverwaltung bittet um eine Auftragsbestätigung. Herr Raimann beauftragt Sie, die Preise bei einer Gewinnspanne für das Unternehmen von 40 % zu kalkulieren, um eine entsprechende Auftragsbestätigung zu versenden.

**Planen** Sie nun Ihren **Lernprozess**, indem Sie am Rand dieser Lernaufgabe die entsprechenden Buchstaben der jeweils benötigten Lernstrategie notieren.

***Wie ermitteln Sie den Verkaufspreis für die Monitore?***

## Arbeitsauftrag

*Einzelarbeit*

1. **Erfassen** Sie die folgenden Daten in **Excel** und informieren Sie sich über **Zellen formatieren** (Seite 311) (Euroformat und Text in Zelle).

| **Stadtverwaltung Saarburg** | | | | | | |
|---|---|---|---|---|---|---|
| | Gewinnspanne | | 40 % | | | |
| | | | | | | |
| Art.-Nr. | Art.-Bezeichnung | EK-Preis | VK-Preis | Bestellte Menge | ges. VK-Preis | %-Anteil am Ges.-Preis |
| 25687 | Monitor DL-5 17" | 241,00 € | | 20 Stück | | |
| 36874 | Monitor DL-4 15" | 126,00 € | | 15 Stück | | |
| 58723 | Tintenstrahldrucker GTI, sw | 69,50 € | | 12 Stück | | |
| 28796 | Tintenstrahldrucker GTI, f | 189,00 € | | 13 Stück | | |
| 69872 | Laserdrucker xxl 3/5 | 273,50 € | | 25 Stück | | |
| 98572 | Laserdrucker xl 3/5 | 212,00 € | | 5 Stück | | |
| | | | | Gesamt: | | |

2. **Berechnen** Sie den VK-Preis mit dem **absoluten Zellbezug** (Seite 314) zur Gewinnspanne.
3. **Berechnen** Sie den Verkaufspreis der einzelnen Produkte und den Gesamtpreis.
4. **Berechnen** Sie den prozentualen Anteil pro Artikel-Nr. vom Gesamtpreis.

5. **Testen** Sie die Berechnungen auch mal mit einer anderen Gewinnspanne.
6. **Formatieren** Sie Ihr **Tabellenblatt** (Seite 307) ansprechend.

*Plenum*

7. **Präsentieren** Sie Ihre Tabelle und erläutern Sie die Berechnungen.
8. **Korrigieren** Sie ggf. und heften Sie Ihre Excel-Tabelle „Preiskalkulation" in Ihrer Entwicklungs-Portfolio-Mappe ab.

## 9.5 Lernaufgabe

Am 27. Oktober trifft die Bestellung der Schreinerei Schneider ein. Herr Sebastian Schneider weist auf den Frühbestellerrabatt von 12 % hin. Er möchte 3 Packungen à 30 Grußkarten mit ausbrechbarem Kalender mit Aufdruck 44,60 EUR (Artikel-Nr. W1706); und 5 Packungen Duftkarten (Rosenduft), Perlmuttkarton ohne Aufdruck, 34,50 EUR (Artikel-Nr. D1707). Herr Raimann bittet Sie direkt die Rechnung in Verbindung mit einem Lieferschein zu erstellen.

### *Wie erstellen Sie rationell eine Rechnung?*

## Arbeitsauftrag

*Einzelarbeit*

1. **Erfassen** Sie die entsprechenden Daten in Excel.
2. **Berechnen** Sie den Rechnungsbetrag unter Berücksichtigung des Frühbestellerrabatts.
3. **Formatieren** Sie Ihr Tabellenblatt ansprechend und speichern Sie Ihre Arbeitsmappe unter „Rechnung Schreinerei Schneider" ab.
4. **Verwenden** Sie den Geschäftsvordruck. Formulieren Sie kundenorientiert die Rechnung, die alle erforderlichen Bestandteile beinhalten sollte. Arbeiten Sie rationell, indem Sie die **Exceltabelle verknüpfen** (Seite 274).

*Partnerarbeit*

5. **Vergleichen** Sie Ihre Rechnungen.

*Plenum*

6. **Präsentieren** Sie Ihre Rechnung und erläutern Sie die Bestandteile der Rechnung, Ihre Vorgehensweise und welche Vorteile die Verknüpfung von Excel mit Word bietet.
7. **Korrigieren** Sie ggf. und heften Sie Ihre Rechnung in Ihrer Entwicklungs-Portfolio-Mappe ab.

## 9.6 Reflexion des Lernzuwachses

Die neunte Lernsituation ist abgeschlossen und reflektieren Sie wiederum für Ihre persönliche Entwicklungs-Portfolio-Mappe Ihren derzeitigen Lernzuwachs. Dazu setzen Sie sich erneut mit den Kerninhalten auseinander.

⇨ Normgerecht und übersichtlich Geschäftsbriefe gestalten
⇨ Geschäftsprozess von der Anfrage bis zur Rechnung bearbeiten

### *Wie erstelle ich repräsentative Geschäftsbriefe?*

## Arbeitsauftrag

*Einzelarbeit*

1. **Äußern** Sie sich aus den in der vergangenen Lernsituation gemachten Erfahrungen zu den unten stehenden Inhaltskategorien – **Lernzuwachs reflektieren** (Seite 229). Orientieren Sie sich an den Kerninhalten, nehmen Sie Ihre erstellten Handlungsprodukte zu Hilfe.

2. **Geben** Sie in der Einleitung wieder, womit Sie sich in dieser Lernsituation beschäftigt haben. Stellen Sie im Hauptteil Ihre Lernerfolge, -wege und -probleme dar. Ziehen Sie am Schluss ein Fazit und stecken Sie sich neue Ziele.

3. **Gestalten** Sie Ihr Portfolio leserfreundlich, indem Sie Name, Datum ... in die Kopfzeile eintragen, Ihre Gedanken in Abschnitte gliedern und mit Abschnittsüberschriften versehen.

*Jour fixe (Beratungsgespräch mit Lehrkraft)*

4. **Erläutern** Sie anhand der Entwicklungs-Portfolio-Mappe Ihren Lernfortschritt.

### Inhaltskategorien für Ihr Kompetenz-Portfolio

**Ihre fachliche Weiterentwicklung:** *Ich habe den Aufbau eines Geschäftsbriefes ...*

**Ihre persönlichen Erfahrungen, Erlebnisse und Einsichten:** *Ich habe gemerkt, dass ich besonders sorgfältig ...*

**Ihre(Lern-)Aktivitäten bzw. Lernstrategien/Arbeitsmethoden:** *Ich habe gemerkt, wie verantwortungsvoll ...*

**Empfundene Behinderung beim Lernen:** *In der Gruppe herrschte Unmut ...*

**Wertungen, emotionale Äußerungen:** *Besonders gefallen hat mir während des Gruppenpuzzles ...*

**Schildern Sie innere Zustände wie Irritationen, Erleichterung, Spannungserleben etc.:** *Ich fühlte mich überfordert, ...*

**Resultierende Hoffnungen, Erwartungen, Wünsche, Vorhaben:** *Jetzt freue ich mich, dass ich mein Wissen im Praktikum ...*

*(Vgl. Winter, 2004, S. 259)*

# Arbeitsplan

| | |
|---|---|
| **Kompetenzen** | • Geschäftsbriefe rationell schreiben<br>• Gleichlautende Geschäftsbriefe kundenorientiert verfassen |
| **Inhalte** | • Seriendruck<br>• Bedingungsfelder<br>• Filtern von Daten<br>• Formulargestaltung |
| **Portfolio** | • Einfacher Serienbrief (Anfrage)<br>• Individueller Serienbrief (Werbebrief)<br>• Serienbrief als Fax-Antwort (Terminvereinbarung)<br>• Reflexion |
| **Zeit** | Ca. 10 Stunden |

# Warm-up

**Welche Situationen ergeben sich in einem Unternehmen, sodass gleichlautende Geschäftsbriefe erforderlich werden?**

**1.** ______________________________

**2.** ______________________________

**3.** ______________________________

**4.** **...**

## 10.1 Lernaufgabe

Der Bürobedarf Hauser & Schulte GmbH möchte neue Funktionsschreibtische für die Verkaufsabteilung bestellen. Für die Unterbringung der Arbeitsplatzregistratur sollen zusätzlich Unterstellcontainer angeschafft werden. Herr Raimann diktiert Ihnen die Anfrage und beauftragt Sie, bei folgenden Anbietern ein Angebot einzuholen und erwartet von Ihnen, dass Sie Ihre Arbeit effektiv (wirtschaftlich und zeitsparend) erledigen.

⇨ Möbelhaus, Hans Eberle GmbH, Postfach 4 34 93, 54290 Trier
⇨ Möbel-Shop, Margarete Müller & Co. KG, Rheinallee 4, 56068 Koblenz
⇨ Das Büroeinrichtungshaus, Johanniterufer, 55411 Bingen

Zu unserem diesjährigen Informationstag unter dem Motto „Effektivität und Sicherheit – der Fortschritt ist nicht aufzuhalten" möchten wir unsere Kunden in einem modern und funktional eingerichteten Verkaufsraum empfangen. Zur Erweiterung unserer Büroeinrichtung bitten wir um ein ausführliches Angebot über vier Hängeregistraturschränke aus Stahl, doppelbahnig und mit drei Schubladen. Von großem Interesse sind für uns neben den Preisen auch Ihre Liefer- und Zahlungsbedingungen. Zudem müssten die Schränke innerhalb der nächsten zwei Wochen geliefert werden. Für eine rasche Antwort wären wir dankbar.

**Planen** Sie nun Ihren **Lernprozess**, indem Sie am Rand dieser Lernaufgabe die entsprechenden Buchstaben der jeweils benötigten Lernstrategie notieren.

### *Wie schreiben Sie effektiv eine gleichlautende Anfrage an mehrere Anbieter?*

## Arbeitsauftrag

*Einzelarbeit*

1. **Erschließen** Sie im Funktionsteil den **Seriendruck** (Seite 279).

*Partnerarbeit*

2. **Erstellen** Sie gemeinsam die neue Datenquelle für die drei Anbieter von Unterstellcontainern. Jeder gibt die Daten an seinem PC ein. Beachten Sie, dass der **Feldname** (Seite 279) Firmenbranche hinzuzufügen ist.
3. **Speichern** Sie die Adressliste unter Lieferanten_Unterstellcontainer ab. (Diese Adressliste wird in einem späteren Arbeitsauftrag noch einmal benötigt.)
4. **Öffnen** Sie den Geschäftsvordruck von Hauser & Schulte GmbH. Fügen Sie die Seriendruckfelder in Ihr Dokument entsprechend der Anleitung ein und überprüfen Sie die Adressen in der Vorschau Ergebnisse.

*Einzelarbeit*

5. **Schreiben** Sie die Anfrage mit allen notwendigen Angaben, gliedern Sie sinngemäß und speichern Sie den Brief unter Anfrage_Unterstellcontainer ab.

*Plenum*

6. **Präsentieren** Sie Ihre Anfrage und beantworten die gestellte Leitfrage.

*Einzelarbeit*

7. **Korrigieren** Sie ggf. und heften Sie sie in Ihrer Entwicklungs-Portfolio-Mappe ab.

## 10.2 Lernaufgabe

Eine Werbeaktion steht bevor. Herr Raimann weist Sie darauf hin, dass in Werbebriefen ein aussagekräftiger Betreff und die persönliche Anrede wichtig seien, um das Interesse der Kunden zu wecken und sie zum Lesen des Werbebriefes zu bewegen. Er erklärt Ihnen, dass der Werbebrief mit dem Verkäufer zu vergleichen sei. Der Verkäufer begrüße den Kunden persönlich und baue das Verkaufsgespräch auf. Folgende Kunden sollen den Werbebrief erhalten:

⇨ Steuerbüro Lehnen & Schmitt, Michael Lehnen, Nordallee 4, 54290 Trier;
⇨ Gemeinschaftspraxis Theisgen & Werle, Sabine Theisgen, Am Mühlenberg 13, 55411 Bingen;
⇨ Rechtsanwälte Maier & Partner, Alfred Sonnen, An der Zitadelle 4, 56068 Koblenz;
⇨ Sektkellerei Siebert-Castell, Marie Klein, Kueser Plateau 4, 54470 Bernkastel-Kues;
⇨ Kreisverwaltung Trier-Saarburg, Hans Weber, Am Domplatz 5, 54290 Trier;

Außerdem diktiert er Ihnen den Werbetext:

*Die Basis einer gesunden Ordnung ist ein großer Papierkorb (Kurt Tucholsky)*

Nein, so sollten Sie Ihre Ablage nicht erledigen. Organisieren Sie bequem Ihre Ablage mit den neuen Schriftgutbehältern *New filing*. Die Serie *New filing* erleichtert Ihnen das schnelle und sichere Ablegen Ihres Schriftgutes mithilfe von Hängemappen, -taschen, -heftern, Juris- und Klemmmappen sowie Ordnern. Dazu bieten wir Ihnen Beschriftungszubehör und farbige Stecksignale an. Wir unterbreiten Ihnen folgendes Angebot: Hängemappen, -taschen, -hefter, (Verpackungseinheit 30 Stück), Preis: 45 €, Juris- und Klemmmappen (Verpackungseinheit 10 Stück), Preis: 18 €, Ordner (Verpackungseinheit 5 Stück), Preis: 4,99 €. Das Angebot gilt bis zum 14. des nächsten Monats. Alle Vorteile dieser neuen Serie finden Sie in der Informationsbroschüre. Haben Sie noch Fragen? Rufen Sie uns an – unsere Verkäufer beraten Sie gerne vor Ort und empfehlen Ihnen das passende Material.

Unseren Großkunden (Sektkellerei Siebert, Kreisverwaltung Trier-Saarburg) sollen werbewirksam zusätzlich im Postskriptum (PS:) Poststraßen zu einem besonders günstigen Preis von 5.400 EUR angeboten werden, der bei Bestellungen, die bis zum 14. des nächsten Monats eingehen, gilt.

**Planen** Sie nun Ihren **Lernprozess**, indem Sie am Rand dieser Lernaufgabe die entsprechenden Buchstaben der jeweils benötigten Lernstrategie notieren.

### *Wie schreiben Sie individuelle Werbebriefe?*

## Arbeitsauftrag

### *Einzelarbeit*

1. **Erstellen** Sie einen Serienbrief – vorerst ohne Anrede – und speichern Sie Ihre Datenquelle unter Kunden_Werbeaktion ab.
2. **Erschließen** Sie sich die Funktion **Seriendruck – Bedingungsfeld** (Seite 281).

### *Partnerarbeit*

3. **Tauschen** Sie sich aus über die Funktion Seriendruck – Bedingungsfeld und fügen Sie die individuellen Anreden in Ihrem Werbebrief ein.

4. **Bestimmen** Sie über einen neuen Feldnamen die Großkunden.
5. **Fügen** Sie mit einer Leerzeile Abstand unter dem Namen des Unterzeichners ein Bedingungsfeld ein, um den Großkunden individuell Poststraßen im Postskriptum anzubieten. Starten Sie den Werbetext mit PS: ...

*Plenum*

6. **Präsentieren** Sie Ihren Werbebrief hinsichtlich der Formulierung des Betreffs, der persönlichen Anrede, des Postskriptums und der Formatierung.
7. **Drucken** Sie den Serienbrief mit den Feldnamen und die Datenquelle aus.

*Einzelarbeit*

8. **Korrigieren** Sie den Werbebrief ggf. und heften ihn in Ihrer Entwicklungs-Portfolio-Mappe ab.

## 10.3 Lernaufgabe

Herr Raimann betreut die Kunden in der Region Eifel-Mosel-Hunsrück (PLZ 54...). Als Neukunde kann er das Architekturbüro, Peter Schönmann, Friedrichstraße 46, 54516 Wittlich verzeichnen. Er achtet auf eine gute Kundenbeziehung und besucht einmal im Quartal seine Stammkunden. Sie sollen seinen Besuch in der 22. Kalenderwoche ankündigen. In einer beizufügenden Fax-Antwort soll der Kunde einen Besuchstermin vorschlagen. Er diktiert Ihnen dazu folgenden Brief:

> Der Kontakt zu unseren Kunden ist uns wichtig. Gerne würde ich Ihnen in einem Gespräch aufzeigen, welche technischen Neuerungen die digitalen Kopiersysteme zu bieten haben. Sie sind die idealen Allrounder, da sie nicht allein zum Kopieren, sondern auch als Netzwerkdrucker genutzt werden können. Füllen Sie, << Empfänger persönlich ansprechen >>, bitte den Antwortzettel aus, damit ich Sie antreffe. Bitte faxen Sie uns Ihren Besuchswunsch zu. Danach rufe ich Sie an, um den Termin zu bestätigen.

**Planen** Sie nun Ihren **Lernprozess**, indem Sie am Rand dieser Lernaufgabe die entsprechenden Buchstaben der jeweils benötigten Lernstrategie notieren.

### *Welche weiteren Vorteile bringt Ihnen der Seriendruck?*

## Arbeitsauftrag

*Einzelarbeit*

1. **Erstellen** Sie den Serienbrief.
2. **Greifen** Sie dabei auf Ihre Datenquelle aus dem vorangegangenen Arbeitsauftrag zurück. Ergänzen Sie die Kundendatei durch den Neukunden.

# **Faxantwort** (0651 487-1345)

**Von:** <Seriendruckfelder des Kunden einfügen>

**An:** Horst Raimann – Bürobedarf Hauser & Schulte GmbH

**Vereinbarung eines Besuchstermins**

Bitte besuchen Sie mich in der 22. Kalenderwoche

| *gewünschter Wochentag* | *gewünschte Uhrzeit* |
|---|---|
| ☐ am Montag | ☐ 09:00 – 12:00 Uhr |
| ☐ am Dienstag | ☐ 14:00 – 17:00 Uhr |
| ☐ am Donnerstag | |

☐ Bitte vereinbaren Sie mit mir einen anderen Termin.

______________________________

(Unterschrift)

3. **Gestalten** Sie auf einer separaten Seite die Fax-Antwort.
4. **Erschließen** Sie die Funktion **Seriendruck – Filtern von Daten** (Seite 281).

*Partnerarbeit*

5. **Tauschen** Sie sich über die Funktion Seriendruck – Filtern von Dateien aus und filtern Sie dann für Ihren Brief den Kundenstamm von Herrn Raimann aus der Kundendatei heraus.
6. **Kontrollieren** Sie sich gegenseitig im Hinblick auf Normung, Formatierung, Einfügen von Seriendruckfeldern und dem Einsatz der Funktion Filtern.
7. **Optimieren** Sie ggf. Ihr Ergebnis und bereiten Sie sich auf die Beantwortung der Leitfrage in der Präsentation vor.

*Plenum*

8. **Präsentieren** Sie umfangreich Ihre Vorgehensweise.
9. **Reflektieren** Sie professionell die Vorgehensweise.
10. **Diskutieren** Sie über den Nutzen einer Fax-Antwort.
11. **Korrigieren** Sie Ihren Serienbrief ggf. und heften Sie ihn in Ihrer Entwicklungs-Portfolio-Mappe ab.

## 10.4 Reflexion des Lernzuwachses

Die zehnte Lernsituation ist abgeschlossen und reflektieren Sie wiederum für Ihre persönliche Entwicklungs-Portfolio-Mappe Ihren derzeitigen Lernzuwachs. Dazu setzen Sie sich erneut mit den Kerninhalten auseinander:

⇨ Seriendruck für den Geschäftsbrief verwenden
⇨ Funktionen des Seriendrucks nutzen

***Wie schreiben Sie rationell leserfreundliche Briefe?***

## Arbeitsauftrag

*Einzelarbeit*

1. **Äußern** Sie sich aus den in der vergangenen Lernsituation gemachten Erfahrungen zu den unten stehenden Inhaltskategorien – **Lernzuwachs reflektieren**. Orientieren Sie sich an den Kerninhalten, nehmen Sie Ihre erstellten Handlungsprodukte zu Hilfe.
2. **Geben** Sie in der Einleitung wieder, womit Sie sich in dieser Lernsituation beschäftigt haben. Stellen Sie im Hauptteil Ihre Lernerfolge, -wege und -probleme dar. Ziehen Sie am Schluss ein Fazit und stecken Sie sich neue Ziele.
3. **Gestalten** Sie Ihr Portfolio leserfreundlich, indem Sie Name, Datum ... in die Kopfzeile eintragen, Ihre Gedanken in Abschnitte gliedern und mit Abschnittsüberschriften versehen.

*Jour fixe (Beratungsgespräch mit Lehrkraft)*

4. **Erläutern** Sie anhand der Entwicklungs-Portfolio-Mappe Ihren Lernfortschritt.

### Inhaltskategorien – Lernzuwachs reflektieren

**Ihre fachliche Weiterentwicklung:** *Ich habe die Funktionen des Seriendrucks ...*

**Ihre persönlichen Erfahrungen, Erlebnisse und Einsichten:** *Ich habe gemerkt, dass ich rationell ...*

**Ihre (Lern-)Aktivitäten bzw. Lernstrategien/Arbeitsmethoden:** *Meine Lernstrategien festigen sich ...*

**Empfundene Behinderung beim Lernen:** *Es macht mir immer noch Probleme neue Funktionen selbstständig ...*

**Wertungen, emotionale Äußerungen:** *Für mich war es ein tolles Gefühl, dass ich den Seriendruck ...*

**Schildern Sie innere Zustände wie Irritationen, Erleichterung, Spannungserleben etc.:** *Ich bin froh, dass ich bis jetzt durchgehalten ...*

**Resultierende Hoffnungen, Erwartungen, Wünsche, Vorhaben:** *Ich hoffe, dass ich mein Wissen in Bezug auf den Seriendruck ...*

*(Vgl. Winter, 2004, S. 259)*

# Arbeitsplan

| | |
|---|---|
| **Kompetenzen** | • Leistungsmerkmale einer Telefonanlage erklären<br>• Funktionen und Nutzen beim Telefax erläutern<br>• E-Mail normgerecht erstellen und Verhaltensregeln beachten<br>• Kommunikationsmittel anhand von wirtschaftlichen und ergebnisorientierten Aspekten situationsgerecht auswählen |
| **Inhalte** | • Telefon,<br>• Telefax<br>• E-Mail, Netiquette<br>• Soziale Netzwerke<br>• Wirtschaftlichkeit des Kommunikationswegs |
| **Portfolio** | • Informationsblatt über Telefonanlagen<br>• Notizen eines Beratungsgespräches<br>• Aufzeichnungen über die Funktionsweise und Nutzen des Telefax<br>• Screenshot der Geschäfts-E-Mail und Infoblatt der Netiquette<br>• Empfehlung der Kommunikationswerkzeuge bezüglich Wirtschaftlichkeit<br>• Reflexion |
| **Zeit** | Ca. 20 Stunden |

# Warm-up

**Welche Kriterien bestimmen den Kommunikationsweg im Geschäftsleben?**

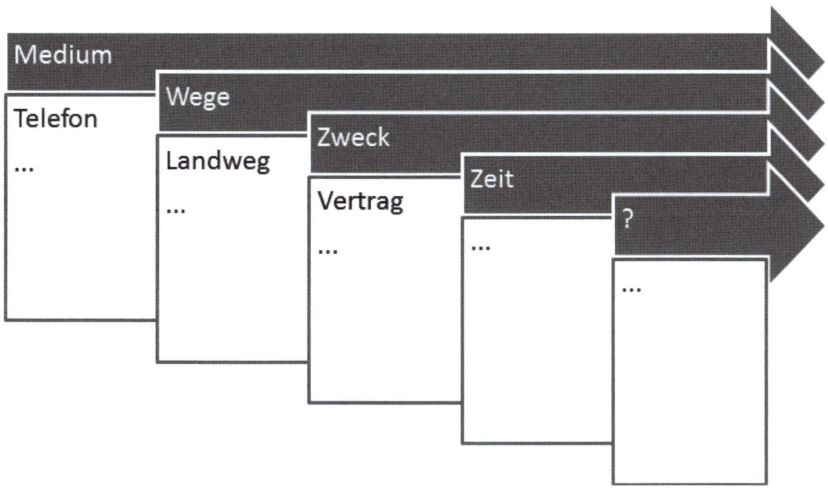

## 11.1 Lernaufgabe

Ein neues Standbein des Bürobedarfs Hauser & Schulte GmbH ist der Vertrieb von Telefonanlagen. Es kommen Kunden ins Haus und lassen sich intensiv über die neuesten technischen Anlagen beraten. Für heute Nachmittag hat sich ein Kunde angemeldet, der eine umfangreiche Beratung hinsichtlich der Funktionen der Telefonanlagen wünscht. Ihr Praktikumsbetreuer, Herr Raimann, möchte, dass Sie sich auf das Beratungsgespräch vorbereiten und es unter seiner Anleitung durchführen.

**Planen** Sie nun Ihren **Lernprozess**, indem Sie am Rand dieser Lernaufgabe die entsprechenden Buchstaben der jeweils benötigten Lernstrategie notieren.

***Welche Funktionen bietet eine Telefonanlage?***

## Arbeitsauftrag

*Einzelarbeit*

1. **Erschließen** Sie sich die Informationen über eine **Telefonanlage** (Seite 202) und strukturieren Sie die relevanten Informationen in einer Tabelle.

*Tandem*

2. **Vergleichen** Sie Ihre Ergebnisse und nehmen Sie ggf. Ergänzungen vor.
3. **Entwerfen** Sie schriftlich einen Dialog für das Beratungsgespräch – verwenden Sie für jede Funktion ein praktisches Beispiel.

*Zwei Tandems*

4. **Üben** Sie Ihre Beratungsgespräche.
5. **Überprüfen** Sie die Beratungsgespräche auf Fachsprache und verständliche Erklärungen.

*Plenum*

6. **Inszenieren** Sie Ihr Beratungsgespräch und lassen Sie sich von Herrn Raimann ein konstruktives Feedback geben.

*Einzelarbeit*

7. **Heften** Sie Ihr Informationsblatt und die Notizen für das Beratungsgespräch in Ihrer Entwicklungs-Portfolio-Mappe ab.

## 11.2 Lernaufgabe

Herr Raimann ist sehr angetan von Ihrem Beratungsgespräch und bittet Sie, gleich für den nächsten angemeldeten Kunden ein Beratungsgespräch bezüglich Telefaxgeräte vorzubereiten. Dieses Gespräch soll den Nutzen des Gerätes trotz vieler anderer Kommunikationsmöglichkeiten aufzeigen.

**Planen** Sie nun Ihren **Lernprozess**, indem Sie am Rand dieser Lernaufgabe die entsprechenden Buchstaben der jeweils benötigten Lernstrategie notieren.

***Welche Dokumente dürfen per Telefax übermittelt werden?***

## Arbeitsauftrag

*Einzelarbeit*

1. **Erschließen** Sie sich die Informationen über **Telefax** (Seite 204).

*Tandem*

2. **Vergleichen** Sie Ihre Aufzeichnungen und nehmen Sie ggf. Ergänzungen vor.
3. **Entwerfen** Sie schriftlich einen Dialog für Ihr Beratungsgespräch bezüglich der Funktionsweise des Faxgerätes und seinem Nutzen.

*Zwei Tandems*

4. **Üben** Sie Ihre Beratungsgespräche.
5. **Überprüfen** Sie die Beratungsgespräche auf Fachsprache und verständliche Erklärungen.

*Plenum*

6. **Inszenieren** Sie Ihr Beratungsgespräch und lassen Sie sich von Herrn Raimann ein konstruktives Feedback geben.

*Einzelarbeit*

7. **Heften** Sie Ihre Aufzeichnungen über Telefax sowie die Notizen für das Beratungsgespräch in Ihrer Entwicklungs-Portfolio-Mappe ab.

## 11.3 Lernaufgabe

Die Geschäftsleitung von Hauser & Schulte GmbH legt großen Wert darauf, dass das Unternehmen repräsentativ vertreten wird, dies gilt auch für die E-Mail-Korrespondenz. Herr Raimann bereitet derzeit eine Unterweisung im Hinblick auf kundenorientierte und normgerechte E-Mail-Gestaltung für die neuen Mitarbeiter vor. Er bindet Sie in die Vorbereitung mit ein:

Zunächst sollen Sie sich selbst über die E-Mail-Netiquette informieren und diese als beizufügende Anlage an die Mitarbeiter aufbereiten. Anschließend formulieren Sie ein E-Mail-Anschreiben an die Mitarbeiter, dass in naher Zukunft eine Unterweisung bezüglich der geschäftlichen E-Mail-Korrespondenz geplant ist. Testweise versenden Sie Ihre E-Mail mit Anlage an Ihren Tischpartner und eine Kopie an sich selbst.

**Planen** Sie nun Ihren **Lernprozess**, indem Sie am Rand dieser Lernaufgabe die entsprechenden Buchstaben der jeweils benötigten Lernstrategie notieren.

### *Wie verfassen Sie eine professionelle Geschäfts-E-Mail?*

## Arbeitsauftrag

*Partnerarbeit*

1. **Erschließen** Sie arbeitsteilig die Texte **E-Mail für Geschäftspartner verfassen** (Seite 123) und die **Netiquette einer E-Mail** (Seite 125).
2. **Erläutern** Sie sich die Texte.

*Einzelarbeit*

3. **Erstellen** Sie in einem E-Mail-Programm die E-Mail an Ihren Tischnachbar und an sich selbst. Recherchieren Sie in der „Hilfe", wie Sie die Anlage und die Signatur hinzufügen. Anschließend versenden Sie sie.
4. **Öffnen** Sie die eingehende E-Mail und schreiben Sie Ihrem Partner ein konstruktives Feedback.
5. **Überarbeiten** Sie auf der Grundlage des Partner-Feedbacks Ihre E-Mail.

*Partnerarbeit*

6. **Bereiten** Sie sich auf die Demonstration Ihrer E-Mail vor, indem Sie die erforderlichen Bestandteile inkl. der Verhaltensregeln (Netiquette) erläutern.

*Plenum*

7. **Stellen** Sie Herrn Raimann Ihre professionelle E-Mail vor und diskutieren Sie über mögliche Fehlerquellen im Umgang mit dem E-Mail-Versand

*Einzelarbeit*

8. **Erstellen** Sie zur Dokumentation einen **Screenshot** (Seite 271) Ihrer E-Mail und heften Sie ihn und das Infoblatt zur Netiquette in Ihrer Entwicklungs-Portfolio-Mappe ab.

## 11.4 Lernaufgabe

Um im Arbeitsalltag voranzukommen, sind wir auf unsere Teammitglieder oder Geschäftskunden angewiesen. Weil die Zeit kostbar ist, kommt es auf eine effektive Kommunikation an. Dies hängt in der Regel vom passenden Kommunikationsmittel ab.

In letzter Zeit sind verschiedene Kommunikationswerkzeuge bei Bürobedarf Hauser & Schulte neu eingeführt worden, die den Mitarbeitern für die interne und externe Kommunikation zur Verfügung stehen. Dazu gehören Twitter, Facebook, persönliche Blogs und diverse Wikis. Daneben gibt es natürlich die herkömmlichen Kommunikationskanäle: Telefon, Telefax und E-Mail. Das Angebot ist so groß, dass es hin und wieder zu Verwirrungen führt. Herr Raimann beauftragt Sie daher, ein Informationsblatt für das schwarze Brett zu erstellen, auf dem konkret die Vor- und Nachteile aufgeführt sind. Außerdem soll eine Empfehlung ausgesprochen werden.

**Planen** Sie nun Ihren **Lernprozess**, indem Sie am Rand dieser Lernaufgabe die entsprechenden Buchstaben der jeweils benötigten Lernstrategie notieren.

***Welches digitale Kommunikationswerkzeug wird wann sinnvoll eingesetzt?***

## Arbeitsauftrag

*Stammgruppe (Dreiergruppe)*

1. **Informieren** Sie sich über die drei Themenblöcke **Soziale Netzwerke** (Seite 205), **Chat-room/Cybermobbing** (Seite 206) und **Chatiquette** und verteilen Sie innerhalb Ihrer Gruppe die Themen.
2. **Erschließen** Sie Ihr Thema.
3. **Tauschen** Sie sich aus und formulieren Sie nun gemeinsam die Vor- und Nachteile der sozialen Netzwerke.
4. **Teilen** Sie sich nun die Kommunikationsmittel Telefon, Telefax und E-Mail auf und gehen in die entsprechende Expertengruppe.

*Expertengruppe*

5. **Stellen** Sie nun die Vor- und Nachteile Ihres Kommunikationsmittels (Telefon, Telefax bzw. E-Mail) zusammen.
6. **Notieren** Sie Situationen, wann Ihr Kommunikationsmittel sinnvoll eingesetzt wird.

*Stammgruppe*

7. **Tauschen** Sie sich über Ihr Expertenthema aus und erstellen Sie eine Empfehlung in Form einer Matrix zum sinnvollen Einsatz digitaler Kommunikationswerkzeuge.
8. **Bereiten** Sie sich gemeinsam auf eine überzeugende Präsentation vor. Jeder übernimmt einen Part.

*Plenum*

9. **Präsentieren** Sie überzeugend Ihre Empfehlung.
10. **Lassen** Sie sich ein Feedback geben und diskutieren Sie über andere Lösungsmöglichkeiten.

*Einzelarbeit*

11. **Überarbeiten** Sie Ihre Empfehlung zum wirtschaftlichsten bzw. geeigneten Einsatz der Kommunikationswerkzeuge und heften Sie sie in Ihrer Entwicklungs-Portfolio-Mappe ab.

**Bewertung der Präsentation (Kommunikationsmittel bewusst einsetzen)**

| **Kriterien** | **Erläuterungen/Beispiele** | **Punkte** | |
|---|---|---|---|
| Inhalt und Fachwissen | • Sachliche Richtigkeit<br>• Berücksichtigung aller wesentlichen Aspekte<br>• Korrekte Verwendung der Fachbegriffe<br>• Passende wirtschaftliche Empfehlung | 60 | |
| Gruppen-dynamik | • Abstimmung innerhalb der Gruppe<br>• Gute Aufteilung der Themen | 20 | |
| Gestaltung | • Anwendung der typografischen Regeln<br>• Normgerechte Schreibweise<br>• Verständliche Matrixgestaltung | 10 | |
| Vortrag | • Struktur/Gliederung des Vortrags<br>• Bezug zur Aufgabenstellung<br>• Frei sprechen (evtl. mit Stichwortzettel)<br>• Lautstärke und Betonung<br>• Mimik und Gestik<br>• Blickkontakt | 10 | |
| | | | |
| | Gesamt | 100 | |

## 11.5 Kompetenz-Portfolio

Die elfte Lernsituation ist abgeschlossen und reflektieren Sie wiederum für Ihre persönliche Entwicklungs-Portfolio-Mappe Ihren derzeitigen Lernzuwachs. Dazu setzen Sie sich erneut mit den Kerninhalten auseinander:

⇨ Einsatzmöglichkeiten von Telefon und Fax beurteilen
⇨ E-Mail normgerecht und kundenorientiert schreiben
⇨ Kommunikationsmittel inkl. soziale Netzwerke wirtschaftlich und situationsgerecht auswählen

***Welche Möglichkeiten bieten Ihnen Telefon, Fax, E-Mails und soziale Netzwerke?***

## Arbeitsauftrag

*Einzelarbeit*

1. **Äußern** Sie sich aus den in der vergangenen Lernsituation gemachten Erfahrungen zu den unten stehenden Inhaltskategorien – **Lernzuwachs reflektieren** (Seite 229). Orientieren Sie sich an den Kerninhalten, nehmen Sie Ihre erstellten Handlungsprodukte zu Hilfe.
2. **Geben** Sie in der Einleitung wieder, womit Sie sich in dieser Lernsituation beschäftigt haben. Stellen Sie im Hauptteil Ihre Lernerfolge, -wege und -probleme dar. Ziehen Sie am Schluss ein Fazit und stecken Sie sich neue Ziele.
3. **Gestalten** Sie Ihr Portfolio leserfreundlich, indem Sie Name, Datum ... in die Kopfzeile eintragen, Ihre Gedanken in Abschnitte gliedern und mit Abschnittsüberschriften versehen.

*Jour fixe (Beratungsgespräch mit Lehrkraft)*

4. **Erläutern** Sie anhand der Entwicklungs-Portfolio-Mappe Ihren Lernfortschritt.

### Inhaltskategorien – Lernzuwachs reflektieren

**Ihre fachliche Weiterentwicklung:** *Ich weiß jetzt, welches Kommunikationsmedium ...*

**Ihre persönlichen Erfahrungen, Erlebnisse und Einsichten:** *Ich nehme mir vorab genügend Zeit, das passende Kommunikationsmedium ...*

**Ihre (Lern-)Aktivitäten bzw. Lernstrategien/Arbeitsmethoden:** *Ich nutze die schon erlernten Präsentationsmöglichkeiten, weil ...*

**Empfundene Behinderung beim Lernen:** *In der Gruppenarbeit fühlte ich mich nicht unterstützt, denn ...*

**Wertungen, emotionale Äußerungen:** *Diese Lernsituation hat mir gut gefallen, da ...*

**Schildern Sie innere Zustände wie Irritationen, Erleichterung, Spannungserleben etc.:** *Ich weiß jetzt, wie ich mich vorbereiten muss, wenn ...*

**Resultierende Hoffnungen, Erwartungen, Wünsche, Vorhaben:** *Ich habe meine Kompetenzen erweitert und fühle mich für das Berufsleben gut gewappnet, weil ...*

*(Vgl. Winter, 2004, S. 259)*

# Arbeitsplan

| | |
|---|---|
| **Kompetenzen** | • Eigene Vorstellungen gezielt artikulieren<br>• In Gesprächen zuhören<br>• Bei Unklarheiten gezielt nachfragen<br>• Rollenerwartungen richtig einschätzen<br>• Angemessene Umgangsformen praktizieren<br>• Kommunikationsregeln in Gesprächen anwenden |
| **Inhalte** | • Äußeres Erscheinungsbild<br>• Verhalten am Telefon<br>• Selbstdarstellung<br>• Verbale und nonverbale Kommunikation |
| **Portfolio** | • Business-Knigge (äußeres Erscheinungsbild)<br>• Telefonratgeber<br>• Medien zur kreativen Selbstpräsentation<br>• Reflexion |
| **Zeit** | Ca. 20 Stunden |

# Warm-up

**Äußern Sie sich zu dem Zitat von Paul Watzlawick**

„Man kann nicht nicht kommunizieren."

(Paul Watzlawick)

## 12.1 Lernaufgabe

Herr Raimann kommt heute Morgen zu Ihnen und teilt Ihnen mit, dass er in einem Telefonat mit dem Abteilungsleiter „Verkauf" zufällig erfahren hat, dass dieser für den Sommer noch Auszubildende sucht. Er empfiehlt Ihnen, sich dort persönlich vorzustellen, da er mit Ihrer Arbeit sehr zufrieden und der Meinung ist, dass dieser Ausbildungsberuf sehr gut zu Ihnen passt. Herr Raimann gibt Ihnen die Durchwahl des Verkaufsleiters, um weitere Einzelheiten abzuklären.

Sofort fallen Ihnen einige Fragen ein. Was ziehe ich an? Wie ist die Kleiderordnung? Was sage ich am Telefon?

**Planen** Sie nun Ihren **Lernprozess**, indem Sie am Rand dieser Lernaufgabe die entsprechenden Buchstaben der jeweils benötigten Lernstrategie notieren.

### *Wie erzielen Sie von Anfang an den gewünschten Eindruck?*

## Arbeitsauftrag

*Einzelarbeit*

1. **Informieren** Sie sich anhand des Informationstextes **Äußeres Erscheinungsbild** (Seite 149).
2. **Notieren** Sie Stichpunkte zum korrekten Erscheinungsbild im Berufsleben. (passende Bekleidung je nach Beruf, gepflegtes Äußeres, mögliches Fehlverhalten ...)

*Partnerarbeit*

3. **Tauschen** Sie sich aus und erstellen Sie einen ansprechend gestalteten Knigge zum korrekten Erscheinungsbild im Berufsleben.
4. **Entwickeln** Sie ein szenisches Spiel mit eingebauten Fehlern, wie sie im Berufsleben vorkommen könnten.

*Plenum*

5. **Stellen** Sie Ihr szenisches Spiel vor.
6. **Schlagen** Sie mithilfe Ihres Knigges Verbesserungsmöglichkeiten vor.

*Einzelarbeit*

7. **Heften** Sie Ihren Knigge und Ihren Ablaufplan in Ihre Entwicklungs-Portfolio-

Mappe ab.

## 12.2 Lernaufgabe

Die Kleiderordnung haben Sie geklärt. Nun bereiten Sie sich auf das anstehende Telefonat mit dem Verkaufsleiter Herrn Fuhrmann vor.

**Planen** Sie nun Ihren **Lernprozess**, indem Sie am Rand dieser Lernaufgabe die entsprechenden Buchstaben der jeweils benötigten Lernstrategie notieren.

***Wie führen Sie ein professionelles berufliches Telefonat?***

## Arbeitsauftrag

*Einzelarbeit*

1. **Erschließen** Sie den Text **Verhalten am Telefon** (Seite 203) und stellen Sie die Informationen übersichtlich dar.

*Partnerarbeit*

2. **Erstellen** Sie mit Ihren Informationen einen Telefonratgeber.
3. **Bereiten** Sie sich schriftlich auf das anstehende Telefonat mit Herrn Fuhrmann vor.
4. **Üben** Sie abwechselnd beide Rollen des Telefonats – notieren Sie mögliche Fehlerquellen, die bei diesem Gespräch auftreten könnten. Denken Sie auch an eigene Erfahrungen.

*Plenum*

5. **Führen** Sie Ihr Telefonat durch.
6. **Lassen** Sie sich ein Feedback in Form eines Blitzlichtes geben.
7. **Diskutieren** Sie über mögliche Fehler, die in einem Telefonat auftreten können. Berichten Sie über eigene Erfahrungen.

*Einzelarbeit*

8. **Heften** Sie den Ratgeber für gutes Telefonieren und Ihre Notizen zu den Fehlerquellen in Ihrer Entwicklungs-Portfolio-Mappe ab.

## 12.3 Lernaufgabe

Nachdem Sie erfahren haben, dass Sie sich in zwei Wochen mit einer Selbstpräsentation vorstellen sollen, gibt Herr Raimann Ihnen noch zusätzlich den Tipp, Ihre Fähigkeiten anschaulich zu präsentieren. Aber Sie sollen keine Software (z. B. PowerPoint, Prezi usw.) verwenden, sondern eher Plakate, Folien, Fotos oder Gegenstände. Die Kreativität steht im Vordergrund.

**Planen** Sie nun Ihren **Lernprozess**, indem Sie am Rand dieser Lernaufgabe die entsprechenden Buchstaben der jeweils benötigten Lernstrategie notieren.

### *Wie funktioniert eine überzeugende Selbstdarstellung?*

## Arbeitsauftrag

*Einzelarbeit*

1. **Informieren** Sie sich anhand des Informationstextes **Selbstpräsentation** (Seite 150) bzw. recherchieren Sie im Internet.
2. **Sammeln** Sie mithilfe einer **MindMap** (Seite 224) mögliche Inhalte und **Medien** (Seite 234) für eine kreative Selbstpräsentation. Beachten Sie im Besonderen die Informationen zu **Präsentationsmöglichkeiten nutzen** (Seite 236).
3. **Planen** Sie Ihre Selbstpräsentation und erstellen Sie die dazugehörigen Handzettel (evtl. Hausaufgabe).
4. **Bereiten** Sie sich auf die Präsentation vor.

*Partnerarbeit*

5. **Üben** Sie mithilfe Ihrer Handzettel Ihre Selbstdarstellung.
6. **Formulieren** Sie mögliche Fragen, die der Verkaufsleiter Ihnen stellen könnte.

*Plenum*

7. **Präsentieren** Sie Ihre Person und beantworten Sie die Fragen des Gremiums – ggf. erstellen Sie Fotos oder ein Video.
8. **Lassen** Sie sich vom Plenum ein konstruktives Feedback geben.

*Einzelarbeit*

9. **Heften** Sie Ihre Produkte in Ihrer Entwicklungs-Portfolio-Mappe ab.

## 12.4 Kompetenz-Portfolio

Die zwölfte Lernsituation ist abgeschlossen und Sie reflektieren wiederum für Ihre persönliche Entwicklungs-Portfolio-Mappe Ihren derzeitigen Lernzuwachs. Dazu setzen Sie sich erneut mit den Kerninhalten auseinander:

⇨ Angemessenes Auftreten
⇨ Geschäftliche Telefonate führen – aber wie?
⇨ Für die eigene Person werben

***Was wird von Ihnen im Berufsleben erwartet?***

## Arbeitsauftrag

*Einzelarbeit*

1. **Äußern** Sie sich aus den in der vergangenen Lernsituation gemachten Erfahrungen zu den unten stehenden Inhaltskategorien – **Lernzuwachs reflektieren** (Seite 229). Orientieren Sie sich an den Kerninhalten, nehmen Sie Ihre erstellten Handlungsprodukte zu Hilfe.
2. **Geben** Sie in der Einleitung wieder, womit Sie sich in dieser Lernsituation beschäftigt haben. Stellen Sie im Hauptteil Ihre Lernerfolge, -wege und -probleme dar. Ziehen Sie am Schluss ein Fazit und stecken Sie sich neue Ziele.
3. **Gestalten** Sie Ihr Portfolio leserfreundlich, indem Sie Name, Datum ... in die Kopfzeile eintragen, Ihre Gedanken in Abschnitte gliedern und mit Abschnittsüberschriften versehen.

*Jour fixe (Beratungsgespräch mit Lehrkraft)*

4. **Erläutern** Sie anhand der Entwicklungs-Portfolio-Mappe Ihren Lernfortschritt.

### Inhaltskategorien für Ihr Kompetenz-Portfolio

**Ihre fachliche Weiterentwicklung:** *Die Regeln des Telefonierens ...*

**Ihre persönlichen Erfahrungen, Erlebnisse und Einsichten:** *Ich weiß nun, dass ich in dem Praktikum oder Ausbildung großen Wert auf ...*

**Ihre (Lern-)Aktivitäten bzw. Lernstrategien/Arbeitsmethoden:** *Ich merke, dass mir ein konstruktives Feedback für weitere ...*

**Empfundene Behinderung beim Lernen:** *Mein größter Feind ist immer noch die Angst, weil ...*

**Wertungen, emotionale Äußerungen:** *Ich bin froh, dass mir meine Selbstpräsentation ...*

**Schildern Sie innere Zustände wie Irritationen, Erleichterung, Spannungserleben etc.:** *Bisher haben mir offizielle Telefonate immer ...*

**Resultierende Hoffnungen, Erwartungen, Wünsche, Vorhaben:** *Ich wünsche mir, dass ich das neu gelernte ...*

*(Vgl. Winter, 2004, S. 259)*

# DIN 5008 „Schreib- und Gestaltungsregeln für die Text- und Informationsverarbeitung“

## Gliederung von Texten

Die Schreib- und Gestaltungsregeln für die Textverarbeitung werden vom Deutschen Institut für Normung e. V. Berlin (DIN) in „Schreib- und Gestaltungsregeln für die Textverarbeitung – DIN 5008" veröffentlicht. Diese Norm legt fest, wie durch ein einheitliches Anwenden von Schriftzeichen bei Textverarbeitungssystemen mit alphanumerischen Tastaturen eine leichte und eindeutige Lesbarkeit der Schrift gesichert wird und wie durch entsprechende Gestaltungsvorschriften die Schriftstücke zweckmäßig und übersichtlich gestaltet werden.

### Absätze

Gliedern Sie Texte, wenn es nach ihrem Umfang und Inhalt zweckmäßig ist, in Absätze. Sie sind vom folgenden Text jeweils durch eine Leerzeile zu trennen.

### Einrücken und Zentrieren

Um bedeutende Textstellen dem Leser direkt ins Auge springen zu lassen, bietet sich das Einrücken oder das Zentrieren an. Dazu müssen Sie die Textteile vom vorausgehenden und dem folgenden Text durch eine Leerzeile absetzen. Die Einrückung beginnt vom linken Rand bei 2,5 cm.

Text Text Text Text Text
Text Text Text Text ...

2,5 cm ➤ Text Text Text

Text Text Text Text Text
Text Text Text Text ......

### Nummerierung

Zur Nummerierung haben Sie mehrere Möglichkeiten. Dabei ist zu beachten, dass arabische Ordnungszahlen mit einem Punkt und Kleinbuchstaben mit einer Nachklammer abschließen. Dekadische Gliederungspunkte (z. B. 1.2) enden ohne Punkt. Die einzelnen Aufzählungsglieder können Sie auch durch Leerzeilen trennen, insbesondere wenn sie mehrzeilig sind. Nummerierungen sollten an der Fluchtlinie wie der übrige Text stehen.

Text Text Text Text Text ...

1. Text Text Text
2. Text Text Text

Text Text Text Text Text ...

### Aufzählung

Aufzählungen, welche lediglich typografisch hervorgehoben werden sollen, dürfen mit Bindestrich, Sternen, kleinen gefüllten Quadraten, Kreisen oder kleinen passenden Grafiken gekennzeichnet werden.

Beginn und Ende der Aufzählungen trennen Sie vom übrigen Text durch eine Leerzeile. Die einzelnen Aufzählungsglieder dürfen Sie auch durch Leerzeilen trennen, insbesondere wenn sie mehrzeilig sind. Aufzählungen sollten an der Fluchtlinie wie der übrige Text stehen.

Text Text Text Text Text ...

- Text Text Text
  Text Text Text

- Text Text Text
  Text Text Text

Text Text Text Text Text ...

Mehrstufige Aufzählungen sollten Sie je Aufzählungsebene in eine Fluchtlinie stellen.

1. Text Text Text Text ...

   a) Text Text Text
   b) Text Text Text

2. Text Text Text Text ...

   a) Text Text Text
   b) Text Text Text

# Satzzeichen und Schreibweisen von Wörtern

## Zwischenräume

Zwischenräume entstehen durch ein Leerzeichen. Zusammengehörige Teile, die durch Zwischenräume getrennt werden, dürfen auch an den Zwischenräumen nicht getrennt werden und sind ggf. durch **geschützte Zeichen** gegen einen unbeabsichtigten Zeilenumbruch zu sichern.

DIN 5008

Geschütztes Leerzeichen: = Strg + Shift + Leerzeichen. Dieses Zeichen wird nicht mit ausgedruckt.

Die Ware wurde ordnungsgemäß geliefert. Der Rechnungsbetrag von 1.599 € ist zu überweisen.

## Satzzeichen

Die Satzzeichen Punkt, Komma, Semikolon, Doppelpunkt, Fragezeichen und Ausrufezeichen folgen dem Wort oder Schriftzeichen ohne Leerzeichen. Der Abkürzungspunkt am Satzende schließt den Satzschlusspunkt mit ein.

Standardsoftware sind Softwaresysteme, die als vorgefertigte Produkte erworben werden können. Ihr Vater ist Regierungsrat a. D.

## Akzentzeichen

Für Accent aigu, Accent grave und Accent circonflexe benötigen Sie die Akzenttasten. Zuerst geben Sie den gewünschten Akzent ein und anschließend den Buchstaben.

René und Eugène fahren über die Rhône.

DIN 5008

## Bedingter Trennstrich

Wird der Worttrennungsstrich manuell eingegeben, bleibt er auch nach Textveränderungen erhalten. Daher sollten Sie ihn als bedingten Trennstich (Strg + -) eingegeben.

Unsere Praxisräume befinden sich nun in der Karl-Marx-Straße 127. Die CD-ROM gehört zu den optischen Speichermedien. Der Konsum von Tabakwaren darf unter 18-Jährigen nicht gestattet werden.

## Bindestrich

Der Bindestrich verbindet oder gliedert Wortzusammensetzungen oder Zusammensetzungen mit einzelnen Buchstaben, Ziffern oder Abkürzungen werden mit dem Kurzstrich geschrieben. Inhaltlich eng zusammengehörige Teile, die durch Bindestriche gegliedert werden, dürfen am Bindestrich nicht getrennt werden und sind durch einen **geschützten Kurzstrich** (Strg + Shift + Kurzstrich) gegen einen unbeabsichtigten Zeilenumbruch zu sichern. Der Bindestrich wird ohne Leerzeichen geschrieben

## Ergänzungsstrich

Beim Ergänzungsstrich steht das Leerzeichen vor oder hinter dem Kurzstrich.

Das Ein- und Aussteigen fällt der alten Dame schwer. Am Postamt gingen wir zur Paketannahme und -ausgabe.

## Gedankenstrich

Für den Gedankenstrich wird der Langstrich (früher: Halbgeviertstrich) bevorzugt. Es steht vor und nach dem Langstrich ein Leerzeichen. Vor dem Langstrich ist ein geschütztes Leerzeichen zu verwenden.

Wir bieten Kurse an, um Englisch – eine Weltsprache – zu erlernen.

## Zeichen für „gegen"

Beim Zeichen für „gegen" steht vor und nach dem Langstrich ein Leerzeichen.

`Im Finale spielte Italien – Frankreich.`

## Klammern

Klammern werden ohne Leerzeichen vor und nach den Textteilen, die von ihnen eingeschlossen sind, geschrieben.

`Frankfurt (Main) gehört zu den größten Städten Deutschlands.`

## Abkürzungen

Abkürzungen, die im vollen Wortlaut des ungekürzten Wortes gesprochen werden, erhalten in der Regel einen Punkt und ein Leerzeichen dazwischen.

`Zu der Standardsoftware zählen u. a. Textverarbeitungsprogramme.`

Abkürzungen, die wie selbstständige Wörter oder buchstäblich gesprochen werden, sind ohne Punkt und in sich ohne Leerzeichen zu schreiben.

`Viele Studenten verbringen in den USA ein Auslandsjahr.`

## Anführungszeichen

Anführungszeichen werden ohne Leerzeichen vor und nach den Textteilen, die von ihnen eingeschlossen sind, geschrieben.

`Das Hotel „Well" liegt am romantischen Marktplatz in Wittlich.`

## Auslassungspunkte

Für ausgelassene Textteile werden drei Punkte – mit je einem Leerzeichen davor und danach – geschrieben. Sie schließen am Satzende den Satzschlusspunkt mit ein.

`Viele Märchen beginnen mit: Es war einmal ...`

## Gleichheitszeichen

Das Gleichheitszeichen wird davor und danach mit einem Leerzeichen geschrieben.

`A = Österreich, E = Spanien`

## Schrägstrich

Vor und nach dem Schrägstrich entfallen die Leerzeichen. Der Schrägstich kann als Wortzeichen anstelle anderer Wörter verwendet werden. Es besteht auch die Möglichkeit, in der Zusammenfassung von Worgruppen vor und nach dem Schrägstirch ein Leerzeichen einzugeben.

`Die nächste Konferenz wird Ende April / Anfang Mai stattfinden.`

Er wird als Bruchstrich, Zeichen für gegen bei Rechtsstreitigkeiten, zur Bildung des Promillezeichens und zur Nennung mehrerer Begriffe (z. B. Verfassernamen) verwendet.

`Luise kaufte 1/2 kg Kirschen. Die Akte Mayer ./. Kramer liegt auf der Kommode. Ein Autofahrer war mit 15 o/oo unterwegs. Die Autoren Schrey/Marx/Anton leben alle in München.`

## Zeichen für „Et"

Das Et-Zeichen „&" ist gleichbedeutend mit „und". Es wird in Firmennamen und zunehmend bei zusammengehörigen Wortpaaren in Titeln und Überschriften benutzt. Es wird mit einem Leerzeichen davor und danach geschrieben.

`Im Industriegebiet befindet sich die Großhandlung Blum & Co. GmbH.`

`Ute schreibt ein Referat über Politik & Wirtschaft.`

# Schreibweisen in Verbindung mit Zahlen

| | | |
|---|---|---|
| **Alleinstehende, hochgestellte Zeichen** | 3´ 5" Winkel von 15° | Alleinstehende, hochgestellte Zeichen folgen dem Zahlenwert ohne Leerzeichen. |
| **Bankleitzahl** | BLZ°700°700°30<br>Kto. °587416098 | Bankleitzahlen werden beginnend von links nach rechts in zwei Dreiergruppen und eine Zweiergruppe geschrieben. Die Kontonummer wird nicht gegliedert. |
| **SEPA**<br>**Single European Payments Area** | BE68 5390 0754 7034 = Belgien<br>DE55 0120 5930 8935 0000 16 = Deutschland<br><br>BIC TRISDE55XXX | Die IBAN (International Banking Accout Number) wird von links nach rechts beginnend in fünfmal Vierergruppe Deutschland und einmal in eine Zweiergruppe gegliedert. Sie setzt sich aus dem Länderkennzeichen, einer 2-stelligen Prüfziffer, der Bankleitzahl und der Kontonummer zusammen. Die IBAN ist in einzelnen Ländern unterschiedlich lang.<br><br>Die BIC (Bank Identifier Code) besteht aus acht oder elf alphanumerischen Zeichen und ist wie folgt gegliedert: 4-stelliger Bankcode, 2-stelliger Ländercode, 2-stellige Codierung des Ortes und 3-stellige Kennzeichnung der Filiale. |
| **Dezimalzahl** | 2.560,50°€ | Dezimale Teilungen werden durch ein Komma getrennt. |
| **Einfache Zahlen** | 1°500°000 Einwohner<br><br>1.587.305 € | Zahlen mit mehr als drei Stellen sollten durch je ein geschütztes Leerzeichen in dreistellige Gruppen gegliedert werden.<br><br>Aus Sicherheitsgründen sollten Geldbeträge mit mehr als drei Stellen durch je einen Punkt gegliedert werden. |
| **Exponenten** | $3^2$ $H^2 0$, $(a + b)^2$ | Exponenten und Indizes werden ohne Leerzeichen an die Basis angefügt. |
| **Gradzeichen** | Winkel beträgt 45°<br>32°°C ... | Das Gradzeichen steht direkt an der Ziffer. Ausnahme: bei Temperaturangaben |
| **Kalenderdaten** | 2021-05-15 oder 15.05.2021<br><br>15.°Mai°2021<br>5.°September°2021 | Das numerisch angegebe Datum ist in der Reihenfolge Jahr, Monat, Tag mit Mittestrich zu gliedern. Die Jahreszahl wird vierstellig, Monat und Tag werden zweistellig angegeben. Die Schreibweise Tag, Monat, Jahr, gegliedert mit einem Punkt, darf ebenfalls verwendet werden.<br><br>Für die alphanumerische Schreibweise des Datums gilt die Reihenfolge Tag, Monat, Jahr. Die Jahreszahl wird vierstellig angegeben. Einstellige Tag-Angaben enthalten keine führende Null. |
| **Nummernzeichen** | #°456 ... | Zeichen für Nummer(n) werden nur in Verbindung mit darauf folgenden Zahlen bzw. Ziffern geschrieben. |
| **Ordnungszahlen** | 1.°Platz ... | Bei Ordnungszahlen steht hinter der Ziffer direkt ein Punkt – es folgt ein Leerzeichen. |
| **Paragrafenzeichen** | §°258°BGB ...<br>§§°36 bis 39 BGB ...<br>§°8 Abs.°3°Satz°2<br>§°4°ff.<br><br>aber: 24°Paragrafen | In Verbindung mit einer nachgestellten Zahl wird das Wort Paragraf als §-Zeichen wiedergeben. Zwischen den Zeichen und den Ziffern steht ein geschütztes Leerzeichen.<br><br>Werden zwei oder mehr Paragrafen genannt, setzt man das Zeichen zweimal.<br><br>Das Paragrafenzeichen darf nur in Verbindung mit darauffolgenen Ziffern verwendet werden. |
| **Postfachnummer** | Postfach 3°45°67<br>Postfach 45°58 | Die Postfachnummer wird zweistellig von rechts nach links mit einem Leerzeichen gegliedert. |
| **Postleitzahl** | 30161 Hannover | Postleitzahlen werden fünfstellig geschrieben. |

| | | |
|---|---|---|
| **Promillezeichen** | 35°o/oo ... | Vor dem Promillezeichen steht ein geschütztes Leerzeichen |
| **Prozentzeichen** | 15°% Rabatt | Vor dem Prozentzeichen steht ein geschütztes Leerzeichen. |
| | 5-%-Klausel<br>70%igen Alkohol | Das Prozentzeichen darf auch in Zusammensetzungen verwendet werden. Ausnahme: Nachsilben werden ohne Mittestrich an die Zahlen angefügt. |
| | Auf die Ware gibt es Prozente. | Das Prozentzeichen darf nur in Verbindung mit Zahlen verwendet werden. |
| **Rechenzeichen** | 1 + 2 = 3<br>4 - 2 = 2<br>2 x 2 = 4<br>4 : 2 = 2 | Vor und nach den Rechenzeichen steht ein Leerzeichen. |
| **Telefon- und Telefaxnummern** | **Einzelanschluss**<br>0651°4507<br>**Zentrale Abfragestelle**<br>0651°58741-0<br>**Durchwahlanschluss**<br>0651°58741-125<br>**Mobil**<br>0049°175°36987412<br>**International**<br>049°221°45875<br>+49°5874°578 | Telefon- und Telefaxnummern werden funktionsbezogen durch je ein Leerzeichen gegliedert (Anbieter, Landesvorwahl, Ortsnetzkennzahl, Einzelanschluss bzw. Durchwahlnummer). Vor der Durchwahlnummer steht ein Mittestrich.<br><br>Zur besseren Lesbarkeit dürfen funktionsbezogene Teile von Telefon- und Telefaxnummern durch Fettschrift oder Farbe hervorgehoben werden. |
| **Uhrzeiten/ Zeitdauer** | 7°Uhr<br>07:00°Uhr<br>16:30°Uhr,<br>05:30:14°Uhr | Bei Angaben der Uhrzeit in Stunden und Minuten und Sekunden ist jede Einheit mit zwei Ziffern anzugeben und mit Doppelpunkt zu gliedern.<br><br>Die Zeitdauer in Stunden, Minute und Sekunden gliedern Sie durch einen Doppelpunkt. Hundertstel Sekunden trennen Sie als Dezimaleinheit. |
| **Verhältniszeichen** | Marathon: 02:02,57 Stunden<br>400-m-Freistil: 05:38,41Minuten<br>100-m-Lauf: 11,35 Sekunden<br>1°:°100°000 | Das Verhältniszeichen wird als Trennzeichen für „zu" mit dem Doppelpunkt – mit je einem Leerzeichen davor und danach – geschrieben. |
| **Währungszeichen** | 23.500°€<br>EUR°500<br>30,50°EUR | Währungsbezeichnungen stehen vor oder hinter dem Betrag. Im fortlaufenden Text sollten sie hinter dem Betrag stehen. Aus Sicherheitsgründen sollten Geldbeträge mit mehr als drei Stellen durch je einen Punkt gegliedert werden. |
| **Zeichen für „bis"** | 08:30°–°10:30 Uhr<br><br>aber von 08:30 bis 09:30°Uhr | Als Zeichen für „**bis**" wird der Gedankenstrich mit einem Leerzeichen davor und dahinter verwendet. |
| **Zeichen für „geboren"** | H. Müller, *°23.°Juli °1915 | Das Zeichen für „geboren" wird mit je einem Leerzeichen davor und danach geschrieben. |
| **Zeichen für „gestorben"** | +°30.°August°1998 | Das Zeichen für „gestorben" wird mit je einem Leerzeichen davor und danach geschrieben |

# Texte gestalten

## Typografie

Die Officeprogramme bieten einen breiten Gestaltungsspielraum für das Layout. Allerdings sollten Sie die typografischen Regeln beachten, um einen ansprechenden Gesamteindruck zu erzielen **Typografische Regeln** (Seite 227).

## Abbildungen und Diagramme einsetzen

Oft können Sie komplizierte Zusammenhänge oder Zahlenkolonnen mit Abbildungen und Diagrammen verständlicher darstellen. Der Informationsgehalt von Abbildungen und Diagrammen muss immer im Text ausformuliert werden. An jeder Stelle, wo mit inhaltlichen Aussagen der Abbildung oder des Diagramms argumentiert wird, sollten Sie einen entsprechenden Hinweis schreiben (z. B. vgl. Abb. 2). Aus der DIN 5008 geht hervor, dass frei zu positionierende Abbildungen mit einem Mindestabstand von 2 mm zu den angrenzenden Elementen abzusetzen sind. Die Abbildung müssen Sie immer proportionsgerecht verkleinern und vergrößern (diagonal skalieren) und dürfen den Zeilenabstand nicht verändern (vgl. Brämer & Blesius, 2011, S. 56).

Bei der Auswahl der Abbildungen müssen Sie das Urheberrecht berücksichtigen und auf eine angemessene Qualität und Größe achten. Eine Abbildung hat in der Regel eine Bildunterschrift, die Sie zum besseren Erkennen für den Leser hervorheben, z. B. kleinere Schriftart, kursiv, zentriert unterhalb der Abbildung. Auf eine Bildunterschrift können Sie bei einem Schmuckbild verzichten. Die Bildunterschrift muss beschreiben, was auf der Abbildung zu sehen ist. Erkennbare Personen sollten Sie von links nach rechts benennen (vgl. DIN, 2011, S. 22).

Diagramme ordnen Sie mit mindestens einer Leerzeile vom vorangehenden und zum nachfolgenden Element an und versehen sie immer mit einer eigenständigen Überschrift. Das Diagramm sollte einschließlich eines möglichen Rahmens zentriert zwischen den Seitenrändern stehen. Wird das Diagramm in einen Textfluss integriert, so dürfen Sie den Zeilenabstand nicht vergrößern. Frei zu positionierende Diagramme setzen Sie ebenfalls mit einem Mindestabstand von 2 mm zu den angrenzenden Elementen ab.

Der Diagrammtyp richtet sich nach den abzubildenden Werten. Wählen Sie sinnvolle aber mäßige farbliche Kontraste. Gitternetzlinien dürfen Sie zur Präzisierung der optischen Darstellung benutzen, allerdings sollten die Linien die Werte nicht berühren oder schneiden. Eine Achsenbeschriftung sollten Sie vornehmen, wenn die Angaben nicht selbsterklärend sind – inhaltliche Wiederholungen sind aber zu vermeiden. Für das Verständnis des Betrachters sollten Sie evtl. eine Legende (Beschreibung der im Diagramm verwendeten Symbole und Farben) erstellen.

## Formatvorlagen verwenden

Gerade bei umfangreichen schriftlichen Arbeiten bietet der professionelle Umgang mit Formatvorlagen eine schnelle und einheitliche Formatierung. Legen Sie für Überschriften, Texte, Aufzählungen, Erläuterungstexte, Fußnoten etc. Ihre entsprechende Formatvorlage an. Die Formatvorlagen werden mit dem jeweiligen Dokument bzw. mit der aktuellen Dokumentvorlage verbunden. Wird eine definierte Formatvorlage später einem markierten Text oder einem Absatz zugewiesen, so wendet Word alle in der Formatvorlage zusammengefassten Formatierungsanweisungen mit einem einzigen Befehl auf den Text an. Word unterscheidet verschiedene Formatvorlagentypen.

Der Formatvorlagentyp **Absatz** beinhaltet Formatierungsanweisungen, die ganzen Absätzen zugewiesen werden; er kann beliebige Formatierungsanweisungen enthalten.

Der Formatvorlagentyp **Zeichen** wird markierten Texten zugewiesen und kann ausschließlich Formate aus dem Bereich Zeichen und Sprache (Wörterbücher) aufnehmen. Die Definition erfolgt auf die gleiche Weise wie die Formatierung über das Befehlsmenü. Wird ein formatierter Text markiert, so werden die Formate, bei entsprechender Bestätigung, in die Formatvorlage übernommen.

## Normgerechte Tabellen einfügen

Eine Tabelle dient der übersichtlichen Darstellung von Informationen in mehreren Spalten und Zeilen. Eine Tabelle besteht in der Regel aus einer Überschrift, einem Tabellenkopf, einer Vorspalte und Feldern (Zellen).

In den Feldern befindet sich der Tabelleninhalt wie Text, Berechnungen usw. Die Regeln zur Tabellengestaltung stehen in der DIN 5008. Richten Sie die Tabelle innerhalb der Seitenränder zentriert aus. Schalten Sie mindestens eine Leerzeile vor und nach der Tabelle.

Jede Tabelle beginnt mit einem Tabellenkopf. Dabei handelt es sich um die erste Zeile der Tabelle. Wenn erforderlich, kann der Tabellenkopf auch auf zwei oder mehr Zeilen ausgedehnt werden.

Tabellenköpfe sind durch waagerechte und senkrechte Trennungslinien übersichtlich zu gliedern. Wenn eine Tabelle nicht auf eine Seite passt, so müssen Sie den Tabellenkopf auf der Folgeseite wiederholen. Darüber hinaus muss jede Tabelle eine Überschrift haben, die eine kurze Information über den Inhalt gibt. Diese Überschrift darf im Tabellenkopf integriert sein. Auf die Überschrift dürfen Sie verzichten, wenn der Inhalt der Tabelle aus dem vorangehenden Text hervorgeht.

Verwenden Sie serifenlose Schriften, z. B. Arial. Serifenschriften sollten auf jeden Fall in statistischen Tabellen vermieden werden, weil sie hier nicht so gut lesbar sind. Die erste Spalte der Tabelle wird als Vorspalte bezeichnet. Die Vorspalte einer Tabelle enthält die Vorspaltenbezeichnung (Überschrift) und alle Zeilenbezeichnungen. Sowohl Vorspalten- als auch Zeilenbezeichnung werden linksbündig ausgerichtet.

Jede Spalte hat eine Überschrift (Spaltenbezeichnung). Diese befindet sich im Tabellenkopf. Die Spaltenbezeichnungen sollten Sie zentrieren. Bei statistischen Tabellen sollten die Einheiten Teil der Spaltenbezeichnung sein. Zwischen Text und Zellenbegrenzung sollte oben und unten ein gleichmäßiger Zeilenabstand sein – die Zellenausrichtung wird dazu zentriert. Texte sind in Tabellen linksbündig anzuordnen, während Zahlen rechtsbündig ausgerichtet werden.

Durch senkrechte Linien lassen sich Tabellen übersichtlich gliedern. Anstelle waagerechter Linien verwenden Sie besser Hintergrundschattierungen. Sie erhöhen die Lesbarkeit einer Tabelle. Waagerechte Linien sollten nur zur Gruppierung und über den Summenzeilen verwendet werden. Tabellen sollten einschließlich ihres Rahmens innerhalb der Seitenränder stehen (evtl. Querformat wählen).

**Überschrift**

| Kopfbezeichnung / Vorspalten-bezeichnung | Spaltenbezeichnung | Gemeinsame Spaltenbezeichnung | |
|---|---|---|---|
| | | Spaltenbezeichnung | Spaltenbezeichnung |
| Zeilenbezeichnung | | Feld bzw. Zelle | |
| Zeilenbezeichnung | | | |
| Zeilenbezeichnung | | | |
| Insgesamt | Summenzeile (nicht immer vorhanden) | | |

⇦ Tabellenkopf

⇦ Zeile

⇨ Vorspalte

⇧ Spalte

## Tabstopp setzen

Heute ersetzt die Tabellenfunktion in den meisten Fällen den Tabulator. Die Tabulatoreinrichtung dient – genau wie die Tabelle – dazu, Texte oder Zahlen in Spalten aufgeteilt gleichmäßig untereinander anzuordnen.

Es gibt immer wieder Situationen, in denen Sie sinnvoll den Tabulator einsetzen können. Sie geben die gewünschte Tabstopp-Position, die Ausrichtung und ggf. Füllzeichen an.

**Mitgliedsbeiträge jährlich**

| | |
|---|---|
| Jugendliche bis 18 Jahre | 48,00 € |
| Erwachsene | 60,00 € |
| Familienmitgliedschaften | 120,00 € |

⇦ rechtsbündiger Tabulatorstopp bei 7,5 cm

# Formulare (Vordrucke) konzipieren

Formulare werden für zahlreiche Interaktionen genutzt. Sei es Bestellung von Waren mittels Bestell- oder Onlineformular, Anmeldung in Social Networks oder Abschluss eines Handyvertrages. Durch die Verwendung von Formularen soll sichergestellt werden, dass gleichartige und häufig wiederkehrende Vorgänge vereinfacht und beschleunigt werden.

Ausgehend von gut gestalteten Formularen werden Arbeitsabläufe gelenkt und strukturiert, damit sie zweckmäßig und zeitsparend erledigt werden können. Da sie Informationen und Bearbeitungshinweise in eine übersichtliche Ordnung bringen, sorgen sie dafür, dass beim Ausfüllen und Bearbeiten nichts vergessen wird. Sie nehmen Denkarbeit ab, entlasten von Schreibarbeit und ersetzen oft besondere Arbeitsanweisungen.

## Zielgruppenorientiert und übersichtlich gestalten

- Erstellen Sie eine Dokumentenvorlage für Ihr Formular und setzen Sie in Kopf- oder Fußzeile folgende wichtigen Informationen: Name des Erstellers, Themenbereich, Thema, Datum der Erstellung oder Versionsnummer.
- Beachten Sie, dass Ihr Formular dem Corporate Design des Unternehmens entspricht.
- Benutzen Sie immer die Tabellenfunktion mit mehreren Zeilen und Spalten.
- Strukturieren Sie Ihren Vordruck passend zum Arbeitsablauf mit Teilüberschriften.
- Fügen Sie vor den einzutragenden Texten passende, eindeutige Leitwörter ein. Jedes Leitwort erhält eine eigene Zelle. Es gilt der Grundsatz: „Leittext über Schreibtext" (OLE-Prinzip: Leittext gehört in die **O**bere **L**inke **E**cke).
- Sehen Sie ausreichend große Textfelder für den Schreibtext vor, d. h., richten Sie sich in der Regel nach der längsten Eintragung.
- Formatieren Sie Leitwörter und Schreibtext unterschiedlich, z. B.: Leitwörter kleinere Schriftart bzw. Fettschrift.
- Stellen Sie bei Auswahlantworten Kästchen voran. Die zutreffende Antwort wird durch Ankreuzen gekennzeichnet.
- Benutzen Sie bei Online-Formularen an sinnvollen Stellen **Dropdownfelder**.
- Versehen Sie ggf. die Pflichtfelder mit einem Stern.
- Gestalten Sie Formulare, die ausgefüllt zurückgeschickt werden sollen, mit einem entsprechenden Anschriftfeld, das beim Kuvertieren im Brieffenster sichtbar ist.

## Verständlich formulieren

- Drücken Sie sich klar und präzise aus
- Erläutern Sie mit Fußnoten schwierige Fragen und Fachausdrücke
- Verwenden Sie nur geläufige Abkürzungen
- Überprüfen Sie, ob Ihr Formular vollständig ist – denken Sie an Ort, Datum Unterschrift

# Geschäftsbriefe normgerecht schreiben (DIN 5008:2011)

Der erste optische Eindruck von schriftlicher Korrespondenz ist genauso ausschlaggebend wie der erste Eindruck von einer Person. Ihre Geschäftsbriefe sollten DIN-gerecht strukturiert sowie empfängerorientiert formuliert sein. Der Aufbau und die Gestaltung von Briefvordrucken ist in den Schreib- und Gestaltungsregeln für die Textverarbeitung DIN 5008 vorgegeben. Es gibt verschiedene Optionen, Geschäftsbriefe zu gestalten. Hier wird eine gängige Variante des Geschäftsvordrucks vorgestellt.

Der Geschäftsvordruck (Form B mit dem Standardinformationsblock) wird häufig eingesetzt und ist für das Kuvertieren in Fensterbriefhüllen geeignet. Beim Einrichten der Seite des Dokumentes ist die Abmessung vom oberen Rand mit 4,5 cm anzugeben. Die Abmessungen für den linken Rand schreibt die DIN mit 2,5 cm und für den rechten Rand mit 1 cm vor.

## Briefkopf

Im Briefkopf enthalten sind in der Regel der Firmenname, das Firmenlogo und der Geschäftszweig (das Fachgebiet). Diese Daten bringen Sie in der Kopfzeile des Dokumentes unter, damit sie auf allen Seiten des Dokumentes erscheinen Die Rücksendeangaben, der Raum für die Anschrift des Empfängers und der Informationsblock sollten der Einfachheit halber in einer Tabelle mit drei Spalten und zwei Zeilen untergebracht werden.

Formatieren Sie die Spalten mit einer Breite von: 1. Spalte 8 cm, 2. Spalte 2 cm, 3. Spalte 7,5 cm. Die Tabelle sollte ohne Rahmenlinien auf dem Briefvordruck erscheinen. In der Zusatz- und Vermerkzone steht die jeweils oberste Zeile für die einzeilige Rücksendeangabe zur Verfügung, für mögliche Zusatzangaben und Vermerke stehen ggf. vier folgende Zeilen zur Verfügung. Die Beschriftung schiebt sich in diesem Fall zeilenweise nach oben. Die zweite Tabellenzeile bietet Raum für das 6-zeilige hohe Anschriftfeld mit einer maximalen Breite von 8 cm (Größe der Briefsichtfenster). Wählen Sie in der zweiten Zeile einen Zeilenabstand von „Genau 12 pt“. In der dritten Spalte neben dem Anschriftfeld beginnt der Informationsblock.

## Informationsblock

Mithilfe des Informationsblockes ist sehr schnell zu erkennen, wer den Geschäftsbrief diktiert und wer ihn schreibt. Es wird Bezug genommen auf vorangegangenen Schriftverkehr. Wichtige Durchwahlnummern oder die E-Mail-Adresse sind mithilfe des Informationsblockes schnell zu finden. Die Leitwörter des Informationsblockes stehen untereinander und sind durch jeweils eine Leerzeile in drei Blöcke gruppiert. Grundsätzlich dürfen die Leitwörter im gestalteten Informationsblock ergänzt, weggelassen oder verändert werden, sollten aber gruppiert werden. Als maximales Zeilenende von der rechten Blattkante für den Informationsblock legt die Norm 1 cm fest. Die Angaben zu den Leitwörtern des Standardinformationsblocks werden mit einem Leerzeichen abgesetzt. Die Angaben werden in der Regel in der gleichen Schriftart und -größe wie der Brieftext geschrieben. Angaben wie E-Mail-Adresse und Internetadresse dürfen bei Bedarf auch in einer kleineren Schrift geschrieben werden (mind. 8 pt).

## Textfeld

Der rechte Rand sollte für den Textbereich auf 2 cm vergrößert werden. Für die zweckmäßige Verwendung des Briefvordruckes sollte eine Lochmarke und zwei Faltmarken vorgesehen werden (siehe Funktionsteil).

## Geschäftsvordruck (Form B – Standardinformationsblock)

**Briefkopf**

| | | |
|---|---|---|
| ▲ 4,5 cm ▼ | Firmenname<br>Geschäftszweig | Firmenlogo |

◄2,5 cm►

| Anschriftfeld | | Informationsblock |
|---|---|---|
| ◄8 cm► | ◄2 cm► | ◄7,5 cm► |
| Rücksendeangabe (8 pt mind. 6 pt)<br><br>Zeilenabstand genau 12 pt | | Ihr Zeichen:<br>Ihre Nachricht vom:<br>Unser Zeichen:<br>Unsere Nachricht vom:<br><br>Name:<br>Telefon:<br>Telefax:<br>E-Mail:<br>Internet:<br><br>Datum: |

◄1 cm►

**Textfeld**

◄2 cm►

| | | |
|---|---|---|
| Hausanschrift | Kommunikationsangaben | Bankverbindungen |
| **Geschäftsangaben** | ... | Steuer-Nr. bzw. USt-IDNr. |

## Fußzeile

In der **Fußzeile** sind die Geschäftsangaben, wie z. B. Hausanschrift, die Nummern der Hauptanschlüsse aller Kommunikationsmittel und die Bankverbindungen aufgeführt. Zusätzlich müssen Steuer-Nr. bzw. USt-IdNr. aufgeführt werden, wenn der Briefvordruck zur Rechnungsstellung genutzt wird. In Briefvorlagen für Kapitalgesellschaften (AG, GmbH) muss noch der Sitz der Gesellschaft, das Registergericht, die Handelsregisternummer, Name der/des Geschäftsführer(s) bzw. Name des Vorsitzenden des Aufsichtsrates bzw. Name des Vorsitzenden und der Vorstandsmitglieder eingetragen werden.

## Anschriftfeld

In der Zusatz- und Vermerkzone steht die jeweils oberste Zeile für die einzeilige Rücksendeangabe, für mögliche Zusatzangaben und Vermerke stehen ggf. vier folgende Zeilen zur Verfügung. Die Beschriftung erfolgt aufwärts. Zusatzangaben und Vermerke sind zum Beispiel Vorausverfügungen wie „Nicht nachsenden!", Produktbezeichnungen wie „Warensendung" und/oder Zusatzleistungen wie zum Beispiel „Einschreiben", elektronische Frankiervermerke. Die Anschriftzone besteht aus sechs Zeilen. Die Zusatz- und Vermerkzone ist so zu beschriften, dass keine Leerzeile zwischen ihr und der Anschriftzone entsteht.

2. Möglichkeit

| | |
|---|---|
| 5<br>4<br>3<br>2<br>1 | Zusatz- und Vermerkzone mit<br>Rücksendeangaben (8 pt) |
| 1<br>2<br>3<br>4<br>5<br>6 | Anschriftzone |

Die **Empfängerangaben** stehen in der sechszeiligen Anschriftzone.

| **Privatanschrift 1** | | |
|---|---|---|
| | 5 | |
| | 4 | |
| | 3 | |
| Schmitt & Söhne GmbH - Postfach 1 35 55 - 54290 Trier | 2 | Rücksendeangaben |
| Nicht nachsenden! | 1 | Vorausverfügung |
| Herrn Malermeister | 1 | Anrede, Berufsbezeichnung |
| Josef Müller-Lüdenscheid | 2 | Vor- und Nachname |
| Burgstraße 23 a | 3 | Straße, Hausnummer |
| 54470 Bernkastel-Kues | 4 | PLZ, Ort |
| | 5 | |
| | 6 | |

| Privatanschrift 2 | | |
|---|---|---|
| Schmitt & Söhne GmbH - Postfach 1 35 55 - 54290 Trier | | Rücksendeangabe |
| | 3 | |
| | 2 | |
| Einschreiben Einwurf | 1 | Produktbezeichnung |
| Frau | 1 | Anrede |
| Dr. Julia Mertes | 2 | Akademischer Grad, Vor- und Nachname |
| Auf der Breit 120°//°VI | 3 | Straße, Hausnummer, Stockwerk |
| 54470 Bernkastel-Kues | 4 | PLZ, Ort |
| | 5 | |
| | 6 | |

**DIN-Regel:** Akademische Grade wie Diplom und Doktor-Grade (z. B. Dipl.-Ing. Dr.) stehen unmittelbar vor dem Namen, Bachelor- und Mastergrade (wie B. A., B. Sc., M. A., M. Sc. usw.) werden in der Regel hinter dem Namen geführt. Da es bei „Professor" nicht erkennbar ist, ob es sich um eine Amtsbezeichnung oder einen akademischen Grad handelt, sollte „Prof." unmittelbar vor dem Namen stehen.

Bei der Bezeichnung des Straßennamens dürfen zusätzlich der Gebäudeteil, das Stockwerk oder die Wohnungsnummer abgetrennt durch zwei Schrägstriche angegeben werden.

| Privatpost an Geschäftsanschrift | | |
|---|---|---|
| | 5 | |
| | 4 | |
| | 3 | |
| | 2 | |
| Schmitt & Söhne GmbH - Postfach 1 35 55 - 54290 Trier | 1 | Rücksendeangaben |
| Frau | 1 | Anrede |
| Petra Grün | 2 | Vor- und Nachname |
| Meier & Partner GbR | 3 | Firmenname |
| Postfach 25 68 79 | 4 | Postfach |
| 54470 Bernkastel-Kues | 5 | PLZ, Ort |
| | 6 | |

**Anmerkung:** Wenn Privatbriefe an die Anschrift des Arbeitgebers adressiert werden, dann muss der Name der Privatperson zuerst genannt werden. So ist gewährleistet, dass der Brief ungeöffnet an die Privatperson weitergeleitet wird.

| Geschäftsanschrift an Sachbearbeiter im Ausland | | |
|---|---|---|
| | 5 | |
| | 4 | |
| | 3 | |
| Schmitt & Söhne GmbH - Postfach 1 35 55 - 54290 Trier | 2 | Rücksendeangaben |
| Vorab per Fax | 1 | Sonstige Informationen |
| Sektkellerei | 1 | Firmenbranche |
| Kunsmann & Söhne GmbH | 2 | Firmenname |
| Herrn Peter Schrader B. A. | 3 | Anrede, Sachbearbeiter, Akademischer Grad, |
| Heiligenstädter Straße 23 | 4 | Postfach |
| 1190 WIEN | 5 | PLZ, Ort |
| ÖSTERREICH | 6 | Bestimmungsland |

**Anmerkung:** Wenn in der Anschriftzone eine Person benannt wird, sollte immer Bezug auf sie genommen werden (z. B. Sehr geehrter Herr Schrader, ...).

**DIN-Regel:** Bei Auslandsanschriften müssen Bestimmungsort und Land mit Großbuchstaben geschrieben werden. Der Bestimmungsort ist nach Möglichkeit in der Sprache des Bestimmungslandes anzugeben; die Angabe des Bestimmungslandes steht in deutscher Sprache. Die Anordnung der Bestandteile der Anschrift und deren Schreibung sind – wenn möglich – der Absenderangabe des Kommunikationspartners zu entnehmen.

## Informationsblock

1. Mithilfe des Informationsblockes erkennt der Empfänger schnell, wer für den Inhalt des Geschäftsbriefes verantwortlich ist und wie der Betreffende per Telefon, Fax oder E-Mail zu erreichen ist. Außerdem wird Bezug auf vorangegangenen Schriftverkehr genommen.

   Grundsätzlich stehen bei „Unsere Zeichen" die Initialen des Verfassers/Diktierenden des Briefes in Kleinbuchstaben und ggf. an zweiter Stelle, mit einem Bindestrich angeschlossen, die Initialen des Schreibenden.

   Das aktuelle Datum wird vorzugsweise numerisch geschrieben.

| Erster Geschäftskontakt – Standardinformationsblock | |
|---|---|
| Ihr Zeichen:<br>Ihre Nachricht vom:<br>Unser Zeichen: sch-mu<br>Unsere Nachricht vom: | <br><br>Herr Schmitt diktiert – Frau Mut schreibt |
| Name: Josef Schmitt<br>Telefon: 0651 589741-15<br>Telefax: 0651 589741-50<br>E-Mail: info@schmitt-soehne.de<br>Internet: www.schmitt-soehne.de | Vor- und Nachname des Sachbearbeiters<br>Telefonnummer mit Durchwahl des Sachbearbeiters |
| Datum: 14.08.20.. | Aktuelles Datum – numerische Schreibung |

2. Nachdem der Korrespondenzpartner auf Ihren ersten Geschäftskontakt reagiert hat, liegen Ihnen die Angaben zu „Ihr Zeichen" und „Ihre Nachricht vom" vor.

| Zweiter Geschäftskontakt – Standardinformationsblock | |
|---|---|
| Ihr Zeichen: sch-mu<br>Ihre Nachricht vom: 14.08.20..<br>Unser Zeichen: hm-tr<br>Unsere Nachricht vom: | <br><br>Herr Hans Meier (hm) diktiert – Frau Trees (tr) schreibt |
| Name: Hans Meier<br>Telefon: 0651 8756-20<br>Telefax: 0651 8756-99<br>E-Mail: hans.meier@gebrmaier.de<br>Internet: www.gebrmeier.de | Vor- und Nachname des Sachbearbeiters<br>Telefonnummer mit Durchwahl des Sachbearbeiters |
| Datum: 18.08.20.. | Aktuelles Datum – numerische Schreibung |

3. Nun können Sie erneut antworten und somit auch das Feld „Unsere Nachricht vom" ausfüllen

| Dritter Geschäftskontakt – Standardinformationsblock | |
|---|---|
| Ihr Zeichen: hm-tr<br>Ihre Nachricht vom: 18.08.20..<br>Unser Zeichen: sch-mu<br>Unsere Nachricht vom: 14.08.20.. | <br><br>Herr Schmitt (sch) diktiert – Frau Mut (mu) schreibt |
| Name: Josef Schmitt<br>Telefon: 0651 589741-15<br>Telefax: 0651 589741-50<br>E-Mail: info@schmitt-soehne.de<br>Internet: www.schmitt-soehne.de | Vor- und Nachname des Sachbearbeiters<br>Telefonnummer mit Durchwahl des Sachbearbeiters |
| Datum: 25.08.20.. | Aktuelles Datum – numerische Schreibung |

Je nach Firmenbranche werden die Leitwörter dem Geschäftsprozess angepasst (z. B. Vorgangsnummer, Aktenzeichen). Beim gestalteten Informationsblock sollten die Angaben ausgehend vom längsten Leitwort mit angemessenem Abstand an einer neuen Fluchtlinie beginnend geschrieben werden. E-Mail- und Internetadresse dürfen bei Bedarf in einer kleineren Schriftgröße geschrieben werden.

| Gestalteter Informationsblock | | |
|---|---|---|
| Vorgangsnummer: | 258741698DE | Nummer des Geschäftsprozesses |
| Ihr Gesprächspartner: | Markus Meyer | Vor- und Nachname des Sachbearbeiters |
| Abteilung: | Einkaufsabteilung | |
| Freecall: | 0800 6987410 | Kostenfreie Telefonnummer |
| Telefon: | 0651 582987-12 | |
| Telefax: | 0651 582987-20 | |
| E-Mail: | m.meyer@ced-bauer.de | |
| Internet: | www.beratung-ced-bauer.de | |
| Datum: . | 12.12.20.. | Aktuelles Datum |

## Betreff

Nach dem Informationsblock folgt der Betreff im Abstand von zwei Leerzeilen. Der Betreff ist eine stichwortartige Inhaltsangabe, die sich auf den ganzen Brief bezieht. Formulieren Sie ihn aussagekräftig, damit der Leser schnell eine Orientierung zum Briefinhalt bekommt.

Formatieren Sie den Betreff in Fettschrift, um den Blick darauf zu lenken, denn laut Forschungsergebnis von Prof. Siegfried Vögele wird der Brief erst vom Leser überflogen, bevor er sich entscheidet, ihn zu lesen. Dazu bedient er sich des natürlichen Blickverlaufs (Lesekurve). Er nimmt die Bestandteile eines Briefes laut Forschungsergebnis von Prof. Siegfried Vögele in folgender Reihenfolge wahr:

⇨ Firmenlogo
⇨ Eigener Name in der Anschrift
⇨ Betreff
⇨ Persönliche Anrede
⇨ Mögliche Reizwörter
⇨ Unterschrift des Absenders
⇨ Postskriptum (PS)

Schaffen Sie daher für den Leser durch einen gut formulierten Betreff einen Anreiz, Ihren Brief zu lesen.

| | |
|---|---|
| Angebot | Zu allgemein für ein verlangtes Angebot (Anfrage ist bereits erfolgt) |
| **Angebot über eine Kantinenausstattung** | Inhalt und Zuständigkeit sind sofort erkennbar |
| Angebot | Zu allgemein für ein unverlangtes Angebot |
| **Entdecken Sie die Schuhvielfalt zu unschlagbaren Preisen – Lieferung portofrei** | Werbewirksamer Betreff auf ein unverlangtes Angebot |

## Anrede

Mit zwei Leerzeilen vom Betreff getrennt schreiben Sie die Anrede. Nach Möglichkeit sprechen Sie Ihren Briefpartner persönlich mit seinem Nachnamen und ggf. Titel an. Dazu sollte auch der Name parallel in der Anschrift genannt werden.

| | |
|---|---|
| Sehr geehrter Herr Frohgemut, | Klassische Anrede |
| Guten Tag, sehr geehrter Herr Frohgemut, | Moderne Anrede |
| Liebe Frau Maurer,<br>Hallo Herr Frank, | Lockere Anrede |

Passen Sie die Anrede Ihrem Empfänger an. Bei förmlichen Anlässen – wie zum Beispiel bei einer Kündigung – ist die klassische Anrede ein Muss.

## Brieftext – Form

Nach einer Zeile Abstand von der Anrede beginnen Sie Ihren Brieftext. Achten Sie darauf, dass nach dem Komma hinter der Anrede klein weiter geschrieben wird, sofern Sie nicht mit einem Nomen beginnen. Bilden Sie sinngemäße Absätze und aktivieren Sie die automatische Silbentrennung, um einen unruhigen rechten Rand zu vermeiden. Einerseits wird der Empfänger schon mit dem Betreff auf den Inhalt aufmerksam gemacht, andererseits sollten Sie innerhalb des Brieftextes einige wichtige Inhalte hervorheben. Dazu haben Sie folgende Möglichkeiten:

- Schlüssel- bzw. Reizwörter durch Fettschrift oder Farbe hervorheben
- Textteile zentrieren oder einrücken
- Informationen durch Aufzählungspunkte gliedern
- Lange Brieftexte durch Teilbetreffe gliedern

## Teilbetreff

Umfangreiche Brieftexte mit unterschiedlichen Inhalten können Sie mit Teilbetreffen übersichtlicher strukturieren.

| | |
|---|---|
| **Wartungshinweise.** Die regelmäßige Druckerwartung verlängert die Lebensdauer Ihres Druckers und sorgt [...]<br><br>**Service.** Unser Druckerservice bietet Ihnen einen bundesweiten Vor-Ort-Service [...] | Der stichwortartige Inhalt des entsprechenden Abschnitts wird in Fettschrift und/oder Farbe mit einem abschließenden Punkt geschrieben. Der Text wird unmittelbar angefügt. |

## Aufbau

Der Leser muss Ihren Gedankengängen folgen können. Bringen Sie die Informationen oder Argumente in eine logische Reihenfolge. Setzen Sie alle zusammengehörenden Informationen in einen Absatz, jede neue Überlegung gehört in einen neuen Absatz. Bei einem einseitigen Brief reichen in der Regel drei bis vier Absätze. Bauen Sie Überleitungen zu den einzelnen Absätzen ein, damit der Brieftext sich flüssig lesen lässt. Briefe gliedern sich in der Regel wie folgt:

| | |
|---|---|
| **Einleitung** | Aus der Einleitung soll hervorgehen, worum es in Ihrem Brief geht. |
| Vielen Dank für Ihren Auftrag. Sie haben sich für ein hochwertiges [...] | Positiver Beginn mit Dank |
| **Hauptteil** | Der Hauptteil ist der Ort für detaillierte Informationen. |
| Achten Sie darauf, dass Sie die Druckerpatronen nur nach Anweisung der Hersteller [...].<br>Die Emissionen und damit die Gefahren verringern Sie, indem Sie Folgenes beachten:<br>• Räume ausreichend lüften<br>• Papierstaus vorsichtig [...] | Erläutern Sie Ihr Anliegen bzw. begründen Sie mit stichhaltigen Argumenten oder bringen Sie Fakten auf den Punkt. |
| **Schluss** | |
| Interessieren Sie sich für weitere Produkte aus unserem Hause? Nehmen Sie unter service@morbach.de Kontakt mit unserem Außendienstmitarbeiter Herrn Schrott auf. | Im Schlussteil kann eine kurze Zusammenfassung stehen, ein Dank oder ein Ausblick auf das weitere Verfahren. |

## Brieftext – Schreibstil

Ein weiteres Kriterium für eine empfängerorientierte Korrespondenz stellt der Schreibstil dar. Stellen Sie sich immer auf den Empfänger ein; überlegen Sie, welche Informationen der Leser erwartet. Automatisch werden Sie dann seltener Ihre Sätze mit „wir" beginnen, sondern eher mit „Sie". Schreiben Sie wie Sie sprechen.

Ihr Brief wird verständlicher, indem Sie in kurzen sich aufeinanderbeziehenden Sätzen das schreiben, was wirklich wichtig ist. Stimulieren Sie den Leser im gesamten Verlauf des Briefes:

- Sprechen Sie ihn persönlich an.
- Gehen Sie auf seine Bedürfnisse ein.
- Stellen Sie ihm konkrete Frage.
- Machen Sie ihm Vorteile schmackhaft.

| | |
|---|---|
| Wir danken für Ihre Bestellung. (-)<br>Vielen Dank für Ihre Bestellung. (+) | Die Sichtweise wird auf den Absender gelenkt.<br>Der Empfänger wird direkt angesprochen. |
| Wir bitten um die Genehmigung ... (-)<br>Bitte genehmigen Sie uns den ... (+) | Nominalstil – wirkt steif und umständlich .<br>Verben lassen leichter den Inhalt erfassen |
| Leider können wir Ihnen keinen Preisnachlass gewähren, weil ... (-) | Negative Formulierung wirkt ablehnend. |
| Unsere bereits knapp kalkulierten Preise lassen keinen weiteren Preisnachlass zu. (+) | Positive Formulierung wirkt entgegenkommend. |

## Briefabschluss

Nach dem Brieftext folgt im Abstand mit einer Leerzeile der Gruß. Wie bei einem Gespräch beenden Sie den Brief mit einem Abschiedsgruß. Passen Sie die Form des Grußes der vorangegangenen Korrespondenz an.

| | |
|---|---|
| Mit freundlichen Grüßen | Weniger modern – dennoch sehr verbreitet |
| Herzliche Grüße aus München | Damit setzen Sie einen Akzent oder grüßen besonders freundlich. |
| Freundliche Grüße nach ... | |
| Kollegiale Grüße | Innerhalb eines Berufsstandes |
| Hochachtungsvoll | Zum Inhalt passend (z. B. Kündigung, zweites Mahnschreiben) |

Nach dem Gruß im Abstand einer Leerzeile folgt die Bezeichnung des Unternehmens. Bevor der Empfänger Ihres Briefes sich zum Lesen entscheidet (Lesekurve), schaut er nach, wer ihm eine Information übermittelt. Deshalb hat die Angabe der Handlungsvollmacht und des Namens im Briefabschluss eine besondere Bedeutung.

| | |
|---|---|
| Herzliche Grüße aus München<br>¶ | Gruß |
| SOL-Verlag GmbH<br>¶ | Die Bezeichnung des Unternehmens kann bei Bedarf auf mehrere Zeilen verteilt werden. |
| ¶ E. Hölzer (handschriftliche Unterschrift)<br>¶<br>i. A. Emma Hölzer | Der Name des Unterzeichners steht in einem angemessenen Abstand zur Firmenbezeichnung. |
| | Zusätze (i. A. = im Auftrag, i. V. = in Vertretung, ppa. = per procura) stehen vor der Namenswiedergabe oder zwischen der Bezeichnung des Unternehmens und der Namenswiedergabe. |

## Anlagen- und Verteilvermerke

| | |
|---|---|
| i. A. Emma Hölzer<br>¶<br>**Anlage**<br>1 Katalog<br>¶<br>**Verteiler**<br>Einkaufsabteilung | Die Wörter „Anlage(n)" und „Verteiler" stehen in der Regel mit einer Leerzeile abgesetzt unter der Namenswiederholung und dürfen durch Fettschrift hervorgehoben werden.<br><br>Bei Platzmangel steht der Anlagenvermerk in Höhe des Briefgrußes bei 10 cm vom linken Rand. |
| i. V. Peter Schuh<br>¶<br>**Anlagen**<br>3 Preislisten<br>1 Katalog | |

## Brief mit Folgeseiten

Auf den Folgeseiten erscheinen die Firmenangaben ebenfalls im Briefkopf, damit jederzeit die einzelnen Seiten dem Absender zugeordnet werden können. Wenn der Text eines Briefes einschließlich des Briefschlusses nicht auf eine Seite passt, sind mindestens zwei Zeilen des Textes auf die neue Seite zu übernehmen.

**Manueller Seitenwechsel.** Der Seitenumbruch wird von Word beim Schreiben automatisch vorgenommen. In der Normalansicht wird er durch eine punktierte Linie angezeigt (siehe Abbildung unten). Soll der Seitenumbruch im Brief an einer ganz bestimmten Stelle vorgenommen werden, kann man ihn folgendermaßen manuell herbeiführen: Sie setzen den Cursor an die Stelle, an der der Seitenwechsel vorgenommen werden soll und geben dann die Tastenkombination [Strg] + [↵] ein. Um einen manuellen Seitenumbruch wieder zu löschen, markieren Sie die gepunktete Linie oder setzen den Cursor in die Zeile und drücken die Taste [Entf].

| | |
|---|---|
| Wir sind gerne bereit, Ihre Geräte zu warten.<br>¶<br>Fußzeile -----------------------------------------------------<br>Seite 1 von 3 | Vorzugsweise in der Fußzeile kann rechtsbündig "Seite X von Y" eingefügt werden, und zwar beginnend mit der ersten Seite, sodass die folgenden Seiten ebenfalls nummeriert werden. |

## Weitere werbewirksame Anhänge (werbliche Elemente)

Möchten Sie den Empfänger auf besondere Aktionen aufmerksam machen, so bietet sich das Postskriptum "PS:" oder "Übrigens" an.

| | |
|---|---|
| Manfred Schultheis<br>¶<br>**Anlage**<br>Antwortkarte<br>¶<br>PS: Senden Sie uns die Antwortkarte zurück, wir verlosen [...] | Das Postskriptum wird mit mindestens einer Leerzeile getrennt unter den Briefabschluss gesetzt und kann hervorgehoben werden. |

# Halbprivate Briefe schreiben

Im privaten Bereich benötigen Sie ebenfalls normgerechte Briefvorlagen – für Bewerbungen, Entschuldigungen, Beanstandungen, Kündigungen etc. In der DIN 5008 wird diese Briefvorlage als „Privater Brief in Anlehnung an den Geschäftsbrief B-A4" bezeichnet.

## Seite einrichten

Die Abmessung für den linken Rand beträgt 2,5 cm, für den rechten Rand 2 cm und der Abstand von oben 5,08 cm.

## Absenderangaben

Am besten schreiben Sie in die Kopfzeile die Absenderangaben, die aus dem Namen, der Straße oder dem Postfach, dem Ort sowie im internationalen Schriftverkehr dem Land bestehen. Die Kommunikationsangaben (z. B. Telefon, Mobil, Telefax, E-Mail) dürfen in der Absenderangabe ergänzt werden oder stehen in einem Informationsblock. Die Absenderangaben können Sie individuell gestalten. Achten Sie darauf, dass Ihre E-Mail-Adresse aus Vorname.Nachname@Anbieter und keinesfalls aus Fantasienamen besteht.

## Empfängeranschrift

Für die normgerechte Empfängeranschrift gelten die DIN-Regeln zum **Anschriftfeld** des Geschäftsbriefes.

### Datum, Betreff und Anrede

In der zwölften Zeile folgt rechtsbündig das Datum bzw. als letztes Leitwort im Informationsblock. Nach zwei weiteren Leerzeilen folgt ein aussagekräftiger Betreff und wiederum nach zwei Leerzeilen eine möglichst persönliche Anrede.

## Brieftext, Briefschluss und Anlagen

Es folgt ein strukturierter Brieftext, der von der Anrede und der Grußformel mit einem Absatz getrennt wird. Anders als beim Geschäftsbrief müssen Sie nicht Ihren Namen maschinenschriftlich angeben, da Ihr Name auch bei einer unleserlichen Handschrift aus den Absenderangaben hervorgeht. Für die handschriftliche Unterschrift stehen drei Zeilen zur Verfügung, dann folgt ggf. ein Anlagen- oder Verteilvermerk.

## Privater Brief in Anlehnung an den Geschäftsbrief B-A4

**Maria Müller**
Burgstraße 14
54290 Trier
0651 5871569
m_mueller@gmx.de

Festlegung der Position des gedachten Anschriftenfeldes z. B. durch Erzeugung einer Kopfzeile von 5,08 cm

¶
¶
¶
STL-Computersysteme
Herrn Frank Brauer
Postfach 24 50 34
54290 Trier¶
¶
¶
¶
¶

15. Januar 20..

¶
¶
**Bewerbung zur Industriekauffrau**
¶
¶
Sehr geehrter Herr Brauer,
¶

◄2,5 cm► ◄2 cm►

in unserer Tageszeitung habe ich gelesen, dass Sie zum 1. Mai 20.. eine Industriekauffrau einstellen möchten. Ich bewerbe mich bei Ihnen, weil ich von Ihrem Unternehmen nur Positives gehört habe und ich glaube, für diese Stelle alle erforderlichen Voraussetzungen mitzubringen.

Nach meiner Ausbildungszeit als Industriekauffrau bei der Meyer OHG in Koblenz arbeitete ich dort weitere drei Jahre in einer Festanstellung. Aus persönlichen Gründen werde ich nach Trier umziehen und suche eine adäquate Stellung.

Meine besonderen Stärken liegen im Kommunikations- und Präsentationsbereich. In diesem Bereich absolvierte ich mehrere Fortbildungen.

Die gewünschten Bewerbungsunterlagen informieren Sie über meinen schulischen und beruflichen Werdegang. Ich würde mich freuen, eine neue Herausforderung in Ihrem Unternehmen zu finden.

Freundliche Grüße
¶
¶ *Maria Müller*
¶
**Anlagen**
1 Europäischer Lebenslauf
1 Foto
3 Zeugniskopien

 

## Privater Brief in Anlehnung an den Geschäftsbrief B-A4 (Kündigung)

MARIA MÜLLER
Burgstraße 14
54290 Trier

Festlegung der Position des gedachten Anschriftenfeldes z. B. durch Erzeugung einer Kopfzeile von 5,08 cm

¶
¶
¶
Mobilfunk Talk
Herrn Thomas Müller
Postfach 5 78 09
54290 Trier
¶
¶

Kundenkonto: M2578875
Kundennummer: 2587145
¶
Telefon: 0651 5871569
Telefax: 0651 5871570
E-Mail: m_mueller@gmx.de
¶
Datum: 20..-10-15

¶
¶
**Kündigung des Handyvertrages**
¶
¶
Sehr geehrter Herr Müller,
¶
fristgerecht zum nächstmöglichen Termin kündige ich meinen Mobilfunkvertrag für die Mobilfunknummer 0168 12598753.
¶
Bitte senden Sie mir in den nächsten Tagen eine Kündigungsbestätigung mit dem Vertragsendedatum.
¶
Herzliche Grüße
¶
¶ *Maria Müller*
¶

◀2,5 cm▶ ◀2 cm▶

## E-Mail für Geschäftspartner verfassen

Im heutigen Geschäftsleben spielt die E-Mail eine große Rolle und ist genau wie die Kommunikation mittels Geschäftsbriefes in der DIN 5008 geregelt. Die elektronische Kommunikation erleichtert viele Kommunikationsvorgänge.

Bei der Übermittlung von E-Mails müssen Sie auf die technischen Gegebenheiten des Empfängers Rücksicht nehmen, insbesondere beim Nachrichtenformat, bei der Codierung, bei der Verschlüsselung, bei den verwendeten Schriften und den Dateiformaten der Anlagen.

Mit dem von Ihnen ausgewählten Nachrichtenformat (Nur Text, HTML oder RichText) wird festgelegt, ob Sie formatierten Text, wie Fettdruck, Farbschrift oder Aufzählungen hinzufügen und ob Sie dem Text Bilder hinzufügen können. Bei der Anlage müssen Sie darauf achten, dass Ihr Geschäftspartner die entsprechende Software besitzt, um die Anlage zu öffnen. Auf der sicheren Seite sind Sie in der Regel mit einer PDF-Datei.

### E-Mail-Kopf (Header)

**Anschrift.** Zum Versenden müssen Sie eine eindeutige E-Mail-Adresse verwenden. In der Regel ist der Aufbau: *Empfängerbezeichnung@Anbieter.de bzw. Vorname.Nachname@Anbieter.de.*

info@computer-mueller.de, torsten.schulze@computer-mueller.de.

**Verteiler.** Die E-Mail können Sie an weitere Empfänger versenden. Dazu tragen Sie die E-Mail-Adressen in einer der elektronischen Verteilerfelder ein. Je nachdem, ob diese Adressen für die einzelnen Empfänger sichtbar sein sollen, sind diese in dem entsprechenden Verteilerfeld CC (Carbon copy – sichtbar) oder BCC (Blind carbon copy – unsichtbar) einzutragen. Sie können auch Verteilergruppen nutzen.

**Betreff.** Der Betreff wird als stichwortartige Inhaltsangabe im vorgesehenen Feld des E-Mail-Kopfes eingetragen. Da der Betreff für die Bearbeitung und die Verwaltung von E-Mails eine zentrale Bedeutung hat, ist diese Angabe zwingend erforderlich. Bei Sendungen ins Ausland sollten Sie auf sprachliche Besonderheiten, wie Umlaute und den Buchstaben „ß" verzichten.

### Inhalt (Body)

**Anrede.** Bei einer E-Mail als Geschäftsbrief ist die Anrede ein fester Bestandteil. Die Anrede beginnt an der Fluchtlinie und wird mit einer Leerzeile vom Brieftext getrennt.

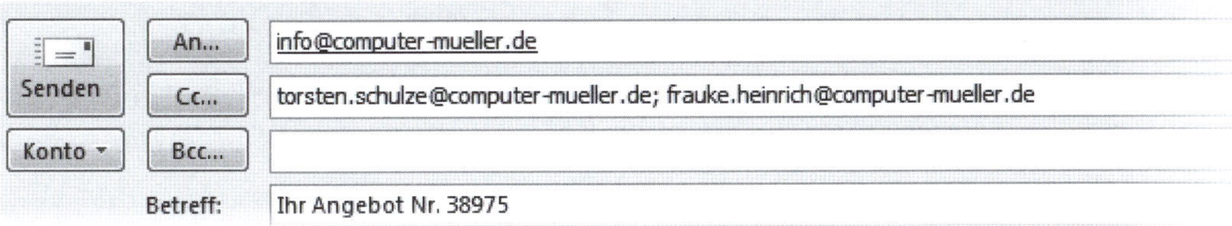

**Text.** Den Text schreiben Sie als Fließtext ohne Worttrennung, weil der Umbruch durch die Software des Empfängers gesteuert und der jeweiligen Fenstergröße angepasst wird. Absätze trennen Sie jeweils vom folgenden Text durch eine Leerzeile. Grundsätzlich gelten auch hier die DIN-Normen zur Gliederung von Texten.

**Abschluss** (Signatur). Genau wie ein Geschäftsbrief endet auch eine E-Mail mit einem Abschiedsgruß, der Angabe des Firmennamens und des Unterzeichners. Mit einer Leerzeile Abstand sind die Kommunikations- und Geschäftsangaben (Haus- und Postanschrift, ggf. Geschäftsführung, Handelsregisternummer, Umsatzsteuernummer) sowie ggf. Firmenlogo bzw. Slogan aufzulisten. Sie kommunizieren so kundenorientiert, da der Empfänger der E-Mail die Möglichkeit hat, mit Ihnen auch über ein anderes Kommunikationsmedium in Kontakt zu treten.

Für den Abschluss legen Sie am besten eine Signatur an, die automatisch jeder E-Mail beigefügt wird. E-Mail-Software ermöglicht es Ihnen, auch mehrere Signaturen anzulegen, die Sie nach Bedarf auswählen.

## Elektronische Signatur

Die elektronischen Signaturen sind bei Zertifizierungs-Dienste-Anbietern erhältlich. Sie dienen zur Prüfung der Identität des Absenders und der Integrität (keine Manipulation, Verfälschung) der Nachricht. Um der erhöhten Gefahr eines Umsatzsteuerbetruges durch leichtere Fälschbarkeit elektronischer Rechnungen entgegenzuwirken, berechtigen nur

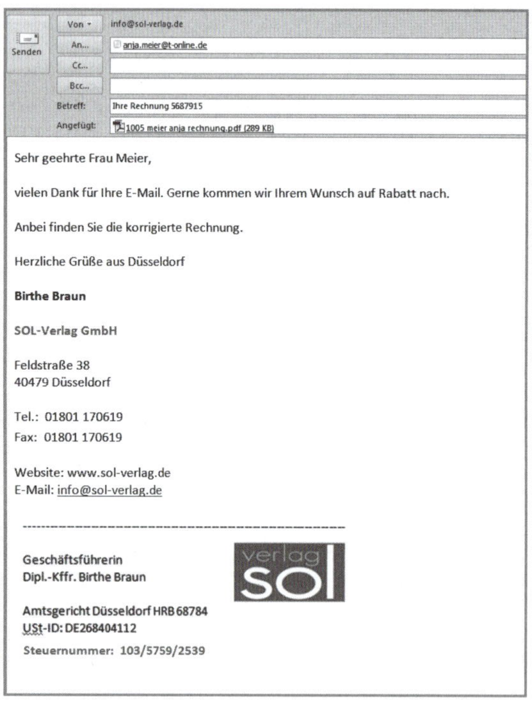

Senden
Von: info@sol-verlag.de
An...: anja.meier@t-online.de
Cc...:
Bcc...:
Betreff: Ihre Rechnung 5687915
Angefügt: 1005 meier anja rechnung.pdf (289 KB)

Sehr geehrte Frau Meier,

vielen Dank für Ihre E-Mail. Gerne kommen wir Ihrem Wunsch auf Rabatt nach.

Anbei finden Sie die korrigierte Rechnung.

Herzliche Grüße aus Düsseldorf

**Birthe Braun**

SOL-Verlag GmbH

Feldstraße 38
40479 Düsseldorf

Tel.: 01801 170619
Fax: 01801 170619

Website: www.sol-verlag.de
E-Mail: info@sol-verlag.de

---

Geschäftsführerin
Dipl.-Kffr. Birthe Braun

verlag sol

Amtsgericht Düsseldorf HRB 68784
USt-ID: DE268404112
Steuernummer: 103/5759/2539

elektronisch ausgestellte Rechnungen einen Unternehmer zum Vorsteuerabzug, wenn sie mit einer qualifizierten elektronischen Signatur (vgl. SigG, SigV, BGB, ZPO) versehen sind.

## E-Mail-Netiquette

In der heutigen Zeit wird gemailt, gechattet oder gesimst. Die Mitarbeiter im Unternehmen schreiben und erhalten tägliche dutzende E-Mails. Sogar hochrangige Manager schreiben ihre E-Mails selbst. Die Richtlinien für das Schreiben von E-Mails haben sich bislang jedoch kaum durchgesetzt.

Das kann negative Folgen haben, denn wer gewisse Kommunikationsregeln per E-Mail nicht einhält, verursacht mehr Aufwand und höhere Kosten. Die E-Mails landen beispielsweise beim falschen Empfänger, haben den falschen Betreff oder sind undeutlich beziehungsweise missverständlich verfasst. Es gilt also folgende Regeln zu beachten:

1. Formulieren Sie einen aussagekräftigen Betreff. Er ist die Überschrift einer E-Mail – wenn sie fehlt, weiß der Empfänger nicht, worum es geht, ob es wichtig ist oder ob er den Vorgang bis morgen liegen lassen kann. Unschön ist auch die Angewohnheit, bereits erhaltene, alte Mails für eine neue E-Mail an den Absender zu nutzen und dabei den Betreff nicht zu ändern.
2. Die CC-Funktion mit Bedacht wählen. Schreiben Sie E-Mails nur an die Personen, die den Inhalt benötigen, sonst muss jeder einzelne sich die ganzen E-Mails durchlesen. Das kostet Zeit und sorgt für Unmut.
3. Schreiben Sie nicht mehrere E-Mails kurz hintereinander. Wenn Sender und Empfänger sich mehrere E-Mails hin und her schreiben, um diffizile Sachverhalte zu klären, erzeugen Sie damit beim anderen ggf. Stress. Ein Telefonat könnte da helfen, denn da führen Rede und Gegenrede doch oft sehr schnell zu einer Klärung des Sachverhaltes.
4. Meiden Sie zu große Verteiler. Wer immer mit möglichst großem Verteiler die E-Mail verschickt, erreicht damit nur, dass sich am Ende keiner mit dem Thema identifiziert und er mit seinem Problem allein bleibt.
5. Schreiben Sie eine freundliche Anrede, einen Einleitungssatz und eine wertschätzende Schlußformel (z. B. Herzliche Grüße aus Trier).
6. Gliedern Sie Ihren E-Mail-Text in Absätze, der Empfänger wird es Ihnen danken.
7. Eine Signatur gehört heute zum Standard – vor allem im Geschäftsbereich.
8. Vermeiden Sie Abkürzungen. Diese sorgen oft für Missverständnisse beim Empfänger.
9. Verzichten Sie auf exotische Schriftarten und Designs, da nicht alle Programme in der Lage sind, diese darzustellen.
10. Smileys und Akronyme (Kurzwörter, wie mfg für „Mit freundlichen Grüßen") können Zeit sparen und Sympathien ausdrücken. Überlegen Sie sich vorher, ob Ihr Kommunikationspartner diese Art und Weise versteht.
11. Tipp- und Rechtschreibfehler sind auch in einer E-Mail tabu. Eine E-Mail ist wie eine Visitenkarte, die Sie und/oder das Unternehmen repräsentiert.
12. Intime, vertrauliche oder persönliche Zeilen sollten Sie nicht unbedingt – oder nur nach Absprache mit Ihrem Kommunikationspartner verschicken.
13. Achten Sie darauf, dass die Anhänge (Attachements) der E-Mail nicht zu viel Speicherplatz brauchen. Langes Herunterladen von Dateien kann den Empfänger zeitlich und nervlich belasten. Große Dateien mit Packprogrammen (Zipper) vorher komprimieren. Ebenso benötigt der Empfänger zum „Entpacken" entsprechende Software.

## Berufsrelevante Kompetenzen

In welchem Berufsfeld möchte ich später arbeiten? Welche Ziele habe ich in meinem Leben? Was wird von mir in der Arbeitswelt erwartet? Diese Fragen gilt es wohlüberlegt zu beantworten. Sie müssen das für sich selbst tun, also weder die nächsten Verwandten noch Freunde können Ihnen diese Entscheidung abnehmen. Wichtig dabei ist, dass Sie eine Tätigkeit finden, die Ihren Leidenschaften und Talenten entspricht. Es bringt Ihnen also nichts, orientierungslos in einen Beruf reinzuschnuppern, eine Schule weiterzubesuchen oder ein Studium zu beginnen, ohne dass Sie überzeugt von Ihren Berufsweg sind. (vgl. Glaubitz, 2011)

In der Arbeitswelt werden einerseits Fachkompetenzen (Hard Skills) und anderseits berufsübergreifende Kompetenzen (Soft Skills) gefordert. Gemeinsam bilden sie die Handlungskompetenz des Berufseinsteigers. Fachwissen allein garantiert Ihnen heute noch keinen Erfolg im Beruf. Nur wenn Sie Ihr Fachwissen umsetzen können, sind Sie beschäftigungsfähig und vielseitig einsetzbar. Soft Skills sind dabei die Werkzeuge, mit denen Sie sich neue Qualifikationen aneignen können und die es Ihnen ermöglichen, sich veränderten Situationen im Berufsleben besser anzupassen.

Diese Qualifikationen spielen bei Ihrer Bewerbung und Ihrem beruflichen Erfolg eine immer größere Rolle. Im Einzelnen sind dies: kognitive Kompetenzen, die das Denken in Zusammenhängen umfassen, die Fähigkeit zu logischem und abstraktem Denken, Transferfähigkeit und Problemlösungsfähigkeit. Kommunikative Kompetenzen sind die schriftliche und mündliche Ausdrucksfähigkeit, Beherrschung von Präsentationstechniken, Diskussionsfähigkeit, partnerorientierte Kommunikation, Konsensfähigkeit.

Soziale Kompetenzen beinhalten Konflikt- und Kritikfähigkeit, Teamfähigkeit, Fähigkeit und Bereitschaft zu Kooperation, Einfühlungsvermögen, Durchsetzungsvermögen, Führungsqualitäten und Kundenorientierung. Personalkompetenz umfasst die Bereitschaft und Fähigkeit zu Selbstständigkeit, Flexibilität, Kreativität, Initiative, geistiger Offenheit, Verantwortungsbereitschaft, Leistungsbereitschaft, Zuverlässigkeit, Umgang mit Unwägbarkeiten, demokratische Grundhaltung, Zivilcourage und ethisches Urteilsvermögen, Kompetenz für das selbstgesteuerte Lernen (vgl. Tille, 2012).

## Unternehmensprofil

Nachdem Sie sich für passende Berufe entschieden haben, geht es zunächst darum, ein Unternehmen zu finden und es unter die Lupe zu nehmen. Je mehr Sie wissen, desto wirkungsvoller können Sie auch später Ihre Bewerbung auf dessen spezielle Anforderungen und Bedürfnisse zuschneiden. Im Marketing spricht man hier von „Zielgruppenorientierung".

### Zielgruppenanalyse

Betrachten Sie Ihre ausgesuchten Unternehmen als Ihre persönliche Zielgruppe. Sie wollen Ihre Leistungen, Ihre Arbeitskraft an diese Zielgruppe verkaufen. Damit Ihnen dies gelingt, müssen Sie z. B. herausfinden:

- Welche Firmenphilosophie verfolgt das Unternehmen?
- Welche zusätzlichen Informationen befinden sich ggf. auf der Karriereseite?
- Welche Berufe/Ausbildungsberufe bietet das Unternehmen an?
- Wie viele Mitarbeiter(innen) sind im Unternehmen beschäftigt?
- Welche Standorte hat das Unternehmen?

- Welche Produkte und/oder Dienstleistungen bietet das Unternehmen an?
- Für wen bietet das Unternehmen diese Leistungen an?
- Was gibt es an aktuellen Ereignissen und Entwicklungen, die für das Unternehmen relevant sind?
- Welche zukünftigen Aktivitäten sind geplant?
- Welche Probleme hatte das Unternehmen eventuell in den letzten Jahren?

## Unternehmens-Auswertungs-Raster

Nehmen Sie sich Zeit und erstellen Sie für die ausgewählten Stellenanzeigen jeweils ein Unternehmens-Auswertungs-Raster, aus dem die Informationen über das Unternehmen, die zukünftigen Aufgaben, Voraussetzungen des Bewerbers und die Kontaktdaten hervorgehen, um Ihre Bewerbungsunterlagen optimal darauf abzustimmen.

Sollten Sie dann noch Fragen zu der Stellenanzeige haben, so scheuen Sie sich nicht, telefonisch nachzufragen. Nur wenn Sie die Anforderungen der Stelle voll verstanden haben, können Sie sich glaubwürdig bewerben.

## Praktikum

Während der Schulzeit bietet sich Ihnen die Gelegenheit, Praktika zu absolvieren. Dadurch haben Sie die Chance, einen Einblick in die tatsächlichen Aufgaben und Arbeitsverhältnisse einzelner Berufe zu bekommen. Nutzen Sie dieses Angebot, um eine Orientierung zu bekommen, welche berufliche Fachrichtung Sie einschlagen könnten. Grundsätzlich müssen Sie überlegen, ob Sie es vorziehen, Kontakte mit Menschen zu haben, ob Sie gerne im Freien arbeiten oder sich mit technischen Problemen auseinandersetzen möchten. Am besten schnuppern Sie in die drei Bereiche Gesundheit/Soziales, Technik und Wirtschaft hinein.

Sie haben die Möglichkeit, ein eintägiges Schnupperpraktikum, ein mehrtägiges Kurzpraktikum oder ein mehrwöchiges Praktikum zu absolvieren. Schulen bieten Ihnen in der Regel feste Praktikumszeiten; nutzen Sie aber auch die Zeiten in den Ferien oder die Zeit zwischen den Schulabschlüssen, Ausbildung oder Studium. Ihre Praktika eröffnen Ihnen auch Kontakte zu potenziellen späteren Arbeitgebern. So können Sie frühzeitig in den Praktikumsbetrieben auf sich aufmerksam machen und signalisieren Interesse an einer weiteren Zusammenarbeit (vgl. PZ Rheinland-Pfalz, 2009).

Für Ihren Lernprozess sind Praktika auch von elementarer Bedeutung, da Sie die in der Schule erworbenen Kompetenzen mit realen Situationen im betrieblichen Umfeld verknüpfen können.

### Phase: Praktikum vorbereiten

Bemühen Sie sich daher rechtzeitig und eigenständig um einen passenden Praktikumsplatz. Sie identifizieren sich sicherlich eher mit den geforderten Tätigkeiten Ihrer Praktikumsstelle, wenn diese Ihren Wünschen und Talenten entsprechen, als wenn Sie sich aus der Not der Situation heraus mit einer Praktikumsstelle arrangieren müssen.

Akquirieren Sie einen Praktikumsplatz durch Telefonate und/oder mit einer schriftlichen Bewerbung. In der Regel ist dieser Bewerbung ein Begleitschreiben der Schule beizufügen. Wenn Sie erfolgreich eine Praktikumsstelle akquiriert haben, schließen Sie einen Praktikumsvertrag ab. Insbesondere bei einem Auslandspraktikum ist ein Praktikumsvertrag bzw. eine -vereinbarung unabdingbar. Oftmals erhalten Sie von der Schule eine entsprechende Vorlage.

**Phase: Praktikum durchführen**

Während des Praktikums sollten Sie Ihre gesammelten Erfahrungen reflektieren. Erstellen Sie dazu eine Praktikumsmappe, die folgendes beinhalten sollte:

- Deckblatt und Inhaltsverzeichnis
- Erwartungen an das Praktikum
- Vorstellung des Betriebes (Unternehmensziele, Leitbild, Organisation, Rechtsform, Dienstleistungen/Produkte)
- Berufsbild (Ausbildungs- oder Arbeitsplatzbeschreibung, berufliche Perspektiven)
- Wahlthema (betriebstypischer Arbeitsprozess)
- Wochen- bzw. Tagesberichte
- Persönliche Erfahrungen (Reflexion des Praktikums)
- Literaturverzeichnis
- Anhang (ggf. Materialien aus dem Unternehmen)

Bei der fachlichen Auseinandersetzung greifen Sie auf die Internetseiten, Fachzeitschriften, Schulbücher bzw. Broschüren des Unternehmens zurück oder interviewen Sie Mitarbeiter(innen) des Unternehmens. Die Quellen sind in Ihrem Praktikumsbericht zu zitieren. Diese Informationen sind für Sie hilfreich beim späteren Schreiben einer Bewerbung, in der Sie im Lebenslauf die Tätigkeiten innerhalb Ihrer Praktika aufführen sollten.

**Phase: Praktikum nachbereiten**

Am Ende Ihres Praktikums sollten Sie sich Ihre Praktikumsteilnahme bescheinigen und beurteilen lassen. Dazu stellt in der Regel die Schule Beurteilungsbögen zur Verfügung. Bewahren Sie diese Praktikumsbescheinigung sorgfältig auf, damit Sie sie bei einem entsprechenden Berufsbild Ihrer Bewerbung hinzufügen können. In manchen Studiengängen ist ein Praktikum vor Studienbeginn Pflicht. Hierüber sollten Sie sich frühzeitig informieren. Nutzen Sie die Zeit nach dem Schulabschluss dazu, ein mehrwöchiges Praktikum zu absolvieren.

## Rechte und Pflichten von Praktikanten

Pflichtpraktika von Schüler(innen) in Berufsfachschulen sind Bestandteil von berufs- und studienqualifizierenden Bildungsgängen. Je nach Fachrichtung und Schulform reicht die Dauer von drei Tagen pro Woche bis zu mehrmonatigen Blockpraktika. Sie unterscheiden sich von freiwilligen Praktika, die von Schülern aller Schulformen während der schulfreien Zeit in einem Unternehmen absolviert werden. So sind Schüler(innen) in freiwilligen Praktika Arbeitnehmer im betriebsverfassungsrechtlichen und personalvertretungsrechtlichen Sinne, Pflichtpraktikanten hingegen behalten ihren Status als Schüler(in). Auf sie können jedoch nach den Umständen des Einzelfalls betriebsverfassungsrechtliche oder personalvertretungsrechtliche Regelungen Anwendung finden.

Praktika schaffen häufig eine nachhaltige Verbindung zum Praktikumsbetrieb als potenzieller Arbeitgeber. Für ein sinnvolles Praktikum investieren beide Seiten Engagement, Ressourcen und Zeit – und beide Seiten profitieren. Grundvoraussetzung dazu ist, dass Ihnen Ihre Rechte und Pflichten bei Pflichtpraktika bekannt sind.

## Rechte

**Einsatzbereich.** Beim Praktikum steht die Erbringung von Arbeitsleistung nicht im Vordergrund, sondern der Praktikant lernt viel über den Arbeitsalltag des Berufsbildes. Im Praktikumsvertrag sollten die Praktikumsinhalte genannt werden, damit der Praktikant weiß, was ihn erwartet.

Nach dem Jugendarbeitsschutzgesetz gelten für Kinder und Jugendliche die folgenden Arbeitszeiten:

| Alter | Merkmale | Arbeitszeiten |
|---|---|---|
| unter 15 Jahren | **Im Rahmen der Vollzeitschulpflicht** | max. 7 Stunden/Tag<br><br>max. 35 Stunden/Woche |
| | BETRIEBSPRAKTIKUM:<br>während der Schulzeit nur leichte und geeignete Tätigkeiten zulässig | |
| | **Bei ausnahmsweise nicht mehr bestehender Vollzeitschulpflicht:** | |
| | FREIWILLIGES PRAKTIKUM<br>Nur leichte und geeignete Tätigkeiten zulässig | |
| 15 bis 18 Jahre | **Bei noch bestehender Vollzeitschulpflicht** | Während der Schulzeit |
| | BETRIEBSPRAKTIKUM<br>während der Schulzeit mit leichten und geeigneten Tätigkeiten sowie ein<br><br>FREIWILLIGES PRAKTIKUM<br>während der Schulferien für höchstens 4 Wochen | max. 7 Stunden/Tag<br>max. 35 Stunden/Woche<br><br>Während der Schulferien<br><br>max. 8 Stunden/Tag<br>max. 40 Stunden/Woche |
| | **Ohne Vollzeitschulpflicht:** | max. 8 Stunden/Tag<br>max. 40 Stunden/Woche |
| | **FREIWILLIGES PRAKTIKUM** | |

Außerdem sind die gesetzlichen Ruhepausen und die Nachtruhe nach dem Arbeitszeitgesetz bzw. dem Jugendschutzgesetz einzuhalten.

**Beendigung des Praktikums.** Während des Pflichtpraktikums ist eine außerordentliche Kündigung möglich, wenn die Fortsetzung des Praktikumsverhältnisses für eine Partei unzumutbar geworden ist.

Ein freiwilliges Praktikum kann nach §§ 26, 22 Berufsbildungsgesetz gekündigt werden. Der Arbeitgeber kann das Praktikumsverhältnis lediglich aus wichtigem Grund kündigen. Der Praktikant/die Praktikantin kann das Praktikumsverhältnis nicht nur fristlos aus wichtigem Grund, sondern auch mit einer Frist von vier Wochen kündigen.

**Urlaubsanspruch.** Anspruch auf Freistellung bzw. Erholungsurlaub besteht für Pflichtpraktikanten nicht. Für freiwillige Praktikanten besteht ein Anspruch auf den gesetzlichen Mindesturlaub gem. §§ 26, 10 Abs. 2 Berufsbildungsgesetz i. V. m. §§ 1 und 3 Bundesurlaubsgesetz. In der Regel wird ein anteiliger Urlaubsanspruch erworben; für jeden Monat ist ein Zwölftel des gesamten Jahresurlaubs zu gewähren. Auch hier gilt wieder die Ausnahme für kurzfristig Beschäftigte oder nicht in den Arbeitsprozess eingebundene Praktikanten (siehe Vergütungsanspruch).

**Vergütungsanspruch.** Pflichtpraktikanten besitzen keinen gesetzlichen Vergütungsanspruch. Praktikanten im Rahmen eines freiwilligen Praktikums haben einen Anspruch auf angemessene Vergütung (§ 26 i. V. m. § 17 Abs. 1 S. 1 Berufsbildungsgesetz). Der Anspruch auf Vergütung kann entfallen, wenn der Betreffende ein sehr kurzes Praktikum (weniger als einen Monat) absolviert oder ohne Einbindung in den Arbeitsprozess keinen wirtschaftlich verwertbaren Beitrag zum Betriebsergebnis leistet.

**Praktikumsbescheinigung/Zeugnis.** Der Pflichtpraktikant hat ein Recht darauf, dass ihm nach Ablauf des Praktikums ein Zeugnis ausgestellt wird. Darin ist die Dauer der Tätigkeit und die erworbenen Fähigkeiten und Kenntnisse anzugeben. Dem Praktikanten eines freiwilligen Praktikums ist ein qualifiziertes Zeugnis auszustellen.

## Pflichten

Verschwiegenheitspflicht. Der Praktikant muss sich in der Regel schriftlich zur Wahrung von Geschäfts- und Betriebsgeheimnissen verpflichten. (vgl. IHK Köln, 2012). Zudem ist er verpflichtet:

- Das Praktikum gewissenhaft zu betreiben
- Die Weisungen des Ausbilders bzw. der Ausbilderin des Unternehmens zu befolgen
- Die tägliche Anwesenheitszeit einzuhalten
- Die Unfallverhütungsvorschriften (**Sicherheit im Büro**) sowie sonstige Betriebsordnungen einzuhalten
- Die ihm/ihr im Rahmen seiner/ihrer Tätigkeit zugänglichen Arbeitsmittel sowie sonstige Gegenstände sorgfältig zu behandeln.
- Eine Arbeitsverhinderung und die voraussichtliche Dauer unverzüglich mitzuteilen. (vgl. Bundesministerium für Arbeit und Soziales, 2011)

## Berufswahl

Vielleicht sind Sie nach den Praktika schon sicher, welchen Fachbereich Sie wählen möchten. Sollte das nicht so sein, finden Sie im Internet eine Vielzahl von Eignungstests, um herauszufinden, welcher Beruf zu Ihnen passt. (www.was-soll-ich-werden.de, www.arbeitsagentur.de, www.testedich.de). Die Entscheidung für den Berufseinstieg ist eine der wichtigsten im Leben. Deshalb lohnt es sich, dafür Zeit zu investieren und sie nicht dem Zufall zu überlassen.

## Voraussetzungen für mögliche Ausbildungsberufe

Sie stehen vor Ihrem Start in eine statistische Lebensarbeitszeit von derzeit 37,5 Jahren. Damit dieser Start gelingt, müssen Sie sich frühzeitig Ziele setzen, wie es nach der Schule weitergeht. Wer seine Ziele beizeiten kennt, geht folglich zielgerichtet vor und erreicht sein Ziel vor allem eher. Scheuen Sie nicht den Aufwand, den Sie in die Berufsorientierung investieren.

Werden Sie sich zuerst bewusst, welche Neigung, Eignung und Leistungsfähigkeit Sie mitbringen und ob Sie die Anforderungen der angebotenen Stellen erfüllen. Denn nur so haben Sie die Chance, einen Beruf zu finden, der Ihnen Spaß machen wird. Recherchieren Sie im Internet, um herauszufinden, welche Anforderungen die Wirtschaft an Ihre Auszubildenden stellt. Überprüfen Sie, welche Kompetenzen Sie bereits mitbringen.

Hilfreich sind ebenso die Schul- und Praktikumszeugnisse. Hier wurden Sie bislang von fremden Personen eingeschätzt.

## Rechte und Pflichten von Auszubildenden

In Deutschland ist die Ausbildung für einen bestimmten Beruf gesetzlich klar geregelt. Während die konkreten Inhalte der Berufsausbildung von den zuständigen Industrie-, Handels- und Handwerkskammern festgelegt werden, sind die maßgeblichen Rahmenbestimmungen für das Ausbildungsverhältnis im Berufsbildungsgesetz (BBiG) geregelt. Die ausbildenden Betriebe haben selbst nur einen begrenzten Einfluss auf die inhaltliche Ausgestaltung der Berufsausbildung.

### Rechte

**Angemessene Vergütung.** Auszubildende haben das Recht auf eine monatliche Vergütung. Die Vergütung gilt auch für die Zeit, in der sie am Berufsschulunterricht oder an überbetrieblichen Ausbildungsmaßnahmen teilnehmen.

**Kostenlose Ausbildungsmittel.** Auszubildenden sind die Ausbildungsmittel, also vor allem Werkzeuge und Werkstoffe kostenlos zur Verfügung zu stellen, gegebenenfalls auch eine Sicherheitsausrüstung. Dies gilt auch für Zwischen- und Abschlussprüfungen.

**Freistellung für Ausbildungsmaßnahmen.** Der ausbildende Betrieb hat nach dem BBiG die Auszubildenden für den Berufsschulunterricht bzw. für alle vorgeschriebenen Ausbildungsmaßnahmen außerhalb der Ausbildungsstätte freizustellen. Dies gilt auch für schulische Aktivitäten außerhalb der Unterrichtszeit, beispielsweise für Betriebsbesichtigungen.

**Arbeiten nur für das Ausbildungsziel.** Ausbildungsfremde Aufgaben müssen Auszubildende nicht ausführen. Sie haben das Recht, Aufgaben, wie zum Beispiel Ersatzarbeit für im Betrieb fehlende Arbeitskräfte abzulehnen.

**Besondere Kündigungsmöglichkeit.** Wenn ein Auszubildender die Berufsausbildung aufgeben oder sich für eine andere Tätigkeit ausbilden lassen möchte, gestattet ihm das BBiG jederzeit das Ausbildungsverhältnis mit einer Frist von vier Wochen zu kündigen.

**Auslandseinsatz.** Auch wenn der Auszubildende keinen Rechtsanspruch darauf hat: Seit 2005 ist es möglich, dass er einen Teil der Ausbildung im Ausland, beispielsweise in einem ausländischen Tochterunternehmen, absolviert. Darüber sollten sich beide Seiten gegebenenfalls verständigen und dies im Ausbildungsvertrag schriftlich fixieren, eventuell auch als Änderungsvertrag.

**Anspruch auf ein Zeugnis.** Nach dem BBiG ist dem Auszubildenden am Ende der Ausbildung zumindest ein einfaches Zeugnis (beinhaltet Personalien, Dauer des Arbeitsverhältnisses, Auflistung der Tätigkeiten) auszustellen, auf sein Verlangen hin auch ein qualifiziertes Zeugnis. Dies bedeutet, dass auch das betriebliche Verhalten und die Leistung zu beurteilen sind.

**Bildung einer Jugend- und Auszubildendenvertretung.** Beschäftigt ein Betrieb mindestens fünf Arbeitnehmer, die das 18. Lebensjahr noch nicht vollendet haben oder ihre Berufsausbildung absolvieren und das 25. Lebensjahr noch nicht vollendet haben, sind nach dem Betriebsverfassungsgesetz Jugend- und Auszubildendenvertretungen zu wählen. Grundsätzlich nehmen sie die Interessen der beiden Gruppen wahr. Der Betriebsrat hat die Jugend- und Auszubildendenvertretung zu Besprechungen zwischen Arbeitgeber und Betriebsrat hinzuzuziehen, wenn Angelegenheiten der betreffenden Gruppen vom Betriebsrat behandelt werden.

## Pflichten

**Lernpflicht.** Die Ausbildenden müssen dafür Sorge tragen, dass die Auszubildenden das vorgesehene Ausbildungsziel erreichen können. Die Auszubildenden müssen sich bemühen, die notwendigen Fertigkeiten, Kenntnisse und Fähigkeiten (und damit die berufliche Handlungsfähigkeit) zu erwerben.

**Sorgfaltspflicht.** Nach dem BBiG haben die Auszubildenden die ihnen aufgetragenen Aufgaben sorgfältig auszuführen. Dazu gehört auch das ordnungsgemäße Führen schriftlicher Ausbildungsnachweise, die fast alle Ausbildungsordnungen vorschreiben und die eine Zulassungsvoraussetzung für die Prüfung darstellten.

**Teilnahmepflicht.** Für die Auszubildenden besteht nach BBiG die Pflicht, an den Ausbildungsmaßnahmen, für die sie freigestellt werden, teilzunehmen. Die Pflicht zum Besuch der Berufsschule beispielsweise sehen auch die Schulgesetze der Bundesländer vor.

Übrigens: Die Auszubildenden sind verpflichtet, nicht nur ihren Erziehungsberechtigten, sondern auch ihren Ausbildern im Betrieb ihr Berufsschulzeugnis vorzulegen.

**Weisungen Folge leisten.** Die Auszubildenden haben den Weisungen zu folgen, die ihnen im Rahmen der Berufsausbildung vom Ausbildenden und Ausbildern oder anderen weisungsberechtigten Personen erteilt werden. Die weisungsberechtigen Personen sollten ihnen mit Beginn der Ausbildung vorgestellt werden.

**Einhalten der Betriebsordnung.** Die Auszubildenden haben die für die Ausbildungsstätte geltende Ordnung zu beachten. Diese kann zum Beispiel ein Rauchverbot wie auch allgemeine Vorschriften zum Betreten bestimmter Räume beinhalten, ebenso wie etwa das Verbot langer Haare oder das Gebot, Schutzkleidung zu tragen. Das gilt etwa für Sicherheitsbestimmungen oder die Einhaltung von vorgeschriebenen Schritten im Arbeitsprozess.

**Bewahrungspflichten.** Werkzeuge, Maschinen und sonstige Einrichtungen haben die Auszubildenden nach dem BBiG pfleglich und schonend zu behandeln. Das gilt auch für Werkzeuge und Werkstoffe, welche die Auszubildenden zum Ablegen von Zwischen- und Abschlussprüfungen kostenlos gestellt bekommen.

**Krankheitsmeldung.** Ein Fernbleiben von der Ausbildung haben Auszubildende unverzüglich zu melden und bei Krankheit eine ärztliche Bescheinigung vorzulegen.

**Pflicht zur Verschwiegenheit.** Die Auszubildenden sind nach dem BBiG verpflichtet, über Betriebs- und Geschäftsgeheimnisse Stillschweigen zu bewahren. Dies gilt insbesondere gegenüber Mitbewerbern. (vgl. Bundesagentur für Arbeit, 2011)

## Wege der Stellensuche

Nachdem Sie sich für eine Berufsrichtung entschieden haben, nutzen Sie das vielfältige Angebot, um Ihren bevorzugten Arbeitgeber zu finden. Recherchieren Sie ausdauernd nach geeigneten Stellenanzeigen. Achten Sie darauf, dass sie Ihren Qualifikationen entsprechen. Vertiefende Angaben zum **Anforderungsprofil** sollten zu Ihren Fachkenntnissen und Soft Skills passen, damit Sie Ihre persönlichen Stärken zielgerichtet in Ihren Bewerbungsunterlagen darstellen können.

Außerdem erhalten Sie durch die umfassenden Angaben in den Stellenanzeigen die ersten Eindrücke von diesem Unternehmen. Stellen Sie sich dann die Frage: „Wie kann ich meine Kompetenzen/Qualifikationen in diesem Unternehmen einbringen?“ Die besten Kandidaten für ein Unternehmen sind immer die, deren Qualifikationen mit den Anforderungen übereinstimmen. (vgl. Hofert 2009, S. 58)

Analysieren Sie die Stellenanzeigen in den verschiedenen Medien auf Einstiegstext, Anforderungen der Stelle, Anforderungen an den Bewerber, Leistungen des Unternehmens, berufliche Chancen und Kontaktdaten.

## Printmedien

In regionalen Tageszeitungen werden gezielt arbeitssuchende Menschen aus der Region angesprochen. Der Stellenmarkt in der regionalen Tageszeitung wird auch von Arbeitnehmern überflogen, die nicht akut auf der Suche nach einer neuen Stelle sind. Überregionale Tageszeitungen bieten sich für Fach- und Führungskräfte an, die nicht an eine Region gebunden sind. Sehr erfolgversprechend sind die Stellenanzeigen in Fachzeitschriften und in den Zeitschriften von Berufsverbänden. Hier werden speziell Fachleute der jeweiligen Berufsgruppen gesucht, sodass für Sie schon eine Art Vorauswahl getroffen ist.

## Soziale Netzwerke

Online-Netzwerke spielen heute laut dem Bundesverband Informationswirtschaft, Telekommunikation und neue Medien (BITKOM) eine immer größere Rolle. Bereits 95 Prozent aller Unternehmen schreiben ihre freien Stellen inzwischen im Internet aus, zweistellige Prozentzahlen sogar direkt in sozialen Netzwerken wie Twitter, XING, Facebook usw.

Der Vorteil für Sie liegt darin, dass Sie nach möglichen zukünftigen Kollegen suchen und diese vorab über das Unternehmen befragen können. Doch dies birgt auch Nachteile bzw. für Sie ist Vorsicht geboten. Auch Unternehmen schauen in sozialen Netzwerken genauer hin, was Kandidaten so an ihren Pinnwänden veröffentlichen. Deshalb sollten Sie bewusst ihre Netzwerkseiten pflegen und negativ wirkende Inhalte entfernen.

## Homepage der Unternehmen

Viele Unternehmen veröffentlichen selbst Karriereseiten, auf denen Ihre offenen Stellen aufgelistet sind, bzw. animieren die Website-Besucher, sich initiativ online zu bewerben.

Der Vorteil liegt klar auf der Hand. Neben den Stellenangeboten finden Sie hier weitere Informationen über das entsprechende Unternehmen und über den Online-Bewerbungs-Link erreichen Sie direkt den Personalverantwortlichen für dieses Stellenangebot.

## Jobbörsen

Verschaffen Sie sich zunächst einen Überblick im Crosswater-Portal oder im Stellen-Portal. Sie bieten Ihnen einen Kompass für die Navigation über Themen wie Jobbörsen, Jobsuchmaschinen, Stellenangebote, Personal, Recruiting, Stellenanzeigen, Gehaltsvergleich bzw. Karriere (vgl. Klenk, 2010 und Ahrens, 2009).

Die Jobbörsen im Internet sind geordnet nach einzelnen Kategorien. Die berufs- und branchenspezifischen Stellenbörsen sowie die regionalen Jobangebote sind nochmals in Unterkategorien eingeteilt.

| Branchenübergreifende Stellenbörsen | Branchenspezifische Stellenbörsen |
|---|---|
| www.monster.de, www.stepstone.de | www.hotelstellenmarkt.de |

| Regionale Stellenbörsen | Spezielle Bereiche |
|---|---|
| www.meinestadt.de | www.nebenjob.de |

Die Stellenbörsen (z. B. StepStone) bieten folgende kostenlose Serviceangebote:

- **Jobs per E-Mail** – persönliches Suchprofil erstellen und passende Jobangebote bequem per E-Mail erhalten
- **Lebenslauf** – ein Profil in der Lebenslauf-Datenbank anfertigen und sich von suchenden Unternehmen kontaktieren lassen – auch anonym
- **Newsletter** – Karriere-Checklisten, Bewerbungsvorlagen, Gehaltstabellen – Tipps rund um die Themen Karriere, Bewerbung und Gehalt im Newsletter

## Personalberatungen

Neben der eigenen aktiven Suche nach einer Arbeitsstelle können Sie, wenn Sie bereits Berufserfahrung mitbringen, auch Personalberater aufsuchen, die Ihnen Arbeitsstellen anbieten, auf die Ihr Anforderungsprofil zugeschnitten ist.

Sie wissen, was für Mitarbeiter die Unternehmen suchen. Sie werden individuell begleitet und betreut.

Die bekanntesten deutschen Personalberatungen (www.kienbaum.de, www.michaelpage.de oder www.personal-total.de) suchen für Unternehmen auch auf ihrer eigenen Homepage nach geeigneten Bewerbern.

# Anforderungen an die Bewerbungsunterlagen

Erstellen Sie nun Ihre Bewerbungsmappe. Sie verfolgen mit ihr nur ein Ziel, die Chance zu bekommen, sich persönlich bei Ihrem Wunschunternehmen vorzustellen. Mit Ihren Unterlagen werben Sie in eigener Sache.

## Innere Form

Achten Sie darauf, dass Sie eine passgenaue Bewerbung anfertigen, indem Sie genau auf die Anforderungen der Stellenanzeige eingehen und die Informationen aus Ihrer Internetrecherche berücksichtigen. Vermitteln Sie Ihre Stärken und Ihre Leidenschaft zu diesem Berufsbild mit nachvollziehbaren Beispielen.

Verwenden Sie keine abstrakten Formulierungen – Ihre Persönlichkeit ist gefragt (vgl. Püttjer & Schnierda 2003, S. 9). Personalverantwortliche lesen zwischen den Zeilen und machen sich automatisch ein Bild von dem Bewerber.

## Äußere Form

Der Personalverantwortliche erhält von Ihnen den ersten Eindruck in der Regel durch die äußere Form Ihrer Bewerbungsmappe. Er macht sich innerhalb weniger Sekunden ein Bild von Ihrer Arbeitsweise und Ihrer Persönlichkeit. Dieses können Sie später nicht mehr korrigieren, selbst wenn Sie hervorragende Zeugnisse aufweisen können. Sie stimmen ihn nur positiv, wenn die Unterlagen ohne Rechtschreibfehler, Eselsohren, Nikotingeruch bzw. Kaffeeflecken sind. Ebenso verhält es sich mit fehlenden Unterlagen oder einer Loseblattsammlung.

Die äußere Form lässt heute durchaus Spielraum. In kreativen Berufen sind witzige Layout-Einfälle, alternativ gestaltete Lebensläufe oder Anschreiben durchaus gefragt. Allerdings erwarten Personalchefs bei einer Bank oder Versicherung seriösere Layouts. Entwerfen Sie zunächst Ihr eigenes **Corporate Design**, damit Ihre Bewerbung zum Eye-Catcher (Blickfang) wird. Wählen Sie Textausrichtung, Farbe, Schriftart und -grad und visualisieren Sie Ihren Namen und die Kontaktdaten. Verwenden Sie dieses Design für Ihren Lebenslauf, Ihre Bewerbung und ggf. Ihr Deckblatt.

Achten Sie unbedingt darauf, keine Rechtschreib-, Grammatik- oder Kommafehler in Ihren Bewerbungsunterlagen zu haben. Geben Sie die Texte vorsichtshalber jemandem zur Korrektur. Wählen Sie hochwertiges Papier, auch wenn das ein bisschen teurer ist. Dabei sollten alle Seiten nur einseitig bedruckt werden. Unterschreiben Sie immer eigenhändig – also keine eingescannte Unterschrift verwenden.

# Lebenslauf

Beginnen Sie zunächst mit der Ausarbeitung Ihres individuellen Lebenslaufes. Denn Personalverantwortliche lesen ihn in der Regel zuerst, bevor sie sich mit dem Anschreiben beschäftigen. Erstellen Sie einen tätigkeits- und kompetenzorientierten Lebenslauf, denn der Leser sollte schnell in der Lage sein, sich einen Überblick über Ihre Qualifikationen zu verschaffen (vgl. Buchberger, 2011-2).

Erläutern Sie also das Niveau Ihrer Sprachkenntnisse und listen Sie die Tätigkeiten, die Sie bereits in Praktika oder im Unterricht eingeübt haben, auf. Machen Sie aus Diskriminierungsgründen keine Angaben über Eltern, Geschwister, Ihre Religion – es sei denn, es wird ausdrücklich verlangt.

Das Unternehmen interessiert vor allem Ihre Kompetenzen und Soft Skills. Je mehr Sie den Anforderungen der ausgeschriebenen Stelle entsprechen, umso eher werden Sie zum Vorstellungsgespräch eingeladen (vgl. Püttjer & Schnierda, 2003, S. 11).

## Aufbau eines Lebenslaufes

Nach den persönlichen Daten werden Schulbildung, Berufsausbildung bzw. Studium beschrieben – es folgen die Angaben von Praktika, persönlichen Fähigkeiten und Kompetenzen. Stellen Sie also Ihre Stärken deutlich heraus. Ihr Lebenslauf muss lückenlos sein. Zeitspannen, die nicht mit Schul- oder Arbeitszeiten belegt sind, zeigen Ungereimtheiten.

| | |
|---|---|
| **Persönliche Daten** | Vorname, Nachname<br>Straße, PLZ und Ort<br>Geburtsdatum und -ort<br>evtl. Familienstand<br>Telefonnummer und E-Mail-Adresse |
| **Schulbildung** | Bei der Schulbildung listen Sie nur die Schule auf, in der Sie Ihren ersten entscheidenden Abschluss gemacht haben (Realschule = Mittlere Reife, Gymnasium = Abitur). Bei guten Abschlüssen geben Sie zu Ihren Schul-, Berufs- oder Studienabschlüssen immer Ihre Durchschnittsnote an. Daran erkennt der Personaler, ob Sie kontinuierlich gute Leistungen bzw. steigende Leistungen erbracht haben. Achten Sie darauf, dass Sie mit dem aktuellsten Abschluss beginnen. Vermerken Sie bei Ihren Angaben zu Ihrer Schul- und Ausbildung ruhig Themen- und Lernschwerpunkte, wenn es passt. |
| **Praktika/Berufserfahrung** | Beginnen Sie mit dem aktuellsten Praktikum und beschreiben Sie stichwortartig die Arbeitsinhalte, die für den zukünftigen Arbeitgeber wichtig sind. Nennen Sie die Anschrift, die Branche, die Produkte bzw. Dienstleistungen Ihrer Praktikabetriebe. Zur Berufserfahrung führen Sie Ihre passgenauen Nebenjobs an, auch wenn Sie einen Zwei-Stunden-die-Woche-Job haben. |
| **Sprachkompetenzen**<br><br>**Muttersprache**<br>**1. Fremdsprache**<br>**2. Fremdsprache**<br>**...** | Bewerten Sie Ihre Sprachkenntnisse. Zum einen gibt es die Möglichkeit, die Bewertung abzustufen nach:<br>1. Grund- bzw. Schulkenntnisse<br>2. Sehr gute Kenntnisse<br>3. Fließend in Wort und Schrift<br>4. Verhandlungssicher<br>5. Muttersprache<br>Zum anderen können Sie die Stufung des europäischen Referenzrahmens für Sprachen einsetzen:<br>A: ➲ elementare Sprachverwendung (A1 und A2)<br>B: ➲ selbstständige Sprachverwendung (B1 und B2)<br>C: ➲ kompetente Sprachverwendung<br>C1: ➲ fortgeschrittenes Kompetenzniveau<br>C2: ➲ nahezu muttersprachliche Sprachbeherrschung<br>(URL: http://europass.cedefop.europa.eu/LanguageSelfAssessmentGrid/de)<br><br>TOEFL® (Test of English as a Foreign Language) oder TOEIC-Punktzahl<br>International akzeptierter Sprachstandard, der zur Messung der Englischkenntnisse dient |

| | |
|---|---|
| **Auslands-aufenthalt** | Listen Sie Ihre Auslandsaufenthalte auf. Geben Sie Zeitraum, Ort und Grund an. Dabei kann es sich um ein Auslandspraktikum, Auslandsstudium, Work & Travel, Freiwilligenjahr oder um Intensivsprachkurse handeln.<br><br>Der Personalverantwortliche erkennt daran, dass Sie neben der erworbenen Sprachkompetenz, flexibel sind im Umgang mit kniffligen Situationen und offen für andere Kulturen. |
| **Soziale Fähigkeiten** | Beschreiben Sie in welchem Zusammenhang Sie Ihre soziale Fähigkeit (Teamfähigkeit, Kommunikationsfähigkeit ...) erworben haben.<br><br>• gute Fähigkeit zur Anpassung an ein multikulturelles Umfeld, erworben durch meinen Intensivsprachkurs im Ausland und im Handballverein<br>• gute Kommunikationsfähigkeit, erworben im Unterrichtsfach Kommunikation und Präsentation und in der Anwendung von Präsentationen innerhalb des Unterrichts |
| **Organisatorische Fähigkeiten** | Beschreiben Sie Ihre organisatorischen Fähigkeiten (Koordinierung und Verwaltung von Personal, Projekten und Haushaltsmitteln bei der Arbeit oder einer gemeinnützigen Tätigkeit).<br>• umfassende Erfahrung als Klassen- bzw. Schülersprecher(in)<br>• dreijährige Erfahrung in der Organisation von Vereinsfesten |
| **Technische Fähigkeiten** | Wenn dies Ihr Berufsbild betrifft, beschreiben Sie Ihre technischen Fähigkeiten und Kompetenzen im Umgang mit speziellen Arten von Geräten und Maschinen usw. (Computer ausgenommen) bzw. technische Fähigkeiten und Kompetenzen in einem bestimmten Fachgebiet (Fertigungsindustrie, Gesundheitswesen, Bankensektor usw.).<br>• souveräner Umgang mit dem Mikroskop<br>• Führerschein: (Klasse angeben) |
| **IT-Kenntnisse** | Bewerten Sie Ihre IT-Kenntnisse (Handhabung von Textverarbeitungsprogrammen und anderen Anwendungen, die Recherche in Datenbanken, den routinierten Umgang mit dem Internet sowie hochqualifizierte Fähigkeiten (Programmieren usw.)<br>• Basiskenntnisse im Tabellenkalkulationsprogramm Excel<br>• Expertenwissen in Photoshop |
| **Künstlerische Fähigkeiten** | Führen Sie hier Ihre künstlerischen Fähigkeiten und Kompetenzen auf, die für Ihre Bewerbung vorteilhaft sein können (Musik, Schriftstellerei, Gestaltung/Design)<br>• Querflöte spielen, 6-jährige Mitgliedschaft im Musikverein<br>• Mitglied der Schul-Theater-AG |
| **Freizeit-aktivitäten** | Definieren Sie Ihre Freizeitaktivitäten genau. Welchen Sport oder ehrenamtliche Tätigkeiten üben Sie aus? Welche Literatur lesen Sie?<br>• Mitglied im Fußballverein FC xy<br>• regelmäßiges Lesen der Zeitschrift PC-Welt bzw. Natur- und Technik |
| **Ort, Datum, handschriftliche Unterschrift** | Achtung! Immer auf das aktuelle Datum achten.<br><br>Am besten mit einem Füller unterschreiben. |

 

**Dirk Pauly**

Güterstraße 14
54296 Trier
Telefon: 0651 588759
E-Mail: d.pauly@gmx.de

# Lebenslauf – Musterbeispiel

## Meine persönlichen Daten

| | |
|---|---|
| Geburtsdatum | 14. April 19.. |
| Geburtsort | Trier |

## Schulbildung

| | |
|---|---|
| September 20.. bis | Berufsbildende Schule Wirtschaft Trier<br>Berufsfachschule<br>Fachbereich: Wirtschaft und Verwaltung |
| September 19.. bis Juli 20.. | Franz-Bauer-Realschule plus in Trier<br>Berufsreife, Gesamtnote 2,3 |

## Praktika

Juni 20.. bis Juli 20..

Textilfachgeschäft Schönemann GbR in Trier

- Regale mit neuer Ware bestücken
- Ware auspacken
- Warenlieferung auf Vollständigkeit prüfen

Oktober 20.. bis November 20..

Floristik Müller in Trier

- Pflanzen versorgen und pflegen
- Mithilfe beim Binden von Blumensträußen

## Sprachenkompetenz

Englisch
Grundkenntnisse

Seite 1 von 2

**Dirk Pauly**

Güterstraße 14
54296 Trier
Telefon: 0651 588759
E-Mail: d.pauly@gmx.de

**Soziale Fähigkeiten**

Gute Fähigkeit zur Anpassung an ein multikulturelles Umfeld, erworben im Fußballverein

Gute Kommunikations- und Präsentationsfähigkeit, erworben durch die Anwendung von Präsentationen innerhalb des Unterrichts

**IT-Kompetenzen**

Textverarbeitungsprogramm „Word“
Umfassende Kenntnisse

Präsentationsprogramm „PowerPoint“
Basiskenntnisse

**Freizeitaktivitäten**

Fußball im FC Trier seit sechs Jahren
Freiwillige Feuerwehr seit zwei Jahren

Trier, den 9. Januar 20..

*Dirk Pauly*

Seite 2 von 2

## Bewerbungsfoto

Unterschätzen Sie nicht die Bedeutung Ihres Bewerbungsfotos. Der Personalverantwortliche bekommt einen ersten Eindruck, den Sie nicht mehr revidieren können. Nutzen Sie also die Chance, mit Ihrem Foto Sympathiepunkte zu sammeln.

### Qualität

Lassen Sie am besten das Bewerbungsfoto von einem Fachmann erstellen, der auf Körperhaltung, Belichtung und Hintergrund achtet. Ebenso sollte Ihre Kleidung zu der angestrebten Anstellung passen, d. h. wählen Sie die Kleidung und Accessoires, die in diesem Unternehmen Standard sind. Verwenden Sie Porträtfotos, die nicht älter sind als ein bis zwei Jahre. Ihr Bewerbungsfoto sollte einfach gut in die Bewerbung hineinpassen und Sie in Szene setzen.

### Form

Das Bewerbungsfoto (4 bis 7 cm) wird rechts oben an den Lebenslauf angeheftet oder digital eingebunden. Achten Sie darauf, dass das digitale Bild eine gute Druckqualität hat. Das Bild darf ruhig ein wenig größer ausfallen, etwa 6,5 cm Breite und maximal 10 cm Höhe. Es lohnt sich, in ein aussagekräftiges Foto zu investieren.

## Deckblatt

Bewerbungsmappen können Sie mit und ohne Deckblatt gestalten. Entscheiden Sie sich für ein Deckblatt, so sollte es das gleiche Layout wie Ihre übrigen Bewerbungsunterlagen haben und Folgendes beinhalten:

**Dirk Pauly**

Güterstraße 14
54296 Trier
Telefon: 0651 588759
E-Mail: d.pauly@gmx.de

**Bewerbung**
für einen Ausbildungsplatz
zum Kaufmann im Einzelhandel
bei der Roland Meyer GmbH
in Trier

**Inhalt:**
Lebenslauf
Foto
2 Zeugnisse

### Verbindliche Bestandteile

- Ihr Vorname und Nachname
- Ihre Anschrift
- Ihre Telefon-/Handynummer
- Ihre E-Mail-Adresse
- Bewerbung für (Angabe der Stellenausschreibung oder Berufswunsch und ggf. Unternehmensangabe)

### Unverbindliche Bestandteile

- Ihr Foto können Sie etwas größer als Grafikdatei einfügen (Bedenken Sie aber, dass es in den Bewerbungsunterlagen nur einmal erscheint – Deckblatt oder Lebenslauf)
- Inhaltsübersicht – Wenn Sie möchten, können Sie auf dem Deckblatt auch eine kurze Inhaltsübersicht der folgenden Dokumente aufführen. Das erleichtert Ihrem Ansprechpartner die Übersicht. Zwingend ist das aber nicht.

## Bewerbungsanschreiben

Besonderes Gewicht hat in der Bewerbungsmappe das Anschreiben. Hier gilt es, den richtigen und zielbezogenen Ton zu treffen und in kurzen, prägnanten Sätzen Aufmerksamkeit für die eigene Person und die folgenden Bewerbungsunterlagen zu schaffen. Der Bezug zu der angestrebten Position und Aufgabe sowie das Interesse an Ihrem Wunscharbeitgeber gehören in den Vordergrund. (vgl. Buchberger, 2011-1). Daher müssen Sie bei jeder Bewerbung ein neues passendes Anschreiben verfassen, in welchem Sie sich aber immer wiederfinden sollten.

Richten Sie das Anschreiben nach Möglichkeit an einen konkreten Ansprechpartner. Dieser steht meistens in der Stellenanzeige. Wenn nicht, können Sie auch einfach in dem Unternehmen anrufen und nach der zuständigen Person fragen. Lassen Sie sich den Namen auf jeden Fall buchstabieren, damit Sie ihn richtig schreiben. Auch beim Abschreiben eines Namens aus einer Anzeige sollten Sie sehr sorgfältig auf die korrekte Schreibweise achten.

Ihr Anschreiben sollte nicht länger als eine Seite und leserfreundlich formatiert sein (Schriftgröße (12 pt) und -typ, Absätze, Seitenrand). Deshalb müssen Sie Informationen schnell auf den Punkt bringen. Beginnen Sie Ihr Anschreiben nicht mit einer Floskel (Ich interessiere mich für die ausgeschriebene Stelle in der xy-Zeitung – dies gehört direkt in den Betreff). Wenn Sie keinen Kontakt zum Unternehmen aufgenommen haben, auf den Sie verweisen könnten, sollten Sie direkt Ihre jetzige Tätigkeit beschreiben.

Wählen Sie eine förmliche und sachliche, dabei aber freundliche Sprache. Machen Sie sich klar, dass Sie kein Bittsteller sind, sondern dass Sie Fähigkeiten und Qualitäten zu bieten haben. Seien Sie selbstbewusst, aber nicht arrogant. Vermeiden Sie Konjunktive mit „würde" (würde mich freuen ..., würde mir gefallen ... oder würde mir gut passen ...). Ihr Anschreiben muss Sie persönlich widerspiegeln.

Betrachten Sie das Anschreiben als eine Art Selbstgutachten. Erläutern Sie Ihre Fachkompetenz, aber vor allem geben Sie dem Personalverantwortlichen die Chance, dass er sich ein Bild von Ihrer Persönlichkeit machen kann. In dem Anschreiben sollten Sie sagen, warum Sie sich gerade bei diesem Unternehmen bewerben und was Sie an dieser Stelle interessiert. Zeigen Sie in Ihrem Anschreiben mit ca. sieben Argumenten auf, wie und warum Sie mit Ihren Kenntnissen und Qualitäten gut für das Unternehmen geeignet sind (vgl. Hofert, 2009, S. 20). Gehen Sie passgenau auf die Anforderungen der Stellenanzeige ein und belegen Sie kurz mithilfe von Beispielen Ihre Stärken – wiederholen Sie aber nicht die Argumentationen aus Ihrem Lebenslauf. Achten Sie aber hier genau darauf, dass Sie nicht bewerten, sondern nur beschreiben. Bedenken Sie, dass Ihr ausführliches Kompetenzprofil im Lebenslauf steht – verweisen Sie ggf. darauf.

Verzichten Sie dabei auf das Nennen von privaten Gründen, wie z „Das Unternehmen ist so schön nah an meiner Wohnung" oder Ähnliches. Nennen Sie fachliche Gründe, die zeigen, dass Sie etwas über das Unternehmen und die von Ihnen angestrebte Position wissen. Wenn Sie bereits in einem Arbeitsverhältnis stehen, nennen Sie im Abschluss Ihres Anschreibens Ihren frühesten Anfangszeitpunkt und (wenn gefordert) Ihre Gehaltsvorstellungen. Wenn Sie Berufsanfänger sind, kommt es immer ganz gut an, zwei bis drei Tage Probearbeit anzubieten. Beenden Sie Ihr Bewerbungsanschreiben mit einem Wunsch nach einem Gespräch, damit der Personalverantwortliche sich ein umfangreiches Bild von Ihnen machen kann. Verwenden Sie die übliche Abschlussformel „Mit freundlichen Grüßen" und kürzen Sie auf keinen Fall mit mfg ab. Unterschreiben Sie leserlich mit einem Füller. Listen Sie die Anlagen nur thematisch auf (vgl. Püttjer & Schnierda 2003, S. 40 ff.).

## Aufbau eines Bewerbungsanschreibens

| Bestandteile | Inhalte |
|---|---|
| **Absender-angaben** | Name<br>Kommunikationsdaten |
| **Empfänger-angaben** | Korrekte Firmenangaben mit entsprechender Rechtsform<br>Name des Personalverantwortlichen (Achten Sie auf korrekte Schreibweise!) |
| **Datum** | Numerische oder alphanumerische Schreibweise, die dann im Text fortgesetzt wird |
| **Betreff** | Aussagekräftiger Betreff (Berufsbezeichnung der Stellenanzeige beachten)<br>Fundstelle der Stellenausschreibung bzw. Initiativbewerbung |
| **Anrede** | Persönliche Anrede des Personalverantwortlichen |
| **Einleitung** | Nehmen Sie Bezug auf Telefonate oder Empfehlungen<br>• Herzlichen Dank für die am Telefon gegebenen zusätzlichen Informationen<br>• Wie besprochen, sende ich Ihnen die ...<br>• Auf Empfehlung von ...<br>Beschreiben Sie, welcher Tätigkeit Sie zurzeit nachgehen.<br>• Zurzeit besuche ich die berufsbildende Schule<br>• Momentan arbeite ich ... |
| **Hauptteil** | Welche **Hard Skills** (Fachkompetenzen) bringe ich mit, die auf die Stellenausschreibung zutreffen? Was kann ich dem Unternehmen bieten? Was interessiert mich an dieser Stelle? Wie und warum passe ich mit meinen Kenntnissen und Qualitäten gut in das Unternehmen?<br>Welche **Soft Skills** werden in der Stellenanzeige gefordert? Belegen Sie kurz mit Beispielen, wie Sie Ihre Stärken passgenau auf die angebotene Stelle einbringen können. |
| **Schluss** | Je nach Stellenausschreibung: Was sind meine Gehaltsvorstellungen? Wann kann ich frühestens beginnen? Bereitschaft zur Probearbeit signalisieren.<br>Wunsch nach einem persönlichen Gespräch bekunden<br>• Gerne gebe ich Ihnen in einem Gespräch weitere Auskünfte zu meiner Person.<br>• In einem Gespräch kann ich Ihnen mein Profil näher erläutern. |
| **Gruß** | Benutzen Sie keine Abkürzungen |
| **Unterschrift** | Unterschreiben Sie leserlich mit dem Füller. |
| **Anlagen** | Ordnen Sie Ihre Anlagen thematisch und chronologisch.<br>• Lebenslauf mit Foto<br>• Arbeits- und Schulzeugnisse<br>• Zertifikate |

## Stellenausschreibung (Ausbildung)

„Möbel Schmitt“ – Spezialist für hochwertiges Wohn- und Küchendesign in Trier. Vom Markenmöbel bis zur individuellen Designlösung bieten wir unseren Kunden umfangreichen Service – alles aus einer Hand.

### Ausbildung zur Kauffrau/zum Kaufmann im Einzelhandel zum 1. August 20..

| Wir bieten: | Ihre Voraussetzungen: |
|---|---|
| • Praxisnahe dreijährige Ausbildung in einem modernen Unternehmen | • Berufsreife mit einer beruflichen Grundbildung (Berufsfachschule I) |
| • Vermittlung von fundierten Fachkenntnissen: Warenverkauf, Sortimentspflege und -gestaltung, Warenbeschaffung ... | • Interesse an kaufmännischen Abläufen |
| | • Zuverlässige Arbeitsweisen |
| • Besuch der Berufsschule in Trier | • Teamfähigkeit und sicheres, freundliches Auftreten |
| • Ausbildungsvergütung nach Tarifvertrag | • PC-Kenntnisse |

Was wir Ihnen zusätzlich zu diesem interessanten Ausbildungsplatz noch zu bieten haben, entnehmen Sie bitte der Karriereseite unserer Homepage. Haben Sie Interesse, in einem sympathischen und engagierten Team mitzuarbeiten? Dann überzeugen Sie uns!

Bitte senden Sie Ihre aussagekräftige Bewerbung unter Angabe der Kennziffer 712 an:

Möbel Schmitt, Andreas Petri, Hochstraße 2 - 18, 54296 Trier
Telefon: 0651 754-838, Telefax: 0651 754-432, petri@moebel-schmitt.de, www.moebel-schmitt.de

**Dirk Pauly**

Güterstraße 14
54296 Trier
Telefon: 0651 588759
E-Mail: d.pauly@gmx.de

¶
¶
¶

Möbel Schmitt
Herrn Andreas Petri
Hochstraße 2 - 6
54296 Trier

¶
¶
¶
¶

18. November 20..

¶
¶

**Bewerbung zur Ausbildung als Kaufmann im Einzelhandel**
Kennziffer 712

¶
¶

Sehr geehrter Herr Petri,

¶

zurzeit besuche ich die Berufsfachschule I in Trier. Im Juli 20.. werde ich die Berufsreife mit der beruflichen Grundqualifikation im Bereich „Wirtschaft und Verwaltung" erlangen.

¶

Eine Ausbildung in Ihrem Unternehmen spricht mich sehr an, da ich gerne mit Kunden zu tun habe und Ware verkaufsfördernd präsentiere.

¶

Im Fach „Berufliche Grundbildung" lerne ich, wie Waren kundenorientiert angeboten, Werbemaßnahmen zielgruppenorientiert geplant und Kaufverträge rechtsgültig abgeschlossen werden. Ebenso beherrsche ich den sicheren Umgang mit dem Textverarbeitungsprogramm „Word" und kann Geschäftsbriefe rationell erstellen.

¶

In diesem Schuljahr erweitere ich meine Lernstrategien hinsichtlich der Teamarbeit, Kommunikations- und Präsentationstechniken, indem wir regelmäßig unsere Ergebnisse und unser Gruppenverhalten reflektieren.

¶

Gerne lerne ich Sie und Ihr Unternehmen in einem Vorstellungsgespräch kennen und überzeuge Sie evtl. durch Probearbeiten von meiner Eignung.

¶

Mit freundlichen Grüßen

¶
¶ *Dirk Pauly*
¶

**Anlagen**
Lebenslauf mit Foto
Schulzeugnis
Praktikumsnachweise

## Online-Bewerbung

Heutzutage fordern viele Unternehmen nur noch Bewerbungen auf elektronischem Wege. Dies kann in Form einer E-Mail oder einem Online-Bewerbungsformular geschehen. Der Bewerbungsprozess wird sowohl für den Bewerber als auch für die Personalverantwortlichen entscheidend vereinfacht und beschleunigt. Außerdem zeigt der Bewerber den kompetenten Umgang mit den neuen Technologien.

Die Bewerbung erreicht innerhalb weniger Sekunden das Unternehmen. Sie erhalten in der Regel ein schnelles Feedback in Form einer Eingangsbestätigung. Das Unternehmen kann die Daten ohne großen Aufwand intern weiterbearbeiten bzw. weiterleiten (vgl. Eckert, 2012).

## Tipps zur professionellen E-Mail-Bewerbung

Bei der E-Mail-Bewerbung gelten für Sie die gleichen Regeln wie bei den **Bewerbungsunterlagen** in Papierformat – ansprechende äußere Form und werbewirksame Inhalte. Allerdings fallen die Fehler einer E-Mail-Bewerbung nicht direkt ins Auge. Achten Sie deshalb auf folgende Kriterien:

- Wählen Sie keinen E-Mail-Dienstleister, der die Werbung integriert hat. Dies geschieht meistens bei Freemail-Anbietern – allerdings können Sie gegen Gebühr die E-Mails von der Werbung befreien. Am besten richten Sie auf Ihrem Rechner ein (kostenfreies) E-Mail-Programm ein. In den meisten Fällen ist ein solches bereits installiert, das Sie nur noch einrichten müssen. Unter „Benutzerinformationen" sollte Ihr voller Vor- und Nachname eingetragen sein.

- Achten Sie darauf, dass Ihr Postfach immer aufgeräumt ist, um für die Antworten der Unternehmen genügend Speicherplatz zur Verfügung zu haben. Eine Fehlermeldung an das Unternehmen wirkt sehr unprofessionell und kann schon für eine Ablehnung sorgen bzw. Sie verpassen die Einladung für das Vorstellungsgespräch.

- Verwenden Sie eine E-Mail-Adresse mit Ihrem Vor- und Nachnamen (vorname_nachname@provider.de). Diese Adresse sollten Sie dann eine Zeit lang beibehalten.

- Versenden Sie Ihre E-Mail direkt an den gewünschten Personalverantwortlichen (rainer-mueller@unternehmen.de) und nicht an die allgemeine E-Mail-Adresse des Unternehmens (info@unternehmen.de).

- Schreiben Sie einen aussagekräftigen Betreff – nehmen Sie Bezug auf die Stellenausschreibung, ggf. mit Kennziffer.

- Denken Sie an die persönliche Anrede an den Personalverantwortlichen.

- Verfassen Sie ein kurzes Anschreiben, in dem Sie Bezug auf die ausgeschriebene Stelle und Ihre Datei-Anhänge nehmen. Wählen Sie als E-Mail-Format „Nur-Text". HTML-E-Mails werden oft nicht richtig dargestellt.

- Fügen Sie unter Ihren Brieftext eine **E-Mail-Signatur** mit Ihren Kontaktdaten ein.

- Verschicken Sie Ihre Datei-Anhänge im PDF-Format und nur auf Wunsch im Format eines Textverarbeitungsprogramms (z. B. doc-Datei oder odt-Datei). Verzichten Sie darauf, Ihre Datei-Anhänge als zip-Datei zu verpacken.

- Achten Sie darauf, dass Ihre Dateien nicht größer als zwei bis drei Megabyte sind.

Größere Dateien kommen oft nicht an. Mit der rechten Maustaste können Sie unter „Eigenschaften" die Dateigröße feststellen.

- Verschicken Sie Ihre E-Mail-Bewerbung nicht mit einer Empfängerbestätigung, da Sie nicht wissen, mit welchem Programm der Empfänger arbeitet. Das kann ansonsten zu Fehlern führen bzw. Sie denken, dass die Bewerbung nicht angekommen ist.

## Digitale Bewerbungsunterlagen im E-Mail-Anhang

In der Regel sollten Sie Ihrer E-Mail-Bewerbung zwei bis drei Dateien anfügen, die sich vom inhaltlichen Aufbau Ihrer Bewerbung in Papierform nicht unterscheiden: Anschreiben, Lebenslauf und Zeugnisse. Haben Sie bisher Ihr Foto auf dem Deckblatt platziert, so fügen Sie es jetzt rechts oben im Lebenslauf ein. Wandeln Sie Ihre Dateien in PDF-Dokumente um, Ihr Layout bleibt unverändert, und der Personalverantwortliche kann Ihre Dokumente auf jeden Fall lesen.

Ihre Zeugnisse sollten Sie chronologisch, sauber und gut lesbar in ein Dokument einscannen. Sie können zunächst nur die wichtigsten Zeugnisse versenden, auf Anfrage reichen Sie den kompletten Satz nach. Wenn Sie aber mehr als sechs Dokumente haben, empfiehlt es sich, vor die Zeugnisse ein Anlagenverzeichnis zu stellen, das am besten mittels Textmarken an den Dokumenten verlinkt wird.

Geben Sie Ihren Dokumenten aussagekräftige Dateinamen, damit das Unternehmen schnell Ihre Unterlagen in der elektronischen Ablage wiederfindet:

- nachname_vorname_Anschreiben.pdf
- nachname_vorname_Lebenslauf.pdf
- nachname_vorname_Zeugnisse.pdf

## E-Mail-Bewerbung versenden

Bevor Sie Ihre Bewerbung an das Unternehmen versenden, mailen Sie sich zunächst selbst die Bewerbung. Überprüfen Sie dann:

- Benutzerinformationen (Vor- und Nachname)
- Korrekter Betreff
- Persönliche Anrede
- Brieftext (Layout)
- Signatur
- Anhang (drei Dateien)

Lassen Sie ggf. eine zweite Person über Ihre Bewerbungsmail schauen und versenden Sie sie dann an den entsprechenden Personalverantwortlichen.

## E-Mail-Signatur

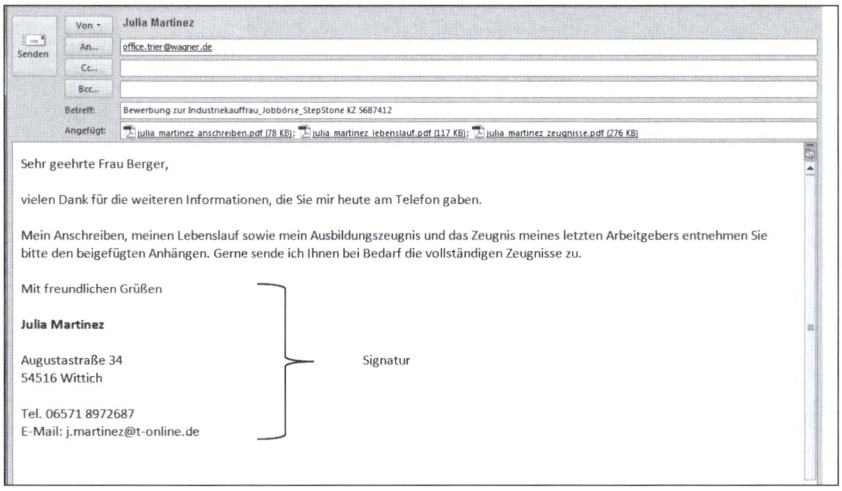


## Bewerbung mit Online-Formularen

Immer mehr Unternehmen akzeptieren nur noch ihre eigenen standardisierten Online-Formulare. Im Vergleich zu E-Mail- oder Mappenbewerbungen besteht der Vorteil für die Arbeitgeber darin, eingehende Bewerbungen leichter speichern, verarbeiten und auswerten zu können. Es entstehen weniger Kosten.

Es gibt drei Arten von Bewerbungsformularen:

1. Die erste Formularart dient, ähnlich einer Kurzbewerbung, nur der ersten Kontaktaufnahme. Nach einer Bewerbervorauswahl werden dann die vollständigen Bewerbungsunterlagen angefordert.
2. Die zweite Formularart können Sie mit einer vollständigen Bewerbung vergleichen. Hier müssen Sie weitaus mehr Fragen beantworten und zusätzliche Freitextfelder ausfüllen. Auch haben Sie fast immer die Möglichkeit, Dateien an Ihre Bewerbung anzufügen.
3. Die dritte Variante sind komplette Softwarelösungen, die fast kleine Assessment-Center sind. Größere Unternehmen entwickeln immer ausgefeiltere Recruiting-Werkzeuge.

Füllen Sie das Formular sorgfältig aus und nutzen Sie die Gelegenheit, weitere Unterlagen hochzuladen (upload). Verwenden Sie die Freitextfelder, um Ihre Persönlichkeit ins rechte Licht zu rücken. Wählen Sie aussagekräftige Überschriften und prägnante Formulierungen. Schreiben Sie nicht nur wichtige Rahmendaten, sondern beginnen Sie im ersten Freitextfeld mit einer kurzen Begrüßung. Schreiben Sie zum Schluss eine Grußformel. Dies ist höflich und Sie schlagen eine persönliche Brücke zum Leser.

Machen Sie sich eine Kopie von der Bewerbung, um die Daten beim Vorstellungsgespräch zur Hand zu haben. Überprüfen Sie auch hier wieder Ihre Rechtschreibung, bevor Sie das Formular absenden. Nutzen Sie diese Daten für weitere Online-Formulare, sicherlich können an den verschiedenen Stellen Formulierungen wiederverwendet werden. Außerdem bietet das Textverarbeitungsprogramm eine gute Hilfe, um sich Tippfehler anzeigen zu lassen (vgl. Hofert, 2009, S. 38 - 39).

## Bewerbungsmappe per Post

Wählen Sie für Ihre Unterlagen eine hochwertige, optisch ansprechende, dezent und seriös wirkende Kunststoffmappe mit Klemmleiste oder eine spezielle Bewerbungsmappe. Verwenden Sie keine Klarsichthüllen. Das Anschreiben legen Sie lose auf die Bewerbungsmappe. In die Kunststoffmappe mit Klemmleiste legen Sie zuerst das Deckblatt, dann den Lebenslauf und chronologisch sortiert die Anlagen. Orientieren Sie sich bei einer speziellen Bewerbungsmappe hinsichtlich der Einordnung der Dokumente an die Herstellervorgaben.

Sie sollten Ihre Bewerbungsunterlagen gut verpackt verschicken. Am besten nehmen Sie einen stabilen B4-Umschlag mit einer Papprückwand. So verhindern Sie, dass die Unterlagen geknickt werden. Beim Empfänger interessiert es niemanden, warum eine Sendung in schlechter Qualität ankommt.

Beschriften Sie den Umschlag mit den korrekten Anschriftdaten des Bewerbungsschreibens. Eigentlich selbstverständlich, aber es soll dennoch gesagt werden: Achten Sie unbedingt darauf, dass der Brief ausreichend frankiert ist. Fragen Sie lieber im Postamt nach, als dass Sie nachher aufgrund einer falschen Schätzung zu wenig Porto nehmen.

Dirk Pauly<br>
Güterstraße 14<br>
54296 Trier

Post-<br>
wert-<br>
zeichen

Neumann Arzneimittel AG<br>
Herrn Klaus Petri<br>
Postfach 2 68 03<br>
61118 Bad Vibel

## Telefoninterview

Ihre Bewerbung hat das Unternehmen anscheinend überzeugt, und Sie erhalten einen Telefonanruf von der Personalabteilung.

### Vorbereitung

Im günstigsten Fall wird mit Ihnen ein Termin für das Telefoninterview vereinbart. Dann können Sie sich in Ruhe auf das Gespräch vorbereiten, indem Sie Ihre Bewerbungsunterlagen sowie die Ergebnisse Ihrer Firmenrecherche (Wirtschaftsdaten, Karriereinformationen) bereitlegen. Machen Sie sich schlau über Namen und Position des Gesprächspartners. (Hofert, 2009, S. 87).

Bereiten Sie Fragen vor, die Sie dem Interviewer stellen möchten, z. B. hinsichtlich Tätigkeiten und Schwerpunkte, Unternehmenskultur und Führungsstil, Entwicklungsmöglichkeiten oder Fortbildungen.

### Durchführung

Nicht so einfach ist es, wenn das Telefoninterview sofort stattfinden soll. Dann müssen Sie spontan reagieren. Sollte es sich um eine ganz unpassende Situation handeln, bitten Sie um einen späteren Termin, damit Sie in Ruhe telefonieren können und ggf. Ihre Arbeitsunterlagen zur Hand haben. Das macht auf den Personalverantwortlichen sogar einen souveränen Eindruck. Während des Telefonats beachten Sie die gängigen Regeln der Höflichkeit. Sprechen Sie Ihren Gesprächspartner immer wieder mit Namen an und lassen Sie ihn ausreden. Achten Sie zudem auf Sprachgeschwindigkeit und -lautstärke. Antworten Sie gezielt auf die Fragen, lassen Sie sich aber andererseits nicht alles aus der Nase ziehen.

## Nachbereitung

Die Zeit nach dem Vorstellungsgespräch bietet Gelegenheit, noch einmal über das Gespräch, die Arbeitsstelle und das Unternehmen nachzudenken. Bei einer Zusage können dabei wertvolle Anregungen für die ersten Tage herauskommen, oder bei einer Absage wichtige Erkenntnisse für spätere Vorstellungsgespräche. Ihr eigener Eindruck von dem Unternehmen und den potenziellen Kollegen ist nach dem Interview mindestens genauso wichtig wie der Eindruck, den Sie beim Personalverantwortlichen hinterlassen haben. Schließlich sollte Ihnen diese Arbeitsstelle auch für einen längeren Zeitraum gefallen. Folgende Punkte sollten Sie sich klarmachen und noch einmal Revue passieren lassen:

- Wie wurden Sie behandelt?
- Wie war die Gesprächsatmosphäre?
- Können Sie sich vorstellen, dort täglich zu arbeiten?
- Trauen Sie sich die Aufgaben zu?
- Sind Sie mit den Arbeitsbedingungen zufrieden?
- Was ist gut gelaufen, was nicht so gut?
- Was können Sie beim nächsten Mal besser machen?

In den meisten Fällen werden Sie am Ende des Telefoninterviews einen Termin mitgeteilt bekommen, bis zu dem Sie eine Rückmeldung erhalten. Wenn Sie länger als vereinbart auf eine Rückmeldung des Unternehmens warten, rufen Sie am besten beim direkten Ansprechpartner an und bitten freundlich um Auskunft über den derzeitigen Stand des Bewerbungsverfahrens.

## Äußeres Erscheinungsbild

Es ist soweit. Das Unternehmen lädt Sie zum Eignungstest, Assessment-Center oder direkt zum Vorstellungsgespräch ein. Was ziehe ich an? Zwar gibt es von Branche zu Branche durchaus Unterschiede, was die Mitarbeiter(innen) im Arbeitsalltag tragen, doch lassen sich für Vorstellungsgespräche einige Grundregeln aufstellen, die Ihrer Bewerbung mit Sicherheit förderlich sind.

Bedenken Sie, dass nachgewiesenermaßen die ersten zwanzig Sekunden eines Vorstellungsgesprächs bereits einen manifesten Eindruck vermitteln, der im Verlauf eines Gespräches kaum zu revidieren ist. Da Sie zu einem solch frühen Zeitpunkt verbal noch nichts Wesentliches von sich geben konnten, wird dieser Eindruck maßgeblich durch Äußerlichkeiten wie Kleidung, Stil, Offenheit und Auftreten mitbestimmt.

Das oberste Kleidungsgebot heißt: dezent! Keine schreienden Farben, keine Extreme. Persönlicher Stil drückt sich nicht in High Heels oder Krawatten mit Weihnachtsmännern aus. Verlegen Sie stilistische Bemühungen lieber auf die Inhalte des Gesprächs, nicht so sehr auf Äußeres. Also, hier kommt die Sicherheitsliste, mit der Sie auf jeden Fall nichts falsch machen.

### Für Männer

Gedeckter Anzug oder Jackett mit gepflegter Jeans, sauber, unzerknittert, farblich abgestimmtes Oberhemd, Krawatte, dunkle Socken, geputzte Straßenschuhe mit intakten Sohlen und Absätzen, saubere Rasur oder gepflegter Bart, wenig Duftwasser, erkennbare Frisur, gewaschen und gekämmt (eventuell Friseur), gepflegte Fingernägel, Deo kann nicht schaden.

**Negativ:** auffallender Schmuck, überdimensionierte Uhren gewisser Hersteller, weiße Socken, Turnschuhe, Rucksäcke, Sonnenbrille, Alkohol (auch nicht am Abend vorher, man riecht es!), Zigaretten (für Nichtraucher kann der Nikotindunst sehr unangenehm sein. Lutschen Sie u. U. vorher Pfefferminz), Knoblauch weniger als zwei Tage vor dem Termin, Zwiebeln am Abend vorher.

## Für Frauen

Kostüm, Hosenanzug, Kleid oder Rock, farblich abgestimmte Bluse, Seidenstrümpfe, bequeme, aber durchaus modische Schuhe, dezenter Schmuck, dezentes Make-up.

**Negativ:** Miniröcke, Lederkleidung, alles was sexy ist: durchsichtige Spitze etc., greller Nagellack, ungepflegte Fingernägel, überdimensionierter Schmuck, der womöglich klappert, Duftwolken des Lieblingsparfüms, Kosmetiktäschchen, Löwenmähne, Sonnenbrille, Alkohol (auch nicht am Abend vorher, man riecht es!), Zigaretten (für Nichtraucher kann der Nikotindunst sehr unangenehm sein. Lutschen Sie u. U. vorher Pfefferminz), Knoblauch weniger als zwei Tage vor dem Termin, Zwiebeln am Abend vorher.

## Selbstpräsentation

Die Selbstpräsentation steht in der Regel am Anfang des Assessment-Centers. Hier können Sie gut vorbereitet an einem roten Faden Ihren Werdegang darstellen und Sympathiepunkte sammeln. Erläutern Sie Ihre Qualifikationen mithilfe von Beispielen. Ihre Körpersprache wird während der Selbstpräsentation besonders beobachtet. Treten Sie sicher, kompetent und überzeugend auf. Verdeutlichen Sie den Beobachtern, dass Sie die Beziehungsebene der Kommunikation mit Mimik, Gestik und Tonfall bewusst gestalten können. Setzen Sie Medien ein – verwenden Sie ggf. eine Metapher (bildlicher Vergleich: z. B. den Lebensweg mit einem Flusslauf vergleichen; sprachliches Bild: z. B. eine rosarote Brille tragen, Schnee von gestern, Mauern des Schweigens) für Ihre eigene Person. Dadurch wird Ihr Vortrag lebendiger und bildlicher.

## Vorstellungsgespräch

Sie haben die zweite Hürde geschafft und werden zum Vorstellungsgespräch eingeladen. Nun gilt es, sich noch einmal intensiv mit dem Firmenprofil auseinanderzusetzen. Sie müssen damit rechnen, dass ein Personalverantwortlicher und ein Fachverantwortlicher an dem Gespräch teilnehmen. Sprechen Sie beide mit Namen an und schenken Sie möglichst beiden die gleiche Aufmerksamkeit. Folgende Fragen können auf Sie zukommen:

### Einstiegsfragen ins Gespräch

- Haben Sie den Weg zu uns gut gefunden?
- Erzählen Sie uns etwas von sich, warum haben Sie sich bei uns beworben?
- Mit welchen Erwartungen sind Sie in dieses Gespräch gekommen?
- Wie haben Sie sich auf das Gespräch vorbereitet?
- Was hat Sie an unserem Inserat besonders angesprochen?
- Was wissen Sie bereits über unser Unternehmen?

### Erwartung an die angebotene Stelle

- Welche Erwartung haben Sie an diese Stelle?
- Welche Anforderungen der Stellenanzeige haben sie weniger angesprochen?
- Welche Ihrer Stärken und Erfahrungen können Sie an dieser Position einbringen?
- Was reizt Sie am meisten an dieser Aufgabe?
- Was möchten Sie über unser Unternehmen wissen?
- Was tun Sie, wenn Sie die Stelle nicht bekommen?
- Was brauchen Sie, um beruflich erfolgreich zu sein?

### Wertschätzung der Firma/Woher kommen die Infos?

- Haben Sie einen besonderen Bezug zu unserem Unternehmen?
- Kennen Sie Mitarbeiter des Unternehmens?

### Flexibilität und Anpassungsfähigkeit

- Können Sie sich neuen Gegebenheiten oder Veränderungen eher leicht oder eher schwer anpassen?
- Angenommen ein Mitarbeiter wird länger krank – wie wäre es für Sie, in einem anderen Bereich tätig zu werden?
- Wo liegen Ihre Grenzen in der Flexibilität?
- Was unterscheidet Sie von anderen Bewerbern?

### Lebenslauf und Ausbildung

- Warum eine Ausbildung zum XY?
- Welches sind die wichtigsten Stationen in Ihrem Lebenslauf?
- Nennen Sie uns einige Aufgaben, die Ihnen schwerfielen.
- Was möchten Sie in fünf Jahren gern tun?
- Welches sind zurzeit Ihre Aufgaben, Fähigkeiten und Kompetenzen?
- Arbeiten Sie lieber im Team oder allein?

## Methodenkompetenz (Arbeitstechniken)

⇨ Wie stellen Sie sicher, dass Sie Ihre Arbeit termingerecht angehen?
⇨ Für welche Zwecke nutzen Sie das Internet?
⇨ Wonach richten Sie die Prioritäten Ihres Arbeitstages aus?

## Sozial- und Personalkompetenz

⇨ Was ist für Sie ein gutes Arbeitsklima?
⇨ Wie zeichnet sich ein Team aus, in dem Sie sich wohlfühlen?
⇨ Mit welcher Art Mensch arbeiten Sie (nicht) gern zusammen?
⇨ Wie motivieren Sie sich?
⇨ Welches sind Ihre größten Stärken und Schwächen?
⇨ Wie gehen Sie generell mit Misserfolg um?

## Fragen zum Gehalt

⇨ Was würden Sie in dieser Position gern verdienen?
⇨ Was verdienen Sie in Ihrer jetzigen Position?
⇨ Welchen Stellenwert hat der Lohn für Sie ganz allgemein?
⇨ Wie wichtig ist ein besseres Gehalt für Sie?

## Stressfragen

⇨ Beschreiben Sie mir doch bitte Ihren idealen Vorgesetzten.
⇨ Warum sollen wir gerade Sie einstellen?

## Abschluss des Interviews

⇨ Haben Sie noch Fragen zum Unternehmen?
⇨ In welchen Punkten sind Sie an der Stelle besonders interessiert?
⇨ Wovon machen Sie Ihre Entscheidung abhängig?

## Klärende Fragen

⇨ Wann können Sie bei uns frühestens anfangen?
⇨ Sind Sie an vertragliche Wettbewerbsklauseln gebunden?

# Umweltfaktoren und Gestaltung am Arbeitsplatz

## Lärm

Zu viel Lärm ist eine große Belastung für die Gesundheit des Menschen, denn Lärm kann zu Hörschäden führen. Der Schalldruckpegel gibt an, wie laut ein Geräusch ist bzw. wie das Geräusch vom menschlichen Ohr empfunden wird. Er wird gemessen in Dezibel (dB)A – benannt nach Graham Bell, dem Erfinder des Telefons. Lärm entsteht durch EDV-Geräte (Computer, Drucker etc.) oder durch das Schreiben auf der Tastatur. Auch laute Musik oder Gespräche können Lärm verursachen. Um Gesundheitsschäden zu vermeiden, kann Lärm z. B. durch Teppichböden, schallschluckende Decken, Doppelverglasung bzw. Pflanzen reduziert werden. Beim Lärm müssen Höchstgrenzen eingehalten werden: Da im Büro überwiegend geistig gearbeitet wird, sollte der Geräuschpegel nicht höher als 55 dB sein. Ein Laserdrucker oder ein Gespräch in normaler Lautstärke verursachen z. B. Lärm von ca. 55 dB. Bei einfachen Tätigkeiten kann der Lärmpegel bis zu 70 dB(A) hoch sein. Sonstige Tätigkeiten sollten 85 dB(A) nicht überschreiten. Beispiel: Ein vorbeifahrender LKW verursacht eine Lautstärke von ca. 90 dB.

### Auswirkungen von Lärm auf unsere Gesundheit

Lärm kann sehr belastend sein; Aufmerksamkeit und Reaktionszeit sinken, der Mensch kann sich nicht mehr gut konzentrieren. Ferner laufen Denkvorgänge langsamer ab. Lärm kann nervös machen. Bei sehr großer Lautstärke kann das Gehör geschädigt werden. Lärm beeinflusst das vegetative Nervensystem, erhöht den Blutdruck und kann das Herz-Kreislauf-System schädigen. In extremen Fällen kann Lärm Depressionen verursachen.

**Merke:** Je mehr Lärm, desto schlechter kann man sich konzentrieren. Lärm kann krank machen – deshalb sollte darauf geachtet werden, dass der Mensch (ob in der Schule, bei der Arbeit oder in der Freizeit) nicht zu großem Lärm ausgesetzt ist.

## Licht

Das natürliche Sonnenlicht ist für die Gesundheit und das Wohlbefinden des Menschen am besten. Ein strahlender Frühlingstag macht uns aktiver, wir sind besser gelaunt. Ein grauer Herbsttag dagegen legt sich schwer auf das Gemüt. Wir werden müde und die Arbeit will nicht gelingen. Deshalb muss das künstliche Licht dem Tageslicht möglichst ähnlich und der Arbeitsplatz optimal ausgeleuchtet sein. Der Arbeitsplatz sollte so gestaltet sein, dass möglichst viel Tageslicht einfallen kann, z. B. Schreibtisch am Fenster.

Die Beleuchtungsstärke sollte mindestens 500 Lux (Maßeinheit der Beleuchtungsstärke) betragen. Der Raum und die Arbeitsfläche eines Schreibtisches müssen gleichmäßig und hell ausgeleuchtet sein, damit beim Lesen keine Schatten entstehen. Spiegelungen auf dem Bildschirm müssen vermieden werden. Die Glühbirnen oder andere Leuchtmittel dürfen nicht blenden oder flimmern.

Darüber hinaus sollte das Licht aus der „richtigen Richtung" kommen: bei Rechtshändern in der Regel von links, bei Linkshändern von rechts, damit beim Schreiben kein störender Schattenwurf entsteht.

### Auswirkungen schlechter Beleuchtung auf unsere Gesundheit

Nur ein kleiner Teil des natürlichen Lichts dient zum Sehen. Der größere Teil gelangt in unseren Organismus und kurbelt den Stoffwechsel an, regelt den Hormonhaushalt, das Immunsystem, den Zellstoffwechsel usw. Schlechte Lichtverhältnisse am Arbeitsplatz verursachen Kopfschmerzen und Augenprobleme, schwächen die Immunabwehr, beeinflussen die Konzentrationsfähigkeit und führen zu rascher Ermüdung. Ein optimal ausgeleuchteter Arbeitsplatz fördert Konzentration, Kreativität und Leistungsfähigkeit.

## Klima

Ein angenehmes Raumklima ist vor allem von der Raumtemperatur, der Luftbewegung und der Luftfeuchtigkeit abhängig. Der Temperaturbereich, bei dem sich der Mensch bei der Büroarbeit wohl fühlt, liegt in der Regel bei ca. 21 °C. An heißen Sommertagen kann er höher liegen, sollte aber 26 °C nicht überschreiten. Neben der Temperatur sollte auch die Luftfeuchtigkeit im Büro gemessen werden. Diese darf 40 % nicht unter- und 65 % nicht überschreiten. Ein einfaches Mittel, um eine angenehme Luftfeuchtigkeit und gesunde Luftbewegung zu erzielen, ist die Lüftung durch weit geöffnete Fenster (Stoßlüftung). Danach sollten die Fenster wieder geschlossen werden. Eine dauerhafte Kippstellung verbraucht unnötig Energie und verursacht Zugluft. Diese ist unbedingt zu vermeiden. Sie kann Erkältungen oder Rückenschmerzen verursachen. Manche Unternehmen haben Belüftungssysteme, die verbrauchte Luft absaugen und frische Luft in den Raum zurückgeben. Grünpflanzen sorgen ebenfalls für ein gutes Raumklima, da sie Sauerstoff und Feuchtigkeit spenden. Einige binden sogar Schadstoffe.

### Auswirkungen eines schlechten Raumklimas auf unsere Gesundheit

Ein schlechtes Raumklima kann die Gesundheit beeinträchtigen: Ein überheiztes Büro macht müde. Außerdem wird mehr Staub durch die Luft gewirbelt, was Allergikern Probleme bereiten kann. Zu feuchte oder zu trockene Luft kann Allergien verursachen. Bei zu trockener Luft können die Schleimhäute der Augen und Atemwege austrocknen, was die Widerstandsfähigkeit gegen Infektionen herabsetzt, Schleimhautentzündungen sind die Folgen. Außerdem kann es bei zu trockener Luft zu unangenehmen, elektrostatischen Aufladungen kommen (die Haare „fliegen" oder „kleben" am Gesicht).

## Gestaltung

Die farbliche Gestaltung von Wänden und Mobiliar beeinflusst das Wohlbefinden am Arbeitsplatz. Viele Unternehmen beauftragen bei der Gestaltung der Arbeitsplätze oft speziell ausgebildete Farbdesigner, damit sich die Mitarbeiter wohl fühlen. Allerdings sollten Farben generell sparsam verwendet werden, denn zu viele Farben erschweren die Informationsaufnahme. Grüne Farben wirken beruhigend, fördern Aufgeschlossenheit und Kontaktfreudigkeit. Gelbe Farbtöne regen zu geistiger Tätigkeit und Aktivität an. Rote Farben erregen Aufmerksamkeit, wirken alarmierend. Sie werden häufig im Straßenverkehr verwendet (z. B. Stoppschilder oder Begrenzungsbänder bei Baustellen).

Für Räume mit wenig Sonnenlicht bieten sich warme Farbtöne an, z. B. gelb oder orange. In Arbeitsräumen, in denen monotone Tätigkeiten ausgeführt werden, bringen größere Farbkontraste (z. B. weiß und blau) eine belebende Wirkung. Eine richtige Farbwahl für Möbel oder Wände führt zu besserer Wahrnehmung, höherer Leistungsfähigkeit, guter Stimmung, mehr Sicherheit und Ordnung, besserer Orientierung. Darüber hinaus kann sich der Mensch schneller erholen.

**Auswirkungen ungünstiger Farbzusammenstellungen auf die Gesundheit**

Eine ungünstige Farbwahl hat Auswirkungen auf die Gesundheit: Eine kontrastarme Farbwahl bei der Bildschirmarbeit führt zur Ermüdung der Augen. Beispiel: Gelbe Schrift auf weißem Grund ist sehr anstrengend zu lesen. Es kann zu Brennen oder verstärktem Tränenfluss kommen. Um dies zu verhindern, wählt man besser eine dunkle Schrift (z. B. schwarz) auf hellem Grund (z. B. weiß).

# Raumformen

## Einpersonen-Büro

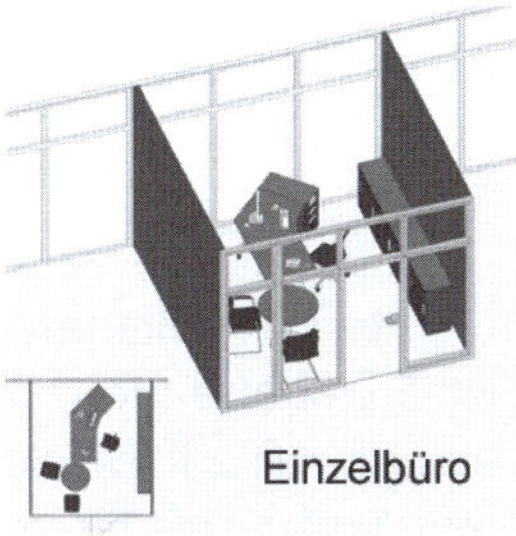


buerohaus-leuchs.de

Das Einpersonen-Büro wird dann bevorzugt, wenn die Aufgaben hohe Konzentration oder auch Vertraulichkeit erfordern. Durch den hohen Grad der Abschirmung in Verbindung mit Privat- und Gewohnheit ist diese Büroform bei Mitarbeitern sehr beliebt.

Der vorgeschriebene Flächenbedarf für Benutzerfläche, Verkehrswegefläche und Möbelfunktionsflächen beträgt: für einen Büroarbeitsplatz 8 bis 10 qm, für einen Bildschirmarbeitsplatz 10 qm, für einen Mischarbeitsplatz 12 qm.

## Mehrpersonen-Büro

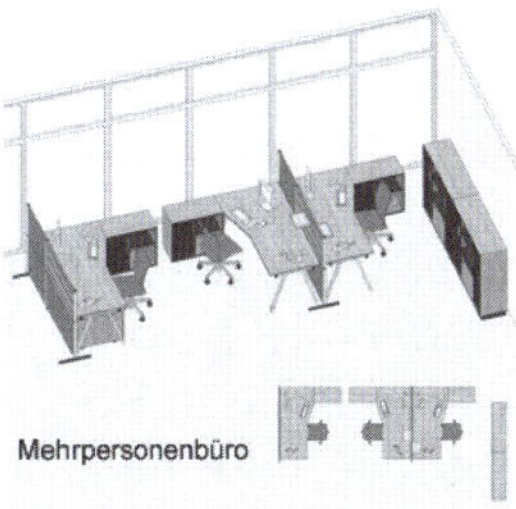


buerohaus-leuchs.de

Zusammengehörige Organisations-Einheiten, Teams und Gruppen lassen sich gut im Mehrpersonen-Büro (auch Team- oder Gruppen-Büro) unterbringen. Diese Büroform unterstützt die gemeinsame Aufgabenerledigung. Gerade die schnelle und flächeneffiziente Kommunikation und Abstimmung zwischen den Mitarbeitern ist eine Stärke dieser Büroform.

Das Gruppen-Büro lässt sich sowohl in Zellenbüroform als auch in älteren Gebäuden mit größeren Zimmern realisieren. In Abhängigkeit von der Gruppengröße sind Raumgrößen und Raumzuschnitte unterschiedlich. Jeweils mehrere Gruppen-Büros erhalten ein Service-Center (Postverteilen, Kopieren, Faxen) und Besprechungs- und Regenerations-Bereiche (Relax-Zonen).

## Großraum-Büro

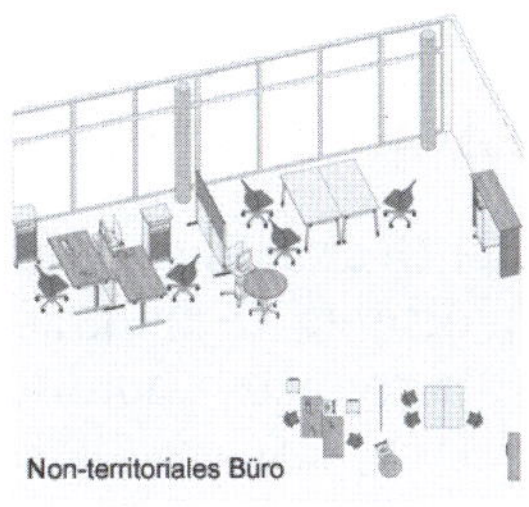


buerohaus-leuchs.de

Die Anfang der Sechzigerjahre in Deutschland geplanten Großraum-Büros wurden mit dem Anspruch möglichst großer Variabilität, Funktionalität und Wirtschaftlichkeit der Flächennutzung gebaut: Die Kommunikation mit Kollegen ist schneller, praktischer und intensiver auf derselben Etage als über Stockwerke. Die beliebige Anordnung von Bildschirmarbeitsplätzen führt jedoch oft zu Direktblendung (Blickrichtung zum Fenster) oder Reflexblendung (Spiegelung von Fenstern auf dem Bildschirm).

Um die gesetzlich geforderten Bedingungen am Bildschirmarbeitsplatz zu gewährleisten, werden deshalb Stellwände nötig, die – laut Arbeitsstättenverordnung – den Blick des Mitarbeiters durch das Fenster ins Freie nicht behindern dürfen.

### Kombi-Büro (Open Space)

Konzentrierte Einzelarbeit, Platz für Teamarbeit und informelle Kommunikation – das Kombi-Büro sucht die optimale Verbindung zwischen Konzentration und Kommunikation zu schaffen. Es stellt eine Kombination zwischen individuellen Einzel-Arbeitsräumen und dem für Teambesprechungen und informelle Kontakte vorgesehenen „Allraum" dar.

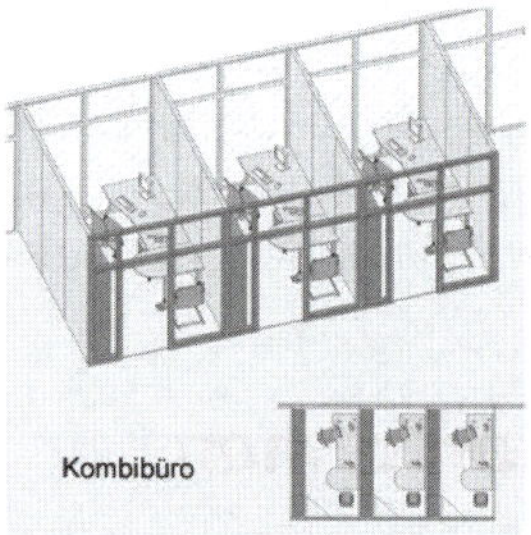

buerohaus-leuchs.de

Dem Kombi-Büro liegt die Idee zugrunde, die herkömmlichen Raumkonzepte so miteinander zu verknüpfen, dass für die unterschiedlichen Arbeitsanforderungen optimale räumliche Gegebenheiten entstehen. Kombibüros eignen sich vorzugsweise für Unternehmen, bei denen häufig zwischen konzentrierter Einzelarbeit und Projektgruppenarbeit gewechselt wird.

Die Arbeitskojen sind in der Regel als Einpersonen-Räume konzipiert. Im Kombi-Büro kann der einzelne Mitarbeiter weitgehend ungestört seine Arbeitsaufgabe erfüllen, denn der geschlossene Raum bietet dazu die erforderliche Konzentrationsmöglichkeit. Im „Allraum" stehen häufig die Arbeitsmittel, die von allen genutzt werden – Drucker, Kopierer, Telefax. Ebenfalls werden hier Pausenräume und kleinere Besprechungszonen positioniert.

### Business Club (Desksharing)

Büromitarbeiter, die nicht tagtäglich im Büro arbeiten, sondern häufig unterwegs sind (Arbeit am Projekt, Außendienst, Beratung, IT-Administration oder Schulungen), nutzen Business-Lounges in Flughäfen und Bahnhöfen oder Business-Clubs. Dort stehen ihnen Schreibtische, informelle Sitzgruppen und Cafétische zum Arbeiten und Konferieren zur Verfügung. Business-Clubs bieten oft die räumliche Umgebung für Desksharing. Mit einem Desksharing-Arbeitsplatz sind Mitarbeiter nicht mehr an einen Arbeitsplatz gebunden, sondern können ihre elektronisch gespeicherten Informationen und Daten täglich an einem anderen Arbeitsplatz abrufen.

### Telearbeit (Office at Home)

Wenn die Bürotätigkeit regelmäßig oder teilweise außerhalb des Betriebes erfolgt und die Mitarbeiter durch elektronische Kommunikationsmittel von zu Hause aus mit dem Arbeitsplatz verbunden sind, spricht man von einem Telearbeitsplatz.

## Bildschirmarbeitsplatz

Bei der Gestaltung von Bildschirmarbeitsplätzen konzentriert sich die eher „klassisch" ausgerichtete Ergonomie hauptsächlich auf die Arbeitsmittel, die Arbeitsumgebung und die korrekte Anordnung der Arbeitsmittel. Immer stärker setzt sich jedoch ein Ansatz durch, wonach Bildschirmarbeit nicht nur belastend ist, wenn man schlecht sitzt und der Monitor flimmert, sondern auch dann, wenn die Organisation der Arbeit zu wünschen übrig lässt. Damit kommt die menschengerechte Arbeitsgestaltung ebenfalls ins Blickfeld. Der Bildschirmarbeitsplatz ist aus der täglichen Arbeit in den meisten Betrieben nicht mehr wegzudenken. Neben Verbesserungen und Erleichterungen bringt diese Technologie aber auch neue Probleme für die einzelnen Betriebe und die am Bildschirm beschäftigten Personen mit sich. Heute sind die Bildschirmgeräte, die Tische, Bürodrehstühle und das übrige Zubehör wie Tastatur, Beleghalter und Fußstütze technisch hoch entwickelt. Dennoch wird auch bei Einsatz dieser hochwertigen Technik der Arbeitsplatz stets nur so gut sein, wie der einzelne Beschäftigte diese in Kenntnis der Bedienungsmöglichkeit nutzt. Deshalb ist eine umfassende Information und Unterweisung notwendig.

Folgende Forderungen sind für Bildschirme geregelt: Der Monitor muss auf einem flexiblen Sockel stehen, der ein Anpassen an Größe und Sitzpositionen des Benutzers ermöglicht. Der Bildschirm sollte so geneigt sein, dass man mindestens zwischen 45 und 65 cm (altersabhängig) entfernt auf die Monitorfläche schaut. Arbeitsmittel wie Monitor, Tastatur und Konzept sollten im gleichen Abstand zum Benutzerauge angebracht sein, um einer vorzeitigen Ermüdung der Augen durch ständige Nah-/Fernanpassung vorzubeugen.

## Standort des Bildschirms

Die Aufstellung sollte so erfolgen, dass die Blickrichtung parallel zum Fenster verläuft, um Blendungen und Spiegelungen zu vermeiden. Ein eventuelles Flimmern tritt umso eher auf, je heller das Bildschirmgerät eingestellt wird. Beschwerden resultieren häufig aus einer falschen Aufstellung. Zum Beispiel können sich Fenster, Beleuchtungskörper oder auch Einrichtungsgegenstände im Bildschirm spiegeln. Diese Spiegelungen führen zu Belastungen der Augen. Um den Spiegelungen auszuweichen, werden bewusst oder unbewusst belastende Körperhaltungen (Körperzwangshaltungen) eingenommen.

Ungünstig ist die Aufstellung mit vom Fenster abgewandter Blickrichtung, da dann Spiegelungen der hellen Fenster im Bildschirm unvermeidbar sind. Ebenso ungünstig ist eine Aufstellung mit Blickrichtung zum Fenster, da der Kontrast zwischen dunklem Bildschirm und hellem Tageslicht zu Anpassungsschwierigkeiten der Augen und dadurch zu Beschwerden führen kann.

## Tastatur

Folgende Forderungen sind an Tastaturen zu stellen: Sie sollten unabhängig vom Bildschirm aufstellbar sein, einen Neigungswinkel haben und mit einer rutschhemmenden Unterseite versehen sein.

Handballenauflagen schonen die Gelenke. Dafür sollte ein Platz von zirka 10 cm zwischen Tastatur und Tischkante für die Handballen verbleiben. Ergonomische Tastaturen sorgen für eine bessere Körperhaltung. Die Tastatur können Sie entsprechend Ihrer Arbeitsaufgabe aufstellen. Denken Sie dabei aber daran, dass sie etwa im selben Augenabstand aufgestellt sein soll wie Ihre anderen Arbeitsmittel. Körperzwangshaltungen müssen vermieden werden. Nicht mit gestreckten Armen arbeiten, das führt zur Ermüdung.

## Vorlagenhalter

Auch der Beleghalter hilft, eine Körperzwangshaltung zu vermeiden. Sie sollten ihn jedenfalls dann benutzen, wenn Sie ohne Beleghalter eine ermüdende oder eine gesundheitsschädliche Haltung einnehmen müssten. Denken Sie auch hier an verkrampfte Arm- oder Handhaltungen, an überflüssige Kopfdrehungen und Augenbeschwerden. Berücksichtigen Sie auch beim Beleghalter den Augenabstand, der gleich groß zu den sonstigen Arbeitsmitteln sein soll.

### Fußstütze

Besonders bei kleinen Personen können Fußstützen zu einer ergonomischeren Sitzposition an nicht höhenverstellbaren Tischen beitragen. Allerdings müssen sie bestimmte Anforderungen, wie zum Beispiel die Größe der Stellfläche, erfüllen. Besser sind höhenverstellbare Arbeitstische. Einige Experten warnen vor Fußstützen, während andere ihre Vorzüge betonen. Auf ihre korrekte Einstellung ist zu achten.

## Bürodrehstuhl

Nichts ist für den Büromenschen so wichtig wie der Stuhl, auf dem er sitzt. Viele Menschen sitzen sich krank, obwohl sie einen guten Stuhl haben. Gesundes Sitzen ist demnach auch Einstellungssache! Auch ein guter Bürodrehstuhl erfüllt nur seinen Zweck, wenn sein Benutzer ihn auf seine Bedürfnisse einstellt. In Lehrbuchhaltung sitzt man, wenn Oberschenkel und Unterschenkel, Oberarm und Unterarm etwa einen rechten Winkel bilden. Die Füße sollen mit der ganzen Sohle entspannt auf dem Boden stehen und die Unterarme bequem auf dem Tisch liegen, ohne dass man dafür die Schultern heben muss. Zum Ausgleich kann man zusätzlich eine in der Höhe und Neigung verstellbare Fußstütze verwenden. Der Kopf sollte während der Arbeit leicht nach vorn geneigt sein. Beim Schreiben nach Vorlagen sollte daher ein verstellbarer Vorlagenhalter benutzt werden.

Dynamisches Sitzen bedeutet, dass man seine Sitzhaltung häufig verändert. Zwischen der vorgeneigten, aufrechten und zurückgelehnten Sitzhaltung sollte so oft wie möglich gewechselt werden. Wichtig ist auch das Aufstehen zwischendurch, Herumgehen oder das Arbeiten an einem Stehpult (z. B. telefonieren). Die Sitzfläche muss vollständig ausgenutzt werden. Die Rückenlehne ist so einzustellen, dass die Lendenwirbelsäule abgestützt wird. Das richtige Sitzen am Büroarbeitsplatz – und natürlich Bewegung in der Freizeit – vermindert die Gefahr von Bandscheibenschäden und schmerzhaften Muskelverspannungen im Schulter- und Nackenbereich. Es können Durchblutungs- und Verdauungsstörungen verhindert werden. Wer richtig sitzt, leidet nicht so schnell an Ermüdung, die Konzentration ist höher und damit auch die Leistungsfähigkeit.

Kein Wunder also, dass die Forderungen, die an den Stuhl gestellt werden, recht umfangreich sind. Einschlägige Festlegungen sind u. a. enthalten in DIN 4551 und DIN 4552. Sitzen erfordert aktive Muskelkraft. Kontinuierlich angespannte Muskeln ermüden schnell. Beim Kauf sollte man darauf achten, dass der Stuhl eine in der Höhe und Neigung verstellbare Rückenlehne mit integrierten Stützen für den Lendenwirbelbereich hat. Die Rückenlehne reicht mindestens bis zur Mitte der Schulterblätter. Ein unbeabsichtigtes Lösen der Rückenlehne vom Stuhloberteil darf nicht möglich sein. Die Sitzfläche sollte breit geformt sein (40 bis 48 cm) und eine Tiefe von 38 bis 44 cm erreichen. Zur Anpassung an die verschiedenen Körpergrößen ist es erforderlich, dass die Sitzhöhe zwischen 40 und 51 cm verstellbar ist. Bei Bedarf sollte eine Fußstütze (insbesondere für kleinere Menschen) vorhanden sein, die ebenfalls in der Höhe und Neigung verstellbar ist. Die Sitzhöhe muss sicher und im Sitzen verstellt werden können. Hierzu gehört auch, dass der Sitz bei und nach der Höhenverstellung nicht unbeabsichtigt durchsacken kann. Der vordere Teil der Sitzfläche muss gerundet oder gut abgepolstert sein. Die Polsterung soll nicht zu dick, insbesondere aber dampf- und wasserdurchlässig sein. Der Bürodrehstuhl muss standsicher sein. Dies ermöglichen fünf gebremste Rollen. Sie sind so konstruiert, dass der Stuhl beim Aufstehen abbremst und nicht wegrollt. Das Untergestell darf sich vom Stuhloberteil auch bei Betätigung der Höhenverstellung nicht unbeabsichtigt lösen. Sofern Armlehnen vorhanden sind, müssen diese auch höhenverstellbar sein.

## Büroarbeitstisch

Stand der Technik im Bürobereich ist heute ein höhenverstellbarer Arbeitstisch, da er sich verschiedenen Körpergrößen am besten anpassen lässt. Seine Höhe sollte von 68 bis 76 cm einstellbar sein. Nicht höhenverstellbare Tische müssen 72 cm hoch sein, damit zusammen mit einer ca. 3 cm hohen Tastatur eine Höhe von 75 cm erreicht wird. Diese Arbeitshöhe ist nach arbeitsmedizinischen Untersuchungen für Personen zwischen 1,48 und 1,89 m Körpergröße günstig. Die Breite der Tischfläche muss so bemessen sein, dass nach Aufstellen von Computer, Tastatur und evtl. weiteren Geräten wie z. B. Drucker noch genug freie Arbeitsfläche zur Verfügung steht; bei Mischarbeitsplätzen, die die Mehrzahl der Bildschirmarbeitsplätze ausmachen, sind das mindestens 160 cm. Günstig kann hier eine Winkelkombination von Computer- und Büroarbeitsplatz sein.

Um eine flexible Aufstellung der Arbeitsmittel (Bildschirm, Tastatur, Vorlagenhalter) zu gewährleisten, ist bei den heute üblichen Monitorgrößen von mindestens 17" eine Tischtiefe von 100 cm erforderlich, um eine ausreichende Sehentfernung zum Bildschirm einhalten zu können. Vor der Tastatur muss ein Platz von ca. 10 cm zur Auflage der Handballen verbleiben. Die Möglichkeit, den Händen vor der Tastatur eine Ruheposition zu bieten, verhindert insbesondere Verspannungen im Nackenbereich und das Einnehmen einer Schonhaltung.

Nach neuesten medizinischen Erkenntnissen ist es wünschenswert, bei einer Monitorgröße ab 17" den Teil des Schreibtisches, auf dem der Monitor steht, absenken zu können. Für die Nackenmuskeln ist es wesentlich entspannender, wenn man leicht nach unten sieht (etwa so, wie man von selbst ein Buch halten würde, wenn man es nicht auflegt). Man muss dann beim Blickwechsel von Tastatur zu Bildschirm nicht jedes Mal den Kopf heben und dabei die Nackenmuskeln anspannen.

Wichtig ist auch eine ausreichende Beinfreiheit. Seitlich soll mindestens 58 cm freier Beinraum zur Verfügung stehen. Die Beinraumhöhe muss, 20 cm von der Vorderkante entfernt gemessen, mindestens 62 cm, besser 66 cm betragen. Selbstverständlich muss der Arbeitstisch jederzeit standsicher sein und darf nicht durch Benutzung ins "Zittern" geraten. Ecken, Kanten und Griffe müssen so geformt sein, dass keine Verletzungsgefahr besteht.

Um störende Reflexionen zu vermeiden, darf die Tischplatte keine glänzende Oberfläche haben. Ebenfalls empfehlenswert aus medizinischer Sicht ist ein Wechsel von sitzender und stehender Tätigkeit, was man z. B. durch Verwendung eines Stehpultes erreichen kann. Telefonieren, Lesen und viele andere Arbeiten lassen sich ebenso gut im Stehen erledigen und entlasten damit die Wirbelsäule von ihrer einseitigen Belastung beim Sitzen.

## Gesundheitsprophylaxe am Bildschirmarbeitsplatz

In jungen Jahren machen Sie sich noch keine Sorgen um gesundheitliche Probleme. Doch mit zunehmenden Arbeitsjahren steigt die Gefahr, dass Erkrankungen auftreten. Häufig sind einseitige Arbeitsbelastungen verantwortlich für eine Vielzahl von Rücken- und Gelenkbeschwerden, die nicht selten die Lebens- und Arbeitsqualität einschränken. Der ausgeprägte Bewegungsmangel ist darüber hinaus eine der Hauptursachen für Übergewicht, Bluthochdruck und andere Herz-Kreislauf-Erkrankungen.

Darüber hinaus nimmt die psychisch-mentale Belastung stetig zu und beeinflusst ebenfalls die individuelle Leistungsfähigkeit, Gesundheit und Zufriedenheit. Sie sollten daher Strategien kennen, wie Sie belastungsbedingten Beschwerden entgegenwirken können bzw. geeignete Maßnahmen ergreifen, um deren Auftreten zu vermeiden.

## Sitzhaltung

Der beste Bürodrehstuhl hilft nichts, wenn Sie ihn nicht korrekt nutzen. Setzen Sie sich auf die ganze Stuhlfläche, damit Ihr Becken abgestützt wird. Achten Sie dabei auf eine aufrechte, gerade Haltung, damit die Stuhllehne ihren Rücken abstützt. Um Durchblutungsstörungen zu vermeiden, sollten die Beine nicht übereingeschlagen werden. Stellen Sie Ihren Bürodrehstuhl so ein, dass Ihre Ober- und Unterarme einen rechten Winkel bilden, wenn sie auf der Tischplatte oder der Tastatur aufliegen.

Die Stuhlhöhe ist entsprechend der Tätigkeit ggf. zu variieren. Beim Schreiben an der Tastatur kann der Stuhl höher eingestellt werden als beim einfachen Arbeiten am Schreibtisch. Sehnenscheidenentzündungen oder Probleme mit den Handgelenken können vermieden werden, wenn Ihr Unterarm und Handrücken eine gerade Linie bildet. Vermeiden Sie Nackenbeschwerden, indem Sie den Monitor so aufstellen, dass Sie beim Blick darauf Ihren Kopf etwas nach unten neigen.

## Sehtraining

Sie haben sicherlich schon einmal bei längerem Arbeiten vor dem Monitor die Erfahrung gemacht, dass Ihre Augen brennen, sich trockene Augen oder Kopfschmerzen einstellen. Um dem entgegenzuwirken, sind Pausen und Augentraining sehr wichtig.

Probieren Sie die folgenden Augenübungen einmal aus:

1. Schließen Sie Ihre Augen, und halten Sie einige Atemzüge lang geschlossen. Diese Übung vertreibt brennende Augen.
2. Öffnen Sie Ihre Augen weit und lassen Sie dabei den Blick in die Ferne schweifen.
3. Den Blick stark nach rechts richten, und einige Atemzüge lang halten, dann auf die andere Seite. Diese Übung sollten Sie auch immer mal zwischendurch in den Arbeitsrhythmus einbauen.
4. Fixieren Sie einen Gegenstand eine Weile und lassen Sie den Blick dann in die Ferne schweifen; wiederholen sie die Übung ein bis zwei Mal.
5. Gähnen Sie immer wieder. Das geht auch ohne Müdigkeit. Dadurch wird die gesamte Muskulatur rund um die Augen kräftig angespannt und wieder entspannt. Dabei tritt zusätzlich Tränenflüssigkeit auf. Verteilen Sie diese Augenflüssigkeit durch einige Lidschläge auf der Augenoberfläche.

Den Augen tut es sehr gut, wenn sie die Sehdistanz öfter variieren und nicht ständig in gleicher Entfernung auf den Bildschirm schauen. Stellen Sie sich ein schönes Foto oder Erinnerungsstück an ihren Arbeitsplatz und blicken Sie zwischendurch darauf. Das tut den Augen und Ihrer Seele gut.

## Entspannungsübungen am Arbeitsplatz

Aber nicht nur die Augen werden täglich stark beansprucht. Stress wirkt sich negativ auf unser körperliches Befinden aus. Es gilt, eine Balance zwischen An- und Entspannung zufinden. Das kann mit Entspannungsübungen gelingen. Im Internet finden Sie zahlreichen Übungen, um vorzeitigem Ermüden, Verspannungen und Leistungsabfall vorzubeugen. Um Bewegungsmangel zu vermeiden sollten Sie nach dem Mittagessen möglichst „eine Runde um den Block" gehen, Treppen steigen, statt Aufzug zu fahren, Telefonate im Stehen führen, die Ablage im Stehen erledigen. Ideal ist ein Wechsel zwischen Sitzen, Stehen und Bewegung. Sitzen Sie dynamisch, indem Sie Ihre Sitzposition (nach vorne gebeugt, gerade sitzen, nach hinten gelehnt) wechseln.

### Ernährung/Trinkverhalten

Generell sollte am Bildschirmarbeitsplatz nichts gegessen werden. Suchen Sie dazu die Pausenräume auf. Zum einen, sieht es nicht gut aus, wenn Sie kauend an Ihrer Arbeit sitzen, während Besucher an Ihrem Arbeitsplatz auftauchen, und zum anderen ist es unhygienisch, während des Essens evtl. noch die Tastatur oder das Telefon zu bedienen, die häufig mit Bakterien oder Keimen übersät sind. Im Pausenraum treffen Sie unter Umständen auf Kollegen und haben dabei die Gelegenheit, kurzfristig von der Arbeit abzuschalten und sich über andere Themen auszutauschen.

Eine auf den Arbeitsalltag abgestimmte Ernährung hat positive Effekte: Kurzfristig steigert ausreichend zur Verfügung stehende Energie in Form von Kohlenhydraten Aufmerksamkeit, Erinnerungs- und Reaktionsvermögen sowie Konzentrationsfähigkeit. Starten Sie morgens mit einem vollwertigen Frühstück (Müsli, Vollkornbrot) den Tag. Wenn Sie frühmorgens nichts oder nicht so viel zu sich nehmen können, sollten Sie dies nach zwei bis drei Stunden nachholen.

Um Leistungstiefs zu vermeiden, sollten Sie über den ganzen Tag verteilt Zwischenmahlzeiten einlegen. Dazu eignen sich Obst und Gemüse, Vollkorn- oder fettarme Milchprodukte, dünn belegte Brote. Essen Sie nicht nebenbei: In einer kleinen Pause können Sie ihr Essen besser genießen. Sie fühlen sich nicht nur satt, sondern auch wohl.

Mittags sollten Sie sich Zeit für ein Essen nehmen. Wenn Sie nicht die Möglichkeit haben, eine Kantine aufzusuchen, sollten Sie sich Zwischenmahlzeiten von zu Hause mitbringen. Übergehen Sie nicht den Hunger oder essen aus Zeitmangel eine Kleinigkeit am Kiosk oder Imbiss um die Ecke. Das verleitet oft dazu, zu schnell und zu viel zu essen oder sich einseitig zu ernähren. (vgl. Deutsche Gesellschaft für Ernährung, 2004)

Sie sollten regelmäßig über den Arbeitstag verteilt mindestens 1,5 l Flüssigkeit trinken, um Müdigkeit, Konzentrationsschwierigkeiten, Kopfschmerzen und einer allgemein verringerten körperlichen Leistungsfähigkeit entgegenzuwirken. Stellen Sie sich eine 1-l-Flasche Mineralwasser und ein Glas an Ihren Arbeitsplatz. Füllen Sie das Glas regelmäßig, damit Sie sich daran erinnern, das Glas leer zu trinken. Trinken Sie zu jeder Mahlzeit. Variieren Sie je nach Geschmack hin und wieder mit Saftschorlen. Achten Sie hierbei auf ein Verhältnis von ca. einem Drittel Saft zu zwei Dritteln Wasser. Auch ungesüßte Früchte- und Kräutertees sind eine Alternative.

## Sicherheit im Büro

Der Arbeitsschutz ist in Deutschland über einhundert Jahre alt. Schon auf der Grundlage der Gewerbeordnung von 1872 und der Reichsversicherungsordnung von 1911 wird die Verhütung von Arbeitsunfällen und Berufskrankheiten durchgeführt. Diese Aufgabe wird von den staatlichen Gewerbeaufsichtsbehörden und den Berufsgenossenschaften wahrgenommen.

Die Berufsgenossenschaften als Träger der gesetzlichen Unfallversicherung sind Zwangsvereinigungen von Unternehmern (Berufsgenossen) gleicher oder verwandter Gewerbezweige. Im Grundgesetz (Artikel 74) ist der Arbeitsschutz verankert.

Als Träger der gesetzlichen Unfallversicherung haben die Berufsgenossenschaften nicht nur für die Verhütung von Arbeitsunfällen zu sorgen. Sie müssen nach Eintritt eines Arbeits-Unfalles den Verletzten, die Angehörigen und Hinterbliebenen entschädigen. Diese Entschädigung erfolgt durch Heilbehandlung des Verletzten, durch Berufshilfe

(z. B. Umschulung) und/oder Geldleistungen (z. B. Unfallrenten). Geldleistungen helfen, wirtschaftliche Einbußen zu vermeiden.

Als Arbeitsunfälle gelten alle Unfälle im Betrieb. Auch Unfälle auf dem Weg nach und vom Arbeitsort gelten als Arbeitsunfälle. Vor allem, wenn Alkohol die allein wesentliche Ursache für den Unfall ist, geht der gesetzliche Versicherungsschutz verloren. Im Bürobereich ist die Verwaltungs-Berufsgenossenschaft – Körperschaft des öffentlichen Rechts, Hamburg – zuständig. Sie ist die Berufsgenossenschaft für Banken, Versicherungen, Verwaltung, freie Berufe und besondere Unternehmen.

Technische Aufsichtsbeamte der Berufsgenossenschaft überwachen und beraten ihre Mitglieder. Die Unternehmer haben diesen Beamten die Besichtigung ihrer Betriebe zu ermöglichen. Wird festgestellt, dass Unternehmer oder Versicherte grobfahrlässig oder vorsätzlich gegen Unfallverhütungsvorschriften verstoßen, so können sie mit einem Bußgeld belegt werden. In allen Betrieben mit mehr als 20 Beschäftigten hat der Unternehmer unter Mitwirkung des Betriebsrates (Personalrates) Sicherheitsbeauftragte zu bestellen. Die Sicherheitsbeauftragten unterstützen den Unternehmer bei der Durchführung der Unfallverhütung.

Rechtliche Grundlagen der Arbeitssicherung sind Gesetze, Verordnungen und sonstige Regelungen. Der Bundesminister für Arbeit und Sozialordnung bereitet Gesetze, Verordnungen und sonstige Vorschriften vor. Dabei wird er von der Bundesanstalt für Arbeitsschutz und Unfallforschung beraten und unterstützt. So beschließt z. B. die Vertreterversammlung der Berufsgenossenschaft Unfallverhütungsvorschriften, die zuvor in Fachausschüssen erarbeitet worden sind. Diese Bestimmungen erhalten nach der ministeriellen Genehmigung Gesetzeskraft.

Wie im privaten Bereich, so gelten auch im Betrieb einige grundsätzliche Verhaltensregeln zur Vermeidung von Arbeitsunfällen wie: Treppen sind keine Abstellflächen; lose verlegte Telefonkabel oder Verlängerungsschnüre sind Stolperstellen; Leitern sind gemäß Nutzungsvorschrift zu verwenden; im Umgang mit Elektrizität ist grundsätzlich Vorsicht geboten; Fluchtwege und Notausgänge sind grundsätzlich frei zu halten; jeder Mitarbeiter im Büro sollte den Umgang mit einem Feuerlöscher beherrschen; Reinigungsmaterialien dürfen nur in Originalflaschen aufbewahrt werden, um Verwechslungen zu vermeiden;, die Leistung der Ersten Hilfe im Unglücksfalle kann lebensrettend sein – jeder Mitarbeiter sollte dazu in der Lage sein.

## Posteingang

Die Arbeiten im Posteingang sind je nach Betriebsgröße unterschiedlich geregelt. Große Unternehmen haben eine eigene Abteilung – die Poststelle. Bei mittleren und kleinen Betrieben kann die Postbearbeitung dezentral durchgeführt werden. Grundsätzlich handelt es sich jedoch um die gleichen Arbeitsabläufe. Zunächst muss der Empfänger die eingehende Post übernehmen. Die Schriftstücke werden entweder durch den Postboten zugestellt oder aus einem Postfach abgeholt. Mithilfe der Postvollmacht kann der Empfänger allerdings jemanden beauftragen, der für ihn die Post übernehmen darf. Bei der Bearbeitung der eingehenden Post sind folgende Arbeiten durchzuführen:

**Sortieren der Schriftstücke.** Nach Eingang der Post werden die Sendungen sortiert und zwar nach: Geschäftspost, Privatpost, Irrläufer. Lediglich die Geschäftspost darf geöffnet werden. Alle anderen Sendungen sind dem Empfänger ungeöffnet zuzuleiten bzw. die Irrläufer kommen direkt wieder in die Ausgangspost.

| Privatpost | Geschäftspost |
|---|---|
| Frau<br>Maria Westermann<br>Maschinenbaufabrik<br>Otto Steinhauer<br>Postfach 23 56<br>54470 Bernkastel-Kues | Maschinenbaufabrik<br>Otto Steinhauer<br>Frau Maria Westermann<br>Postfach 23 56<br>54470 Bernkastel-Kues |
| Dieser Brief wird in der Poststelle nicht geöffnet, da der Name des Empfängers an erster Stelle genannt wird. | Dieser Brief wird in der Poststelle geöffnet, da das Unternehmen an erster Stelle genannt wird. |

**Öffnen der Geschäftspost.** Die als persönlich oder vertraulich gekennzeichnete Post wird nicht geöffnet. Firmenpost ist vorsichtig zu öffnen (kein Zerschneiden von Unterlagen). Mithilfe eines Brieföffners können Briefe von Hand geöffnet werden. Größere Betriebe mit hohem Postaufkommen verfügen über eine Brieföffnermaschine. Diese Maschine schneidet einen schmalen Streifen vom oberen Rand der Briefhülle ab, ohne dass der Inhalt beschädigt wird. Alle nicht mehr benötigten Umschläge kommen zum Altpapier; Folien, gepolsterte Umschläge in die dafür vorgesehenen Sondermüllbehälter oder sie werden nochmals verwendet (Büroökologie).

**Kontrollieren.** Nach dem Öffnen wird das Schriftgut dem Umschlag entnommen. Dabei ist darauf zu achten, dass der Briefumschlag vollständig entleert wird (Leerkontrolle) und alle im Brief erwähnten Anlagen vorhanden sind. Fehlt eine Anlage, so wird dies handschriftlich auf dem Brief bei den Anlagen vermerkt. Wenn Brief- und Empfangsdatum mehrere Tage voneinander abweichen, wird der Briefumschlag als Nachweis für die verspätete Absendung an den Brief geheftet und durch einen Vermerk auf die Abweichung hingewiesen. Diese Kontrolle ist vor allem bei Terminsachen wichtig. Durch Zusammenheften wird garantiert, dass Brief und Anlagen zusammenbleiben. Bei umfangreichem Schriftgut verwendet man für die Leerkontrolle eine Leerkontrollanlage.

**Anbringen des Eingangsstempels.** Der Eingangsstempel wird üblicherweise rechts neben der Empfängeradresse auf dem Schriftstück angebracht. Bei Briefen, die nicht geöffnet werden dürfen, bringt man den Stempel auf das Kuvert links unten neben der Adresse des Empfängers an. Mit dem Eingangsstempel und dem Einsetzen des Eingangsdatums wird der tatsächliche Eingang des Briefes dokumentiert, was z. B. für die Nutzung des Skontos wichtig ist. Urkunden, z. B. Zeugnisse oder Verträge dürfen mit keinem Eingangsstempel versehen werden.

**Sortieren.** Die Sendungen müssen nun an die verschiedenen Abteilungen im Betrieb verteilt werden. Bei diesem Arbeitsgang werden die Postsendungen mittels verschiedener Hilfsmittel (z. B. Verteilmappen, Postkörbe, Sortierregale) geordnet.

**Verteilen.** Die in der Posteingangstelle vorbereitete Post muss an die verschiedenen Abteilungen verteilt werden. Die Mitarbeiter der einzelnen Abteilungen holen die Post selbst ab oder es gibt einen Botendienst. In größeren Betrieben wird die Eingangspost mit Förderanlagen in die Abteilungen transportiert.

### Eingehende elektronische Post

Die Organisation von eingehenden E-Mails ist wenig hierarchisch, unkompliziert und verstärkt projektorientiert gegliedert. Die eingehenden E-Mails sind in der Regel direkt an den jeweiligen Mitarbeiter gerichtet. Dieser bearbeitet sie auch entsprechend eigenverantwortlich. Mithilfe einer speziellen Filterfunktion kann die eingehende Post nach individuell festlegbaren Stichwörtern vorsortiert und in Ordnern abgelegt werden. Ist der Empfänger der E-Mail nicht erreichbar (z. B. im Urlaub) kann automatisch mit einem Standardtext geantwortet werden (Abwesenheitsassistent).

Selten werden E-Mails direkt im Zentralserver abgelegt. Die Ablage erfolgt dort in der Regel nur dann, wenn die Unternehmung ein eigenes, firmeninternes Intranet oder Projektdatenbanken besitzt. Jeder der über Zugriffsrechte verfügt, kann die dort abgelegten Daten einsehen. Solche Daten sind wichtige oder bearbeitete Mails. Nach der Bearbeitung der eingegangenen E-Mails entscheidet der Sachbearbeiter meist nach eigenem Ermessen oder nach Rücksprache mit dem Projektleiter, welche Mails gelöscht und welche gespeichert werden. Eingehende E-Mails, die mit einer „sicheren elektronischen Signatur“ versehen sind, entsprechen unterschriebenen Dokumenten! Damit können z. B. Kaufverträge über E-Mail abgeschickt werden. Sichere elektronische Signaturen werden von Zertifizierungsstellen ausgegeben, die selbst besondere Sicherheitsanforderungen einhalten müssen. Diese Dokumente werden auf jeden Fall auf Magnetbändern gespeichert, bearbeitet und aufbewahrt. Vielfach werden sie zusätzlich auf Papier ausgedruckt und nach herkömmlichen Methoden archiviert.

## Postausgang

Ebenso wie im Posteingang können die Arbeiten im Postausgang je nach Betriebsgröße zentral oder dezentral durchgeführt werden. Man unterscheidet zwischen Tages- und Massenpost. Bei der Tagespost werden die fertiggestellten und auf Form, Inhalt und Tippfehler geprüften Schriftstücke zunächst in die Unterschriftsmappe gelegt und vom Zeichnungsberechtigten unterschrieben. Anschließend werden die Schriftstücke postfertig gemacht. Zur Massenpost gehören Sendungen mit gleichem Inhalt.

Folgende Arbeiten sind durchzuführen:

**Adressieren.** In der Regel ist beim Schreiben eines Briefes das Adressieren erforderlich. Das Verwenden von Fensterbriefhüllen spart das zweimalige Schreiben der Anschrift. Beim PC ist es einfach möglich, auf Datenträger gespeicherte Anschriften in ein Schriftstück zu übernehmen bzw. einen Serienbrief zu erstellen.

**Zusammentragen.** Bei der Tagespost werden die verschiedenen Anlagen den Schreiben beigefügt. Das Zusammentragen der Massenpostsendungen kann sehr zeitaufwendig sein. Zusammentragmaschinen tragen die einzelnen Anlagen in der richtigen Reihenfolge zusammen. Dadurch wird die Arbeitszeit erheblich verkürzt.

**Kontrolle auf Vollständigkeit.** Beim Postausgang der Tagespost ist zu prüfen, ob die richtigen bzw. die angeführten Anlagen beigefügt sind und der Brief mit einer Unterschrift versehen ist.

**Falzen.** Je nach Größe der Schriftstücke und der unterschiedlichen Umhüllung gibt es verschiedene Falzarten. Brieffalzmaschinen falzen in einer hohen Geschwindigkeit.

**Kuvertieren.** Das Einlegen der Schriftstücke in die Umhüllung heißt Kuvertieren. Bei Fensterbriefhüllen ist darauf zu achten, dass die Anschrift auch tatsächlich im Fenster zu lesen ist. Kuvertiermaschinen führen diese Arbeit automatisch aus.

**Sortieren und Wiegen.** Die Tagespost wird nach Sendungsart und den Zusatzleistungen sortiert. Es folgt das Wiegen mit der Briefwaage. Diese Tätigkeiten entfallen bei der Massenpost, weil alle Sendungen den gleichen Inhalt haben. Es muss lediglich eine Sendung gewogen werden.

**Schließen.** Selbstklebende Briefhüllen beschleunigen diesen Arbeitsvorgang. Briefschließmaschinen schließen automatisch die Briefhüllen mit hoher Arbeitsgeschwindigkeit.

**Frankieren.** Die Versendungsart, die Zusatzleistungen, das Gewicht und das Briefhüllenformat bestimmen die Postgebühr einer Sendung. Das Freimachen kann durch die Post oder durch den Absender mittels Briefmarken, Freistempelungsmaschinen bzw. online erfolgen.

## Frankierservice

Eine Rationalisierung des Frankiervorgangs kann dadurch erreicht werden, dass ein Betrieb den Frankierservice der Deutschen Post AG in Anspruch nimmt oder als Absender einen Antrag auf Freistellung stellt. Der Frankierservice der deutschen Post AG übernimmt die maschinelle Frankierung von gewöhnlichen Briefsendungen (ohne Zusatzleistung).

Die Service-Information „Produkte und Preise der Deutschen Post AG Briefdienst Inland" gibt über die genauen Konditionen und Gebühren für diesen Service Auskunft. Die Freistempelung durch den Absender mit Freistempelmaschine setzt eine vertragliche Vereinbarung mit der Deutschen Post AG voraus. Bei der Anschaffung einer Freistempelungsmaschine ist allerdings zu beachten, dass diese von der Post zugelassen sein muss.

## Poststraße

Bei Unternehmen, bei denen es eine Vielzahl von Sendungen gibt, die keinen vertraulichen Charakter haben, lohnt sich die zentrale Bearbeitung der Post.

Die Postbearbeitungsmaschinen ergeben zusammengeschlossen und hintereinander gereiht eine Poststraße. In dieser werden die Schriftstücke gefalzt, kuvertiert, die Kuverts verschlossen, gewogen und frankiert.

## Ausgehende elektronische Post

Ausgehende E-Mails verschicken Sie üblicherweise von Ihrem PC direkt an den Empfänger. Häufig verwendete Adressen werden in elektronischen Adressbüchern gespeichert. Sie sparen dann das zeitaufwendige und fehleranfällige Eingeben der jeweiligen Adressen. Beim Versenden von Rundschreiben müssen Sie unterscheiden zwischen Cc (Kopie an andere Partner) und Bcc (Kopie an andere Partner, aber der Empfänger sieht nicht, wer die anderen Kopien erhalten hat.)

Professionell und im Sinne des Datenschutzes sollten Sie bei geschäftlichen Rundmails die E-Mail-Adressen der Empfänger in das Bcc-Feld setzen, weil nicht jeder Empfänger erfreut ist, wenn seine Adresse allen anderen Empfängern bekannt gemacht wird. Betriebsintern oder wenn alle Adressaten persönlich bekannt sind, ist das Angeben aller E-Mail-Adressen im Cc-Feld oft sinnvoll.

Beim Schreibstil unterscheiden Sie bitte zwischen Informationen an Geschäftspartner (Briefstil) einerseits und an Freunde und Mitarbeiter andererseits. Die vollständigen Absenderangaben sind bei Geschäftspartnern notwendig. Gesendete E-Mails werden in einem eigenen Ordner aufbewahrt, ausgedruckt und archiviert. Das Sendedatum soll auf dem Ausdruck erscheinen.

## Papierformate

Papierformate sind in den Reihen A, B und C in der DIN 476 (Deutsches Institut für Normung) verankert. Normen standardisieren, rationalisieren und vereinfachen das Arbeitsleben. So passt ein A4-Blatt in jeden Drucker, Kopierer, Ordner, Schnellhefter, Briefumschlag etc.

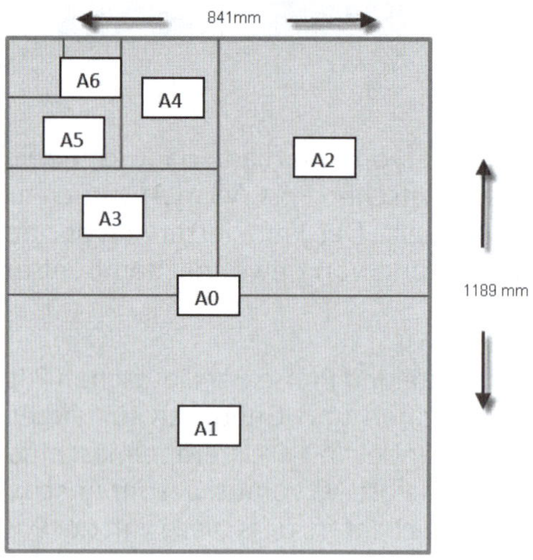


Ausgangsformat für alle Papierformate war ein Rechteck von 1 $m^2$ mit den Seitenlängen 1189 und 841 mm (A0-Format). Alle anderen Formate entstanden durch Halbieren oder Verdoppeln.

Die Angabe des Papiergewichtes auf der Packung für Druckerpapier von z. B. 80 g bezieht sich immer auf das Ausgangsformat A0. Nicht das A4-Blatt wiegt 80 g, sondern ein A0-Papier. Da ein A4-Blatt 16 x in das A0-Format passt, muss das Gewicht von 80 g durch 16 dividiert werden, sodass das A4-Blatt folglich nur 5 g wiegt.

Die nachstehende Tabelle gibt einen Überblick über die DIN-Formate:

| | | | | |
|---|---|---|---|---|
| Format DIN A0 | 841 mm | x | 1 189 mm | Plakate, Poster |
| Format DIN A1 | 594 mm | x | 841 mm | Flipchart, Landkarte |
| Format DIN A2 | 420 mm | x | 594 mm | Plakate, Poster |
| Format DIN A3 | 297 mm | x | 420 mm | Zeichenblöcke |
| Format DIN A4 | 210 mm | x | 297 mm | Geschäftsbrief, Schulhefte |
| Format DIN A5 | 148 mm | x | 210 mm | kleine Schulhefte, Blöcke |
| Format DIN A6 | 105 mm | x | 148 mm | Postkarte, Karteikarte |
| Format DIN A7 | 74 mm | x | 105 mm | Visitenkarte, Spielkarten |
| Format DIN A8 | 52 mm | x | 74 mm | |
| Format DIN A9 | 37 mm | x | 52 mm | |
| Format DIN A10 | 26 mm | x | 37 mm | |

## Briefhüllenformate und Falzarten

Die B-Reihe gehört ebenfalls zur deutschen Norm der Papierformate und taucht häufig bei Briefhüllen, Heftern oder Ordnern auf. Versand- und Briefhüllen sowie Briefumschläge werden auch in der C-Reihe angeboten. Kurioserweise vergrößern sich die Formate nicht dem Alphabet entsprechend.

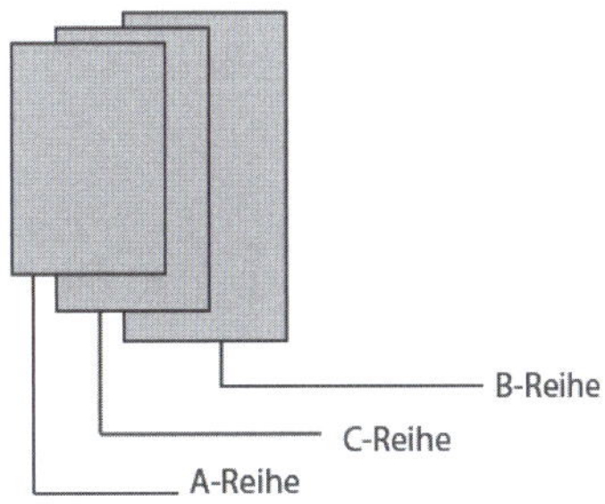


Das gängigste Briefhüllenformat ist DIN-lang. Ein A4-Blatt wird zweimal gefaltet, damit es in den DIN-lang-Umschlag passt. Bei Geschäftsvordrucken sind am linken Rand oftmals dünne Linien angebracht, die als Falzmarkierung dienen. Geschäftspost wird im Zickzackfalz gefaltet und kuvertiert.

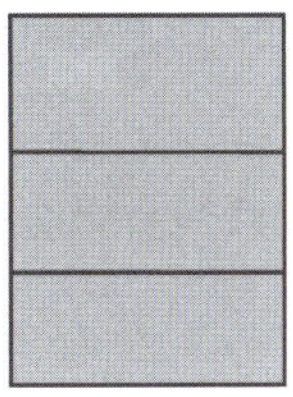
A4-Papier

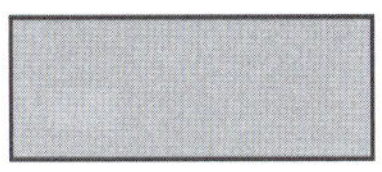
Briefhülle DIN lang

Wenn ein A4-Papier nur einmal in der Mitte gefaltet wird, spricht man vom Einfachfalz. Das so auf A5 verkleinerte Papier passt folglich in einen C5 und B5-Umschlag.

Wenn ein A4-Papier zweimal halbiert wird passt es in eine C6- bzw. B6-Briefhülle. Hier spricht man von einer Kreuzfalz.

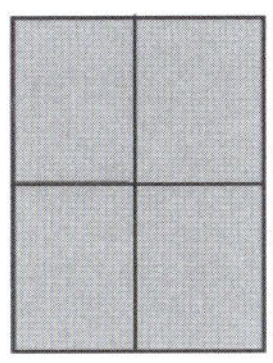
A4-Papier

Briefhülle C6

# Registratur

## Alphabetische Ordnung nach der DIN 5007

### *Allgemeines (Buchstabenfolge)*

1. Umlaute: ä, ö, ü gelten als ae, oe, ue
2. Akzente aus fremden Sprachen bleiben unberücksichtigt: á, ê, ç = a, e, c
3. Lautverbindungen wie ch, ck, sch und st gelten als zwei bzw. drei Buchstaben (ß = ss)
4. Ausnahme: Sch und St am Wortanfang werden in der Registratur als selbstständige Buchstaben in der Reihenfolge S, Sch, St behandelt.
5. Vorsatzwörter (van, von, de, der, das, die, von, zur, zum), akademische Grade und Berufsbezeichnungen (Dipl.-Ing., Steuerberater), Titel (Dr.) und Adelsbezeichnung (Freiherr) werden nicht berücksichtigt: Der Oberbürgermeister = Bürgermeister, Dr. Otto Freiherr von Bauer = Bauer, Otto
6. Die Wörtchen „und (&), für" usw. bleiben unberücksichtigt: Bauer & Mann = Bauer Mann.
7. Feststehende und gebräuchliche Abkürzungen können wie ein Wort behandelt werden: AEG = Aeg.

### *Ordnungsfolge nach Namen*

8. Ordnungswert hat das erste Wort des Familien-, Firmen- oder Sachnamens.
9. Ordnungswert besitzen alle Vornamen, Zweitnamen und Zusätzen.
10. Familiennamen ohne Vornamen stehen vor solchen mit Vornamen oder Zusätze.
11. Abgekürzte Vornamen stehen vor den gleichartigen, ausgeschriebenen Vornamen.
12. Die Bezeichnungen „Gebrüder", „Geschwister" vor dem Familiennamen werden wie Vornamen behandelt.
13. Zweite und weitere Vornamen oder Zusätze bestimmen die Ordnungsfolge, wenn die ersten gleich sind .
14. Ordnungswert erhält der Ort, wenn alle Vornamen und Zusätze gleich sind.
15. Zusätze, z. B.: & Co., GmbH, & Mann, -Markt, & Söhne, werden den Vornamen gleichgestellt.
16. Zusammengesetzte Familiennamen werden als einzelne Wörter wie Vornamen eingeordnet, z. B. Bauer-Mann nach Bauer, Manfred
17. Untrennbare Eigennamen werden ohne Rücksicht auf die Vornamen in der bestehenden Wortfolge geordnet: z. B. wird Bauer-Mann-Stiftung hinter dem Familiennamen Bauer-Mann eingeordnet.

## Gründe zur Aufbewahrung des Schriftgutes

Die Registratur dient der geordneten Aufbewahrung von Schriftgut. Zum Schriftgut gehören Trägermaterialien, die Geschriebenes, Gedrucktes oder andere Markierungen aufnehmen und aufbewahren können (z. B. Papier, Datenträger, Bildträger).

### Gesetzliche Gründe

Das **Handelsgesetzbuch** (§§ 238, 257 HGB) und die **Abgabenordnung** (§ 147 AO) schreiben vor, dass verschiedene Schriftgutarten aufbewahrt werden müssen.

**§ 257. Aufbewahrung von Unterlagen. Aufbewahrungsfristen.**

(1) Jeder Kaufmann ist verpflichtet, die folgenden Unterlagen geordnet aufzubewahren
   1. Handelsbücher, Inventare, Eröffnungsbilanzen, Jahresabschlüsse, Lageberichte, Konzernabschlüsse, Konzernlageberichte sowie die zu ihrem Verständnis erforderlichen Arbeitsanweisungen und sonstigen Organisationsunterlagen,
   2. die empfangenen Handelsbriefe,
   3. Wiedergaben der abgesandten Handelsbriefe,
   4. Belege für Buchungen in den von ihm nach § 238 Abs. 1 zu führenden Büchern (Buchungsbelege).

(2) Handelsbriefe sind nur Schriftstücke, die ein Handelsgeschäft betreffen.

(3) Mit Ausnahme der Eröffnungsbilanzen, Jahresabschlüsse und der Konzernabschlüsse können die in Absatz 1 aufgeführten Unterlagen auch als Wiedergabe auf einem Bildträger oder auf anderen Datenträgern aufbewahrt werden [...]

(4) Die in Absatz (1) unter 1. und 4. aufgeführten Unterlagen sind zehn Jahre und die sonstigen in Absatz 1 aufgeführten Unterlagen sechs Jahre aufzubewahren.

(5) Die Aufbewahrungsfrist beginnt mit dem Schluss des Kalenderjahres, in dem die letzte Eintragung in das Handelsbuch gemacht, der Handelsbrief empfangen oder abgesandt worden ist ...

Als **Geschäftsbrief (Handelsbrief)** gilt jegliche Korrespondenz, die der Vorbereitung (z. B. Anfrage), der Durchführung (z. B. Bestellung per E-Mail) oder der Rückgängigmachung eines Geschäftes (z. B. Nichtunterzeichnung des Kaufvertrages) dient. Schriftstücke, die nicht zum Abschluss eines Geschäftes geführt haben (z. B. nicht erfolgreiche Angebote, Prospekte) sind keine Handelsbriefe.

### Betriebliche Gründe

Schriftstücke werden nicht nur aus gesetzlichen Gründen aufbewahrt, sondern auch, weil sie als Beweismittel gegenüber Geschäftspartnern, dem Finanzamt oder dem Gericht dienen. Zur Dokumentation werden z. B. notarielle Urkunden, Patente oder Meisterbriefe aufbewahrt. Bestimmte Schriftstücke werden als Arbeitsmittel aufbewahrt, weil sie als Nachschlagewerk, Gedächtnisstütze, zur Erledigung laufender Geschäftsvorfälle und zur schnellen Auskunftserteilung benötigt werden.

# Wertstufen des Schriftgutes

Schon ein flüchtiger Blick auf die Eingangspost zeigt, dass es Schriftgut höchst unterschiedlicher Bedeutung gibt. Das sollte sich auch auf die Bearbeitung und spätere Aufbewahrung (Ablage) auswirken. Schriftgut lässt sich in vier verschiedene Wertstufen gliedern:

## Tageswert

Schriftgut, das nur eine einmalige Information vermittelt und danach wertlos ist, z. B. Wurfsendungen, Informationskopien usw. Dieses Schriftgut mit Tageswert gehört nach Kenntnisnahme in den Papierkorb.

## Prüfwert

Schriftgut, das nur über einen gewissen Zeitraum Bedeutung hat, wie Fahrpläne, Veranstaltungskalender, oder bei dem sich erst nach einiger Zeit entscheidet, ob es weiter aufbewahrt werden muss – also z. B. eigene oder fremde laufende Angebote, Mahnungen usw. Dieses Schriftgut mit Prüfwert gehört in eine arbeitsplatznahe Zwischenablage, wo es ständig überwacht werden kann.

## Gesetzeswert

Schriftgut, das nach den §§ 238, 257 HGB und § 147 AO aufbewahrt werden muss. Dieses Schriftgut mit Gesetzeswert sollte raumsparend abgelegt werden, z. B. durch Aufbewahrung auf Datenträgern.

## Dauerwert

In jeder Verwaltung fällt Schriftgut von so großer Bedeutung an, dass es, auch unabhängig von eventuellen gesetzlichen Vorschriften, langfristig oder gar dauernd aufbewahrt wird (Unterlagen über Inhaber- und Rechtsverhältnisse eines Unternehmens). Dieses Schriftgut mit Dauerwert wird nicht in der Registratur aufbewahrt, sondern z. B. in der Sekretariatsablage oder im Archiv. Allerdings ist auch hier gelegentliches Durchforsten notwendig.

# Ablagetechniken für Schriftgut

## Geheftete Ablage

Bei der gehefteten Ablage werden die Schriftstücke zuerst gelocht und in die Schriftgutbehälter einsortiert. Fürs Abheften braucht man wesentlich mehr Zeit als beim Loseblatt-Verfahren. Vorteilhaft ist jedoch

⇨ die sichere Aufbewahrung,
⇨ das schnelle Wiederfinden durch chronologisch richtige Reihenfolge,
⇨ der sichere Aktentransport.

Wenn keiner der genannten Gründe für die geheftete Ablage spricht, sollten Sie wegen der Zeitersparnis die Loseblatt-Ablage vorziehen.

Schriftgutbehälter für die gelochte Ablage: Ordner, Schnellhefter, Hängehefter, Pendelhefter.

### Ungeheftete Ablage

Bei der ungehefteten Ablage werden die Schriftstücke nicht gelocht und lose in den Schriftgutbehälter gelegt. Hauptvorteil der Loseblatt-Ablage ist der Zeitgewinn beim Ablegen; dadurch entstehen weniger Personalkosten. Besonders geeignet ist dieses Verfahren, wenn

- der Wiederzugriff nicht zu häufig ist,
- die Akten nicht zu umfangreich (max. 100 Blatt je Behälter) werden,
- ganze Akten nur selten transportiert werden.

Normalerweise werden nur 2 bis 5 % der Schriftstücke wieder benötigt. Den zeitlichen Mehraufwand fürs Suchen bei nicht chronologischer Reihenfolge kann man also oft vernachlässigen.

Schriftgutbehälter für die ungelochte Ablage: Prospekt-/Sichthülle, Klemmmappe, Aktendeckel, Juris-Sammelmappe, Pultmappe, Hängemappe bzw. -tasche, Pendelmappe bzw. -tasche.

## Kosteneinsparung

Die Kosten für die Schriftgutablage können gesenkt werden durch:

- Ablage nach den Wertstufen
- zeitsparende Ablageart
- Unterbringung am richtigen Ort und im richtigen Mobiliar

## Standorte der Registratur

### Arbeitsplatz-Registratur

Am Arbeitsplatz werden die Unterlagen abgelegt, auf die ständig zurückgegriffen wird. Die Schriftstücke befinden sich z. B. in einer Hängeregistratur in direkter Griffhöhe im oder beim Schreibtisch. Das ist die günstigste Lösung, weil alles im Sitzen erreichbar ist. Alle Arbeitsunterlagen wie Akten, Formulare, Schriftgut, das zurzeit bearbeitet wird, gehört in die Arbeitsplatzablage. Ablagekörbe und Terminmappen können auf dem Schreibtisch oder in Griffnähe positioniert werden.

Für Unterlagen, auf die nicht ständig, aber doch häufig zurückgegriffen wird, eignet sich eine Ordner-Registratur im Regal oder in Schränken. Bei Bedarf haben Sie darauf einen schnellen Zugriff.

### Abteilungs-Registratur

Wenn Schriftgut von mehreren Mitarbeitern einer Abteilung gleichermaßen benötigt wird, bietet sich die Abteilungs-Registratur an. Die Unterlagen werden z. B. in Hängemappen oder –heftern in Hängeregistraturschränken untergebracht. Zur Aufbewahrung eignen sich zudem Ordner in Schränken bzw. Regalen.

Vorteilhaft sind auch Beistell-Wagen für die Hängeregistratur. Alle Sachbearbeiter haben Zugriff und zum Durcharbeiten kann man die Wagen bequem an jeden Arbeitsplatz fahren (z. B. bei Urlaub, Gleitzeit und Krankheit). Regale sind preisgünstiger als Schränke und haben auch eine kleinere Stellfläche. In Groß- und Funktionsräumen dienen sie zugleich als raumgliederndes Element. Der Vorteil von Schränken gegenüber Regalen liegt darin, dass sie verschließbar sind. Für Registraturzwecke gibt es Schränke mit Flügeltüren und Rollladen. Platzsparend sind Rollladen-Schränke, denn es stehen keine Türen im Raum.

Hauptsächlich für größere Ordner-Registraturen werden Rotiersäulen empfohlen. Sie wurden entwickelt, weil ein Ordner ohne Schlitz von oben betrachtet einen Keil bildet. Eine Vielzahl solcher Ordner nebeneinander gestellt, bildet also einen Kreis.

Vor allem, wenn größere Aktenmengen in einer Abteilung aufbewahrt und bearbeitet werden müssen, bieten sich Paternoster (Umlaufregale) an. Die Schriftgutbehälter stehen oder hängen an umlaufenden Trageelementen und kommen auf Knopfdruck auf kürzestem Weg zur Bearbeitungs-Öffnung. Paternoster bieten eine Reihe von Vorteilen: schnelle Bedienung, das Schriftgut kommt zum Bearbeiter, gute Raumausnutzung. Nachteilig ist, dass jeweils nur ein Mitarbeiter am Gerät arbeiten kann.

## Zentral-Registratur

Wenn die Registratur entsprechend groß ist und mehrere Abteilungen darauf zurückgreifen müssen, empfiehlt sich eine Zentral-Registratur. Sie sollte möglichst zentral liegen, um Laufwege und damit Zugriffszeiten so kurz wie möglich zu halten.

Wenn Zentral-Registraturen eingerichtet werden, muss man auch klären, wie das Schriftgut transportiert wird und von wem, sonst entstehen zu große Verlustzeiten, weil ständig Mitarbeiter unterwegs sind. Außerdem muss klar sein, wer für die Registratur zuständig ist und wer einsichts- und/oder entnahmeberechtigt ist.

Besonders interessant für größere Registraturen sind die Rollregal-Anlagen, und zwar hauptsächlich durch ihr großes Fassungsvermögen. Dieses Fassungsvermögen ergibt sich daraus, dass die meisten der sonst in der Registratur erforderlichen Gänge eingespart werden können. Die einzelnen Regaleinheiten stehen auf Rollwagen und können seitlich verschoben werden. Zur Bearbeitung muss mindestens ein Gang vorgesehen werden. Er kann an jeder erforderlichen Stelle aufgeschoben werden. Neben der besseren Raumausnutzung bieten die Rollregal-Anlagen noch die Vorteile, dass sie sich abschließen lassen und staubdicht sind.

## Altablage

In der Altablage wird das Schriftgut aufbewahrt, dessen Bearbeitung abgeschlossen ist und das nur noch selten benötigt wird, aber wegen gesetzlicher Vorschriften noch nicht vernichtet werden darf. Die Verwaltung erfolgt durch den Sachbearbeiter bzw. Registrator.

In der Altablage sollte besonders auf sachgerechte Lagerung in verschließbaren, sauberen, abgedunkelten, trockenen Räumen mit konstantem Klima geachtet werden, sodass die Unterlagen bis zum Ablauf der längsten Aufbewahrungsfrist ungefährdet und jederzeit lesbar vorgehalten werden.

## Archiv

Im Archiv wird Schriftgut mit Dauerwert diebstahl- und feuersicher aufbewahrt. Zur sicheren Aufbewahrung eignet sich ein Tresor. Die Entscheidung, welche Unterlagen auf Dauer in das Archiv übernommen werden, trifft nur der Archivar nach fachlichen Gesichtspunkten.

# Kaufverträge rechtsgültig abschließen

## Rechtssubjekte und ihre Fähigkeiten

Am Rechtsverkehr kann in der Bundesrepublik Deutschland nur teilnehmen, wer rechtsfähig ist. Dies sind alle Personen, die Rechte und Pflichten haben können. Man nennt sie auch Rechtssubjekte. Grundsätzlich werden zwei Arten von Personen (Rechtssubjekten) unterschieden: Die natürlichen und die juristischen Personen.

## Natürliche Personen

Zu den natürlichen Personen zählen alle Menschen, ohne Rücksicht auf ihr Alter, ihr Geschlecht oder ihre Rasse. Natürliche Personen sind von ihrer Geburt bis zu ihrem Tod rechtsfähig.

## Juristische Personen

Juristische Personen sind Vereinigungen von natürlichen Personen mit eigener Rechtspersönlichkeit. Es gibt zwei Arten von juristischen Personen. Juristische Personen des privaten Rechts verfolgen private Ziele, wie z. B. möglichst viel Vermögen anzusammeln, d. h. Gewinn zu erzielen. Damit die Öffentlichkeit weiß, welche anderen juristischen Personen es gibt, werden sie im Regelfall in ein öffentliches Register eingetragen. So muss z.B. eine Gesellschaft mit beschränkter Haftung in ein Handelsregister eingetragen werden. Durch Eintragung erlangt die juristische Person ihre Rechtsfähigkeit, durch Löschung endet diese.

Juristische Personen des öffentlichen Rechtes dienen öffentlichen Zwecken. Sie werden aufgrund eines Gesetzes gegründet oder aufgelöst. Eine Universität wird beispielsweise rechtsfähig durch staatliche Verleihung.

Juristische Personen können wie natürliche Personen Rechte wahrnehmen und haben auch Pflichten zu tragen. Diese stimmen weitgehend mit jenen der natürlichen Personen überein. Juristische Personen haben somit Vermögen, können Verträge abschließen, als Erben eingesetzt werden und in eigenem Namen klagen und verklagt werden.

## Rechtsfähigkeit

Unter Rechtsfähigkeit versteht das Gesetz die Fähigkeit einer Person, also eines Rechtssubjektes, Träger von Rechten und Pflichten zu sein. Sie hat also z. B. das Recht, ein Geldgeschenk anzunehmen, oder die Pflicht, die Schule zu besuchen.

Die Rechtsfähigkeit reicht allerdings nicht aus, um beispielsweise einen Kaufvertrag abzuschließen. Dazu muss eine Person geschäftsfähig sein. Die Geschäftsfähigkeit einer Person ist die Fähigkeit, Rechtsgeschäfte selbstständig und gültig abzuschließen. Dabei sind drei „Stufen der Geschäftsfähigkeit" zu unterscheiden: die Geschäftsunfähigkeit, die beschränkte Geschäftsfähigkeit und die unbeschränkte Geschäftsfähigkeit.

## Stufen der Geschäftsfähigkeit

Geschäftsunfähig sind Kinder unter sieben Jahren und Personen, die dauerhaft geistesgestört sind. Schließen diese Personen Rechtsgeschäfte ab, gelten diese als nicht zustande gekommen, d. h. als nichtig.

Die beschränkte Geschäftsfähigkeit bedeutet, dass ein Minderjähriger, zwischen dem vollendeten siebten und dem vollendeten 18. Lebensjahr, Rechtsgeschäfte in eigenem Namen abschließen kann. Dazu benötigt er jedoch die Zustimmung seiner Eltern bzw. gesetzlichen Vertreter im Voraus (Einwilligung) oder nachträglich (Genehmigung). Schließt er ein Rechtsgeschäft ohne Zustimmung ab, gilt das Rechtsgeschäft als „schwebend unwirksam". Einige Rechtsgeschäfte darf ein beschränkt Geschäftsfähiger allein abschließen: Zum einen darf er Geschäfte abschließen, die nur einen rechtlichen Vorteil für ihn mit sich bringen (§ 107 BGB) zum anderen darf er frei über sein Taschengeld verfügen (§ 110 BGB). Allerdings darf er keine Ratengeschäfte abschließen, denn damit würde er über Taschengeld verfügen, welches er noch überhaupt nicht erhalten hat. Außerdem darf er Rechtsgeschäfte abschließen, wenn dies im Rahmen eines Arbeitsvertrages geschieht (§ 113 BGB). Arbeiten Sie beispielsweise in den Ferien als Aushilfe und verkaufen während ihrer Arbeitszeit eine Zeitung, ist dies rechtlich erlaubt. Gleiches gilt, wenn Sie bereits selbstständig ein Unternehmen leiten, z. B. weil Sie das Unternehmen Ihrer Eltern bereits mit 17 Jahren übernehmen (§ 112 BGB).

Personen, die das achtzehnte Lebensjahr vollendet haben gelten als unbeschränkt geschäftsfähig. Ihre Willenserklärungen sind voll rechtswirksam, d. h. gültig. Somit tragen Sie für alle von ihnen abgeschlossenen Rechtsgeschäfte die volle und alleinige Verantwortung. (vgl. BGB, 2002)

**Auszüge aus dem bürgerlichen Gesetzbuch (BGB. 2002):**

§ 104 [Geschäftsunfähigkeit]

Geschäftsunfähig ist:

(1) wer nicht das siebente Lebensjahr vollendet hat;

(2) wer sich in einem die freie Willensbestimmung ausschließenden Zustand krankhafter Störung der Geistestätigkeit befindet, sofern nicht der Zustand seiner Natur nach ein vorübergehender ist.

§ 105 [Nichtigkeit der Willenserklärung]

(1) Die Willenserklärung eines Geschäftsunfähigen ist nichtig.

(2) Nichtig ist auch eine Willenserklärung, die im Zustand der Bewusstlosigkeit oder vorübergehender Störung der Geistestätigkeit abgegeben wird.§ 106 [Beschränkte Geschäftsfähigkeit Minderjähriger]

Ein Minderjähriger, der das siebente Lebensjahr vollendet hat, ist nach Maßgabe der §§ 107 bis 113 in der Geschäftsfähigkeit beschränkt.

§ 107 [Einwilligung des gesetzlichen Vertreters]

Der Minderjährige bedarf zu einer Willenserklärung, durch die er nicht lediglich einen rechtlichen Vorteil erlangt, der Einwilligung seines gesetzlichen Vertreters.

§ 108 [Vertragsschluss ohne Einwilligung]

(1) Schließt der Minderjährige einen Vertrag ohne die erforderliche Einwilligung des gesetzlichen Vertreters, so hängt die Wirksamkeit des Vertrags von der Genehmigung des Vertreters ab.

(2) [...]

(3) [...]

§ 110 [„Taschengeldparagraf"]

Ein von dem Minderjährigen ohne Zustimmung des gesetzlichen Vertreters geschlossener Vertrag gilt als von Anfang an wirksam, wenn der Minderjährige die vertragsmäßige Leistung mit Mitteln bewirkt, die ihm zu diesem Zweck oder zu freier Verfügung überlassen worden sind.

§ 112 Selbstständiger Betrieb eines Erwerbsgeschäfts

(1) Ermächtigt der gesetzliche Vertreter mit Genehmigung des Familiengerichts den Minderjährigen zum selbstständigen Betrieb eines Erwerbsgeschäfts, so ist der Minderjährige für solche Rechtsgeschäfte unbeschränkt geschäftsfähig, welche der Geschäftsbetrieb mit sich bringt. Ausgenommen sind Rechtsgeschäfte, zu denen der Vertreter der Genehmigung des Familiengerichts bedarf.

(2) [...]

§ 113 [Dienst- oder Arbeitsverhältnis]

(1) Ermächtigt der gesetzliche Vertreter den Minderjährigen, in Dienst oder in Arbeit zu treten, so ist der Minderjährige für solche Rechtsgeschäfte unbeschränkt geschäftsfähig, welche die Eingehung oder Aufhebung eines Dienst- oder Arbeitsverhältnisses der gestatteten Art oder die Erfüllung der sich aus einem solchen Verhältnis ergebenden Verpflichtungen betreffen.

(2) [...]

(3) [...]

(4) [...]

## Anfrage

Im Wirtschaftsleben verhalten sich die Teilnehmer wie Sie in Ihrem privaten Bereich. Interessieren Sie sich beispielsweise dafür, wie teuer das Handy Ihres Banknachbarn war, so fragen Sie ihn. Ebenso ist die Vorgehensweise im Wirtschaftsleben. Interessiert Sie, wie teuer die Ware ist, die sie gerne ordern möchten, fragen Sie bei verschiedenen Anbietern (Verkäufern) nach. Dieses Nachfragen wird als Anfrage bezeichnet. Da Sie sich zunächst nur informieren möchten, um zwischen den verschiedenen Informationen zu vergleichen, ist die Anfrage rechtlich unverbindlich, d. h. die Anfrage hat für Sie keinerlei Folgen. Ihre Bitte können Sie sowohl schriftlich, z. B. per E-Mail, oder mündlich, beispielsweise telefonisch formulieren.

## Angebot und seine Mindestinhalte

Die Antwort auf Ihre Anfrage ist das Angebot. Mittels des Angebotes nimmt der Verkäufer zum ersten Mal Kontakt mit Ihnen auf, sodass er versucht, sein Angebot so attraktiv wie möglich zu gestalten. Dazu gehört, nicht nur einen positiven Eindruck bei Ihnen zu hinterlassen, sondern auch auf bestimmte Mindestinhalte zu achten:

## Art und Menge der Waren

Die Art der Ware ist mit ihrer handelsüblichen Bezeichnung gleichzusetzen. Qualitätsmerkmale, wie das Gütezeichen „Echtes Leder", Handelsklasse „A" bei Eiern, oder DIN-Normen, wie „Mehl Typ 405", bestimmen die Güte der Ware.

Die Menge der Ware wird durch Stück oder weitere handelsübliche Maßangaben bestimmt, wie Kilogramm oder Meter. Der Preis der Ware muss sich sowohl auf die einzelne Einheit als auch auf die Gesamtmenge beziehen und dabei eventuelle Preisnachlässe berücksichtigen. Möglich ist z. B. ein Mengenrabatt, weil die angebotene Menge sehr groß ist oder ein Skonto, für den Fall, dass Sie die Ware früher zahlen als notwendig.

Die Verpackungskosten sind vom Käufer der Ware zu tragen. Aus diesem Grund sind sie zum einen davon abhängig, wie sicher die Ware verpackt wird, zum anderen von der vereinbarten Versandart bzw. den Beförderungskosten.

## Der Erfüllungsort

Grundsätzlich muss der Verkäufer die Ware nur bereitstellen. Der Käufer muss dann auf sein Risiko und seine Kosten die Ware dahin befördern, wo er sie benötigt. Die Kosten dafür, die Beförderungskosten, übernimmt somit er. Meistens befinden sich Verkäufer und Käufer nicht an einem Ort, sodass die Beförderung der Ware teuer werden kann. Aus diesem Grund wird stets ein Erfüllungsort vereinbart.

Der Erfüllungsort ist der Ort, an dem der Verkäufer seine Ware an den Käufer übergibt und der Käufer sie annimmt. Eine Warenlieferung muss auch stets bezahlt werden, sodass der Erfüllungsort auch der Ort ist, an dem der Käufer die Ware zahlt und der Verkäufer diese Zahlung annimmt. Wo dieser Ort jeweils ist, wird frei vereinbart. Denkbar sind Alternativen wie „frei Waggon", d. h. der Verkäufer übernimmt alle Kosten, bis die Ware im Bahnhof in einen Waggon verladen wurde. Der Käufer ist ab dann für alle weiteren Kosten verantwortlich. Dagegen übernimmt der Verkäufer bei der Vereinbarung „frei Haus" alle Kosten bis die Ware beim Käufer angekommen ist. Das Gesetz gibt vor, dass der Erfüllungsort für die Ware am Ort des Verkäufers ist, d. h. „ab Werk" und damit z. B. der Innenhof seines Unternehmens. Der Käufer muss die Ware von dort abholen.

Deshalb werden Waren auch als **Holschulden** bezeichnet. Bei der Zahlung ist es genau umgekehrt. Hier muss der Käufer das Geld an den Verkäufer schicken, z. B. indem er einen Scheck per Post übersendet. Aus diesem Grund sind Geldschulden sogenannte **Schickschulden** (Bringschulden). Für den Fall, dass die Übergabe der Ware oder des Geldes nicht so funktioniert wie vereinbart, wird der Gerichtsstand festgelegt.

Der **Gerichtsstand** ist der Ort, an dem eine Gerichtsverhandlung stattfinden würde, falls sich Verkäufer und Käufer streiten. Das Gesetz gibt den jeweiligen Erfüllungsort als Gerichtsstand vor bzw. den Ort, an dem der Beklagte seinen Unternehmenssitz hat. Doch wie beim Erfüllungsort auch wird sowohl der Käufer als auch der Verkäufer versuchen seinen Geschäftssitz durchzusetzen, da dies für ihn kostengünstiger ist.

## Zahlungsbedingungen

Neben den Kosten ist relevant, wie schnell die Ware verfügbar sein kann. Die Lieferzeit ist aufgrund dessen die Zeit, die zwischen der Vereinbarung über die Lieferung der Ware und der tatsächlichen Ankunft vergeht. Wird ein genauer Termin, wie der 15.11.20XX vereinbart, liegt ein Fixkauf vor. Von einem Zweckkauf wird gesprochen, wenn die Ware nur zu einem bestimmten Anlass benötigt wird, wie eine Hochzeitstorte.

Letztlich ist die Ware noch zu zahlen. Die Bedingungen hierfür, auch als Zahlungsbedingungen bezeichnet, sind erneut frei vereinbar. Verlangt der Verkäufer die Zahlung bevor er die Ware liefert, handelt es sich um die Vereinbarung „Vorauszahlung", möchte er lediglich einen Teilbetrag, liegt eine „Anzahlung" vor. Dem Käufer ist es lieber, wenn er die Ware erst einige Wochen nach Erhalt der Ware zahlen muss, er möchte somit ein „Zahlungsziel", oder dass er die Ware nach und nach in Raten zahlen darf. In diesem Fall liegt eine „Ratenzahlung" vor. Bei der Vereinbarung „Skonto" darf der Käufer einen gewissen Prozentsatz vom Kaufpreis abziehen, falls er das eingeräumte Zahlungsziel nicht ganz ausnutzt und beispielsweise bereits nach zehn anstatt nach 30 Tagen bezahlt.

## Gültigkeit eines Angebotes

Die in einem Angebot gemachten Angaben wie Preis, Preisnachlässe, Menge usw. gelten lediglich eine bestimmte Zeitlang. Dies liegt daran, dass sich Preise ändern können oder der Verkäufer eventuell nicht mehr in der Lage ist, die angebotene Menge zu liefern. Eventuell hat er sie in der Zwischenzeit bereits an einen anderen Käufer geliefert. Aus diesem Grund unterliegen Angebote einer bestimmten „Bindungsfrist" bzw. Gültigkeit.

Wird das Angebot unterbreitet, wenn alle Beteiligten anwesend sind, ist das Angebot so lange gültig, wie die Personen zusammen sind. Dabei ist es gleichgültig, ob sich die Personen in einem Raum befinden oder über Telefon miteinander verbunden sind. Wichtig ist nur, dass das Gespräch nicht unterbrochen wird. Solange das Gespräch dauert, besteht also die Möglichkeit, das Angebot anzunehmen oder abzulehnen.

Wird das Angebot unter Abwesenden unterbreitet, d. h., wenn die Beteiligten sich an unterschiedlichen Orten befinden, ist das Angebot länger gültig. Nach dem Gesetz so lange, wie man eine „Antwort unter regelmäßigen Umständen erwarten darf" (§147 (2) BGB).

## Freizeichnungsklauseln

Es gibt allerdings auch Möglichkeiten, die Gültigkeit eines Angebotes durch bestimmte sprachliche Wendungen ganz oder teilweise auszuschließen. Diese Formulierungen sind sogenannte Freizeichnungsklauseln. Soll die Bindung, d. h. die rechtliche Verpflichtung zur Einhaltung des Angebotes, vollständig ausgeschlossen werden, werden Begriffe wie „freibleibend",„unverbindlich",„ohne Gewähr", … verwendet. Soll sich die Beschränkung nur auf die Menge beziehen, heißt es im Angebot„solange der Vorrat reicht",„Abgabe in haushaltsüblichen Mengen", … Diese Angaben sind insbesondere in Angeboten zu finden, die an die Allgemeinheit und nicht an eine bestimmte Person gerichtet sind. Hierbei handelt es sich beispielsweise um Werbeprospekte, Kataloge, Schaufensterauslagen usw. Ein an die Allgemeinheit gerichtetes Angebot wird als Anpreisung bezeichnet.

Letztlich sind über die oben genannten Angaben eines Angebotes aber auch Kriterien wie die Zuverlässigkeit bzw. der Ruf eines Unternehmens, besondere Leistungen, wie z. B. ein Kundendienst, oder auch eine bereits langjährige Geschäftsverbindung ausschlaggebend für die Annahme eines Angebotes. (vgl. Bierle, 2002 und Wöhe, Döring & Ulbrich, 2010)

## Rechtsgeschäfte

Damit es möglich ist Verträge zu schließen, muss mindestens eine Person den Willen dazu haben und diesen auch mitteilen, d. h. einer anderen Person gegenüber erklären. Ist dies der Fall, hat diese Person eine Willenserklärung abgegeben. Zum Beispiel stehen Sie am Wochenende mit Ihren Freunden vor der Kinokasse. Sie haben momentan den Willen, eine Kinokarte zu kaufen. Sobald Sie der Kassiererin erklären, dass sie gerne eine Karte kaufen möchten, äußern Sie ihren Willen und haben somit eine Willenserklärung abgegeben.

Willenserklärungen können Sie aber nicht nur mündlich abgeben, sondern auch schriftlich, durch Schweigen oder indem Sie „schlüssig" handeln. „Schlüssig" handeln können Sie beispielsweise, indem Sie einen Euro in einen Getränkeautomaten werfen.

Gibt nur eine Person eine Willenserklärung ab, liegt ein einseitiges Rechtsgeschäft vor. Auch dies ist gültig, z. B. reicht es bei einer Kündigung vollkommen aus, wenn der Arbeitgeber oder Auszubildende kündigt und dadurch seinen Willen erklärt. Bereits durch diese eine Willenserklärung ist ein gültiges Rechtsgeschäft geschlossen worden. In den meisten Fällen sind mindestens zwei Personen am Abschluss eines Rechtsgeschäftes beteiligt. Bei diesen sogenannten mehrseitigen Rechtsgeschäften ist es notwendig, dass sich die beiden Vertragspartner einig sind, d. h., sowohl Arbeitgeber als auch Auszubildender müssen den Ausbildungsvertrag unterschreiben.

Für die meisten Rechtsgeschäfte gilt der „Grundsatz der Vertragsfreiheit", sodass es für die Gültigkeit des Vertrages unerheblich ist, auf welche Weise er geschlossen wurde. Aus Beweisgründen werden die meisten Rechtsgeschäfte jedoch schriftlich abgeschlossen. Nur bei besonders wichtigen Rechtsgeschäften schreibt der Gesetzgeber vor, dass eine bestimmte Form einzuhalten ist, es herrscht „Formzwang". Solche Formvorschriften dienen dazu, die Beteiligten zu schützen und ihnen deutlich zu machen, wie wichtig die Abgabe ihrer Willenserklärung ist. Zu unterscheiden sind die …

- ⇨ Schriftform, d. h., alle Beteiligten müssen den Vertrag eigenhändig unterzeichnen. Erst durch die persönliche Unterschrift wird der Vertrag gültig. (Ausbildungsvertrag)
- ⇨ Öffentliche Beglaubigung, d. h., ein Notar oder eine Behörde bezeugt, dass die Unterschrift auf einem Vertrag tatsächlich „echt" ist. (Zeugnisbestätigung im Schulsekretariat)
- ⇨ Notarielle Beurkundung, d. h., ein Notar bestätigt nicht nur, dass die Unterschrift unter dem Vertrag „echt" ist, sondern auch, dass die Vertragspartner den Inhalt des Vertrages verstanden haben und somit ihre Willenserklärung dem Inhalt des Vertrages entspricht. (Haus- oder Grundstückskauf)

## Kaufvertrag

Auch bei Abschluss eines Kaufvertrages ist es notwendig, dass die Willenserklärungen von Käufer und Verkäufer übereinstimmen. Die zuerst abgegebene Willenserklärung wird grundsätzlich als Antrag bezeichnet. Ist der Vertragspartner einverstanden, akzeptiert er in Form einer Annahme. Dabei ist es gleichgültig, ob zuerst der Käufer oder erst der Verkäufer seinen Willen äußert.

Geht der Antrag vom Verkäufer aus, unterbreitet dieser dem potenziellen Käufer ein Angebot. Der Käufer nimmt das Angebot durch Bestellung an. Ein Kaufvertrag kommt zustande, wenn die Bestellung mit dem Angebot übereinstimmt.

Geht der Antrag auf Abschluss des Kaufvertrages vom Käufer aus, so bestellt dieser ohne ein vorheriges Angebot. Der Verkäufer nimmt den Antrag durch sofortige Lieferung oder durch Zusendung einer Bestellungsannahme (= Auftragsbestätigung) an.

Wird ein Kaufvertrag zwischen zwei natürlichen Personen (Sie kaufen das Handy von Ihrem Mitschüler) geschlossen, liegt ein bürgerlicher Kauf vor. Sind beide Vertragspartner juristische Personen handelt es sich um einen zweiseitigen Handelskauf (Die Hauser & Schulte GmbH kauft von einem Autohaus einen LKW zur Auslieferung des Sortimentes). Ein einseitiger Handelskauf (Verbrauchsgüterkauf) liegt vor, wenn ein Kaufvertrag zwischen einer natürlichen und einer juristischen Person geschlossen wird (Ihr Vater kauft bei einem Autohaus einen PKW).

## Verpflichtungs- und Erfüllungsgeschäft

Sind sich Käufer und Verkäufer einig geworden, akzeptiert z. B. der Käufer alle Bedingungen des Angebotes und stimmen somit beide Willenserklärungen überein, ist ein rechtsgültiger Kaufvertrag zustande gekommen. Ein Kaufvertrag besteht immer aus zwei Teilen, dem Verpflichtungs- und dem Erfüllungsgeschäft. Das Verpflichtungsgeschäft definiert die Pflichten, die die beiden Vertragspartner übernehmen. Die tatsächliche Umsetzung ihrer Pflichten ist das Erfüllungsgeschäft.

Das Verpflichtungs- und Erfüllungsgeschäft sind voneinander unabhängige Rechtsgeschäfte, welche es ermöglichen, dass die Pflicht und die Erfüllung dieser Pflicht zeitlich voneinander abweichen können. Das heißt, dass das Verpflichtungs- und Erfüllungsgeschäft zwar unmittelbar aufeinander folgen können (z. B. beim Warenkauf in Geschäften), es jedoch auch möglich ist, dass erhebliche Zeiträume zwischen Verpflichtung und Erfüllung liegen (z. B. beim Kauf eines PKW mit einjähriger Lieferzeit).

Als Pflichten des Verkäufers gilt es, die verkaufte Ware zu übergeben, das Eigentum an der Ware zu verschaffen und den vereinbarten Kaufpreis anzunehmen. Die Ware ist zur rechten Zeit, am rechten Ort und frei von Mängeln zu übergeben. Das Eigentum an einem Gegenstand hat jemand, der rechtlich darüber herrscht (den Gegenstand beispielsweise rechtmäßig verkaufen darf). Befindet sich die Ware im Besitz einer Person, dann herrscht sie tatsächlich darüber. Dies bedeutet nur, dass sie die Ware z. B. bei sich zu Hause aufbewahrt oder in Händen hat usw., d. h. sie besitzt. Die Pflichten des Verkäufers entsprechen den Rechten des Käufers und umgekehrt. Aus diesem Grund bestehen die Pflichten des Käufers darin, den vereinbarten Kaufpreis rechtzeitig zu zahlen und die gekaufte Ware anzunehmen.

Sobald mindestens einer der beiden Vertragspartner seine Pflichten nicht erfüllt, liegt eine Erfüllungsstörung bzw. ein Mangel vor. (vgl. Vahs & Schäfer-Kunz, 2012)

## Kaufvertragsstörung am Beispiel der Schlechtleistung

Entsprechend den Pflichten des Verkäufers ist es denkbar, dass er Ware liefert, die nicht der im Vertrag vereinbarten Art und Güte entspricht, d. h., es liegt eine mangelhafte Lieferung (Schlechtleistung) vor. Zu unterscheiden sind hierbei Mängel wie die Falschlieferung (falsche Farbe, mindere Qualität, ...), fehlerhafte Ware (Ware ist beschädigt oder defekt), Zuweniglieferung (gekaufte und gelieferte Menge stimmen nicht überein), falsche Werbeaussage (der Ware fehlt eine zugesicherte Eigenschaft), Montagemangel (gekaufte Ware wurde vom Verkäufer falsch zusammengebaut), falsche Montageanleitung, sogenannte „IKEA-Klausel" (aufgrund der falschen Beschreibung kann der Kunde die Ware nicht richtig zusammenbauen). Schließlich kann noch ein Rechtsmangel vorliegen, wenn der Verkäufer nicht Eigentümer der verkauften Ware ist.

## Reaktionsmöglichkeiten auf die Schlechtleistung

Darauf reagieren kann der Käufer, indem er sofort vom Verkäufer eine Nacherfüllung verlangt, z. B. eine Reparatur bzw. eine Ersatzlieferung bei beschädigter Ware oder eine Nachlieferung, falls zu wenig geliefert wurde. Eine Reparatur bzw. Ersatzlieferung darf der Verkäufer ablehnen, wenn für ihn unverhältnismäßig hohe Kosten entstehen. Meist versucht der Verkäufer den Mangel durch eine Reparatur zu beheben, bevor er neue Ware liefert. Dies darf er zwei Mal.

Falls dem Käufer ein Schaden entstanden ist, kann er neben der bisher schon vereinbarten Leistung Schadenersatz verlangen. Vorstellbar ist beispielsweise, dass er die fehlende Ware bei einem anderen Anbieter gekauft hat und diese teurer war. Der Mehrpreis ist dann zu erstatten. Räumt der Käufer dem Verkäufer eine bestimmte Zeit ein, um seinen Fehler zu korrigieren, d. h., setzt er ihm eine Nachfrist, dann hat er weitere Rechte.

Zum einen kann er vom Vertrag zurücktreten, d. h., der Vertrag gilt dann als niemals geschlossen zum anderen kann er eine Minderung des Kaufpreises verlangen. Liegen nicht nur geringfügige Mängel vor, kann der Käufer auch Schadenersatz anstelle der bisher vereinbarten Leistung verlangen (Schadenersatz statt Leistung), dies ist auch zusätzlich zum Rücktritt und der Minderung möglich. Darüber hinaus kann er auch verlangen, dass der Verkäufer ihm Geldbeträge erstattet, die er bereits im Zusammenhang mit dem Kaufvertrag ausgegeben hat (**Ersatz vergeblicher Aufwendungen**).

## Weitere Kaufvertragsstörungen

Eine weitere Möglichkeit eines Mangels besteht darin, dass der Verkäufer nicht rechtzeitig liefert, d. h., er liefert zu spät oder überhaupt nicht (Nicht-Rechtzeitig-Lieferung bzw. Lieferungsverzug). Ein durch den Verkäufer verursachter Mangel kann darin bestehen, dass er den vereinbarten Kaufpreis nicht annimmt (**Annahmeverzug**).

## Lieferungsverzug

Der Verkäufer befindet sich in Lieferungsverzug, wenn drei Voraussetzungen gegeben sind:

1. Die Lieferung muss fällig sein.
2. Der Käufer muss die ausgebliebene Lieferung angemahnt haben.
3. Den Lieferer muss ein Verschulden treffen (**Vorsatz oder Fahrlässigkeit**).

Ein Verschulden des Lieferers liegt nicht vor, wenn die Ware wegen höherer Gewalt (Katastrophen, Unwetter, Streiks u. a.) zu spät eintrifft.

Ebenso wie der Verkäufer hat der Käufer verschiedene Möglichkeiten, seinen Pflichten nicht nachzukommen und somit vertragsbrüchig zu werden. Entweder nimmt er die Ware nicht rechtzeitig oder überhaupt nicht an (**Annahmeverzug**). Dies ist beispielsweise der Fall, wenn er in der Zwischenzeit einen anderen Verkäufer gefunden hat, bei dem die Ware günstiger ist. Oder er zahlt die Ware nicht rechtzeitig oder überhaupt nicht (**Nicht-Rechtzeitig-Zahlung, Zahlungsverzug**). Dies kann vorkommen, wenn der Käufer momentan selbst Zahlungsschwierigkeiten hat, weil seine Kunden ihn nicht bezahlen.

Mängel sollten in der Regel unverzüglich, d. h. sofort nach Eingang der Lieferung entdeckt werden, da die Ware bei Eingang zu prüfen ist. Dies ist besonders leicht bei Mängeln, die deutlich sichtbar sind (**offene Mängel**), wie Kratzer an der Ware oder eine zu geringe Menge. Bei Mängeln, die nicht sofort sichtbar sind (**versteckte Mängel**) bleibt dafür zwei Jahre Zeit. Verschweigt der Verkäufer einen Mangel arglistig, verkauft er beispielsweise einen gebrauchten PKW als unfallfrei, hat der Käufer drei Jahre Zeit, seine Ansprüche geltend zu machen, d. h. zu rügen. (vgl. May & May, 2009)

## Zahlungsalternativen

### Barzahlung

Nach Abschluss eines Kaufvertrages und Lieferung der Ware ist es notwendig, diese zu bezahlen. Sind Käufer und Verkäufer am gleichen Ort, ist es möglich, dass der Käufer an den Verkäufer Scheine (Banknoten) bzw. Münzen übergibt. Hierbei handelt es sich um eine Barzahlung, bei der weder der Käufer noch der Verkäufer ein Konto benötigen. Als Beweis für die erfolgte Übergabe von Bargeld sollte sich der Käufer stets einen Beleg ausstellen lassen, die sogenannte Quittung. Banknoten sind ein unbeschränktes gesetzliches Zahlungsmittel, d. h. der Verkäufer ist in unbegrenzter Höhe zur Annahme verpflichtet, damit der Käufer seine Rechnung begleichen kann. Dagegen ist er nicht verpflichtet mehr als 50 Münzen anzunehmen, denn Münzen sind nur in begrenztem Umfang gesetzliches Zahlungsmittel.

### Halbbare Zahlung

Kein gesetzliches Zahlungsmittel sind die nachstehenden Zahlungsarten, die zwischen Käufer und Verkäufer frei vereinbart werden können. Als wesentliches Unterscheidungsmerkmal dient dabei, ob Käufer und/oder Verkäufer ein Konto verwenden:

Nutzt entweder der Käufer oder der Verkäufer ein Konto zur Zahlung, handelt es sich um eine halbbare Zahlung. Verfügt lediglich der Käufer über ein Konto ist es möglich, dass er dem Verkäufer einen Barscheck ausstellt. Ein Scheck ist eine auf einem Vordruck erteilte Anweisung an eine Bank eine bestimmte Geldsumme an den Zahlungsempfänger, den Überbringer des Barschecks, auszuzahlen. Bei der Auszahlung wird das Konto des Ausstellers bzw. des Käufers belastet. Konkret bedeutet dies, dass der Empfänger des Schecks, d. h. der Käufer, zur Bank des Käufers muss, um sein Geld zu erhalten.

Eine Zahlung über Postnachnahme ist möglich, wenn der Verkäufer ein Konto bei der Postbank führt und seine Ware, bis zu einem Wert von 1.600,00 Euro, nur gegen Barzahlung ausliefert. Der Postbote nimmt bei Auslieferung des Paketes das Bargeld an, stellt eine Quittung aus und zahlt den Betrag später auf das Postbankkonto des Verkäufers ein.

## Bargeldlose Zahlung

Eine andere Möglichkeit der Barzahlung durch den Käufer ist die Zahlung mithilfe eines Zahlscheines. Dazu geht der Käufer zu jeder beliebigen Bank und zahlt dort mithilfe eines Vordruckes, dem Zahlschein, das Geld auf das Konto des Verkäufers ein. Das Original des Zahlscheines bleibt bei der Bank, den Durchschlag erhält der Käufer als Quittung. Je nachdem, ob der Verkäufer sein Konto bei dieser Bank hat und je nach Höhe des Einzahlungsbetrages berechnet die Bank Gebühren, für die der Käufer, d. h. der Einzahlende, aufkommen muss. Ein Zahlschein ist zugleich ein Überweisungsauftrag und kann somit auch für den bargeldlosen (unbaren) Zahlungsverkehr genutzt werden. Hierbei handelt es sich um die Zahlung einer Rechnung ganz ohne Bargeld, nur mithilfe von „unsichtbarem" Geld, dem Buchgeld.

## Unbare Zahlungsalternativen

Bei einer Überweisung erhält die kontoführende Bank vom Käufer den Auftrag, die im Überweisungsvordruck gemachten Angaben genau auszuführen. Dazu belastet sie das Konto des Käufers. Hat der Verkäufer das Konto bei derselben Bank, schreibt sie gleichzeitig dem Verkäufer den Betrag auf dessen Konto gut. Führt eine andere Bank das Konto des Verkäufers, so wird diese darüber informiert, dass eine Gutschrift auf dem Konto des Verkäufers zu erfolgen hat. Die Bank des Käufers übermittelt an die Bank des Verkäufers den Überweisungsbetrag.

Genau umgekehrt erfolgt der Ablauf bei der Einzugsermächtigung. Bei dieser Zahlungsart stimmt der Käufer zu, dass der Verkäufer mithilfe seiner Bank dazu berechtigt ist, sein Konto zu belasten. Sobald der ausstehende Rechnungsbetrag vom Konto des Käufers eingezogen wurde, erfolgt die Gutschrift auf dem Konto des Verkäufers und die Rechnung gilt als beglichen. Eine Einzugsermächtigung kann einmalig oder mehrfach zur Begleichung einer Rechnung genutzt werden. Nur einmal, beispielsweise beim Kauf der WLAN-Headsets, mehrfach z. B., wenn Rechnungen eines Handyanbieters anfallen. Sinnvoll ist eine Lastschrift immer dann, wenn mehrfach Beträge zu zahlen sind, die aber unterschiedlich hoch sind.

Ist eine Rechnung nur einmal zu begleichen, kann auch ein Verrechnungsscheck verwendet werden. Dieser Vordruck entspricht dem eines Barschecks, enthält aber die Aufschrift „Nur zur Verrechnung". Ein Verrechnungsscheck darf nicht wie ein Barscheck ausgezahlt werden. Die Abwicklung verläuft wie bei einer Einzugsermächtigung.

Zahlt der Käufer seine Rechnung in mehreren gleichbleibenden Teilbeträgen, kann er bei seiner Bank einen Dauerauftrag einrichten. Damit veranlasst er, dass in regelmäßigen Abständen (wöchentlich, monatlich, vierteljährlich, halbjährlich, jährlich) die gleiche Summe auf das Konto des Verkäufers überwiesen wird. Damit handelt es sich bei einem Dauerauftrag um eine mehrfach ausgeführte Überweisung. Der Unterschied besteht darin, dass der Käufer nur einmalig die Zahlung seiner Rechnung veranlassen muss und nicht z. B. jeden Monat erneut, wie dies bei einer Überweisung der Fall wäre. Angewendet wird diese Zahlungsart insbesondere bei Rechnungen, die regelmäßig gezahlt werden, deren Höhe aber gleich bleibt. Beispielsweise die monatliche Mietzahlung einer Wohnung oder die wöchentliche Zahlung von Taschengeld. (o. A., 2012)

# Die Kartenzahlung als Zahlungsalternative

Befinden sich Käufer und Verkäufer am selben Ort, z. B. in einem Einzelhandelsunternehmen, besteht auch die Möglichkeit mithilfe von „Plastikgeld", d. h. mit einer Karte zu zahlen. Zunächst ist hierbei die Bankkarte von Kreditkarten zu unterscheiden:

## Bankkarte

Bei einer Bankkarte handelt es sich um eine Debitkarte. Die bekannteste Debitkarte in Deutschland ist die Electronic-Cash-Karte (EC-Karte) bzw. Maestro-Karte. Mit der EC-Karte kann sowohl bezahlt als auch über Bargeld an Geldautomaten verfügt werden. Um zu erfahren, ob dies möglich ist, muss der Berechtigte lediglich die Symbole auf der Kartenrückseite mit den Symbolen im Geschäft bzw. am Geldautomaten vergleichen. Die verwendeten Symbole dienen somit der Verständigung, auch wenn man die Landessprache nicht spricht. Dies ist wichtig, da die EC-Karte in mehr als einhundert Ländern genutzt werden kann. Die EC-Karte wird nur in Verbindung mit einem Girokonto ausgegeben, da der jeweilige Barverfügungs- bzw. Rechnungsbetrag unmittelbar nach Nutzung der Karte vom Konto, mittels einer Lastschrift, belastet wird.

Wird die EC-Karte zur Zahlung in einem Geschäft eingesetzt, gibt es unterschiedliche Bezahlarten. Zum einen ist es möglich, die Berechtigung zum Einsatz der EC-Karte anhand einer PIN (Persönliche Identifikationsnummer bzw. Geheimzahl) nachzuweisen. Dazu wird die Karte zunächst in ein Kartenlesegerät geschoben, der Karteninhaber gibt seine vierstellige PIN mittels Tasten ein und bestätigt die Zahlung, d. h. er stimmt sowohl dem Betrag als auch der Zahlungsart zu. Wiederum erfolgt die Zahlung über eine Lastschrift. Ohne PIN ist diese Art der Zahlung nicht möglich. Umso wichtiger ist es, dass nur der Karteninhaber die Geheimzahl weiß und er sie nicht weitererzählt oder im Geldbeutel aufbewahrt.

In einigen Geschäften wird nicht die Eingabe der PIN verlangt, sondern das Kartenlesegerät erstellt aufgrund des Rechnungsbetrages automatisch mit dem Kassenbeleg einen Lastschriftausdruck. Diesen unterzeichnet der Karteninhaber und stimmt somit zu, dass das Geschäft den Rechnungsbetrag mittels einer Lastschrift von seinem Konto einzieht. Bei dieser Art der Zahlung wird die Unterschrift auf der Kartenrückseite mit der Unterschrift auf dem Beleg verglichen und eventuell noch ein Ausweis verlangt, damit das Geschäft sicher sein kann, dass es sich beim Zahlenden tatsächlich um den Karteninhaber handelt.

## Kreditkarten

Bei Kreditkarten erfolgt die Belastung nicht nach jeder Kartenzahlung, sondern gesammelt zu einem bestimmten Termin im Monat, z. B. dem 30. eines jeden Monats. Während der Zwischenzeit, d. h. vom 1. bis zum 30. eines Kalendermonats, werden alle mit der Karte gezahlten Rechnungsbeträge gesammelt und letztlich in einer Summe dem Girokonto des Karteninhabers belastet. In dieser Zeit, in der keine Kontobelastung des Käufers erfolgt, wird ihm für die Zeit von maximal 30 Tagen ein Kredit gewährt. Dies ist möglich, da das Geschäft seine Zahlung bereits erhält, die Bank, die die Kreditkarte an ihren Kunden ausgibt, während dieser Zeit in Vorlage geht, d. h. bereits bezahlt. Dies machen Banken z. B., weil sie ihrem Kunden großes Vertrauen entgegenbringen, es in der Geschäftsverbindung nie zu Schwierigkeiten kam und der Kunde stets zuverlässig war, indem er beispielsweise über Jahre hinweg ein regelmäßiges Einkommen hat.

Der Einsatz von Kreditkarten macht es notwendig, dass der Zahlende sich stets merkt, wie viel Geld er bereits ausgegeben hat, denn sonst kann es passieren, dass er am Monatsende mehr Geld ausgegeben hat als ihm tatsächlich zur Verfügung steht. Geschieht dies ein paar Monate hintereinander ist der Karteninhaber schnell verschuldet, d. h., er kann seine Rechnungen nicht mehr zahlen.

Das Risiko der Überschuldung nimmt noch zu, wenn jemand nicht nur eine Kreditkarte besitzt, sondern mehrere z. B. noch in Form einer Kundenkreditkarte. Diese Kreditkarte ist an ein bestimmtes Unternehmen gebunden. Über einen Zeitraum von einem Monat werden alle anfallenden Rechnungsbeträge dieses Geschäftes gesammelt und mittels einer Lastschrift in einem Betrag dem Girokonto des Karteninhabers belastet. (vgl. o. A., 2012 und vgl. Vahs & Schäfer, 2012)

## Die private Überschuldung – Ablauf

Wird nach Abschluss eines Kaufvertrages der ausstehende Rechnungsbetrag versehentlich oder absichtlich nicht bezahlt, gerät der Käufer (Schuldner) rasch in Zahlungsverzug und das kaufmännische bzw. außergerichtliche Mahnverfahren beginnt. Zunächst erinnert der Verkäufer (Gläubiger) den Schuldner mit einer Zahlungserinnerung, der ersten Mahnung, an seine unbezahlte Rechnung.

Mithilfe der Zahlungserinnerung wird der Kunde höflich daran erinnert, dass er bislang noch nicht gezahlt hat. Erfolgt auf dieses Schreiben keine Reaktion, formuliert der Gläubiger nach ca. 10 – 14 Tagen eine ausdrückliche Mahnung, in Form eines zweiten Mahnbriefes. Mit diesem Schreiben wird der Schuldner erneut an die offene Rechnung erinnert. Allerdings wird ihm eine konkrete Zahlungsfrist, von beispielsweise 10 Tagen gesetzt. Zudem wird er auf die Folgen bei Nichtzahlung hingewiesen, beispielsweise dass ihm im weiteren Verlauf des Mahnverfahrens Mahngebühren und auch Verzugszinsen berechnet werden. Mahngebühren dienen dazu, die dem Gläubiger entstehenden Kosten für Porto, Briefpapier, Umschlag, Bearbeitung, … zu ersetzten. Verzugszinsen werden geltend gemacht, da der Gläubiger bei rechtzeitiger Zahlung den Rechnungsbetrag bei einer Bank anlegen könnte. Dafür würde ihm die Bank Zinsen zahlen. Wenn der Schuldner seine Rechnung nicht zahlt, kann der Gläubiger den Rechnungsbetrag nicht anlegen und erhält so keine Zinsen, d. h., sie entgehen ihm. Als Ersatz kann der Gläubiger vom Schuldner deshalb Verzugszinsen verlangen. Zahlt der Schuldner nach der zweiten Mahnung noch nicht, mahnt ein Gläubiger in der Regel ein drittes Mal und **droht mit weiteren Schritten**, wie dem Einleiten eines gerichtlichen Mahnverfahrens oder einer Klage.

Das gerichtliche Mahnverfahren wird meist erst nach dem außergerichtlichen Mahnverfahren angestrebt. Diese Vorgehensweise ist jedoch nicht zwingend. Um das gerichtliche Mahnverfahren einzuleiten, ist es notwendig, dass der Gläubiger einen Erlass des Mahnbescheides beantragt. Hierbei besteht Vordruckzwang, der entweder in den Schreibwarengeschäften gekauft oder im Internet direkt ausgefüllt werden kann. Dieser Vordruck wird beim zuständigen Amtsgericht eingereicht. Zuständig ist dabei das Amtsgericht, an dem der Schuldner seinen Wohn- bzw. Geschäftssitz hat. Die Gebühren des Amtsgerichtes richten sich nach der Höhe der Forderung. Ohne zu überprüfen, ob der Anspruch des Gläubigers berechtigt ist, erlässt das Amtsgericht nun den Mahnbescheid und stellt diesen dem Schuldner zu.

Der Schuldner hat zwei Wochen Zeit, um zu reagieren. Er kann die Rechnung bezahlen und das Verfahren ist beendet oder er widerspricht beim Amtsgericht, woraufhin der Gläubiger Klage erhebt oder der Schuldner schweigt. Reagiert der Schuldner nicht, beantragt der Gläubiger den „Erlass eines Vollstreckungsbescheids“. Wiederum prüft das Gericht nicht, ob die Forderung gerechtfertigt ist, sondern stellt dem Schuldner den Vollstreckungsbescheid lediglich zu.

Erneut hat der Schuldner zwei Wochen Zeit. Falls er zahlt, ist das Verfahren beendet, falls nicht, hat er die Möglichkeit, beim Amtsgericht zu widersprechen, woraufhin ein streitiges Verfahren eingeleitet wird. Schweigt er, wird der Vollstreckungsbescheid „vollstreckbar".

Der Gläubiger kann Zwangsvollstreckung in das Vermögen des Schuldners beantragen um so zu versuchen, die bislang nicht gezahlte Rechnung, einschließlich aller entstandenen Kosten zu decken. Ein beauftragter Gerichtsvollzieher, d. h. ein Angestellter des Amtsgerichts, führt die Zwangsvollstreckung durch. Eine Zwangsvollstreckung erfolgt durch Pfändung und öffentliche Versteigerung. Dabei gelten Gegenstände als unpfändbar, die zur Berufsausübung benötigt werden. Wenn die Pfändung erfolglos verlief oder der Versteigerungserlös zu gering war, kann der Gläubiger generell vom Schuldner eine Aufstellung seiner Vermögensteile verlangen, deren Richtigkeit er eidesstattlich bestätigen muss. Dies ist die sogenannte „Abgabe der Vermögensauskunft". Eine „falsche Versicherung an Eides statt" wird mit bis zu drei Jahren Gefängnis bestraft. Kann der Schuldner seine Rechnung immer noch nicht zahlen, darf der Gläubiger alle zwei Jahre eine erneute Vermögensauskunft verlangen, um zu prüfen, ob der Schuldner mittlerweile, einschließlich aller Kosten und Zinsen, zahlen könnte.

Eine weitere Alternative des gerichtlichen Mahnverfahrens ist es, direkt Klage beim zuständigen Gericht einzureichen. Bei einem Streitwert, d. h. einem Rechnungsbetrag, bis zu 5.000,00 € ist das Amtsgericht zuständig, bei dem der Schuldner seinen Wohn- bzw. Geschäftssitz hat. Darüber hinaus das entsprechende Landgericht. Kommt es zu einem rechtskräftigen Urteil, beauftragt das Gericht einen Gerichtsvollzieher, der das Vermögen des Schuldners pfändet oder versteigert. Zum Vermögen des Schuldners gehört nicht nur Bargeld oder Geld auf einem Bankkonto, sondern auch der Lohn eines Arbeitnehmers, Schmuck, Münzsammlungen oder andere Gegenstände, die leicht zu verkaufen sind bzw. einen gewissen Wert haben.

## Die private Überschuldung – Auswirkungen und Lösungsansatz

Kann eine natürliche Person (Verbraucher) alle seine Rechnungen nicht mehr zahlen, d. h., ist er überschuldet, dann kann er sich an eine anerkannte Schuldnerberatung wenden. Die Mitarbeiter in der Schuldnerberatung versuchen dann, im Namen des Verbrauchers, mit den Gläubigern eine außergerichtliche Einigung zu erzielen, z. B. eine Ratenzahlung bis die gesamten Schulden bezahlt wurden. Scheitert dieser Versuch, muss ein Anwalt oder ein staatlich anerkannter Schuldenberater schriftlich bestätigen, dass eine Einigung zwischen Schuldner und Gläubigern nicht möglich war. Diese Einigung zwischen Schuldner und Gläubigern versucht nun ein Gericht zu erzielen, indem es den Gläubigern einen Schuldenbereinigungsplan vorlegt. Lehnen die Gläubiger erneut ab oder falls das Gericht vermutet, dass es der Schuldner nicht schafft, wird das Verfahren der Verbraucherinsolvenz eröffnet. Möglich ist das aber nur, wenn alle Gläubiger einverstanden sind.

Bei Eröffnung der Verbraucherinsolvenz bestimmt das Gericht einen Treuhänder für den betroffenen Verbraucher. Dieser verwaltet das pfändbare Vermögen und achtet darauf, dass alle Gelder, die über einen minimalen Betrag, der dem Lebensunterhalt dient, hinausgehen, an die Gläubiger gezahlt werden. Dies gilt für eine Zeit von sechs Jahren. In dieser sogenannten „Wohlverhaltensphase" dürfen keine Kredite aufgenommen werden, Erbschaften werden dazu genutzt, die Schulden zu zahlen usw. Nach Ablauf von sechs Jahren werden dem Schuldner die verbleibenden Schulden erlassen. Allerdings wird die zurückliegende Verbraucherinsolvenz in die SCHUFA (Schutzgemeinschaft für allgemeine Kreditsicherung) eingetragen, d. h., alle Unternehmen und Banken wissen von nun an, dass der Schuldner an einem Insolvenzverfahren beteiligt war und seine Schulden nicht zurückzahlen konnte. Unter Umständen ist es von nun an schwer, einen Kredit, einen Leasingvertrag z. B. für ein Auto oder auch nur einen Handyvertrag zu bekommen. Der Grund für potenzielle Vertragspartner ist leicht nachzuvollziehen, denn bereits einmal konnte der Verbraucher seine Rechnung nicht begleichen.

## Ermittlung des Nettoverkaufspreises (Warenhandelskalkulation)

### Der Bezugspreis

Ein Handelsbetrieb wie die Hauser & Schulte GmbH ist meist ein Mehrproduktunternehmen, d. h. im Falle der Hauser & Schulte GmbH, dass nicht nur WLAN-Headsets, sondern noch weitere Produkte, wie z. B. Bürobedarf, angeboten werden.

Für alle angebotenen Artikel muss der Händler, d. h. der Verkäufer, seinen Verkaufspreis ermitteln. Dazu muss er zunächst einmal wissen, wie teuer er die Ware selbst eingekauft, d. h. bezogen hat. Aus diesem Grund ist es notwendig den Bezugspreis zu kalkulieren (berechnen). Um den Bezugspreis zu erhalten sind alle anfallenden Nebenkosten zu beachten: Zunächst erhält ein Händler von seinem Anbieter den Listeneinkaufspreis. Eventuell gewährt ihm der Anbieter Liefererrabatte, d. h., vom ursprünglichen Listeneinkaufspreis darf sich der Händler einen gewissen prozentualen Betrag abziehen. So gelangt er zunächst zum Zieleinkaufspreis. Gewährt der Verkäufer noch Liefererskonto, welches abgezogen wird, errechnet sich aus all dem, der Bareinkaufspreis.

Diesen Preis müsste der Händler zahlen, wenn er die Ware selbst beim Anbieter abholt und bar zahlt. Meist befinden sich beide an unterschiedlichen Orten, sodass Kosten für Verpackung, Versand, Transportversicherung usw. anfallen. Diese Bezugskosten muss der Händler tragen. Bezugskosten werden folglich zum Bareinkaufspreis addiert, sodass der Bezugspreis ermittelt werden kann. Der Bezugspreis ist der Preis, den der Händler für die Ware einschließlich aller Nebenkosten für den Erwerb (Einkauf) zahlen muss.

| | |
|---|---|
| | Listeneinkaufspreis |
| – | Liefererrabatt |
| = | Zieleinkaufspreis |
| – | Liefererskonto |
| | = Bareinkaufspreis |

### Der Selbstkostenpreis

Der Händler möchte selbst Gewinn erzielen, sodass er noch andere Überlegungen berücksichtigen muss, bis er bei seinem eigenen Verkaufspreis angelangt ist. Ihm entstehen Kosten, die sein Unternehmen erst handlungsfähig machen, d. h. dazu beitragen, dass es ihm möglich ist, Ware einzukaufen, eventuell umzupacken und selbst zu verkaufen. Kosten, die dabei anfallen sind beispielsweise Löhne, die er seinen Mitarbeitern zahlt, Miete für die Geschäfts- und Lagerräume. Aber auch Strom, damit die Mitarbeiter Licht haben, Heizungskosten, damit es im Gebäude warm ist, Versicherungskosten, weil er die teure Ware z. B. gegen Diebstahl oder Brand versichert. Alle diese Kosten sind Handlungskosten, die zum Bezugspreis addiert werden müssen, damit der Selbstkostenpreis errechnet werden kann. Der Selbstkostenpreis ist der Preis, den der Händler selbst zahlt, bis er soweit ist, die Ware verkaufen zu können. Berücksichtigt sind darin nun Vergünstigungen, wie Rabatte, aber auch alle Kosten für den Bezug der Ware einschließlich der im Unternehmen selbst anfallenden Kosten für das Lagern, die Mitarbeiter usw.

| | |
|---|---|
| | Bezugspreis |
| + | Handlungskosten |
| | = Selbstkostenpreis |

## Der Barverkaufspreis

Ziel des Händlers ist es nicht nur, die Ware einzukaufen und seine Kosten zu decken, sondern er selbst benötigt auch Geld, um sein eigenes Leben und das seiner Familie zu sichern, d. h., er versucht Gewinn zu erzielen. Darüber hinaus dient der Gewinn der Verzinsung des vom Unternehmer eingesetzten Eigenkapitals (also eine Art Entschädigung dafür, dass dieses Geld nicht in eine lohnende Kapitalanlage investiert worden ist). Einen Gewinn möchte der Händler auch als eine Art Prämie erzielen, die ausgleicht, dass er verschiedene Risiken zu tragen hat, wie z. B. das Risiko, dass er seine Ware nicht verkauft oder sich die Qualität dieser Ware verschlechtert.

Da ein Unternehmen keinen exakten Geldbetrag, z. B. in Euro, festlegen kann, der mit dem Verkauf einer Handelsware als Gewinn erwirtschaftet werden soll, wird der Gewinn anteilig angegeben. Dies geschieht über den Gewinnzuschlag, der auf den Selbstkostenpreis aufgeschlagen wird. Die Höhe des Gewinnzuschlags lässt sich über den Gewinnzuschlagssatz ermitteln.

Der Grundwert (= 100 %) dieser anteiligen Gewinnberechnung ist der Selbstkostenpreis. Der Gewinnzuschlagsatz drückt nun aus, wie viel Prozent des Selbstkostenpreises berücksichtigt werden müssen, damit die Ware den gewünschten Anteil zum Gewinn beiträgt. Aus diesem Grund wird zunächst der Gewinnzuschlag ermittelt, indem der Gewinnzuschlagsatz mit dem ermittelten Selbstkostenpreis multipliziert wird. Der Barverkaufspreis errechnet sich nun aus dem Selbstkostenpreis und dem Gewinnzuschlag. Der Barverkaufspreis ist somit der Preis, den der Händler verlangt, wenn er die Ware verkauft. Berücksichtigt in diesem Preis sind sowohl die ihm durch den Einkauf der Ware entstandenen Kosten als auch ein Zuschlag, der seinem Gewinn dient.

| | |
|---|---|
| | Selbstkostenpreis |
| + | Gewinnzuschlag |
| | = Barverkaufspreis |

Um den Verkaufspreis von Handelswaren zu ermitteln, müssen die beiden Kaufanreize „Kundenskonto" und „Kundenrabatt", die dem Kunden als Nachlässe gewährt werden können, berücksichtigt werden. Beide Größen vermindern den Preis, den der Kunde für die Handelsware bezahlt. Der Händler möchte aber trotzdem seine Kosten decken und seinen gewünschten Gewinn erzielen. Aus diesem Grund müssen sowohl Kundenskonto als auch Kundenrabatt in den Verkaufspreis eingerechnet, d. h. addiert werden.

Rabatt wird häufig in Form von Mengenrabatten bei Abnahme sehr großer Mengen oder für besonders treue Kunden als Treuerabatt gewährt. Er wird direkt bei Abschluss des Kaufvertrages ausgehandelt und vermindert unmittelbar den Preis, sodass für den Kunden ein geringerer Zahlbetrag entsteht. Von diesem verbleibenden „Restbetrag" zieht er dann gegebenenfalls noch Skonto ab. Dies ist möglich, wenn der Verkäufer Skonto auf der Rechnung ausweist. Dies kann durch eine Formulierung wie „Zahlbar in 10 Tagen unter Abzug von 2 % Skonto, in 30 Tagen ohne Abzug" geschehen. Der Käufer darf in einem solchen Fall den zu zahlenden Betrag um die angegebene Prozentzahl des Skontos verringern, falls er frühzeitig (hier innerhalb von 10 Tagen) zahlt und nicht den spätestmöglichen Zeitpunkt abwartet (hier 30 Tage).

## Der Zielverkaufspreis

Die Kalkulation der Verkaufspreise erfolgt aus Sicht des Verkäufers, sodass zunächst der Skontoabzug zu beachten ist. Dabei wird der Barverkaufspreis um den Betrag des Kundenskontos erhöht. Möglich ist es aber auch, dass der Käufer die Skontomöglichkeit nicht ausnutzt und zum spätestmöglichen Zeitpunkt, z. B. erst nach 30 Tagen zahlt. In diesem Fall nutzt der Käufer sein gesamtes Zahlungsziel (Zeitraum zwischen Lieferung und Zahlung der Ware). Der um den Kundenskonto in Euro erhöhte Barverkaufspreis wird Zielverkaufspreis genannt und ist der Grundwert (= 100 %), denn aus Sicht des Kunden wird von diesem Wert der Skontoabzug berechnet. Der Barverkaufspreis stellt in dieser Rechnung folglich einen verminderten Grundwert (= z. B. 98 % bei 2 % Skonto) dar, da der Wert, von welchem die Kunden den Skontoabzug vornehmen, erst ermittelt werden muss.

| | |
|---|---|
| | Wareneinkaufspreis |
| + | Kundenskonto |
| | = Zielverkaufspreis |

## Der Nettoverkaufspreis

Schließlich wird der Zielverkaufspreis erhöht um den Kundenrabatt, welcher in Prozent angegeben wird. Der Rabatt mindert den Betrag, den der Kunde zu zahlen hat, erneut, sodass der ermittelte Zielverkaufspreis ein verminderter Grundwert ist (= z. B. 90 % bei einem Kundenrabatt in Höhe von 10 % vom Listenverkaufspreis). Auch in diesem Fall ist der Wert, von dem der Kunde den Rabatt abzieht, erst zu ermitteln, indem der Zielverkaufspreis um den Kundenrabatt erhöht werden muss: Es ergibt sich somit der Listenverkaufspreis. (vgl. Bierle, 2002; Faltbaum, Reiß & Kirchner, 2010 und Wöhe, Dörin und Ulbrich, 2010)

| | |
|---|---|
| | Zielverkaufspreis |
| + | Kundenrabatt |
| | = Listenverkaufspreis |

# Lagerhaltung

Ein Lager ist der Ort, an dem die zu lagernde Ware aufbewahrt wird und sich während dieser Zeit nicht „bewegt". Mit der Lagerung von Waren sind verschiedene Aufgaben und Grundsätze verbunden:

## Aufgaben der Lagerhaltung

Hauptziel eines Großhändlers wie der Hauser & Schulte GmbH ist es, einen Ausgleich zwischen der Produktion eines Unternehmens, wie z. B. dem Hersteller der WLAN-Headsets, und dem Verkauf an den Einzelhandel herzustellen. Eine Aufgabe ist somit die möglichst rasche Auslieferung der gewünschten Ware an den Kunden. Des Weiteren ist es wichtig, die Kosten für die Lagerung zu minimieren, um Gewinn zu erzielen und dadurch als Unternehmen weiter zu existieren. Diese beiden Ziele miteinander zu vereinbaren ist schwierig, denn wenn ein Unternehmen versucht, jederzeit lieferbereit zu sein, dann lagert es viele Waren ein. Diese Lagerhaltung ist aber teuer und spricht dadurch gegen die Absicht, möglichst viel Gewinn zu erzielen. Das Ziel „Lieferbereitschaft" konkurriert somit mit dem Ziel „Minimierung der Lagerhaltungskosten".

## Lagerzonen

Um im Lager möglichst optimale Arbeitsbedingungen für die anfallenden Arbeiten zu ermöglichen, ist es hilfreich, ein Lager in unterschiedliche Zonen (Lagerzonen), wie die Warenannahme, Warenkontrolle, Entfernen der Umverpackung, eventuelles Umpacken, die eigentliche Lagerung und Auslagerung, einzuteilen. Innerhalb des eigentlichen Lagerbereiches muss ein Lager möglichst übersichtlich sein. Dies wird durch unterschiedliche Methoden erreicht, sodass auf die benötigte Ware rasch zugegriffen werden kann. Für die Lagerorganisation bedeutet dies, dass schwere Ware möglichst bodennah gelagert wird, häufig verkaufte Ware leicht zugänglich ist oder große Ware einfach mit technischen Geräten wie dem Gabelstapler zu erreichen ist.

Innerhalb der jeweiligen Ware wird das Lager nach unterschiedlichen Methoden (Lagermethoden) eingeräumt: Gilt das Prinzip „first in – first out (Fifo)", dann wird die neue Ware im Regal hinter die alte Ware geräumt. Wird das Regal stets von vorne gefüllt, d. h. die neue Ware vor die alte gestellt, handelt es sich um das Prinzip „last in - first out (Lifo)". Die neue Ware wird bei dieser Methode immer als Erstes entnommen. Dadurch rutscht die ohnehin schon ältere Ware immer weiter nach hinten ins Regal. Diese Methode ist deshalb nur bei Ware geeignet, deren Qualität durch eine lange Lagerung nicht schlechter wird.

Ein Lagerbestand ist ständig zu kontrollieren. Zum einen kann er sich verändern, zum anderen kann sich die Qualität der Ware verschlechtern. In beiden Fällen entstehen für das Unternehmen Kosten, da die Ware bereits bezahlt ist und einige Zeit gelagert wurde.

## Grundsätze der Lagerhaltung

Neben den Lagerhaltungskosten, die für ein Unternehmen einen wesentlichen Kostenfaktor darstellen, stehen die zu lagernden Waren im Vordergrund. Diese werden eingekauft und müssen bezahlt werden. Aus diesem Grund ist es wichtig, die Qualität dieser Ware zu erhalten, da ansonsten wiederum Kosten anfallen.

Um den Verderb und die Beschädigung der Waren zu vermeiden, gilt es, einige warenangepasste, d. h. artgerechte Grundsätze der Lagerhaltung zu beachten:

Beispielsweise benötigen Bücher, Holz, Tabak, usw. durchlüftete Lagerräume. Lebensmittel müssen gekühlt gelagert werden, besonders bei Tiefkühlprodukten darf die sogenannte Tiefkühlkette nie unterbrochen werden, da sonst die Qualität der Lebensmittel nicht zugesichert werden kann. Gleiches gilt für Lebensmittel, die ihren Geschmack auf andere übertragen können, wie z. B. Kaffee, Käse, … Unverpackte Ware muss vor Staub geschützt werden, z. B. technische Geräte, Kleidung usw. Wichtig ist auch der Schutz vor Schädlingsbefall, wie der Holzwurm bei Möbeln, Schimmel bei Lebensmitteln, dem Mottenbefall von Kleidung, … Bestimmte Produkte wie Kleidung oder technische Geräte müssen auch vor Licht bzw. Hitze bewahrt werden, sodass auf Lichteinfall und Temperatur im Lager zu achten ist.

Wie bereits erwähnt, spielen die Kosten der Lagerhaltung eine große Rolle. Ist ein Lager besonders groß ist es auch teuer. Diese Kosten werden sowohl durch das Grundstück als auch durch das Gebäude, falls ein solches errichtet wird, verursacht. Neben diesen anfänglichen Kosten ist auch die Unterhaltung teuer, z. B. Versicherungskosten oder Kosten für Strom, Heizung, …

In einem Großhandelsunternehmen werden häufig weitere Arbeiten im Lager ausgeführt. Beispielsweise wird die Ware von den gelieferten großen Einheiten, z. B. 100 Stück pro Packung, in kleinere Einheiten umgepackt, die sich leichter an den Einzelhandel weiterverkaufen lassen. Für diese Arbeiten muss im Lager genügend Raum zur Verfügung stehen. Ist ein Lager zu klein können beispielsweise keine Hilfsmittel wie ein Gabelstapler verwendet werden und die Mitarbeiter müssen diese Aufgaben gegebenenfalls selbst erledigen. Zeit ist für ein Unternehmen mit dem Einsatz von Geld gleichzusetzen, da die Mitarbeiter, z. B. vier Stunden nur mit dem Umpacken von Ware beschäftigt sind, nicht mit einer anderen Arbeit beschäftigt werden können. Ein zeitintensiver Einsatz von Mitarbeitern verursacht Kosten und ist deshalb zu vermeiden.

## Lagerstandort

Bei der festen Lagerplatzzuordnung werden für jeden Artikel feste Lagerplätze bereitgestellt, die nur für diese Artikel reserviert sind („Gleiches zu Gleichem“). Der Vorteil liegt in der einfachen Bestimmbarkeit des Lagerortes. Durch die im Zeitablauf schwankenden Lagerstände je Artikel wird ein Teil des fix zugeteilten Lagerplatzes nicht genutzt, wodurch es zu einer schlechten Auslastung der Lagerkapazität kommt.

Bei der dynamischen Lagerplatzzuordnung (Open Warehouse System) werden die Artikel an einem freien Lagerplatz gelagert. Die Einlagerung erfolgt beliebig. Ein Vorteil dieser Methode ist, dass, wenn z. B. Störungen in einer Lagergasse auftreten, dasselbe Material von einer anderen Lagergasse entnommen werden kann. Der größte Vorteil jedoch ist eine sehr hohe Auslastung der Lagerkapazität.

Um den späteren Zugriff auf die Lagerartikel zu gewährleisten, müssen jedoch die Lagerplätze genau dokumentiert werden. Dies kann mit einer Lagerfachkarte erfolgen, welche dann die Daten im EDV-System abspeichert, oder der Lagerplatz wird von einem Lagerverwaltungssystem vorgegeben. Bei der Lagerung von Gefahrstoffen (z. B. bestimmte Klebstoffe, Prozesschemikalien) sind Beschränkungen und Zusammenlagerungsverbote zu berücksichtigen, damit gefährliche Reaktionen bei Störfällen vermieden werden. (vgl. Domschke & Scholl, 2010; Wöhe & Döring, 2010 und vgl. Tietz, 1993)

## Warenpräsentation im Allgemeinen

## Werbewirksame Warenpräsentation

Ausstellungsfläche ist für den Handel ein wichtiges Werbemittel, da sich sowohl in den Geschäfts- bzw. Ausstellungsräumen als auch in einem Schaufenster die Möglichkeit bietet, die Ware repräsentativ und kundenorientiert anzubieten. Durch eine ansprechende und somit werbewirksame Ausstellung werden Kunden einerseits auf die Ware aufmerksam, andererseits ist es möglich, einen unmittelbaren Kaufwunsch zu erzeugen auf den im besten Fall ein konkreter Kauf erfolgt. Erreicht wird dies beispielsweise indem sich Kunden aufgrund einer angenehmen Kaufatmosphäre wohl fühlen. Unterstützt wird dies durch ein ausreichendes Raumangebot zwischen den Regalen bzw. der Ware, aber auch der Warenanordnung in den Regalen selbst und auf den Verkaufstischen. Generell sollte es in den Geschäftsräumen sauber und ordentlich sein, die Umgebung hell und freundlich.

Wie die Ware im Verkaufsraum angeordnet ist, hängt von verschiedenen Faktoren wie der Preislage, der Zielgruppe, ob es sich um einen Aktions- oder Saisonartikel handelt usw. ab. Das wichtigste Präsentationsmerkmal der Ware ist die Anordnung innerhalb der Warenträger, d. h. der Regale, Verkaufsgondeln (Regal mit Rollen) usw., denn je nach Platzierung verändert sich sowohl die Kontaktwahrscheinlichkeit (Wahrscheinlichkeit, mit der ein Kunde im Laden den Warenstandort berührt) als auch das Umsatzpotenzial der Ware. Aufgrund dieser Auswirkungen auf das Kundenverhalten ergeben sich unterschiedliche Wertzonen innerhalb der Regalflächen (Regalwertigkeit):

Die horizontale Regalwertigkeit richtet sich nach der Blick- und Grifforientierung der Kunden. Grundsätzlich orientieren sich die meisten Kunden nach rechts und greifen eher in die Regalmitte als zu den Regalrändern. In der vertikalen Regalwertigkeit ist die Sicht- bzw. Augenzone (160 – 120 cm) am wertvollsten und nimmt nach unten hin mit der Griffzone (120 – 80 cm) und der Bückzone (unter 80 cm) ab. Ebenso ist die Reichzone (über 160 cm) wenig attraktiv.

Entsprechend dieser Wertigkeit erfolgt die Platzierung der Ware: Während verkaufsaktive Artikel mit einer hohen Umschlagshäufigkeit in der Sicht- bzw. Augenzone einsortiert werden, finden in der Bückzone sperrige Produkte bzw. Ware mit einer geringen Gewinnspanne Platz.

In der Reichzone werden relativ teure und umschlagsschwache Produkte einsortiert. Aber Achtung, diese Anordnung kann je nach Ziel- und Warengruppe abweichen. Grundsätzlich kann versucht werden, eine schlechtere vertikale Platzierung auszugleichen, indem eine größere horizontale Regalfläche für das Produkt zur Verfügung gestellt wird. Des Weiteren kann eine Kundenansprache über Mehrfachplatzierungen erfolgen, d. h., die gleiche Ware wird mehrfach platziert. Unterschieden wird dabei nach Preis, Farbe, Größe usw. Beispielsweise werden Textilien im Rahmen der Mehrfachplatzierung einmal hängend und einmal liegend präsentiert. Sonderangebotsartikel sind an ihrem üblichen Standort und zudem als Zweitplatzierung auf einer gesonderten Aktionsfläche erhältlich.

Immer mehr wird versucht, bei der Warenpräsentation das Produkt mit seinen Eigenschaften für sich selbst wirken zu lassen, d. h., das Leistungsversprechen der Ware soll dem Kunden anhand der Warenpräsentation und dem Produkt selbst deutlich werden und nicht mehr nur durch ein direktes Verkaufsgespräch vermittelt werden. Aus diesem Grund sind sogenannte Displays (Aufsteller) wichtige Hilfsmittel bei der Warenpräsentation. Häufig liefert der Hersteller die zu verwendenden Displays mit der Ware. Wichtig ist es dann, diese in das gesamte Erscheinungsbild des Ausstellungs- bzw. Verkaufsraumes zu integrieren. Mithilfe eines Displays wird einerseits das Produkt beworben, andererseits wird versucht, einen Eindruck der Produktqualität, der Verwendungsmöglichkeiten usw. zu vermitteln. Entsprechend können Displays aus Holz, Plastik, Metall, Pappe, … sein. Je nach ihrem Standort sind Boden-Displays, Thekendisplays (stehen auf einer Verkaufstheke) und Regal-Displays zu unterscheiden. Als weiteres Hilfsmittel dienen häufig Vitrinen, z. B. aus Glas. Sie sind nicht an den Standort des Händlers, d. h. die Verkaufsräume gebunden, sondern können z. B. im Eingangsbereich eines großen Einkaufszentrums stehen, da dort der Kundenstrom besonders groß ist.

## Grundsätze der Warenpräsentation

Die soeben allgemein beschriebene Warenanordnung am Point of Sale, also Verkaufsort, animiert nicht jeden Kunden zum Kauf, sodass sich viele Verkäufer zu einer besonderen Warenpräsentation entscheiden. Dabei gelten verschiedene Grundsätze:

Im sogenannten Erlebnishandel wird versucht, einzelne Themenwelten vom übrigen Sortiment abzugrenzen und dadurch in den Vordergrund zu rücken. Dies geschieht durch eine besonders aufwendige Warenpräsentation, die beim Kunden ein Gefühl erzeugen soll. Beispielsweise wird durch eine luxuriöse und aufwände Präsentation versucht, den Kunden in den Mittelpunkt zu stellen und ihm das Empfinden zu geben, dass er etwas Besonderes ist. In einem Sportgeschäft wird eine Kletterwand installiert, an der nicht nur die zu kaufende Ausrüstung getestet, sondern auch gleichzeitig die Sportlichkeit unter Beweis gestellt werden kann. In einem Einrichtungshaus gibt es eine Kinderbetreuung, sodass die Eltern ungestört einkaufen können, während die Kinder unter Aufsicht spielen usw.

Jahreszeitlich, d. h. **saisonbedingt** ergeben sich unterschiedliche Themen, die dabei helfen das identische Sortiment optisch anders zu präsentieren. Dies erfordert themenspezifisches Dekorationsmaterial und gegebenenfalls eine gesonderte Aktionsfläche, fördert aber den Umsatz, da der im Verkaufsraum geschaffene Blickfang die Aufmerksamkeit der Kunden auf sich zieht und zum Kaufen animiert. Bei der Warenzusammenstellung für die Präsentationsfläche ist darauf zu achten, dass der Verwendungszweck, die Preislage und Farben der Artikel zusammenpassen. Alljährlich wiederkehrend ist der Umsatz in der Vorweihnachtszeit am größten, der Winter- bzw. Sommerschlussverkauf signalisiert jeweils das Ende einer Jahreszeit usw.

Von einer bedarfsorientierten Warenpräsentation wird gesprochen, wenn der Händler sein Sortiment nach gewissen Kriterien sortiert und dem Kunden dadurch langes Suchen in den Verkaufsräumen erspart. Unterstützt wird diese Art der Warenpräsentation oftmals durch Wegweiser oder Schilder an den Regalen. Beispielsweise sortiert ein Lebensmittelgeschäft nach Milchprodukten, Tiefkühlkost, Getränken usw. Ein Bekleidungsgeschäft zunächst nach Herren, Damen und Kindern. In der jeweiligen Fachabteilung unterteilt es in Hemden, Hosen, Anzügen, Krawatten, Jacken, ... Dabei ist es sinnvoll die sogenannte Verbundnähe zu nutzen, d. h., der Lebensmittelhändler bietet beispielsweise neben dem Salat eine Salatsoße an. In der Herrenabteilung ist neben den Hemden ein Ständer mit farblich passenden Krawatten aufgebaut.

Für viele Kunden ist der Preis einer Ware wichtig, sodass ein Händler darauf achten muss, die Preise seiner Ware deutlich zu kennzeichnen. Dabei ist die Sortierung nach Preisen besonders schwierig. Verzichtet ein Händler vollständig auf Sonderangebote und Rabattaktionen, gilt er bei den Kunden schnell als exklusiv und teuer. Rückt er lediglich seine Angebotsaktionen in den Vordergrund gehen Kunden leicht davon aus, dass er nur minderwertige Qualität verkauft. Häufig wird deshalb eine Mischform gewählt, indem der Händler günstige Ware mit Signalwörtern wie „Preisknüller", „Stark reduziert" bewirbt. Eine weitere Möglichkeit besteht auch darin, preisreduzierte oder besonders günstige Ware mit einem besonderen Hinweis im Regal neben teurer Ware zu platzieren. Des Weiteren arbeiten Händler oftmals mit Zweitplatzierungen, d. h., preisgünstige Ware wird zusätzlich zu ihrem Standort auf einer gesonderten Fläche angeboten. Besonders Aktionstische in Nähe der Kasse sind hierbei beliebt.

Eine besonders für junge Kunden wichtige Art der Warenpräsentation ist die Convenience, d. h. die Bequemlichkeit. Dazu gehört zum einen, dass sich die Kunden einen schnellen Überblick über das Warenangebot verschaffen können, zum anderen die Möglichkeit, mehrere Dinge in einem Geschäft erledigen zu können. Beispielsweise tanken, das Auto waschen und gleichzeitig Tabak-, Backwaren, Getränke und Tiefkühlprodukte kaufen zu können. (vgl. Berekoven, 1995; Hinkel, 2013 und vgl. Wöltje & Giesecke 2010)

## Marktforschung

Um Marketingmaßnahmen erfolgreich durchzuführen, benötigt der Unternehmer detaillierte Informationen über seine Kunden, seine Konkurrenz usw. Mithilfe der Marktforschung werden diese Informationen systematisch beschafft, aufbereitet und ausgewertet. Generell kann die Marktforschung in die drei Teilbereiche Marktanalyse, Marktbeobachtung und Marktprognose gegliedert werden. Die Marktanalyse liefert einmalig oder in festgelegten Intervallen wiederkehrende Informationen. Dazu gehören Informationen über Kundengruppen (z. B. Anzahl der Kunden und Zusammensetzung der Kundengruppen), den Standort des Unternehmens (z. B. eigener Standort und Einzugsgebiet) sowie die Wettbewerber (z. B. Anzahl der Konkurrenten, deren Sortimentspolitik und Marketingmaßnahmen).

Die Marktbeobachtung ist im Gegensatz zur Marktanalyse nicht zeitpunktbezogen, sondern zeitraumbezogen und die Datenerhebung erfolgt über einen längeren Zeitraum. Sie gibt Auskunft über die langfristige Entwicklung des Marktes. Die Informationen der

Marktbeobachtung unterstützen die Planung und die Kontrolle der Marketingmaßnahmen des Händlers. Die Marktprognose soll auf Grundlage der Marktanalyse und -beobachtung die zukünftige Marktentwicklung ermitteln. Dabei werden künftige Entwicklungen mit einbezogen, wie z. B. Veränderungen der Altersstruktur der Bevölkerung und des Freizeitverhaltens der Konsumenten. Während die Maßnahmen der Marktforschung stets systematisch erfolgen, wird eine Markterkundung, insbesondere aus Kostengründen, unsystematisch durchgeführt.

Die Marktforschung befasst sich nicht nur mit einer Betrachtung des Marktes, sondern versucht auch herauszufinden, welche Gruppe an Kunden (Zielgruppe) sich durch die Produkte des Unternehmens angesprochen fühlt, um die Werbemaßnahmen entsprechend anzupassen. Beispielsweise werden Produkte für junge Menschen eher im Internet beworben. Produkte für Senioren eher in altersgerechten Zeitschriften oder im Fernsehen.

## Werbeziele

Nachdem ein Unternehmen seinen möglichen Absatzmarkt analysiert hat, muss es seine Ziele festlegen. Dabei gibt es drei Arten zu unterscheiden. Zunächst das Sachziel. Es legt fest, welches Produkt überhaupt gefertigt werden soll. Formalziele (ökonomische Ziele) geben an, nach welchen Regeln produziert werden soll, d. h. welche Aspekte im Vordergrund stehen. Geht es z. B. darum, möglichst viel Gewinn zu erzielen oder einen hohen Umsatz zu erreichen, gilt es eine möglichst große Anzahl von Produkten zu verkaufen. Außerökonomische (psychografische) Ziele rücken die Darstellung des Unternehmens in der Öffentlichkeit in den Vordergrund. Haben Kunden eine positive Haltung gegenüber dem Unternehmen, steigt die Wahrscheinlichkeit, dass die Produkte gekauft werden. Zudem findet das Unternehmen leichter qualifizierte Mitarbeiter.

Zwischen den Werbezielen bestehen vielfältige Wechselwirkungen, die im Rahmen der Zielplanung zu berücksichtigen sind. Ziele können sich dabei gegenseitig positiv beeinflussen. Beispielsweise kann die Erhöhung des Bekanntheitsgrades zur Steigerung der Umsätze führen.

## Werbegrundsätze

Für ein Unternehmen ist es wichtig, zum einen Werbung zu betreiben, die wirksam ist zum anderen, darf die Werbung nicht gegen Gesetze verstoßen, sodass es einige zu beachtende Grundregeln gibt:

Werbung soll Käufer sachlich richtig informieren und weder übertreiben noch täuschen, d. h. der Wahrheit über das Produkt entsprechen (Werbewahrheit). Die Werbeaussage soll klar, eindeutig und für jeden Kunden leicht verständlich sein, sodass vom Grundsatz der Werbeklarheit gesprochen wird. Werbung führt nur zum gewünschten Erfolg, wenn das Werbemittel so ausgewählt wurde, dass es zum gewünschten Ziel, z. B. zur Umsatzsteigerung, führt (Werbewirksamkeit). Letztlich muss Werbung noch wirtschaftlich sein, d. h., die für die Werbung anfallenden Kosten müssen in einem vernünftigen Verhältnis zum Erfolg der Werbung stehen, denn es nutzt nichts, wenn trotz einer sehr teuren Werbung niemand die Ware kauft (Werbewirtschaftlichkeit).

## Werbemittel und Werbeträger

Damit ein Unternehmen Absatz erzielen kann, d. h. seine Ware verkauft, muss es dafür sorgen, dass potenzielle Kunden einerseits auf das Unternehmen selbst, andererseits auf seine Produkte aufmerksam werden. Dies erreicht ein Unternehmen wie die Hauser & Schulte GmbH mithilfe der Kommunikationspolitik. Die Kommunikationspolitik setzt sich aus unterschiedlichen Maßnahmen wie Werbung, persönlichem Verkauf, Messen, Öffentlichkeitsarbeit usw. zusammen.

Wie die Kommunikation zwischen Unternehmen, z. B. der Hauser & Schulte GmbH, und einem möglichen Kunden funktioniert, lässt sich mit der nachstehenden Frage einfach zusammenfassen:

- Wer (Unternehmen)
- Sagt was (Botschaft)
- Wie (Werbeträger, Verkäufer, ...) zu wem (Zielgruppe, Käufer)
- Mit welcher Wirkung? (Kommunikationserfolg, wie z. B. der Kauf)

Wichtig ist aber herauszufinden, wie ein Unternehmen es tatsächlich erreicht, dass Kunden auf ein beworbenes Produkt, wie beispielsweise WLAN-Headsets aufmerksam werden und es letztlich kaufen. Um dies in Erfahrung zu bringen, wird oftmals ein Modell, das sogenannte AIDA-Modell, verwendet.

Es geht davon aus, dass ein Unternehmen zunächst die Aufmerksamkeit (Attention) der Käufer auf sich ziehen muss. Diese bringen das Produkt ab dann in Verbindung mit Ihren Bedürfnissen, d. h., sie zeigen Interesse (Interest) am Produkt. Nachdem potentielle Kunden diese Verknüpfung hergestellt haben, spüren Sie das Verlangen bzw. den Wunsch (Desire), dieses Produkt zu haben. Dabei muss der erzeugte Wunsch so groß sein, dass eine tatsächliche Aktion, nämlich der Produktkauf (Action), erfolgt.

Um diese Entscheidung für ein Produkt zu erzielen, nutzen Unternehmen am häufigsten die Werbung. Dabei ist Werbung ein einseitiges Kommunikationsmittel, da es dem Empfänger, d. h. dem denkbaren Käufer keine Möglichkeit gibt, direkt zu reagieren, also beispielsweise eine Frage zum Produkt zu stellen. Damit Werbung bei der Zielgruppe ankommt, nutzt ein Unternehmen Werbemittel, d. h. eine geeignete Formulierung der Werbebotschaft, z. B. durch einen Slogan, d. h. einen Werbespruch, der leicht zu merken ist. Dieser Spruch muss zu den Umworbenen transportiert werden, dazu dient ein Werbeträger wie beispielsweise ein Plakat, eine Zeitung, ein Fernsehspot, das Internet, aber auch ein Schaufenster, die Gestaltung des Verkaufsraumes usw. (vgl. Berekoven, 1995 und vgl. Wöltje & Giesecke, 2010)

## Erwartungen und Wünsche der Kunden

Bei der Beratung eines Kunden stehen sowohl seine Erwartungen an das Produkt und das Unternehmen als auch seine Wünsche im Vordergrund. Ein Verkäufer handelt kundenorientiert, indem er zunächst versucht, die individuellen Bedürfnisse eines Kunden in Erfahrung zu bringen, um sie dann möglichst zu erfüllen. Wichtig ist dies, da ein Händler lediglich dann weiter besteht, wenn er seine Ware verkauft. Sein Ziel ist es also, die Wünsche und Erwartungen der Kunden mithilfe seiner Ware und Beratung zu erfüllen.

Die Erwartungen an ein Produkt sind so unterschiedlich wie die Kunden selbst. Einer legt großen Wert auf die nützlichen Eigenschaften (Gebrauchswert eines Produktes), einem anderen sind Preis oder Aussehen viel wichtiger. Für viele steht die Qualität im Vordergrund, d. h., welche Eigenschaften erwartet der Kunde, wenn er die Ware nutzt. Beispielsweise beim Kauf eines Handys kann ein Kunde auf die Gebrauchseigenschaften wie sms-, telefonier-, bluetooth- und internetfähig, wasserfest und stoßbeständig, Akkulaufzeit, Bildschirmgröße, Kameraqualität usw. achten. Es ist aber auch möglich, dass für ihn ein möglichst günstiger Preis wichtig ist, während der nächste Kunde lediglich am Aussehen interessiert ist, d. h., für ihn ist wichtig, ob das Handy schick ist, ob verschiedene Schutzhüllen und möglichst viel Zubehör erhältlich ist. Nicht zu vergessen sind die Kunden, die auf eine nachhaltige Produktion achten, d. h., sie achten darauf wie viel Müll oder Schadstoffe bei der Produktion entstanden sind, ob die Mitarbeiter in der Produktion faire Löhne erhalten oder wo das Produkt gefertigt wurde, z. B., ob die deutsche Wirtschaft unterstützt wird oder lange Transportwege zwischen der Produktion und dem Verkaufsort liegen und die Umwelt so belastet wird.

Auch die Erwartungen an das verkaufende Unternehmen weichen voneinander ab. Grundsätzlich erwarten Kunden eine gewisse Produktauswahl, wenn sie ein Geschäft betreten. Dabei ist es wichtig, weder zu wenig noch zu viele Produkte auszustellen. Zu wenig Auswahl könnte bedeuten, dass sie kein Interesse am Verkauf haben. Bei einer zu großen Auswahl verlieren Kunden leicht die Übersicht und sind überfordert. Zudem sollten Produkte aller Preisklassen (hoch, mittel, niedrig), verschiedener Farben und Funktionsweisen sowie von unterschiedlichen Herstellern angeboten werden. Kundenrelevant ist eine saubere, ordentliche Einkaufsatmosphäre, die positive Empfindungen hervorruft und das Einkaufen zu einem Erlebnis macht.

Darüber hinaus ist eine kundenindividuelle und fachlich korrekte (qualifizierte) Beratung notwendig, denn meist sind die Kunden durch Zeitschriften, Fernsehen, Internet usw. gut über Preise, Funktionsweise und Konkurrenzangebote informiert.

Nicht zu vergessen sind die Erwartungen an den Verkäufer. Sein äußeres Erscheinungsbild, d. h. sowohl Kleidung als auch Frisur, Nägel, Geruch sollten angenehm und gepflegt sein, ähnlich wie bei einem Bewerbungsgespräch. Ein Verkäufer sollte höflich mit Kunden und Kollegen umgehen, Blickkontakt suchen, aufgeschlossen und freundlich sein, denn durch gute Umgangsformen trägt er wesentlich zu einer positiven Verkaufsatmosphäre bei. Zudem sind eine angemessene Ausdruckweise wichtig, d. h. weder im Dialekt zu sprechen, noch den Kunden mit Fachbegriffen zu überfordern.

Des Weiteren legt ein Kunde großen Wert darauf, wie gut ein Verkäufer die Ware und das Sortiment (gesamtes Warenangebot) kennt, d. h., ist er informiert über die Eigenschaften des Produktes, kann er Vergleiche zu anderen Produkten ziehen, kennt er Vor- und Nachteile. Darüber hinaus muss er wissen, wo die Ware im Unternehmen zu finden ist, welche Produkte kombiniert werden können, welche Werbeaktionen aktuell sind usw. Letztlich kann das Verhalten des Verkäufers ausschlaggebend für die Kaufentscheidung sein. Bieten zwei Unternehmen identische Produkte an, kauft der Kunde dort, wo er positive Erfahrungen mit dem Verkäufer und seiner Beratung gemacht hat.

## Grundsätze der Warenvorlage

Die Aufgabe des Verkäufers besteht darin, die Ware zu finden, die den Erwartungen und Wünschen des Kunden entspricht. Dazu ist es notwendig, die Erwartungen mit den Produkteigenschaften zu vergleichen. Dies gelingt nur, wenn der Verkäufer einerseits die Kundenerwartungen kennt, andererseits seine Ware und ihre Eigenschaften. Beides zu wissen ist somit Voraussetzung für eine gelungene Warenvorlage. Dabei umfasst die Warenvorlage das Zeigen, Vorlegen und Vorführen der Ware. Besonders vorteilhaft ist es, die Ware dort vorzuführen, wo sie aufgebaut ist. So behält der Kunde einen guten Überblick über das Sortiment. Außerdem muss der Verkäufer nicht ständig hin- und herlaufen, um neue Waren zu holen oder andere zurückzulegen.

Des Weiteren sollte der Verkäufer sorgfältig mit der Ware umgehen, denn ein schonender Umgang mit der Ware lässt sie vor den Augen des Kunden wertvoller erscheinen. Zudem entsteht beim Kunden der Eindruck, dass er von einem kompetenten Verkäufer bedient wird, der daran interessiert ist, dass er eine unbeschadete Ware verkauft. Ware, die der Kunde im Gesprächsverlauf als ungeeignet empfindet, räumt der Verkäufer aus dem Blickfeld des Kunden, um zu verhindern, dass es zu erneuten Rückfragen kommt oder eine zu große, eventuell unübersichtliche Auswahl vor dem Kunden ausgebreitet ist.

Grundsätzlich sollten dem Käufer drei bis fünf Artikel, zunächst in der mittleren Preisklasse vorgelegt werden. Werden dem Kunden weniger Artikel gezeigt, vermisst er Vergleichsmöglichkeiten und fühlt sich eventuell nicht kompetent beraten. Bei einer zu großen Auswahl ist der Kunde schnell überfordert, da er den Überblick verliert und nicht mehr vergleichen kann. Die mittlere Preisklasse dient als Ausgangsbasis, da es dem Verkäufer dadurch leichter fällt, eine niedrigere oder höhere Preisklasse anzusprechen, ohne dass der Kunde das Empfinden hat, dass er sich dieses Produkt nicht leisten kann (hohe Preisklasse) oder er sich schlecht beraten fühlt (niedrige Preisklasse).

Unterschiedliche Sinne, wie Sehen, Hören, Riechen, Schmecken und Fühlen bei der Warenvorlage anzusprechen, vermittelt dem Kunden ein positives Gefühl, da er sich vom Verkäufer ernst genommen und kompetent beraten fühlt. Im Rahmen eines Verkaufsgespräches ist es schwierig herauszufinden, welcher Sinn beim Kunden besonders ausgeprägt ist, sodass versucht werden sollte möglichst viele Sinne anzusprechen. Beim Beratungsgespräch für den Kauf eines Handys wird es dem Kunden gezeigt (sehen), er nimmt es in die Hand (fühlen), verschiedene Klingeltöne oder Videos werden abgespielt (hören).

Eine fachgerechte Warenvorlage ermöglicht es dem Verkäufer herauszufinden, welche weiteren Produkte ergänzend zum gewünschten Artikel verkauft werden könnten. Diese Produkte sollten möglichst einen unmittelbaren Nutzen für den Kunden haben. Beispielsweise der Verkauf von Batterien zu einem tragbaren Radio oder die Schutzhülle und der Kopfhörer für das neue Handy. Eine Beratung hilft einem Verkäufer somit dabei, weitere Produkte zu verkaufen. Dies führt für ihn zu hohen Verkaufszahlen und damit zu einer eventuellen Bonuszahlung (Einmalzahlung, zusätzlich zum Gehalt) sowie gestiegenen Umsatzzahlen für seinen Arbeitgeber. (vgl. Berekoven, 1995; und vgl. Hinkel, 2013)

## Arten von Kundeneinwänden

Kunden, die ein Geschäft betreten, haben meist konkrete Vorstellungen an das gewünschte Produkt und die Beratung. Ihre Aufgabe ist es nun herauszufinden, welches Produkt aus Ihrem Sortiment dazu führt, dass sich die Kundenwünsche durch den Produktkauf erfüllen, der Kunde kauft, zufrieden das Geschäft verlässt und nach Möglichkeit beim nächsten Wunsch wieder bei Ihnen einkauft. Die konkreten Vorstellungen der Kunden führen häufig dazu, dass sie im Verlauf des Beratungsgespräches verschiedene Einwände vorbringen. Auch sind die meisten Kunden durch Fernsehen, Zeitschriften, das Internet usw. gut über Produkteigenschaften, Preise und vieles mehr informiert, sodass sie Verkaufsargumente stets kritisch hinterfragen.

Die Einwände sollten vom Verkäufer nicht als Kritik aufgefasst werden, sondern als Ausgangsbasis für den weiteren Gesprächsverlauf. Ein Kunde, der seine Bedenken äußert und Fragen stellt, bietet dem Verkäufer die Gelegenheit zu reagieren und ihn doch noch zu überzeugen. Wohingegen ein Kunde, der unzufrieden, aber wortlos das Geschäft verlässt, dem Verkäufer keine Chance einräumt, seine Wünsche zufriedenzustellen.

Einwände können vielfältig sein und sowohl verbal, d. h. mit Worten, als auch nonverbal, d. h. mit Hilfe der Körpersprache, zum Ausdruck gebracht werden. Um möglichst optimal auf die Bedenken der Kunden vorbereitet zu sein, ist es hilfreich sich im Voraus einige Beispiele klarzumachen:

Vorstellbar ist, dass der Kunde allgemeine Bedenken zur Ware hat. Dies äußert er beispielsweise mit Anmerkungen wie: „Ich bin nicht so sicher, ob dies das Richtige für mich ist", „Ob ich bereit bin, so viel Geld auszugeben, muss ich noch einmal überdenken, usw. Dagegen sind spezielle Einwände konkreter auf das Produkt ausgerichtet, sodass Aussagen formuliert werden wie: „Die Auflösung der Kamera reicht mir nicht", „Der Bildschirm ist mir zu klein", „Die Akkulaufzeit reicht mir nicht aus" usw.

Kundenanmerkungen können auch allgemein gegen das Unternehmen, also den Arbeitgeber des Verkäufers gerichtet sein, indem ein Kunde z. B. sagt: „Gut, dass mich hier niemand bedienen will, war mir nicht klar", „Die Beleuchtung hier ist so schlecht, da kann ich das Produkt nicht sehen, das ich kaufen möchte", „Bei so lauter Musik kann ich unmöglich eine Kaufentscheidung treffen."

Konkrete Einwände gegen den Verkäufer oder die Beratung sind persönlicher formuliert und insofern fällt es in der Regel schwerer, diesen Kunden weiterhin ruhig und kompetent zu bedienen. Das gesamte Gespräch letztlich ins Positive zu wenden und eventuell sogar einen Kaufvertrag zu schließen zeugt von großer Professionalität, insbesondere wenn Äußerungen ausgesprochen werden wie: „Mir ist es lieber, wenn mich Herr X bedient, dafür warte ich gerne", „Ihre Erklärungen verstehe ich nicht, können Sie das nicht besser?", „Sind Sie sich sicher, dass Sie sich mit diesem Produkt auskennen?", usw.

Begleitet werden diese verbalen Äußerungen oft von nonverbalen Reaktionen wie Stirnrunzeln, Kopfschütteln, dem Hochziehen der Augenbrauen, einer abwehrenden Handhaltung, ungläubigem Räuspern, Naserümpfen usw. Eventuell verändert sich auch der Tonfall des Kunden oder er spricht lauter als üblich.

## Reaktionsmöglichkeiten hinsichtlich Kundeneinwänden

Ausgangsbasis, um das Gespräch eventuell noch ins Positive zu wenden, ist, dass der Verkäufer die Einwände des Kunden ernst nimmt und ihm Verständnis entgegenbringt. Dem Kunden diese Reaktion zu vermitteln, zeichnet einen souveränen Verkäufer aus. Dabei sollte dieses Verhalten nicht gespielt wirken, sondern ernst gemeint sein. Um dies zu erreichen hat ein Verkäufer verschiedene Möglichkeiten:

Neben dem geäußerten Verständnis für den Kunden, z. B. mit einer Aussage wie: „Ihre Bedenken kann ich nachvollziehen", ist es wichtig dies ruhig, mit einem freundlichen Gesichtsausdruck und einer offenen Körperhaltung vorzubringen. Ideal ist es, wenn sich der Verkäufer in die Lage des Kunden versetzt und sich z. B. fragt: „Warum hat der Käufer diesen Einwand und wie kann ich ihn entkräften?" oder „Habe ich wesentliche Informationen vergessen, die ich dringend sagen müsste?" usw.

Einen kompetenten Eindruck auf den Kunden zu machen ist auch in einer solchen Situation wichtig, sodass es nicht sinnvoll ist, sich mit Behauptungen wie: „Das stimmt doch überhaupt nicht. oder „Das sehen Sie vollkommen falsch" usw. zu rechtfertigen. Vielmehr ist es sinnvoll auf den Kunden einzugehen und seinen Einwand durch weitergehende Informationen über das Produkt oder das Geschäft abzuschwächen. Möglich ist dies beispielsweise mit Entgegnungen wie: „Ich habe mich sicherlich missverständlich ausgedrückt", „Darf ich nochmal versuchen zu erklären, dass …".

Der Verkäufer sollte insbesondere die Körpersprache des Kunden als Reaktion auf seine Entgegnung beobachten und dadurch prüfen, ob seine Erklärungsversuche erfolgreich waren oder noch Erklärungs- bzw. Handlungsbedarf besteht. Zusätzlich können Sie dem Kunden offene Fragen stellen, um weiteren Einwänden entgegenzuwirken und seine Wünsche noch konkreter zu erfahren. Offene Fragen zeichnen sich dadurch aus, dass sie mit einem W-Fragewort, Weshalb, Warum, Wozu, Wie, … , beginnen. Auf eine solche Frage muss der Kunde mit einem ganzen Satz antworten, wohingegen die Antwort auf eine geschlossene Frage „ja" bzw. „nein" lautet. Eine geschlossene Frage lautet z. B.: „Haben Sie noch Interesse an weiteren Erklärungen?"

Eine weitere Möglichkeit auf Kundeneinwände zu reagieren besteht darin, dass der Verkäufer zusätzliche Artikel in das Verkaufsgespräch einbezieht und so dem Kunden die Möglichkeit gibt, die Ware miteinander zu vergleichen. Auf diese Art und Weise kann der Kunde entscheiden, ob es ein Alternativprodukt gibt, welches eher seinen Wünschen entspricht, oder erkennbar wird, dass kein Produkt alle seine Erwartungen erfüllt, wie z. B. eine hochauflösende Kamera, eine sehr lange Akkulaufzeit, bei einem Preis von unter 100 Euro. Dabei ist darauf zu achten, dass nicht das gesamte Sortiment vor dem Kunden ausgebreitet wird, d. h. die Auswahl nicht zu groß ist.

Ein vorausschauendes Verhalten zeichnet sich dadurch aus, dass der Verkäufer denkbaren Einwänden zuvorkommt. Möglich ist dies, indem sich der Verkäufer einen Gesprächsverlauf einschließlich möglicher Kundeneinwände vorstellt und sich im Voraus einige Reaktionsmöglichkeiten überlegt. (vgl. Hinkel, 2013)

## Kommunikation – erfolgreich/nicht erfolgreich

Wenn Menschen miteinander in Verbindung treten, findet Kommunikation (lat. communicare) statt. Kommunikation ist nichts anderes als ein reiner Austausch von Informationen zwischen einer oder mehreren Personen. Dieser Austausch kann sprachlich (verbal) oder nicht-sprachlich (nonverbal) erfolgen.

Ein Sender sendet eine Botschaft an einen Empfänger. Wenn der Empfänger so reagiert, wie der Sender es erwartet, dann hat er die Botschaft verstanden und die Kommunikation war erfolgreich.

Beispiel: Sie treffen sich mit Freunden und fragen: „Wollen wir zusammen ins Kino gehen?" Damit haben Sie eine Botschaft gesendet. Wenn Ihre Freunde diese Fragen mit „Ja, gerne" oder mit „Nein, keine Lust" beantworten, dann wissen Sie, dass Ihre Botschaft verstanden wurde. Der Empfänger hat also so reagiert, wie Sie als Sender es erwartet haben. Ihre Kommunikation war somit erfolgreich.

Häufig kommt es allerdings zu Missverständnissen in der Kommunikation. Sie stellen eine gut gemeinte Frage und der Empfänger reagiert ganz anders als Sie es erwarten.

Beispiel: Sie fragen: „Hast du die Hausaufgaben schon gemacht?" und erwarten ein einfaches „Ja" oder „Nein". Ihr Freund oder Ihre Freundin antwortet aber: „Abschreiben kannst du von mir nicht!" In diesem Fall war die Kommunikation nicht erfolgreich. Aus Ihnen unbekannten Gründen hat der Empfänger ganz anders reagiert als Sie es erwarteten. Sie haben also ganz offenbar nicht „den richtigen Ton" getroffen, sodass Ihr Gegenüber Ihre gut gemeinte Frage vollkommen falsch verstanden hat. Je nachdem wie Sie etwas sagen, kommt es beim Empfänger richtig oder falsch an.

**Wege.** Es gibt zahlreiche Gelegenheiten, in denen Kommunikation stattfindet. Sie kann auf direktem Wege stattfinden, zwischen zwei oder mehreren Personen, die ein Gespräch führen (verbale Kommunikation). Sie kann aber auch durch optische Zeichen mithilfe des eigenen Körpers erfolgen.

**Mittel.** Wenn Sie morgens einer Radiosendung lauschen, hören Sie den Sprecher oder die Musik über riesige Entfernungen hinweg. Die Worte werden technisch übertragen (technische Kommunikation). Dies ist auch beim Telefonieren der Fall. Das Telefon oder das Smartphone sind technische Kommunikationsmittel.

**Ebene.** Kommunikation kann also in unterschiedlichen Zusammenhängen ablaufen. Sie kann auf privater Ebene stattfinden oder auch auf betrieblicher Ebene. In diesen Fällen wird sich die Wahl der Worte oder der Ausdruck deutlich unterscheiden.

## Verbale Kommunikation

Die einfachste Art miteinander zu kommunizieren, also mit anderen Menschen in Kontakt zu treten, ist die Sprache. Diese Art der Kommunikation wird „verbale Kommunikation" genannt. Der Begriff „verbal" kommt aus dem Lateinischen und bedeutet „wörtlich" oder „mündlich". Informationen werden mithilfe von Worten ausgetauscht, indem wir mit anderen Personen ein Gespräch führen. Durch die Worte, die wir für das Gespräch wählen, erzeugen wir „Bilder im Kopf" (vgl. Braun, 2008, S. 20). Diese Bilder führen dazu, dass wir die Worte, die unser Gesprächspartner sendet, verstehen.

## Schriftliche Kommunikation

Wenn wir die Worte niederschreiben und an einen Empfänger (z. B. per Post oder E-Mail) senden, dann spricht man von schriftlicher Kommunikation. Schriftliche Kommunikation kann sowohl auf privater als auch auf betrieblicher Ebene stattfinden. Als Mitarbeiter eines Betriebes werden Sie irgendwann zahlreiche Briefe, Mitteilungen verfassen und damit zur betrieblichen Kommunikation beitragen. Diese betriebliche Kommunikation findet innerhalb eines Betriebes statt (z. B. das Rundschreiben der Personalabteilung über die allgemeine Tariferhöhung an alle Mitarbeiter). Sie kann aber auch zwischen zwei oder mehreren Betrieben stattfinden (z. B. ein Geschäftsbrief mit einer Anfrage über Büromöbel an ein Bürobedarfs-Unternehmen). So ist auch der Geschäftsbrief Mittel der schriftlichen Kommunikation. Auch eine Bewerbung um eine Ausbildungsstelle kann der schriftlichen Kommunikation zugeordnet werden.

## Nonverbale Kommunikation

Der Kommunikationsforscher Paul Watzlawick prägte die These „Man kann nicht nicht kommunizieren!" Er meinte damit, dass wir – auch wenn wir nicht sprechen – kommunizieren; also mit anderen Menschen in Kontakt treten. Wenn Sie sich vollkommen ruhig in einen Klassenraum stellen, werden Ihre Klassenkameraden binnen kürzester Zeit still sein und nicht mehr sprechen. Ohne etwas zu sagen haben Sie es dann geschafft, dass alle still sind. Sie haben also „nonverbal" zum Ausdruck gebracht: „Ich möchte, dass Ihr alle still seid." Nonverbale Kommunikation ist zwischenmenschliche Verbindung oder Verständigung durch Gestik, Mimik oder andere optische Zeichen (vgl. Duden).

## Mimik

Unser Gesicht besteht aus ca. 54 Muskeln, mit deren Hilfe der Mensch in der Lage ist, zahlreiche Gesichtsausdrücke zu produzieren. Im Zuge der Kommunikation mit anderen Menschen setzen wir mehr oder weniger bewusst unterschiedliche Gesichtsausdrücke ein. Je nachdem, was wir sagen wollen, benutzen wir eine bestimmte Mimik.

Man legt die Stirn in Falten, wenn man nachdenklich ist oder das Hochziehen der Augenbrauen, wenn man überrascht oder erstaunt ist. Andere reißen die Augen weit auf, wenn sie etwas Wichtiges sagen wollen. Wohlbefinden signalisieren wir durch verzückt zusammengezogene Augenbrauen, halb geschlossene Augenlider und genüsslich aufeinandergelegte Lippen. Ein direkter Blickkontakt zeigt dem Gesprächspartner Offenheit: „Ich bin bei dir. Ich höre dir zu." Der nach oben gerichtete Blick zeigt, „Achtung: ich denke nach, bin gerade nicht bei dir". Der zur Seite geneigte Kopf offenbart, dass Ihr Gesprächspartner sehr konzentriert ist und genau zuhört. Mit einem Lächeln können Sie Freundlichkeit zeigen, Überheblichkeit demonstrieren oder Mitleid zeigen.

Um Ihren Gesprächspartner nicht zu verletzen oder das Gespräch ins Lächerliche zu ziehen, sollten Sie auf Faxen unbedingt verzichten.

## Gestik

Ähnlich wie bei der Mimik unterstützen wir unsere Kommunikation mit Gestik. Wir machen bestimmte – wiederum mehr oder weniger bewusste - Bewegungen mit den Händen. Damit verdeutlichen wir, was wir sagen wollen. Wir sprechen mit den Händen, machen die „Worte mit den Händen begreifbar" (vgl. Bischoff, 2006, S. 21). Ein Redner setzt ganz bewusst seine Hände ein, damit das gesprochene Wort besser verstanden wird.

Darüber hinaus wird der Vortrag viel interessanter. Stellen Sie sich einmal vor, ein Redner würde einen Vortrag halten und dabei die ganze Zeit vollkommen bewegungslos an seinem Platz verharren; diese Haltung hätte nicht nur einen sehr langweiligen Vortrag zur Folge, sondern auch, dass der Zuhörer keine Chance hätte, das Gesagte zu verstehen oder zu behalten.

Auch Politiker setzen ganz bewusst Gestik ein, wenn sie eine Rede vor dem Parlament halten. Dies können Sie häufig in den Nachrichten oder anhand von Bildern in der Zeitung verfolgen. Die Hände sollten sich beim Sprechen, egal ob Sie stehen oder sitzen, oberhalb der Taille befinden. Um die Gestik zur besseren Verständigung einzusetzen, sollte sie zum gesprochenen Wort passen und nicht übertrieben sein. Das wilde Herumzappeln mit den Händen erzeugt Unruhe und Nervosität. Setzen Sie Ihre Hände beim Sprechen ganz bewusst ein, verzichten Sie auf nichtssagende und vorhersehbare Gesten. Wenn Sie z. B. von einem Ball sprechen, müssen Sie nicht extra zeigen, dass dieser rund ist.

Wenn jemand eine Bitte ausspricht, streckt er dem Empfänger meist beide Hände entgegen. Wenn man erzürnt ist, formt man die Hände unwillkürlich zur Faust. Beobachten Sie mal Ihre Lehrer. Sie setzen ganz häufig auf unterschiedlichste Art und Weise ihre Hände ein: Sie zeigen auf Sie, um Sie zum Sprechen aufzufordern, oder sie breiten Arme und Hände aus, wenn Sie Ihnen etwas erzählen. Mithilfe der Hände werden Worte regelrecht „transportiert" – nämlich vom Sender (Lehrer) zum Empfänger (Schüler).

Am Ende lassen Sie die Hände nicht einfach herunterfallen, verharren Sie einige Sekunden in dieser Position, um Ihre Gestik wirken zu lassen und lassen Sie anschließend die Hände langsam sinken. (vgl. Bischoff, 2007)

## Stimme

Auch unsere Stimme hat ganz enormen Anteil an der Kommunikation. Ist Ihnen schon mal aufgefallen, wie sich die Stimme verändert, je nachdem wie wir uns fühlen. Wenn wir aufgeregt sind, dann zittert sie. Wenn wir traurig sind, dann bringt man fast keinen Ton zustande. Wenn wir froh sind, dann überschlägt sie sich manchmal. Für unsere Stimme sind ebenfalls fast 50 Muskeln verantwortlich. So benutzten wir 43 Muskeln, um zu lächeln. Das gesprochene Wort gewinnt erst an Bedeutung durch den Ausdruck unserer Stimme. Man kann mit den gleichen Worten unzählig verschiedene Dinge ausdrücken. Zum Beispiel die Aussage: „Heute siehst du aber gut aus!" Wenn Sie dies freundlich formulieren und mit einem Lächeln sagen, bedeutet dies etwas ganz anderes, als wenn Sie einen abwertenden Tonfall anschlagen. Wenn Sie erschrecken und in Panik geraten, klingt Ihre Stimme automatisch höher. Sprechen Sie aus einer entspannten Position heraus, wird sie tiefer klingen.

## Körperhaltung

Haben Sie schon mal Ihre Stars beim Konzert oder in einer Talkshow erlebt? Dann werden Sie schnell zahlreiche Bilder vor Augen haben. Diese Bilder bzw. Bewegungen kann man auch bei Menschen beobachten. Je nachdem wie Sie körperlich in Erscheinung treten, erzeugen Sie eine Wirkung auf Ihre Umgebung und diese muss Ihr Erscheinen interpretieren. Wenn Sie aufrecht und stolz mit geradem Rücken einen Raum betreten, wird man vermuten, dass es Ihnen gut geht und Sie selbstbewusst sind. Betreten Sie hingegen den Raum mit hängenden Schultern und gekrümmtem Rücken, so erzeugen Sie die Vermutung, dass Sie traurig sind. Eine aufrechte und straffe Körperhaltung macht frei von Blockaden, ermöglicht eine optimale Konzentration. Sie zeigen sich entgegenkommend, wach und interessiert, was Sie darüber hinaus durch einen offenen Blick nach außen transportieren.

Das schlaffe, in sich zusammengesunkene Sitzen auf einem Stuhl signalisiert Müdigkeit oder Desinteresse. Man könnte auch interpretieren, dass Sie nicht belastbar sind. Nehmen Sie hingegen eine straffe Körperhaltung ein, so setzen Sie Energie frei, sie können sich besser konzentrieren und erzeugen Selbstbewusstsein. Eine überstraffe Körperhaltung signalisiert wiederum Verteidigungsposition. Sie zeigen, dass Sie sich ärgern und signalisieren Ihrem Gegenüber: Vorsicht! Bis hierher und nicht weiter.

Stehen Sie mit beiden Füßen locker auf dem Boden, signalisieren Sie Bodenständigkeit und Selbstbewusstsein. Sobald Sie die Füße nach innen verdrehen oder eng zusammenstellen, verlassen Sie Ihre sichere Position und drücken aus: Ich stehe nicht fest im Leben. Sie machen sich klein und man könnte glauben, Sie seien nicht belastbar. Die Art und Weise, wie Sie gehen, stehen, sitzen, gibt Auskunft darüber, wie Ihre momentane Gefühlslage ist. Dies können Sie nicht verhindern, aber beeinflussen.

Die verschiedenen Facetten der Körpersprache können nie isoliert voneinander eingesetzt werden. Mimik ist immer verbunden mit Gestik und anderen optischen Zeichen. Auch der Ausdruck unserer Stimme variiert in zahlreichen Facetten und kann nie losgelöst von den anderen Anteilen betrachtet werden. (vgl. Molcho, 2006)

**Merke: Die Körpersprache behält immer recht!**

## Telefonanlage

Um die Kommunikation mittels Telefon zu erleichtern, bieten moderne Telefonanlagen zahlreiche Leistungsmerkmale; dazu gehören: Anklopfen, Halten, Makeln, Anrufweiterschaltung, Konferenzschaltung, Rückruf bei Besetztzeichen, Rufnummernübermittlung, Anrufbeantworter, Wahlwiederholung, SMS usw.

Telefonieren zwei Teilnehmer miteinander, so signalisiert die Funktion „Anklopfen", dass ein weiterer Teilnehmer diesen Anschluss erreichen möchte. Dabei macht ein akustisches Signal (häufig zwei kurze, direkt aufeinanderfolgende Klopftöne) darauf aufmerksam, dass ein weiterer Teilnehmer anzurufen versucht, ohne dass das bestehende Gespräch unterbrochen wird.

Ist während eines Telefonates eine Frage zu klären, so bietet die Funktion „Halten" die Möglichkeit, die bestehende Verbindung in eine Warteschleife zu versetzen und eine neue Verbindung aufzubauen. Anschließend kann die ursprüngliche Verbindung wieder aktiviert werden. Das Leistungsmerkmal „Halten" ermöglicht ebenso das „Makeln" zwischen zwei Telefongesprächen. Dazu schaltet ein Teilnehmer immer wieder wie beim Rückfragen einen Teilnehmer kurz weg, um mit einem weiteren Teilnehmer zu sprechen. Der dritte Teilnehmer bleibt aber ebenfalls in der Leitung und kann seinerseits in die Warteschleife versetzt werden. Dieses Hin- und Herschalten zwischen zwei Telefonaten wird „Makeln" genannt.

Die Konferenzschaltung (auch Dreierkonferenz) ermöglicht das Telefonieren mit zwei oder mehr Teilnehmern, ohne dass einer der anderen Teilnehmer, wie beim Makeln, in eine Warteschleife versetzt wird. Jeder Teilnehmer kann die anderen hören und auch selbst aktiv in das Gespräch eingreifen.

Darüber hinaus ist es möglich, einen Teilnehmer an einen weiteren Anschluss weiterzuverbinden, etwa wenn dieses Telefonat in einen anderen Zuständigkeitsbereich fällt.

Verlässt ein Mitarbeiter vorübergehend seinen Arbeitsplatz, so kann er weiterhin telefonisch erreichbar sein, indem er die „Anrufweiterschaltung" aktiviert. Diese ermöglicht, dass Telefonate z. B. auf ein Mobilteil oder einen anderen Anschluss weitergeleitet werden. Diese Funktion verhindert, dass Anrufe unbeantwortet bleiben oder auf dem Anrufbeantworter landen.

Dennoch ist es für die arbeitsfreie Zeit oder für Zeiten mit sehr hohem Arbeitsaufkommen von großem Vorteil, einen Anrufbeantworter zu installieren, um erreichbar zu sein. Dieser zeichnet Gespräche auf, die aus vorerwähnten Gründen nicht persönlich entgegengenommen werden können. Im Falle eines Anrufes ertönt die Aufnahme des Anrufbeantworters und fordert den Anrufer auf, seinen Namen, seine Anschrift und Telefonnummer sowie seine Nachricht zu hinterlassen. Diese wird dann aufgezeichnet. So kann der Mitarbeiter zu einem späteren Zeitpunkt den Anrufbeantworter abhören und die aufgelaufenen Nachrichten bearbeiten. Eine zweite Option ist der Anrufbeantworter ohne Aufnahme einer Nachricht, der dann nur über die Abwesenheit informiert und darum bittet, zu einem späteren Zeitpunkt wieder anzurufen.

Das Leistungsmerkmal „Rückruf bei Besetztzeichen" ermöglicht, dass eine Verbindung automatisch aufgebaut wird, sobald der besetzte Apparat wieder frei ist. Dies hat den Vorteil, nicht selbst wieder aktiv werden zu müssen, sondern abzuwarten, bis die Verbindung automatisch wiederhergestellt wird.

Die Rufnummernübermittlung ermöglicht, dass Rufnummern vorübergehend in einer Anrufliste im Telefon gespeichert werden, was evtl. Rückrufe erleichtert. So kann man bei Bedarf die Telefonnummer in der Liste aktivieren und muss nicht wieder neu wählen. Gleiches gilt bei Wahlwiederholung. Diese Funktion ermöglicht auf Tastendruck, dass das zuletzt geführte Gespräch wieder aufgebaut wird. Auch hier wird das erneute Heraussuchen der Telefonnummer oder die Neuwahl überflüssig.

Moderne Leistungsmerkmale beim Telefonieren ermöglichen somit den zeitsparenden Informationsaustausch bei minimalem Organisationsaufwand.

## Verhalten am Telefon

Um ein Telefonat erfolgreich zum Abschluss zu bringen, sind gewisse Verhaltensregeln erforderlich, die trainiert werden müssen.

So bereiten Sie sich zunächst auf das Telefonat vor, indem Sie sich das erforderliche Schreibmaterial, wie Stifte und Papier, die Informationen, wie z. B. Rufnummer, Name des Gesprächspartners bereitlegen und vorgesehene Gesprächspunkte notieren. Darüber hinaus ist es von großem Vorteil, sich den Ablauf des Gespräches kurz zu notieren, indem Sie sich wichtige Fragen und Fakten aufschreiben. Zum besseren Verständnis ist es hilfreich, die amtliche Buchstabiertafel zu kennen. So können Sie Missverständnisse bei der Schreibung von Namen durch professionelles Buchstabieren vermeiden. Achten Sie darauf, dass keine Nebengeräusche das Gespräch stören. Grüßen Sie freundlich, denn die ersten vier Sekunden entscheiden. Sprechen Sie Ihren Partner mit Namen an. Im Nachgang zu einem Telefonat halten Sie die wichtigsten Fakten und Beschlüsse in einer kurzen Telefonnotiz fest.

Darüber hinaus führen Sie ein Telefonat zu den ortsüblichen Bürozeiten. Ist ein Gespräch mit einem Unternehmen in einer anderen Zeitzone erforderlich (z. B. in Amerika), so ist die Zeitverschiebung entsprechend zu beachten. Ein höflicher Umgangston ist obligatorisch, ungeachtet der eigenen Befindlichkeit. Haben Sie Ärger mit Kollegen oder Vorgesetzten, so darf sich dieser nicht im Telefonat wiederfinden. Ein Telefonat sollte somit nicht unter emotionaler Belastung geführt werden; notfalls warten, bis Sie sich abgeregt haben.

Der Vorteil des Telefons ist jederzeit präsent: Die Mitarbeiter sind fast immer zu erreichen, Informationen können auf schnellem Wege ausgetauscht und Fragen geklärt werden, ohne dass man dazu in ein Auto oder anderes Verkehrsmittel steigt und an einen anderen Standort wechseln muss. Darüber hinaus halten sich die Kosten aufgrund fester Pauschalen durch entsprechende Flatrates in Grenzen.

Nachteilig könnte sich allerdings auswirken, dass viele Mitarbeiter durch ständige Telefonate immer wieder in ihrer Arbeit gestört werden und einen Prozess selten ungestört von Beginn bis zum Ende durchführen können. Auch werden persönliche Gespräche immer wieder durch das Telefon unterbrochen. Dies kann Stress verursachen und im Extremfall zu Depressionen und Burn-out führen. Um dies zu verhindern, empfiehlt es sich, „telefonfreie“ Zeiten einzuführen, in denen man Arbeiten, die höchste Konzentration erfordern, ausführen kann.

So hat das Telefon in unserem Alltag Einzug gehalten und ist als Kommunikationsmittel nicht mehr wegzudenken. Im Zuge der Einführung der Mobiltelefone ist jeder Mensch jederzeit erreichbar – wenn er dies möchte. Es obliegt jedem Einzelnen zu entscheiden, ob diese ständige Erreichbarkeit sinnvoll und zweckmäßig ist oder ob man nicht einfach mal das Telefon ausschaltet.

## Telefax

Hat das Telefax im Zeitalter von E-Mail, SMS und MMS ausgedient? Das Telefax entwickelt sich aus der Erfordernis heraus, Dokumente originalgetreu an einen Empfänger ohne großen Zeitaufwand zu übermitteln. Der Begriff „Telefax" kommt aus dem Griechischen. Er setzt sich zusammen aus den Wortteilen „tele" = fern und „fax" = faksimile = „mach ein Gleiches").

Beim Telefax wird ein bedrucktes oder beschriebenes Blatt in das Telefaxgerät gelegt und die Empfängernummer eingegeben. Auf Tastendruck liest das Gerät das Schreiben ein und wandelt das geschriebene Wort in elektrische Signale um. Diese werden über die Datenleitung an den Empfänger übermittelt. Das Empfangsgerät wandelt die elektrischen Signale wieder in geschriebene Wörter oder Zeichen um und druckt eine originalgetreue Kopie aus. Mithilfe eines akustischen Signals wird das Eintreffen eines Telefaxes am Empfangsgerät angezeigt.

Das Faxen erfolgt heute mit entsprechenden Faxgeräten oder Multifunktionsgeräten, die gleichermaßen drucken, scannen, kopieren und mailen können. Darüber hinaus ist das Faxen mit entsprechender Ausrüstung auch direkt vom PC aus oder über das Internet möglich.

Der große Vorteil des Telefaxes ist, dass nicht nur gedruckte Briefe versandt werden können, sondern auch handgeschriebene Texte, Zeichnungen, Grafiken, Stempel, Pläne o. Ä. Es ist kostengünstig, da es über die Telefonleitung abgewickelt wird, und wesentlich schneller als der normale Postweg. Man benötigt weniger Material, wie zum Beispiel Briefumschläge, da das Fax direkt beim Empfänger ausgedruckt wird. Durch Verbindungen innerhalb eines Unternehmens können sich die Mitarbeiter Botengänge ersparen. Darüber hinaus können Telefaxe weltweit eingesetzt werden, was einen schnellen, kostengünstigen Informationsaustausch ermöglicht. Telefaxe sind rechtsverbindlich, insofern können geschäftliche Vorgänge wie Bestellungen, Auftragsbestätigungen etc. per Telefax erledigt werden. Nach dem Versand wird ein Sendebericht ausgedruckt, der daraufhin zu kontrollieren ist, ob das Fax fehlerfrei mit allen Seiten übertragen wurde.

Das Telefaxgerät muss immer in Betrieb sein, um Faxe empfangen zu können, und verursacht damit Kosten durch Stromverbrauch. Hier bietet es sich an, stromsparende Geräte zu verwenden.

Oftmals werden Schriftstücke vorab per Fax übermittelt, damit sie schnellstens dem Empfänger vorliegen, und anschließend per Post versandt, um die Rechtsgültigkeit zu wahren.

Telefaxe sollten nicht zu allen Gelegenheiten versendet werden. Das Versenden eines Kondolenzschreibens, in dem man sein Mitgefühl anlässlich des Todes eines Mitarbeiters oder Angehörigen ausdrückt, sollte immer noch in klassischer Form per Post auf qualitativ hochwertigem Papier erfolgen.

Wie beim Telefon bieten auch moderne Telefaxgeräte unterschiedliche Leistungsmerkmale: Die Ziel- und Kurzwahl ermöglicht das Speichern häufig verwendeter Faxnummern, was das Eingeben der Empfängernummer erspart. Faxgeräte verfügen über automatische Betriebsweise, sind also rund um die Uhr im Einsatz und jederzeit erreichbar. Allerdings sollte darauf geachtet werden, dass immer genügend Papier im dafür vorgesehenen Papierspeicher liegt. Ein Empfänger kann bei Bedarf bestimmte Informationen auf eigene Kosten selbstständig per Fax beim Absender abrufen.

Der Expressmodus ermöglicht, größere nicht ausgefüllte Bereiche im Fax (sog. Weißanteile) mit großer Geschwindigkeit zu überspringen, wodurch sich die Übertragungsgeschwindigkeit verringert und Toner bzw. Tinte eingespart werden kann.

Im Zeitalter von E-Mail und sonstigen Diensten hat auch das Telefax nach wie vor seine Daseinsberechtigung. Es ermöglicht das originalgetreue Versenden handschriftlich unterschriebener Dokumente. Darüber hinaus ist es sehr hilfreich zum Senden und Empfangen verschiedenster Dokumente innerhalb kürzester Zeit.

## Soziale Netzwerke

Facebook, Instagram und Co. gelten als Synonym für soziale Netzwerke. Dabei gab es diese Art der sozialen Kontakte bereits in Zeiten ohne Internet. Früher wurden soziale Netzwerke in der Familie, in Schule und Beruf, mit Freunden, Kollegen oder in Vereinen aufgebaut. Heute geschieht dies meist via Internet mithilfe spezieller Plattformen. Soziale Netzwerke sind ein lockerer Zusammenschluss von Menschen mit gleichen Interessen.

Auch hierbei handelt es sich um eine Art der Kommunikation. In Zeiten der persönlichen Kontakte ohne Internet lief diese Kommunikation als „Face-to-Face"-Kommunikation ab. Es war nur möglich, mit einer oder mehreren Personen in direktem persönlichen Kontakt, also von Angesicht zu Angesicht, zu sprechen. Derartige soziale Netzwerke stießen bei größerer Entfernung rasch an ihre Grenzen und sind nicht unendlich ausbaufähig. Mithilfe des Internets ist heute ein scheinbar grenzenloser Kommunikationsstrom entstanden. Viele Millionen Menschen sind in sozialen Netzwerken aktiv und haben unzählig viele „Freunde".

Soziale Netzwerke bieten in erster Linie die Möglichkeit des Informationsaustausches. Erfolgte dieser früher unmittelbar persönlich oder per Brief, so geschieht dies heute mittelbar über die Computertastatur mithilfe von chats, twitter, blogs, newsgroups o. Ä. Und dies alles scheinbar grenzenlos in rasanter Geschwindigkeit.

## Chatrooms

Ein weiterer Nutzen sozialer Netzwerke ergibt sich durch die soziale, emotionale Unterstützung. Diese ist auch mittels Computer möglich. Soziale Netzwerke bieten zahlreiche Möglichkeiten, ein lockeres Gespräch zu führen, zu chatten, seine Probleme zu erörtern bis hin zur Leid- bzw. Trauerbewältigung. Scheinbar unbegrenzt stehen dem Nutzer zahlreiche Foren offen, Zeit und Entfernung spielen keine Rolle mehr. Nicht wenige Nutzer befinden sich gleichzeitig in mehreren Chatrooms und führen mehrere Chats gleichzeitig. Sie begeben sich in eine nicht reale Welt, laufen Gefahr, darin zu versinken und den Kontakt zur realen Wirklichkeit zu verlieren.

Einerseits vermitteln Soziale Netzwerke ein starkes Zugehörigkeitsgefühl und fast schon Nestwärme. Doch die Familie und der Freundeskreis bieten stärkere Beziehungen und mehr emotionale Unterstützung. Eine internetbasierte Kommunikation via facebook o. Ä. zielt eher auf schwache Beziehungen ab, die jederzeit kündbar und wenig verbindlich sind. In den letzten Jahren wurden die Nutzer aufgrund flächendeckender Information auf die Gefahren internetbasierter sozialer Netzwerke aufmerksam gemacht. Diese Sensibilisierung hat zur Folge, dass erstaunlich viele Nutzer im Umgang mit ihren privaten Daten äußerst vorsichtig geworden sind. Immer mehr machen ihre privaten Informationen und Erlebnisse auf Facebook nur noch für „Freunde" und nicht mehr für die Öffentlichkeit sichtbar. Allerdings relativiert sich dieser scheinbar sensible Umgang mit der Privatsphäre bei einer Anzahl von 800 und mehr „Freunden"!

## Cybermobbing

Infolge des allzu leichtfertigen Umgangs mit der Privatsphäre häufen sich Meldungen über Stalking und Cybermobbing bis hin zu Todesfällen. Ein Wort zuviel in einem Chatroom kann eine Entwicklung auslösen, die nicht mehr zu stoppen ist und die bis zum Selbstmord führt. Eine weitere Gefahr mit steigender Tendenz ist der Diebstahl der Identität. Kriminelle „hacken" die Identität der Nutzer und schließen mit der gestohlenen Identität Geschäfte ab. Der bestohlene Nutzer ist zunächst in der Beweispflicht. Er muss nachweisen, dass seine persönlichen Daten gestohlen wurden und er dieses Geschäft nicht abgeschlossen hat. Die Auseinandersetzung mit dem Thema Sicherheit hat schon Verbesserungen gebracht; nicht zuletzt ist die Einführung neuer Authentifizierungsmaßnamen mithilfe des Personalausweises ein weiterer Schritt in Richtung größerer Sicherheit. Letztendlich kann aber noch lange nicht von vollkommener Sicherheit gesprochen werden.

In Chatrooms haben sich mittlerweile Operatoren und Moderatoren bewährt, die eingreifen, wenn ein Chat zu entgleisen droht (Operatoren), oder inhaltliche Hilfestellungen geben (Moderatoren).

## Chatiquette

Darüber haben sich  Benimmregeln bewährt, die Chatiquette. Diese schreiben vor, den Chat-Teilnehmern mit Respekt und Höflichkeit zu begegnen. „Was du nicht willst, dass man dir tut, das füg' auch keinen anderen zu!" Sind Sie neu im Chat, dann tasten Sie sich vorsichtig heran. Hören Sie erst mal zu, bevor Sie eigene Beiträge einbringen. Achten Sie die Gefühle der anderen Chat-Teilnehmer und ihre Launen. Auch Sie haben mal einen schlechten Tag. Heißen Sie Neulinge willkommen und integrieren Sie sie in das Geschehen. Wenn es Ihnen am ersten Tag auch so ergangen ist, werden Sie sich gerne daran erinnern, wie gut Ihnen das getan hat. Hat man Sie nicht willkommen geheißen, so werden Sie es besser machen. Sprechen Sie die Teilnehmer direkt (mit ihrem Nickname) an, damit sie sich angesprochen fühlen. Verwenden Sie niemals Schimpfwörter und benutzen Sie beim Schreiben keine Hervorhebungen, wie Großbuchstaben, rot oder Fettdruck. Diese sind Ausdruck von Ärger und Zorn und könnten falsch verstanden werden. Ignorieren Sie Chat-Störer, die die Stimmung verderben. Sie werden sich irgendwann langweilen und den Chatroom verlassen. Nutzen Sie den Chat nicht, um für kommerzielle Angebote anderer Anbieter zu werben. Wenn Sie diese Regeln beherzigen, dann klappt es auch mit dem Chat.

Einen Unterschied zwischen gesprochener und geschriebener Sprache wird beim Informationsaustausch in sozialen Netzwerken wie Facebook kaum noch gemacht. Man schreibt wie man spricht. Smileys, Emoticons und Akronyme dienen dazu, die Sprache verständlicher zu machen. Aufgrund der weltweiten Aktivitäten hat sich hier innerhalb kürzester Zeit eine ganz eigene Sprache entwickelt.

So haben sich mithilfe des Internets Kommunikationsmöglichkeiten entwickelt, die große gesellschaftliche Veränderungen mit sich bringen. Die Menschen gehen nicht mehr nach draußen, um sich mit Freunden zu treffen, sondern setzen sich an einen Computer o. Ä. und kontaktieren ihre „Freunde" mithilfe elektronischer Geräte. Zum schnellen Informationsaustausch äußerst vorteilhaft und eine große Entwicklung. Allerdings kann dies auf keinen Fall den direkten persönliche Kontakt mit realen Freunden ersetzen. (vgl. Boos et. al., 1992)

## Lernstrategien anwenden

Im Berufsleben wird von Ihnen erwartet, dass Sie zu einem lebenslangen Lernen bereit sind – analog dem Motto „Was heute als richtig und wichtig angesehen wird, kann morgen schon überholt sein“ (Moschner & Wagener, 2006, S. 48). Das Fachwissen wächst auf allen Gebieten in immer rasanterem Tempo. Wer bei diesem Wachstum mithalten will, sollte über eine große Lernbereitschaft verfügen und wissen, wie neue Wissensinhalte aufgenommen werden.

Die Schule unterstützt Sie dabei, dass Sie sich Lernstrategien mit entsprechenden Arbeits- und Lerntechniken aneignen, die Ihnen ein lebenslanges Lernen ermöglichen. Sie lernen zum Beispiel Techniken kennen, um selbstständig Fachtexte zu durchdringen, berufsbezogene Inhalte zu präsentieren und zu reflektieren oder sich selbstständig Ziele zu setzen (vgl. Hellmich & Wernke, 2009).

Sie verfügen bereits über Lernstrategie n, die Sie sowohl bewusst als auch unbewusst anwenden. Die Lösung liegt allerdings darin, über ein großes Repertoire an Lern- und Arbeitstechniken zu verfügen und dann bewusst und gezielt die Lernstrategien einzusetzen. Dann wird die Kompetenz bzw. das Ziel schneller und oft auch qualitativ höher erreicht. Die Lernstrategien können in drei Kategorien unterschieden werden:

### Ressourcenbezogene Lernstrategien – Lernen organisieren

Diese beziehen sich in erster Linie auf die Organisation des Lernens. Dazu gehören Anstrengung, Aufmerksamkeit, Willensstärke und Konzentration, auch bei ungeliebten Stoffgebieten, das Ausdehnen der Lernzeiten auch auf Abend und Wochenende, das Zeitmanagement (Lernzeiten, Pausen festlegen und einhalten), die Arbeitsplatzgestaltung, dass keine Ablenkungen auftreten können (z. B. TV, Haustier, Kollegen) und dass notwendige Hilfsmittel greifbar sind (Stifte, Rechner, Papier), die Nutzung zusätzlicher Informationsquellen (Lexika, Wörterbücher, Internet, CD-ROMS, Bücher) oder das Lernen im Team (Lerngruppe). (vgl. Schmalenbach, 2008, S. 6 ff.)

### Kognitive Lernstrategien – Informationen verarbeiten (Wissen erwerben)

Dies sind Aspekte, die mit der unmittelbaren Informationsaufnahme zu tun haben. Es sind Arbeitstechniken, die Sie zum Einprägen von neuen Informationen anwenden. Beispiele dazu sind: effizient Lesen, Skizzen anfertigen, Textstellen markieren, Inhalte präsentieren usw.

### Metakognitive Lernstrategien – Lernfortschritt kontrollieren

Diese beziehen sich weniger auf den eigentlichen Lernvorgang, sondern mehr auf die Kontrolle des eigenen Lernfortschrittes, also das selbständige Planen der Lernschritte. Beispiele dafür sind: Reihenfolge festlegen, das Überwachen des Lernerfolges und der Lernschritte usw.

## Motivation aufbauen

Sie kennen bestimmt das Problem, sich aufzuraffen und sich selbst zu motivieren. Aufgaben schieben viele ewig vor sich her. Doch immer wenn Sie kurz davor sind, das zu erledigen, was Sie sich vorgenommen haben, fallen Ihnen doch noch Dinge ein, die Sie für wichtiger halten, z. B. eine Sendung im TV zu schauen oder im Internet zu surfen. Wenn Ihnen das bekannt vorkommt, dann fehlt Ihnen der richtige Motivationsweg.

Die Motivation setzt sich mit motivationalen Bedingungen des Lernens auseinander. Sie ist neben emotionalen, kognitiven und sozialen Einflüssen für den Lernerfolg verantwortlich und entscheidet, wie ein Lernprozess verlaufen kann. Sind Sie richtig motiviert, findet eine erhöhte Auseinandersetzung mit dem Lernstoff statt.

Motive, aus denen die Motivation wächst, sind z. B. Neugierde/Interesse, Belohnung und Gruppendruck. Zu der positiven **intrinsischen Motivation** kommen Neugier und Interesse aus einem selbst, dem Inneren (d. h., dass die Beziehung zum Lernstoff den Lernenden motiviert). Bei der **extrinsischen Motivation** sind die Einflüsse von außen, dazu gehören z. B. Belohnungen, Gruppendruck. Sie sollten den Sinn der Lerntätigkeit erkennen, um sich nachhaltig intrinsisch zu motivieren (vgl. Mock, 2013).

| **Mögliche Strategie der persönlichen Motivation** | |
|---|---|
| Zu Beginn klären, was wirklich getan werden muss | Erstellen Sie sich eine Übersicht, um den Überblick nicht zu verlieren. Halten Sie diese immer in Sichtweite. |
| Motivation durch Vorwissen | Überlegen Sie, was Sie bereits wissen, und beziehen Sie bereits gesammelte Erfahrungen mit ein. |
| Motivation durch Visualisierung | Es fällt Ihnen leichter, etwas zu erreichen, wenn Sie sich Dinge positiv ausmalen. |
| Achten Sie auf Ihre inneren Programme | Reden Sie sich selbst gut zu, dass Sie das Vorgenommene bewältigen können. |
| Motivieren durch Belohnungen | Stellen Sie sich vor, wenn Sie ein gewisses Pensum erreicht haben, dass Sie sich belohnen durch Sport treiben, Freunde treffen oder Shoppen gehen. |
| Schaffen Sie sich künstlichen Zeitdruck | Verlegen Sie Ihren Abgabetermin künstlich um drei Tage vor, so geraten Sie nicht unter Zeitdruck und haben noch Zeit, um Ergänzungen vorzunehmen. |
| Maßnahmenpläne | Erstellen Sie einen Zeit- bzw. einen Strukturplan, um den Überblick nicht zu verlieren. Halten Sie sich genau an die Vorgaben. |
| Teilerfolge feiern | Belohnen Sie sich auch zwischendurch und seien Sie stolz darauf, wie viel Sie schon geleistet haben. |
| Und wenn alles nichts hilft, sollten Sie an solchen Tagen einfach aufhören. | |

(vgl. Senftleben, 2013)

## Mit Zeit umgehen

Sie kennen sicher das Problem, dass viel Zeit mit Dingen vergeudet wird, die nicht wirklich wichtig sind und Sie von der eigentlichen Aufgabe ablenken. Zum Beispiel bemerken Sie erst viel zu spät, dass am nächsten Tag eine Überprüfung ansteht und Sie sich noch darauf vorzubereiten haben. Ihr Zeitmanagement stimmt nicht, also das systematische und disziplinierte Planen Ihrer Zeit.

Das Zeitmanagement ist eine Vorgehensweise, die Ihnen dabei hilft, anstehende Aufgaben und Termine innerhalb des zur Verfügung stehenden Zeitraums abzuarbeiten. Durch eine Zeitplanung kann täglich erstaunlich viel Zeit gewonnen werden. Sie können schon im Vorfeld Probleme und mögliche Krisenherde erkennen. Mit der ALPEN-Methode des Zeitmanagement-Experten Prof. Dr. Lothar Seiwert lässt sich ein Tagesablauf oder eine Terminarbeit sehr gut planen.

Im ersten Schritt erstellen Sie eine To-do-Liste. Notieren Sie sich alle Aufgaben, die Sie zu erledigen haben. Wichtig dabei sind die Art, der Ort und die Dauer der Tätigkeit. Probleme gibt es oft mit dem Abschätzen der Zeit, die Sie für eine Aufgabe benötigen. Dies verlangt etwas Erfahrung. Sind Sie also bei den ersten Zeitplänen nicht so streng mit sich. Setzen Sie sich für jede Tätigkeit ein Zeitlimit. Bedenken Sie aber, dass auch einmal Ungeplantes dazwischen kommen kann oder dass sie den Zeitaufwand falsch eingeschätzt haben. Um Ihren Zeitplan nicht zu gefährden, müssen Sie deshalb Pufferzeiten einplanen. Pufferzeiten helfen Ihnen außerdem, Stress zu vermeiden und führen zu mehr Gelassenheit.

Bei der Erstellung der To-do-Liste werden Sie feststellen, dass die eingetragenen Aufgaben an einem Tag nicht alle zu bewältigen sind. Sie müssen Entscheidungen treffen: Was ist die wichtigste Aufgabe? Was ist weniger wichtig? Die Nachkontrolle hilft Ihnen, Ihren Tagesablauf immer besser zu organisieren. Überlegen Sie sich, ob Sie die Pufferzeiten ausreichend lang gewählt haben, überprüfen Sie, ob Sie die Prioritäten richtig gesetzt haben. Haben Sie das Tagespensum ohne Stress geschafft und haben Sie am Abend ein gutes Gefühl? Wenn ja, haben Sie alles richtig gemacht, wenn nein, müssen Sie Ihre Planung noch verfeinern (vgl. Benesch, 2013).

| Strategien des persönlichen Zeitmanagements | |
|---|---|
| Motivation herstellen – Sinn der Aufgabenstellung erkennen – intrinsische Motivation | |
| **A**ufgaben und Termine aufschreiben | To-do-Liste erstellen – Zeit, Art und Ort der Tätigkeit notieren, Terminplaner verwenden – Unerledigtes zusätzlich aufschreiben |
| **L**änge der Zeit abschätzen | Die Zeit vom Abgabetermin her planen, Umfang der Arbeit abschätzen – Zeitlimit setzen, künstlichen Zeitdruck setzen, Probleme und mögliche Krisenherde erkennen |
| **P**ufferzeiten festlegen | Zeit für Unvorhersehbares festlegen oder Arbeitsumfang für Aufgabe erweitern, Abgabetermin einhalten, Stress vermeiden – Biorhythmus beachten, Faustregel: 2/3 konkrete Arbeit, 1/3 Zeitpuffer |
| **E**ntscheidungen treffen, Prioritäten setzen | Wichtigste Aufgaben zuerst, große Aufgaben in Teilaufgaben aufteilen, Erfolgskontrolle – erledigte Aufgaben abhaken (Motivation) |
| **N**achkontrolle | Pufferzeiten ausreichend gewählt, Prioritäten richtig gesetzt, keinen Stress geschaffen – gutes Gefühl evtl. Planung verfeinern |

## Konzentration steigern

Sie kennen sicher das Gefühl, eine Arbeit muss erledigt werden, es gehen Ihnen aber tausend Gedanken durch den Kopf. Oder die Aufgabe ist langweilig und die Ablenkung von außen groß, sodass die Konzentration gestört wird. Konzentration ist die Fähigkeit, eine Arbeit gewissenhaft und bewusst auszuführen mit voller Aufmerksamkeit für die Sache. Diese Lerntechnik ist ein wichtiger Punkt, wenn es darum geht, ein gutes Ergebnis zu erzielen. Jedoch kann sehr leicht die Konzentration verloren gehen, dies können Sie aber durch einfache Tricks vermeiden.

Zunächst sollten Sie sich auf Ihre Aufgabe vorbereiten. Arbeiten Sie in einem geschlossenen Raum und reduzieren Sie die Umweltreize: das heißt, Musik, Fernseher und alles, was einen stören oder ablenken könnte, ausmachen. Erstellen Sie einen Ablaufplan, also wie Sie genau vorgehen. Zuletzt legen Sie sich alle Materialien griffbereit zusammen. Wenn das alles erledigt ist, fällt es einem schon deutlich leichter, sich auf die Aufgabe zu konzentrieren. Wenn Sie die Lernstrategie „Konzentration" beherrschen, können Sie Ihr eigenes Lernen selbstständig steuern. Sie trägt, wie alle anderen Lernstrategien auch, dazu bei, ein gutes Ergebnis zu erreichen, hier durch die volle Ausschöpfung der Konzentration. In der Regel können sich Menschen nicht länger als 20 Minuten am Stück konzentrieren. Deshalb gibt es viele Möglichkeiten, wie Sie danach weiter konzentriert arbeiten können. Auch gewisse Grundvoraussetzungen müssen gegeben sein, um erfolgreich und konzentriert arbeiten zu können.

Wenn Sie merken, dass die Konzentration nachlässt, sollten Sie kurze Pausen einlegen. Sie können sich dann etwas bewegen **(Bewegungsübungen)** oder etwas trinken, gegebenenfalls essen. Eine Unterhaltung ist auch eine gute Möglichkeit, um sich etwas abzulenken. Zwischendurch aus dem Fenster schauen und die Gedanken für einige Sekunden schweifen lassen kann die Konzentration anregen. Wichtige Voraussetzungen, die zum konzentrierten Arbeiten gegeben sein müssen, hängen mit den Umweltfaktoren zusammen. Zu starker Lärm nimmt die Aufmerksamkeit, was dazu führt, dass die Konzentration sinkt.

Eine weitere Voraussetzung sind die Lichtverhältnisse. Der Arbeitsplatz muss optimal ausgeleuchtet sein, damit die volle Konzentration gefördert wird. Das künstliche Licht sollte daher dem Sonnenlicht möglichst ähnlich sein. Zudem ist auf das Raumklima zu achten, denn überheizte Räume machen müde. Der letzte Aspekt ist die farbliche Raumgestaltung. Ist diese vorteilhaft ausgewählt, so kann dies die Leistungsfähigkeit erhöhen, Farbkontraste bringen eine belebende Wirkung, so zum Beispiel weiß und blau (vgl. Geisselhart & Hofmann, 2013).

| **Strategien der persönlichen Stärkung der Konzentration** | |
|---|---|
| Motivation herstellen – Sinn der Aufgabenstellung erkennen (siehe Motivation) | |
| Konzentriertes Arbeiten ausnutzen | Nach 20 Minuten Pause einlegen |
| Ablenken | Entspannen durch Bewegung, etwas trinken oder essen, Unterhaltung suchen, aus dem Fenster schauen |
| Umweltfaktoren beachten | Raum optimal ausleuchten, Raumklima beachten, Farbkontraste für Raumgestaltung vorsehen, Lärmquellen abstellen |
| Arbeitsplatz gestalten | Für einen geschlossenen Raum sorgen, Umweltreize beseitigen, Ablaufplan erstellen (siehe Zeitmanagement), Arbeitsmaterialien griffbereit haben |

## Arbeitsumfeld gestalten

Bedenken Sie, dass ein Arbeitsumfeld ohne Ablenkung für mehr Konzentration sorgt und somit die Produktivität beim Arbeiten steigert. Den richtigen Ort zum Arbeiten muss jeder für sich selbst herausfinden. Allgemein sollten Sie sich einen ruhigen Ort suchen, an dem Sie ungestört sind und alle wichtigen Hilfsmittel zur Hand haben. Den eigenen Schreibtisch sollten Sie also dem Sofa vor dem Fernseher vorziehen.

**Arbeitsplatz.** Es sollten alle Dinge vorhanden sein, die zur Bewältigung der Arbeit nötig sind. Schreibmaterialien (Bleistift, Lineal, Papier etc.), die Materialien, die ausgewertet werden müssen, Computer mit notwendigem Zubehör (Drucker, rechtzeitig besorgte Tintenpatronen, USB-Stick etc.), eventuell eine Pinnwand o. Ä. für wichtige Notizen. Dinge, die nicht zur Arbeit gehören, haben hier nichts zu suchen. Sie lenken nur von der Arbeit ab. Machen Sie sich die **Fünf-A-Methode** zur Gewohnheit:

| | |
|---|---|
| **A**ussortieren | Werfen Sie allen Abfall und nicht benötigtes Material weg. |
| **A**ufräumen | Stellen Sie alles auf einen geeigneten Platz für schnelles Wiederfinden. |
| **A**rbeitsplatzsauberkeit | Reinigen Sie Ihren Arbeitsplatz. |
| **A**nordnung zur Regel machen | Behalten Sie die Sauberkeit und Ordnung bei. |
| **A**lle Punkte einhalten | Praktizieren Sie die 5-A-Methode täglich! |

In Reichweite sollten jene Materialien bereitliegen, die recht häufig, aber nicht dauernd gebraucht werden (z. B. Lexikon, Duden, Fremdwörterbuch, Fachliteratur). Dinge, die nur selten gebraucht werden, können so weit entfernt liegen, dass Sie aufstehen müssen, um sie zu erreichen. Dies verschafft eine kurze Pause und etwas Bewegung (vgl. Metzger, 2008, S. 41). Weil durchaus viel Zeit am Arbeitsplatz verbracht wird, ist auf die ergonomische Gestaltung zu achten. Zumindest ein guter, rückenschonender Bürostuhl sollte vorhanden sein. Ebenso wichtig sind ausreichendes Licht und frische Luft.

**Äußere Störungen.** Werden Sie durch äußere Einflüsse abgelenkt, versuchen Sie diese zu beseitigen (z. B. durch die Änderung der Rahmenbedingungen, eine Umorganisation des Arbeitsplatzes oder der Arbeitszeiten). Vermeiden Sie Lärmquellen (z. B. Musik, Straßenlärm, laute Mitschüler) und visuelle Ablenkungen (z. B. Fernseher oder Handy). Legen Sie das für eine Arbeit nötige Material in Griffnähe bereit, bevor Sie beginnen. Ansonsten besteht die Gefahr, dass der „Arbeitsfaden" dauernd reißt (vgl. Metzger, 2008, S. 37). Freunde werden Sie bestimmt immer wieder ablenken. Halten Sie sich bei Anrufen kurz und sagen Sie auch mal nein (vgl. Mattes, 2002, S. 86).

**Innere Störungen.** Fehlt Ihnen die Motivation für die Arbeit, die vor Ihnen liegt, sollten Sie den Stoff, den Sie gerade bearbeiten, auf seine Wichtigkeit für die Facharbeit überprüfen. Ist die Arbeit unumgänglich, sollten Sie sich andere Motivationsverstärker (Belohnungen) suchen und/oder die Arbeitsphasen verkürzen. Fühlen Sie sich übermüdet oder einseitig beansprucht (z. B. durch zu langes Sitzen), sorgen Sie für entsprechenden Ausgleich (erst ausschlafen, spazieren gehen o. Ä.). Machen Sie bewusst und regelmäßig Pausen. Unterbrechen Sie Ihre Arbeit auch dann, wenn Sie feststellen, dass es gar nicht mehr weitergeht. Nutzen Sie die Pausen für Konzentrations- und Entspannungsübungen.

Gehen Ihnen andere Probleme, Aufgaben oder Wünsche durch den Kopf, entscheiden Sie sich bewusst, was Sie vorrangig tun wollen. Wenn Sie sich gegen das Lernen entscheiden, setzen Sie zuvor einen Termin fest, wann Sie weiterarbeiten wollen. Fällt Ihre Entscheidung für die Arbeit aus, dann legen Sie genauso konsequent fest, wann Sie den ablenkenden anderen Problemen, Aufgaben oder Wünschen nachkommen wollen (dann fällt es leichter, die Gedanken daran erst einmal wegzuschieben).

## Mit Stress umgehen

Sie kennen sicher das Gefühl, wenn Körper und Geist aufgewühlt sind und scheinbar ferngelenkt. Die Hände werden leicht feucht, Sie fangen an zu zittern, das Herz klopft oder die Hitze steigt Ihnen in den Kopf. Sie geraten in Stress. Nach den Erkenntnissen des bekannten Stressforschers Hans Selye gibt es eine positive (Eustress) und eine negative Ausprägung (Disstress). Den Eustress erleben wir beispielsweise unmittelbar vor einer Siegerehrung, für eine Belohnung bei einer guten Leistung oder vor dem ersten Kuss. Sie verspüren ein wohliges, beflügelndes Gefühl. Sie sind der Aufgabe gewachsen, Sie fühlen sich motiviert.

Dagegen ist Disstress jener, auf den der Körper negativ reagieren kann. Er entsteht besonders dann, wenn bestimmte Situationen den betroffenen Menschen einfach überfordern. Für manche Schüler sind dies beispielsweise wichtige Klassenarbeiten, vor der Klasse Fragen beantworten oder Referate präsentieren. Die Aufregung bzw. die Angst steht im Vordergrund; Sie fühlen sich der Aufgabe nicht gewachsen.

Zusammenfassend bedeutet dies, dass Disstress die geistige Leistung und die Bereitschaft zum Lernen hemmt, dagegen Eustress zu höheren Leistungen animiert. Von Ihnen selbst hängt es ab, ob Sie eine Situation als positiv herausfordernd empfinden oder als beängstigend. Es gibt Strategien, um Angst erst gar nicht entstehen zu lassen bzw. mit aufkommender Angst richtig umzugehen (vgl. Metzger, 2008, S. 45). Sie können die Gefühle steuern.

Das **Selbstgespräch** ist eines der wichtigsten Werkzeuge, das unser Verhalten steuert. Sie können damit Ihre Leistung negativ sowie positiv beeinflussen. Es kommt also auf das Wie an. Wählen Sie positive Formulierungen (*Meine Gedanken bleiben bei der Aufgabe. Der nächste Schritt ist ...*), dadurch wird die Motivation gefördert. Im Vergleich dazu ist die negative Formulierung leistungshemmend (*Ich kann mich nicht konzentrieren.*). Sportler setzen Selbstgespräche bewusst zur Konzentration ein, sie beruhigen sich damit oder feuern sich an. Ein positiver Denkstil lässt sich einüben.

Entwerfen Sie, wann immer Sie Zeit haben, ein **inneres Bild**, indem Sie sich sehen, wie Sie Ihr Problem mit Erfolg lösen (*Sie stehen vor der Klasse und halten erfolgreich ein Referat.*). Wichtig ist, dass Ihre inneren Bilder immer zum Erfolg führen. Die Vorstellung wird zum Modell der Wirklichkeit. Die Visualisierung gehört zu den wichtigsten Instrumenten der Selbstbeeinflussung. Sollten Sie bei Stresssituationen (*Klassenarbeit*) negative Gedanken oder Gefühle haben, so stellen sie sich eine positive Situation vor (*Sommertag mit Freunden*), um sich kurz zu entspannen. (vgl. Metzig & Schuster, 2010, S. 179 ff.)

Bei wichtigen Anforderungssituationen setzen Sie sich **realistische Ziele**. Sie sollten weder zu hoch noch zu tief sein. Maßgebend sind die vergangenen Leistungen. Hatten Sie in einer Klassenarbeit eine 3, so ist das nächste Ziel eine 3+ oder 2-. Fragen Sie sich kritisch, ob Sie immer zu den Besten oder Schnellsten gehören müssen (vgl. Metzig & Schuster, 2010, S. 179 ff.).

**Schätzen** Sie sich **realistisch ein**, um vor Prüfungen oder schwierigen Situationen keine allzu großen Ängste aufzubauen. Stellen Sie sich Fragen: Habe ich den Unterrichtsstoff wirklich verstanden? Habe ich genügend Zeit investiert? Habe ich meine Lernzeit optimal genutzt?

Die **körperlichen** sowie die **äußeren Bedingungen** sind entscheidend, um schwierige Situationen zu meistern. Eine gesunde Ernährung mit vielen Kohlehydraten, regelmäßige Bewegung, genügend regelmäßigen Schlaf und ein gutes Zeitmanagement sind Grundvoraussetzungen.

# Erfolgreiches Teamverhalten

Eine gute Teamarbeit funktioniert nur dann, wenn sich innerhalb des Teams konstruktiv verhalten wird. Dazu empfiehlt Pabst-Weinschenk (2004) folgende Gesprächsregeln zu beachten:

## Gesprächsregeln Teil 1

**Ausreden lassen und gut zuhören:** Gutes Zuhören erfordert zwar etwas mehr Zeit, aber diese Zeit ist eine ausgezeichnete Investition in die Qualität der Diskussion. Wir sind gut beraten, wenn wir unsere eigene Meinung manchmal für eine gewisse Zeit beiseitelassen, um den Standpunkt eines Diskussionspartners zu verstehen und uns in seine Perspektive einzufühlen.

**Ich-Botschaften statt Man-Formeln:** Pauschale Verallgemeinerungen (man) machen aus einem kooperativen Miteinander schnell ein Sieg-Niederlagen-Spiel: Die anderen fühlen sich angegriffen, wenn sie so belehrt oder vereinnahmt werden. Ich-Botschaften bieten jedem mehr Chancen, den Reichtum seiner eigenen Anschauungen und Kreativität auszuschöpfen.

**Körpersprache und Sprechausdruck beachten:** „Der Ton macht die Musik" wird oft gesagt, wenn auf die grundlegende Bedeutung von Körpersprache und Sprechausdruck hingewiesen wird. Das Nonverbale ist ein ursprüngliches Kommunikationsmittel des Menschen. Widersprechen die nonverbalen Botschaften den Worten, entstehen Verwirrung und Zweifel an der Glaubwürdigkeit des Kommunikationspartners.

**Das Positive betonen:** Optimismus und Wohlwollen werden gefördert, wenn die positiven Aspekte einer Situation, eines Problems oder einer Person herausgestellt werden. So zeigen Sie auch Respekt und Wertschätzung anderen gegenüber. Das Positive, das Sie aussenden, kommt in der Regel zu Ihnen zurück.

**Rückmeldungen ernst nehmen:** Je wichtiger Sie für Ihre Kommunikationspartner sind, desto aufmerksamer werden Sie beobachtet. Darum lohnt es sich, die Beobachtungen und Rückmeldungen Ihrer Partner ernst zu nehmen.

**Nicht übertreiben oder immer bei Adam und Eva anfangen:** Sie diskutieren unter Zeitdruck, und Ihre Diskussionspartner sind darauf angewiesen, nicht immer erst die Spreu vom Weizen trennen zu müssen. Deshalb: Drücken Sie sich vernünftig und realistisch aus und vermeiden Sie Übertreibungen oder lange Herleitungen.

**Annahmen explizit überprüfen:** Sie sollten überprüfen, was Sie glauben, gehört zu haben: „Meinen Sie damit, dass ..." Nur mit einer solchen ausdrücklichen Überprüfung und Kontrolle des eigenen Verstehens können Missverständnisse vermieden werden.

## Gesprächsregeln Teil 2

**Sich genau und klar ausdrücken:** Vermeiden Sie eine unklare Terminologie und bestehen Sie darauf, dass die anderen Diskussionspartner sich ebenfalls klar und genau ausdrücken. Das gilt für Ideen oder Vorschläge genauso wie für Gefühle, Feedbacks usw.

**Jedes Ding hat viele Seiten:** Es sollte eine gewisse Vielfalt von Perspektiven existieren, weil Sie dann mehrere Optionen zur Problemlösung haben. Jedes Ereignis und jedes Problem kann man von verschiedenen Standpunkten aus betrachten. Verschiedene Standpunkte müssen nicht zum Streit führen, sondern sie bereichern jedes Gespräch.

 

**Relevant und kongruent sprechen:** Finden Sie heraus, was Sie für wichtig halten, und illustrieren Sie das durch Beispiele. Keine Zeit mit Nebensächlichkeiten verschwenden. Wer so spricht, wird ernst genommen und als Gesprächspartner geschätzt.

**Mut zu abweichender Meinung:** Wenn Sie eine abweichende Meinung haben, sollten Sie sie mutig immer wieder auch vertreten. Versuchen Sie dabei jedoch nicht, klüger als die anderen zu sein oder den eigenen Standpunkt rücksichtslos durchzusetzen. Tragen Sie Ihre abweichende Meinung freundlich und mit einsichtigen Argumenten vor, damit die anderen hören, was Sie meinen.

**Keine unfairen Tricks:** Sarkasmus, Unterbrechen, Ignorieren, Themenwechsel, persönliche Angriffe, Übertreibungen usw. sind Verhaltensweisen, die andere verletzen und aus einem Miteinander ein Sieg-Niederlagen-Spiel machen. Die Quittung: Gemeinheiten erweisen sich als Bumerang, und das sachbezogene Gespräch gleitet ab in anstrengende, aufreibende Kämpfe einzelner Teilnehmer.

**Mit Takt, Rücksicht und Wohlwollen:** Nutzen Sie keine persönlichen Schwächen anderer aus, stellen Sie sie nicht bloß. Bemühen Sie sich um ein Klima, das von gegenseitigem Wohlwollen bestimmt ist.

**Nicht predigen oder Vorlesungen halten:** Lange Monologe belasten jede Gesprächsbeziehung. Wer in Selbstüberschätzung meint, er habe schon die richtige Lösung parat, zieht in einer Diskussionsrunde für die Beobachter auf jeden Fall den Kürzeren.

Positiv werden Sie abschneiden, wenn Sie mit stichhaltigen Argumentationen die Diskussion in Gang bringen, zu Zwischenergebnissen kommen und wortkarge Teilnehmer mit Aufforderungsgesten mit einbeziehen. Machen Sie sich Notizen, um später die Gruppenmeinung zusammenzufassen. Die Beobachter überprüfen, wie Sie sich bei der Ergebnisfindung verhalten.

# Kognitive Lernstrategien – Informationen verarbeiten

## Lesestrategien einsetzen

Sie kennen sicher das Problem bzw. die innere Sperre, einen umfangreichen Text zu lesen. Lesestrategien helfen Ihnen, einen Text gut zu verstehen. Sie helfen Ihnen – wie Werkzeuge beim Bauen –, den Text möglichst selbstständig zu erschließen. Die Lesestrategie wird in die drei Phasen Vorbereitung, Durchführung und Nachbereitung eingeteilt.

### Vorbereitungsphase

Sie sollten sich in dieser Phase folgende Fragen stellen:

| | | |
|---|---|---|
| Wozu benötige ich den Text? | | Referat, Prüfung, Projektarbeit ... |
| Wie gründlich muss ich den Text lesen? | | Überblick, Ergänzung, Zusammenhänge verstehen |
| Um welche Art von Text handelt es sich? | | Zeitung, Lehrbuch, Unterrichtsnotizen |
| Um welches Fachgebiet handelt es sich? | | Biologie, Betriebswirtschaftslehre |
| Wie viel Zeit steht mir zur Verfügung? | | Abgabetermin, Lesestrategie, Lesetempo |
| Wo und wie lese ich den Text? | | Ruhige, ungestörte Leseatmosphäre, passenden Arbeitsplatz aussuchen, aufrechte Haltung (**Konzentration**) |
| Welche weiteren Materialien benötige ich? | | Textmarker, Bleistift, Notizpapier |

### Durchführungsphase

Verschaffen Sie sich also zunächst einen Überblick, indem Sie den Text überfliegen. Achten Sie auf Überschriften, Untertitel, Vorwort, Inhaltsverzeichnis, Hervorhebungen (Fettdruck, Farbe usw.), grafische Darstellungen und Glossar oder Literaturverzeichnis.

Beim zweiten Schritt überlegen Sie sich, auf welche Fragen Ihnen der Text eine Antwort gibt. Damit bereiten Sie sich auf zielgerichtetes Lesen vor und fördern das Interesse. Halten Sie diese Fragen schriftlich fest, um immer wieder darauf zurückzugreifen.

Lesen Sie nun den Text gründlich durch. Achten Sie auf Ihre Fragen, indem Sie kleine Pausen einlegen und über das Gelesene nachdenken. Machen Sie sich eigene Gedanken über den Text. Fremdwörter schlagen Sie im Wörterbuch nach.

Nachdem Sie einen Abschnitt gelesen haben, machen Sie sich **Randnotizen**. Schreiben Sie die Hauptgedanken, Fragen oder eigene Gedanken auf. Machen Sie sich zusätzliche Markierungen. Setzen Sie höchstens vier Farben ein. **Markieren** Sie sparsam!

### Nachbereitungsphase

Fassen Sie nun das Gelesene gedanklich oder laut sprechend mithilfe der Überschriften, Ihrer Notizen bzw. Markierungen zusammen und fragen Sie sich: Was sind die Hauptgedanken bzw. -erkenntnisse? Was habe ich noch nicht verstanden? Wo liegen die Schwierigkeiten?

 

Lesen Sie effektiv, d. h., nachdem Sie Markierungen und Randnotizen beim Text vorgenommen haben, **strukturieren** bzw. **visualisieren** Sie die Inhalte mit **grafischen Mitteln**. So werden Zusammenhänge deutlicher und können auch zu einem späteren Zeitpunkt leicht und schnell wieder ins Gedächtnis gerufen werden, ohne den ganzen Text noch einmal zu lesen.

Am einfachsten ist es, Sie erhalten zu dem Text Fragen, die Sie beantworten. Als leichte Fragen zählen hier jene, die sich explizit auf Informationen im Text beziehen, anspruchsvolle ergeben sich aus dem Zusammenhang des Textes.

Erhalten Sie keine Fragen, so überlegen Sie im Nachhinein, worum es in diesem Text ging. Welches sind die Hauptgedanken? Welches ist meine Erkenntnis? Wo sehe ich Schwierigkeiten? Was habe ich nicht verstanden? Welche Fragen sind noch offen?

Damit Sie das Gelesene besser verstehen, erzählen Sie sich selbst oder jemand anderem den Inhalt des Textes. Verwenden Sie die Fachsprache. Schwierige Textteile lesen Sie wiederholt. Ergänzen Sie ggf. Ihre Notizen.

## Informationen beschaffen und filtern (Internetrecherche)

Bei der Suche nach Inhalten für eine Präsentation, ein Referat oder Firmen für einen Praktikumsplatz ist das Internet die erste Anlaufstelle. Nicht immer haben wir die passenden Bücher zum Inhalt des Referates zur Hand, aber auf Informationen aus dem Internet können wir rund um die Uhr zugreifen. Allerdings finden wir dort Unmengen an Informationen, sodass wir strategisch recherchieren sollten. Einige mögliche Vorgehensweisen werden hier vorgestellt:

**Suchmaschinen:** Am häufigsten wird auf große bzw. namhafte Suchmaschinen zurückgegriffen. Die Maschine arbeitet standardmäßig mit einer UND-Verknüpfung, um die Suchanfrage genauer zu formulieren und schneller an die gewünschten Informationen zu gelangen.

**Und-Verknüpfung: Ausbildung Einzelhandel Lebensmittel**

Bei manchen Suchmaschinen werden die Suchbegriffe mit Leerzeichen abgetrennt, bei anderen wiederum mit einem Pluszeichen. So werden nur Informationen zu Ausbildungen bzw. Ausbildungsmöglichkeiten im Einzelhandel, und zwar speziell im Sektor Lebensmittel angezeigt. Die Informationen können mithilfe der „erweiterten Suche" noch stärker gefiltert werden.

| Es wird nach Seiten gesucht, die | Eingabe in das Suchfeld | Hinweise |
|---|---|---|
| ... all diese Wörter enthalten: | Ausbildung Einzelhandel Kompetenzen Fähigkeiten Interessen | Geben Sie die wichtigsten Wörter ein. |
| ... diese Wortgruppe enthalten: | „Ausbildung Einzelhandel Perspektive nach der Ausbildung" | Setzen Sie die gesuchten Wörter zwischen Anführungszeichen. |
| ... eines dieser Wörter enthalten: | Schulabschluss OR Zugangsvoraussetzungen | Geben Sie **OR** zwischen allen gesuchten Wörtern ein. |

 

Die Suchergebnisse können weiterhin hinsichtlich Sprache, Land, letzte Aktualisierung etc. eingegrenzt werden. Suchmaschinen erlauben außerdem die Suche nach einer bestimmten Textpassage. Um eine solche Suche zu starten, muss man meist die gesamte Phrase in Anführungszeichen setzen.

**Beispiel: „Er hat sich stets bemüht, die ihm übertragenen Aufgaben in"**

Um herauszufinden, ob dieser Passus in einem Arbeitszeugnis positiv oder eher negativ auszulegen ist, gibt man die Textpassage in Anführungszeichen an.

**Suchleiste:** Mit der Suchleiste kann auf der aktuellen Seite nach bestimmten Wörtern gesucht werden.

**Lesezeichenleiste:** Informative Websites bzw. Webadressen sollten als Lesezeichen gespeichert werden. Die Lesezeichenleiste ist standardmäßig unter der Adressleiste verankert. Um einen Überblick zu behalten, sollten mit dem Lesezeichenmanager die gespeicherte Website durch das Anlegen von Ordnern thematisch eingeordnet werden.

**Newsgroups:** Es werden fachliche Diskussionsforen aller Art zur Verfügung gestellt, an denen jeder teilnehmen kann. Jemand schreibt einen Artikel bzw. eine Nachricht für die Newsgroup. Ein anderer nimmt anschließend Bezug und äußert sich zu dem Artikel. Es folgen ggf. andere Leserbriefe, die sich auf den Artikel beziehen. Sie können hier also Fragen an ein Publikum stellen, das über spezielle Fachkenntnisse in einem bestimmten Themengebiet verfügt.

**Internetforum:** Hier können Sie sich in ein virtuelles Diskussionsforum zum Austausch und Archivieren von Gedanken, Meinungen und Erfahrungen einklicken. Jeder kann Diskussionsbeiträge (Postings) schreiben, die andere lesen und beantworten können.

**Webkataloge:** Vergleichbar mit einer Bücherei, in der die Bücher nach Themen katalogisiert werden, finden Sie in Webkatalogen Adressen von Webseiten nach Themen sortiert aufgelistet.

**Wikipedia:** Öffentliches Online-Nachschlagewerk, auf das jeder zugreifen kann. Es eignet sich besonders, um einen ersten Überblick über das Gesuchte zu bekommen. Wikipedia ist allerdings keine zitierfähige Quelle.

**Wikis.** Hier werden Informationen erfasst, gesammelt und anderen Menschen zur Verfügung gestellt, die sich ebenso an der Erfassung beteiligen können. Der Austausch findet in einer geschlossenen Gruppe, einer Art Intranet statt.

## Informationen festhalten und darstellen

Die vermeintliche Fülle der Informationen aus dem Internet verführt geradezu zu einem schnellen und unreflektierten Kopieren und Einfügen. Aber ist das korrekt bzw. erlaubt? Andererseits sollten doch die Erkenntnisse bzw. Standpunkte Dritter in einem Referat oder einer Präsentation genannt werden, um so die eigenen Fachkenntnisse begründen zu können. Mit den rechtlichen Grundlagen im Internet oder sozialen Medien sollten Sie sich auskennen, um Konflikte und schlimmstenfalls Haftungsrisiken zu vermeiden. Beachten Sie:

 

## Datenschutz

**Eigene Texte und Fotos** ins Netz stellen ist erlaubt. Sobald eine weitere Person auf dem Bild zu sehen ist, darf das Foto nur mit Zustimmung dieser Person veröffentlicht werden. Bei ungefragter Veröffentlichung wird deren Persönlichkeitsrecht verletzt. Bei der Veröffentlichung von Fotos sollte bedacht werden, dass z. B. Fotos von betrunkenen Leuten auf einer Party lustig für andere anzusehen sind, die Person selbst aber so unter Umständen zum Objekt allgemeiner Belustigung oder gar von Mobbing wird.

**Fremde Inhalte,** wie z. B. Musik, Filme, Texte, Fernsehsendungen, Computerprogramme, Grafiken etc., sind in der Regel urheberrechtlich geschützte Werke, die mit dem ©-Logo versehen sind. Die Nutzung dieser Inhalte ist in der Regel im privaten Bereich auch ohne Zustimmung der Rechteinhaber erlaubt. Die Weitergabe an Dritte ist zulässig, Voraussetzung ist jedoch, dass die Kopien im privaten Bereich verbleiben, also nicht an nur flüchtig Bekannte weitergegeben werden.

Da eine Kontrolle der Haushalte nicht durchsetzbar war, wurde vom Gesetzgeber die legale Privatkopie (§ 53 Absatz 1 Satz 1 UrhG) eingeräumt. Zum finanziellen Ausgleich für die Urheber und Verwerter wurden Urheberabgaben eingeführt. § 53 (1) 1 UrhG besagt aber, dass Privatkopien nicht zulässig sind, sofern zur Vervielfältigung „eine offensichtlich rechtswidrig hergestellte oder öffentlich zugänglich gemachte Vorlage" verwendet wird.

Beim Ansehen von Videos oder Hören von Musik verstoßen Sie nicht gegen das Urheberrecht, unabhängig davon, ob sie rechtmäßig oder illegal ins Netz gestellt wurden. Verboten ist, Filme hochzuladen oder Musikdateien von einer CD oder aus dem Internet in einer Tauschbörse zum Download bereitzustellen. Dann nutzen Sie die Werke nicht mehr für den privaten Bereich, sondern machen sie öffentlich zugänglich (vgl. klicksafe, 2011). Hierbei besteht auch kein Unterschied, ob die fremden Inhalte ohnehin frei online zugänglich sind oder ob der Urheber selbst kommerziell oder nicht-kommerziell tätig ist. Wenn Sie einen Text von einer fremden Webseite auf die eigene stellen, bedarf es der Zustimmung des Autors. Wenn Sie auf den Text hinweisen wollen, sollten Sie einen Hyperlink setzen, denn das ist keine Urheberrechtsverletzung.

**Freie Inhalte** (Musik, Texte, Fotos, Filme) sind am CC-Logo zu erkennen und deren Nutzung wurde von den Urhebern ausdrücklich gestattet. Ein Klick auf das CC-Logo führt auf eine Webseite, auf der erklärt wird, was mit dem Inhalt gemacht werden darf und welche Regeln dabei zu beachten sind.

## Urheberrecht

Es wird geschützt, wenn die Quellen der gewonnenen Informationen korrekt zitiert werden. Dabei ist zu beachten:

Alle wörtlich oder sinngemäß aus fremden Quellen übernommenen Gedanken (= Zitate) müssen als solche zu erkennen und prüfbar sein; sie sind im Text eindeutig zu kennzeichnen. Es gibt verschiedene Zitiertechniken. Alle Prüfungskommissionen geben jedoch eigene Zitierrichtlinien heraus oder erwarten die Einhaltung bestimmter Varianten. Die praktizierte Zitiertechnik ist durchgehend in der gesamten Arbeit einzuhalten.

**Wörtliche (direkte) Zitate:** Sie werden in Anführungszeichen gesetzt. Von wörtlichen Zitaten spricht man, wenn fremde Ausführungen original- und buchstabengetreu in den eigentlichen Text übernommen werden. Sie sollten maximal zwei bis drei Sätze umfassen und allenfalls dann verwendet werden, wenn sie gelungen oder originell formuliert sind. Bei der **Harvard-Zitierweise** werden nach einem Zitat in Klammern im laufenden Text Verfasser, Erscheinungsjahr und Seite der Fundstelle angegeben.

> *„Zu den schwachen Hervorhebungen, die erst während des Lesens auffallen, zählen Anführungszeichen und Kursivschrift" (Brämer & Blesius, 2008, S. 94).*

**Veränderte Zitate:** Jede Veränderung im wörtlichen Zitat ist durch eckige Klammern kenntlich zu machen. Wer Text, Hinweise bzw. Anmerkungen in das Originalzitat einfügt, klammert diese Ergänzung ein und kennzeichnet sie mit dem Hinweis [xxx; Anm. d. Verf.].

> *„Zu den schwachen Hervorhebungen [genaue Differenzierung; Anm. d. Verf.], die erst während des Lesens auffallen, zählen Anführungszeichen und Kursivschrift" (Brämer & Blesius, 2008, S. 94).*

Weglassung innerhalb eines Zitats sind wie folgt zu kennzeichnen: [.] für ein ausgelassenes Wort [...] für mehr als ein ausgelassenes Wort.

> *„Zu den schwachen Hervorhebungen [...] zählen Anführungszeichen und Kursivschrift" (Brämer & Blesius, 2008, S. 94).*

**Indirekte Zitate:** Bei sinngemäßen (indirekten) Zitaten werden Gedanken bzw. Ausführungen anderer übernommen oder sich daran angelehnt, ohne indessen den betreffenden Text wörtlich wiederzugeben. Indirekte Zitate werden nicht zwischen Anführungszeichen gesetzt. Bezieht sich die Quellenangabe lediglich auf den Satz, steht sie vor dem Satzschlusspunkt in Klammern. Bezieht sie sich auf den Absatz, steht sie hinter dem Satzschlusspunkt in Klammern. Der Quellenverweis bei sinngemäßen Zitaten muss unbedingt mit dem Zusatz „vgl." beginnen. Dieser entfällt, falls ein einleitender Satz den Autor bzw. die Autoren nennt; dann erscheinen in Klammern lediglich Jahr und Seite(n).

> *Zu den starken Hervorhebungen zählen Einrückung und Zentrieren (vgl. Brämer & Blesius, 2011).*
>
> *Zu den starken Hervorhebungen zählen Einrückung und Zentrierung. Die Anführungszeichen und Kursivschrift gehören zu den schwachen Hervorhebungen, da sie erst während des Lesens auffallen. (vgl. Brämer & Blesius, 2011)*
>
> *Brämer und Blesius (2011, S. 94) vertreten die Auffassung, dass Einrückung und Zentrieren innerhalb einer Textseite nur einmal verwendet werden sollten.*

**Mehrere Autoren:** Bei mehr als drei Autoren genügt es, im Text den ersten Verfasser mit dem Zusatz „u. a." bzw. „et al." zu versehen. Bezieht sich das Zitat auf zwei aufeinanderfolgende Textseiten, so schreibt man „S. 1 f."; bei mehr als zwei Seiten lautet die korrekte Angabe „S. 1 - 7" bzw. S. 1 ff.". Ein längeres Zitat kann im Text mit einer entsprechenden Formulierung eingeleitet werden. Enthalten Internetquellen keine Seitenzahl, genügt es, den Autor bzw. Herausgeber und das Jahr zu nennen.

> *Der Inhalt des folgenden Abschnitts basiert im Wesentlichen auf Müller u. a. (2010, S. 94 ff.) ...*

## Abbildungen, Tabellen und Grafiken erstellen

Schaubilder oder Tabellen werden verwendet, damit die Ergebnisse verständlicher werden. Sie dienen als „Eyecatcher" und lockern das Schriftbild auf. Sehr einfach lassen sich **Abbildungen** und **Tabellen** mit den MS-Office-Funktionen erstellen. Jede Abbildung, Tabelle oder Grafik sollte einen aussagekräftigen Titel erhalten. Der Informationsgehalt von Abbildungen, Tabellen und Grafiken muss immer im Text ausformuliert werden. An jener Stelle, wo mit inhaltlichen Aussagen der Tabelle oder Grafik argumentiert wird, sollte ein entsprechender Hinweis stehen (z. B. „vgl. Abb. 2" oder „vgl. Tab. 3").

Abb. 1: Meilensteine definieren

Quelle: Brämer & Blesius (2011, S. 38).

Quellenangaben für Darstellungen (Tabellen, Grafiken, Abbildungen) stehen nicht in der Fußnote, sondern direkt unter der Tabelle bzw. Abbildung. Abbildungen und Tabellen in den Anhang zu verlagern, ist nicht ratsam und zugleich schädlich, weil dann nicht kraftvoll genug argumentiert werden kann. Je nachdem, wie stark die Abbildungen etc. sich inhaltlich von einer oder mehreren Quellen entfernen, kann zwischen folgenden Optionen gewählt werden:

Quelle: Brämer & Blesius (2011, S. 106).
Quelle: Brämer & Blesius (2011, S. 106); leicht modifiziert.
Quelle: Brämer & Blesius (2011, S. 106); stark modifiziert.
Quelle: eigene Darstellung auf der Basis von Brämer & Blesius (2011, S. 106).
Quelle: eigene Erhebung.

## Literaturverzeichnis erstellen

Das Literaturverzeichnis soll dem Leser ermöglichen, die Quellen ohne unnötige Mühe zu beschaffen, um sie nachvollziehen und überprüfen zu können. Es beginnt mit der Überschrift „Literaturverzeichnis". Im Literaturverzeichnis sind alle in der Arbeit verwendeten Texte, **Bücher**, Aufsätze, Gesetzestexte, Internetseiten etc. aufzuführen.

Es gibt eine nicht mehr überschaubare Anzahl von verschiedenen akademischen Zitierweisen. Wichtig ist, in einer Arbeit die gewählte Zitierweise strikt durchzuhalten. So ist die Quelle im APA-Standard (American Psychological Association) wie folgt anzugeben: Nachname, Vorname als Initiale. (Erscheinungsjahr). *Titel*. (ggf. Aufl.). Verlagsort: Verlag.

Satzzeichen, wie Punkt, Komma, Klammer und Doppelpunkt sind zu beachten. Die Namen werden herausgerückt (Hängender Einzug um 1 cm). Titel wie „Dr." oder „Prof." werden nie angegeben. Die Einträge sind alphabetisch nach den Nachnamen der Verfasser zu ordnen. Innerhalb gleicher Nachnamen wird nach den Vornamen sortiert.

**Müller, A.** (2014). *Anleitung für die Erstellung und Publikation wissenschaftlicher Arbeiten.* (3. Aufl.). Buxtehude: Phantasie-Verlag.

**Müller, K.** (2012). *Hausarbeiten richtig verfassen.* (2. Aufl.). Trier: Verlag an der Mosel.

Mehrere Titel eines Verfassers werden in zeitlich aufsteigender Reihenfolge angeordnet. Die Auflage wird immer als Aufl. abgekürzt und erst ab der 2. Auflage genannt.

**Müller, A.** (2014). *Wissenschaftliches Arbeiten.* Buxtehude: Phantasie-Verlag.

**Müller A.** (2014). *Technik des wissenschaftlichen Arbeitens.* (4. Aufl.). Buxtehude: Phantasie-Verlag.

**Beispiel:** Haben mehrere Titel mit Co-Autoren den gleichen ersten Autor, wird innerhalb dieser Gruppe nach dem Namen des zweiten Autors sortiert. Das Trennzeichen zwischen zwei Autoren ist das Et-Zeichen; bei mehreren Autoren wird lediglich vor dem letztgenannten das Et-Zeichen geschrieben. Bei mehr als drei Autoren folgt hinter dem ersten Namen der Zusatz „u. a." oder „et al.".

**Müller, A. & Becker, J.** (2014). *Publizieren im Bereich der Sozial- und Humanwissenschaften.* Buxtehude: Phantasie-Verlag.

**Müller A. & Schmitt, K.** (2014). *Leitfaden zum wissenschaftlichen Arbeiten.* (6. Aufl.). Buxtehude: Phantasie-Verlag.

**Müller A., Ullrich, G. & Becker, J.** (2014). *Wissenschaftliches Arbeiten und Wissenschaftstheorie: Eine Einführung für Studierende.* Buxtehude: Phantasie-Verlag.

Zitate aus **Zeitschriftenartikeln** werden nach folgendem Schema angegeben:

Nachname, Vorname als Initiale. *Titel des Beitrages.* Name der Zeitschrift, Jahrgang (Ausgabe), Seitenzahl(en).

**Müller, A.** *Erfolgreich wissenschaftlich publizieren.* Das Magazin für strategisches Marketing, 2014 (2), 35-38.

**Internetquellen:** Grundsätzlich gelten für die Angabe von Internetquellen die gleichen Grundregeln wie für gedruckte Quellen. Internetinhalte haben oft nur einen kurzen Bestand mit unbekannter Dauer. Da die Quellen überprüfbar sein müssen, sollten die Internetseiten ausgedruckt oder auf einem eigenen Datenträger gespeichert werden. Zitierte Quellen müssen grundsätzlich so nachgewiesen werden, dass der Leser sie auch zu einem späteren Zeitpunkt finden und nachvollziehen kann. Internetseiten können nach folgendem Schema angegeben werden:

Name, Vorname als Initiale. (Erscheinungsjahr). *Titel des Beitrages.* Gefunden am Datum. unter URL. ggf. Seitenzahl bei PDF-Dateien.

**Müller, A.** (2014).*10 Tipps zum Erstellen von wissenschaftlichen Arbeiten.* Gefunden am 29. April 2014. unter www.phantasieverlag.de/tipps.

Das Datum für Internet-Quellen ist nur dann international eindeutig, wenn der Monat in Buchstaben (ggf. abgekürzt) und das Jahr vierstellig geschrieben werden. Auf die einleitende Angabe von „http://" wird verzichtet. Internet-Adressen (URL) sollten am Zeilenende an einer sinnvollen Stelle (z. B. hinter einem Schrägstrich) getrennt und nicht mit einem Trennstrich gekennzeichnet werden; er könnte sonst leicht als Adressbestandteil missverstanden werden.

Werden von einem Internetauftritt mehrere Seiten zitiert, so sollte zur besseren Übersicht nach der Jahreszahl durchnummeriert werden.

**Müller, A.** (2014-1).*10 Tipps zum Erstellen von wissenschaftlichen Arbeiten.* Gefunden am 29. April 2014. unter www.phantasieverlag.de/phasen.

**Müller, A.** (2014-2).*10 Tipps zum Erstellen von wissenschaftlichen Arbeiten.* Gefunden am 29. April 2014. unter www.phantasieverlag.de/literaturverzeichnis.

**Müller, A.** (2014-3).*10 Tipps zum Erstellen von wissenschaftlichen Arbeiten.* Gefunden am 29. April 2014. unter www.phantasieverlag.de/gliederungsarten.

## Texte markieren

Wichtige Textstellen sollten hervorgehoben werden, damit sie leicht wiederzufinden sind. Es können Texte durch Codes oder Stichwörter ergänzt oder Wichtiges durch Farbe und Symbole markiert werden. Pfeile zeigen Zusammenhänge. Auch eigene Fragen, Widersprüche und Zustimmungen können durch Bildzeichen verdeutlicht werden. Es kommt auf das Thema der Arbeit, die Fragestellung bzw. das Erkenntnisinteresse an, was hervorzuheben ist. Häufig sind es:

- Fachbegriffe
- Thematisch relevante Schlüsselwörter
- Definitionen
- Regeln
- Jahresangaben
- Literaturhinweise
- Zentrale Thesen
- Textstellen, die Widerspruch erregen

**Techniken:** Mit Unterstreichungen (am besten eignet sich dazu ein Bleistift) können schon bei der ersten Lektüre eines Textes wichtige Gesichtspunkte hervorgehoben werden. Allerdings sollten Sie sich vor zeilenweisem Unterstreichen hüten. Stattdessen ist ein Längsstrich am Rand des Textes angebracht, wenn Passagen länger als zwei Zeilen, gekennzeichnet werden. Im zweiten Lektüredurchgang können dann bei genauerer Textkenntnis einzelne Begriffe und Wendungen in dem so markierten Abschnitt hervorgehoben werden. (Nun kann ein Textmarker eingesetzt werden.)

Randbemerkungen oder Markierungen am Rand oder innerhalb eines Textes bewirken den nötigen Überblick. Ziel ist es, die Schlüsselbegriffe zu erfassen, die Hauptthesen zu erkennen und den gedanklichen Aufbau des Textes herauszuarbeiten. Im Prinzip sollte es möglich sein, mit den markierten Stellen den Text kurz zusammenzufassen. Fehlen zur Logik Punkte, wurde unvollständig markiert!

Um das Markieren und Hervorheben übersichtlich zu gestalten und die Markierungen auch nach längerer Zeit noch verstehen zu können, können bestimmte Arten von Randmarkierungen oder -kommentaren verwendet werden. Hierzu ein paar Vorschläge:

| Randmarkierungen | Markierungen innerhalb des Textes | Randkommentare |
|---|---|---|
| ⇨ / wichtig<br>⇨ // sehr wichtig<br>⇨ ! erstaunlich<br>⇨ ? fragwürdig<br>⇨ + gut<br>⇨ – schlecht | ⇨ einkreisen<br>⇨ einrahmen<br>⇨ unterstreichen<br>⇨ Wellenlinien<br>⇨ mehrfarbig markieren | ⇨ Th (These)<br>⇨ Arg (Argument)<br>⇨ Def (Definition)<br>⇨ Log (Logik)<br>⇨ Bsp (Beispiel) |

## Inhalte strukturieren und visualisieren

Um sich das Strukturieren der Texte, einzelner Textpassagen oder Sinnabschnitte zu erleichtern, können Sie z. B. grafische Strukturierungshilfen nutzen. Listen Sie dazu zunächst alle Textelemente, die Sie in eine Struktur bringen möchten, auf und bringen Sie sie in einem nächsten Schritt in eine räumliche Ordnung zueinander. Das kann durch typografische bzw. durch grafische Mittel geschehen.

Zu den **typografischen** Mitteln zählen Absätze, mehrspaltiger Text, Nummerierung und Aufzählung.

Text Text Text Text Text Text
Text Text Text Text Text Text

Text Text Text Text Text Text
Text Text Text Text Text Text

| | |
|---|---|
| Text Text Text | Text Text Text |
| Text Text Text | Text Text Text |
| | Text Text Text |
| Text Text Text | Text Text Text |
| Text Text Text | Text Text Text |

Text Text Text Text Text ...

1. Text Text Text
2. Text Text Text

Text Text Text Text Text ...

Text Text Text Text Text ...

⇨ Text Text Text
⇨ Text Text Text

Text Text Text Text Text ...

**Grafische Mittel** (Visualisierungen) bieten sich an, um Texte und Textinhalte zu ordnen, Verbindungen zu erkennen und Zusammenhänge herzustellen. MS-Word bietet hier unter „Illustrationen – SmartArt" eine große Vielfalt von grafischen Darstellungen an.

| Was wird geordnet? | Wie wird geordnet? | Beispiele |
|---|---|---|
| Gleiche Ebene<br>Aufzählung | Liste |  |
| Über- und Unterordnung | Organigramm/Hierarchie,<br>MindMap (siehe nächste Seite) | 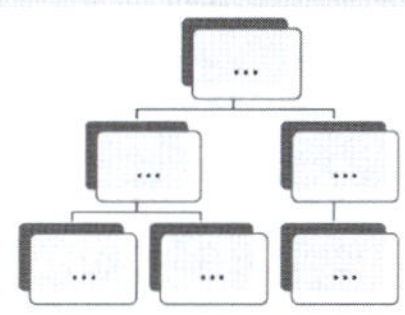 |
| Elemente, die zu vergleichen oder zu beurteilen sind | Matrix<br>Entscheidungs-Matrix | 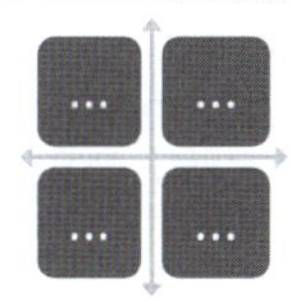 |
| In welcher Beziehung stehen die Aussagen zueinander? | Pro und Kontra,<br>Ideen vergleichen,<br>Beziehungsnetz | 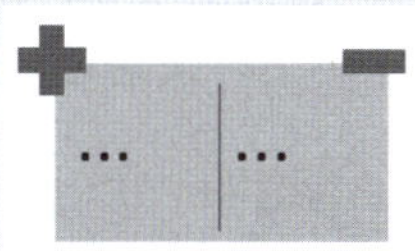 |
| Dinge, die in einer Entwicklung stehen | Prozessablauf | 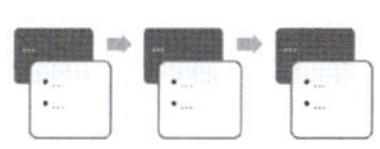 |

## MindMaps erstellen

MindMapping ist eine gehirngerechte Kreativitätstechnik, die in den Siebzigerjahren von Tony Buzan erfunden worden ist. In MindMaps notieren Sie Ihre Gedanken nicht wie üblich hinter- oder untereinander. Stattdessen schreiben Sie das Hauptthema Ihrer Notizen auf die Mitte des Blattes und notieren Ihre Gedanken als Schlüsselwörter auf Linien, die von der Mitte der MindMap ausgehen. Dadurch entsteht eine bildhafte Darstellung Ihrer Gedanken, also so etwas wie eine Gedankenkarte.

Mindmaps unterstützen das radiale Denken, sprich die unterschiedlichen Funktionen der Gehirnhälften. Die rechte Hälfte ist bestimmend für Räumlichkeit, Gestalt, Vorstellungsvermögen, Rhythmus und emotionale Verarbeitung. Die linke Seite hingegen steht für Symbole, Wörter, Zahlen sowie Logik. Somit haben Mindmaps gegenüber linearen Notizen und Aufzeichnungen viele Vorteile: Man spart beim Anfertigen, Lesen oder Wiederholen viel Zeit, da man sich auf wichtige Schlüsselwörter und Themen konzentriert. Kreativität und Erinnerung werden aktiviert, und damit wächst auch der Gedankenstrom.

## MindMaps von Hand

- Das Papier wird im Querformat genutzt. In die Mitte der Seite wird ein einprägsames Bild gezeichnet oder das Hauptthema geschrieben.
- Von dem zentralen Bild/Hauptthema ausgehend wird für jeden tiefergehenden Gedanken bzw. Unterpunkt eine Linie gezeichnet.
- Auf diese Linien werden die einzelnen Schlüsselwörter zu den Unterpunkten geschrieben. Diese Wörter sollten in Druckbuchstaben eingetragen werden, um die Lesbarkeit und Einprägsamkeit der MindMap zu erhöhen (nur Wörter – keine ganzen Sätze).
- Von den eingezeichneten Linien können wiederum Linien ausgehen, auf denen die einzelnen Hauptgedanken weiter untergliedert werden. Von diesen weiterführenden Linien können wieder andere ausgehen etc.
- Benutzen Sie unterschiedliche Farben, um die Übersichtlichkeit zu erhöhen. Gleichzeitig können beispielsweise auch zusammengehörende Gedanken und Ideen leicht durch Verwendung der gleichen Farbe verdeutlicht werden.
- Symbole, wie z. B. Pfeile, geometrische Figuren, kleine Bilder, gemalte Ausrufe- oder Fragezeichen und selbst definierte Sinnbilder, sind so oft wie möglich zu nutzen; sie erleichtern die Erfassung des Inhalts und können helfen, einzelne Bereiche abzugrenzen oder hervorzuheben.

Bei kreativen Überlegungen sollten Sie sich nicht allzu lange damit beschäftigen, an welcher Stelle die MindMap ergänzt wird. Das stört nur den freien Gedankenfluss; schließlich kann schneller gedacht als geschrieben werden. Umstellungen können später immer noch in einer Neuzeichnung vorgenommen werden. Dieses Vorgehen hat außerdem den Vorteil, sich ein weiteres Mal mit der gemappten Thematik zu befassen. So kann der Inhalt besser erinnert und verstanden werden, und es besteht die Chance, den entscheidenden Gedanken gerade bei dieser Neugestaltung zu bekommen. MindMapping kommt überall dort zum Einsatz, wo kreatives Denken, Entscheidungsfindung, Brainstorming, Teamarbeit oder Projektmanagement gefragt sind.

## MindMaps am PC

MindMapping am Computer ist einfach praktisch. Man kann den kreativen Teil des Prozesses strikt von seinem auszuführenden Teil trennen. Mit der Zoom-Technik des Programms ist es möglich, sehr große Mappen zu erstellen. Befinden sich mehrere MindMaps auf verschiedenen Ebenen, kann man sie durch Links miteinander verbinden.

Es gibt eine MindManager-Software für den Schulgebrauch, den sogenannten MindManager-Smart. Diese Version wird von der Firma Mindjet für Schulen kostenlos zur Verfügung gestellt. Schulen aus Deutschland können die Version von den Bildungsservern ihrer Länder downloaden. Geeignet ist der MindManager-Smart für die Unterrichtsvorbereitung, Erarbeitung von Inhalten, Vorbereitung von Referaten und Projektarbeit.

Der Aufbau einer MindMap gliedert sich typischerweise in folgende Schritte:

1. Start mit dem zentralen Thema/Konzept
2. Erzeugen von Zweigen und Unterzweigen, die alle damit verbundenen Ideen und Themen aufnehmen
3. Hinzufügen von Bildern, Dokumenten und Hyperlinks zu jedem Zweig nach Bedarf
4. Logische Anordnung der Zweige
5. Erzeugen von sichtbaren Links zwischen miteinander in Beziehung stehenden Zweigen
6. Präsentieren oder Veröffentlichen der MindMap

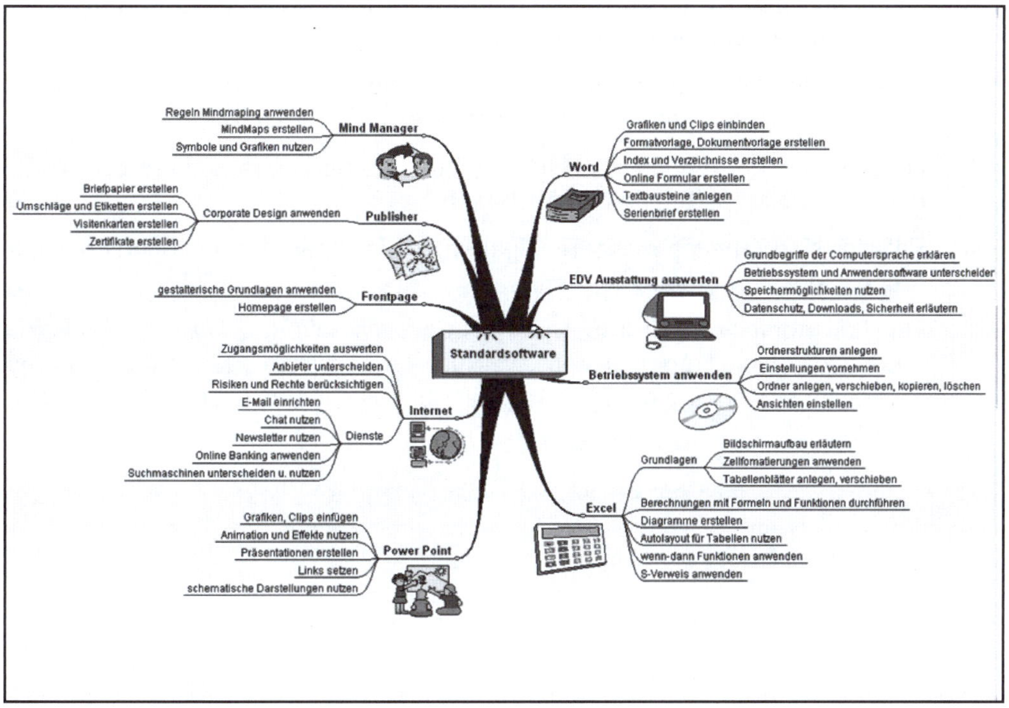

## Checklistentechnik anwenden

Die Checkliste ist eine Zusammenstellung von Fragen, mit denen versucht wird, alle Problemfelder des Istzustandes zu behandeln und systematisch Schwachstellen zu finden. Entscheidungsrelevante Merkmale werden als Frage formuliert und zu einem Katalog zusammengefasst. Bei der Zusammensetzung spielen sowohl die logische Betrachtung des Untersuchungsbereiches als auch die Erfahrungen aus der Praxis eine relevante Rolle.

Zwei Zielvorstellungen müssen bei der Erstellung beachtet werden: Zum einen sollen Schwachstellen und Mängel erkannt werden, zum anderen geläufige Lösungsmöglichkeiten des Untersuchungsbereichs geprüft werden. Für viele Aufgaben gibt es bereits Checklisten, die von Experten erstellt wurden, und die dem Nutzer aufzeigen wollen, wie er eine Lösung für seine Aufgabe findet. Man findet sie im Internet, in Büchern oder Fachzeitschriften. Problem dabei ist, die jeweils richtige und passende Checkliste für die eigene Aufgabe zu finden.

Checklisten dienen der Übersicht, dem Einstieg in eine neue Arbeitsaufgabe sowie einer strukturierten Vorgehensweise. Selten machen sie das Nachdenken überflüssig. Erst in Kombination mit den eigenen Erfahrungen werden sie zu einem nützlichen Arbeitsinstrument.

### Folgende Aspekte sind zu beachten:

1. Erstellen Sie eine Arbeits- bzw. Formatvorlage für Ihre Checklisten, die wichtige Informationen enthält wie: Name des Erstellers, Themenbereich, Thema, Datum der Erstellung oder Versionsnummer. Das Layout sollte ansprechend und übersichtlich sein.
2. Sammeln Sie so viele Aspekte wie möglich, die in der Checkliste für das jeweilige Thema aufgenommen werden können.
3. Sprechen Sie mit Experten zum Thema, sammeln Sie Informationen aus dem Internet, aus Fachbüchern oder aus bestehenden Checklisten.
4. Erstellen Sie Ihre eigene Checkliste. Achten Sie darauf, dass diese den Nutzern genug Freiraum bietet, damit zu arbeiten.
5. Hilfreich sind Tabellen mit leeren Spalten, in die Nutzer eigene Ideen oder spezifische Aspekte eintragen können.
6. Eine besondere Form sind „Erinnerungs-Checklisten" oder „Analyse-Checklisten": Hier werden viele Fragen gestellt, die Nutzer mit Ja/Nein oder ähnlichen Kategorien beantworten. Sie dienen dazu, dass alle wichtigen Aspekte berücksichtigt werden.

## Informationsblätter erstellen

Informationsblätter sollten zielgruppenorientiert und ansprechend gestaltet sein, damit der Leser sich schnell auf dem Blatt zurechtfindet. Im Kopfteil sollten Lenkungsinformationen stehen: Name, Datum und Titel. In der Fußzeile stehen die Kontaktdaten wie E-Mail-Adresse, Anschrift bzw. Telefonnummer.

Die Officeprogramme bieten einen breiten Gestaltungsspielraum für das Layout. Allerdings sollten Sie die typografischen Regeln beachten, um einen ansprechenden Gesamteindruck zu erzielen.

## Typografische Regeln für die Gestaltung von Informationsblättern

Verwenden Sie niemals mehr als drei verschiedene Schriftarten, Schriftfarben, Schriftgrößen oder Schriftschnitte (fett, kursiv usw.).

Wir unterscheiden zwischen schwachen, mittleren und starken Hervorhebungen. Zu den schwachen Hervorhebungen, die erst während des Lesens auffallen, zählen Anführungszeichen und Kursivschrift.

Fettdruck und Farbe gehören zu den mittleren Hervorhebungen. Satzzeichen innerhalb einer Hervorhebung werden in die Formatierung mit einbezogen, wenn sie inhaltlich zum hervorzuhebenden Teil gehören (vgl. DIN, 2011, S. 19).

Zu den starken Hervorhebungen gehören die Einrückung und das Zentrieren, die innerhalb einer Textseite nur einmal verwendet werden sollten. Eingerückte und zentrierte Textteile werden vom vorausgehenden und vom folgenden Text durch je eine Leerzeile abgesetzt. Unterstreichungen sollten Sie vermeiden, da die Unterlängen weder gestreift noch geschnitten werden sollten (vgl. DIN 2011, S. 19).

Benutzen Sie in einem Text keine ähnlichen Schriften (Arial und Helvetica oder Garamond und Times), sondern gestalten Sie ihn mit klar unterscheidbaren Schriften (Arial mit Times). Bei größeren Textmengen (die auch gelesen werden sollen, also ab einer Seite) sollten Sie Serifenschriften[1] verwenden (Garamond, Times), bei geringeren Textmengen (Visitenkarten, Zeitungsanzeigen, Plakaten) sind serifenlose (Arial, Helvetica) oft sinnvoll, die aber im Grundsatz schlechter lesbar sind.

Nutzen Sie Ihren Platz nicht bis zum Letzten! Lassen Sie Raum! Oft ist ein Text mit kleinerer Schrift, aber größerem Zeilenabstand, besser lesbar. Eine freie, unbedruckte Fläche unterstreicht Ihre Botschaft besser, als marktschreierischer Fett- und Riesendruck. Das Layout (Text und Grafiken) sollte über das ganze Blatt reichen – auf keinen Fall das untere Drittel oder sogar die Hälfte des Blattes freilassen.

Der Text wird immer ein Drittel kleiner geschrieben als die Überschrift (also Schriftgrad 12/18 oder 16/24). Bilder und Grafiken müssen zu den Inhalten passen (vgl. Brämer & Blesius, 2011, S. 96).

---

1 Serifen sind kleine Endstriche eines Buchstabens, umgangssprachlich auch „Füßchen" genannt.

## Referate halten

Ein Referat schreiben ist spannend und zugleich anspruchsvoll. Hierzu benötigen Sie **ressourcenbezogene** und **kognitive** Lernstrategien. Einerseits sind die inhaltlichen (Lesen, Exzerpieren, Zitieren ...) und andererseits die arbeitsökonomischen Aspekte (Wie mache ich was und in welcher Reihenfolge?) zu beachten.

Im ersten Schritt erstellen Sie einen Arbeits- bzw. Zeitplan mit den notwendigen Schritten und deren sinnvolle zeitliche Abfolge. Im zweiten Schritt beschaffen Sie sich Informationen (Schulbücher, Lexika, Fachbücher, Zeitschriften, Zeitungen ...). Lesen, unterstreichen und exzerpieren Sie die Literatur. Wählen Sie die wesentlichen Informationen aus und bringen Sie die ausgewählten Informationen/Inhalte in eine schlüssige Reihenfolge. Schreiben Sie eine Gliederung Ihres Referats und skizzieren Sie eine Einleitung.

Im dritten Schritt erstellen Sie den Hauptteil des Referates. Beachten Sie den roten Faden in Ihrem eigenen Argumentationsgangs und die angemessene sowie korrekte Verwendung der Quellenangaben (Zitieren) der zu berücksichtigenden Literatur. Überprüfen Sie noch einmal Ihre Gliederung und erstellen Sie die Endfassung der Einleitung. Für den Referatsschluss wählen Sie eine Zusammenfassung oder persönliche Bemerkungen, Bewertungen oder konkrete Möglichkeiten der Anwendung. Im vierten Schritt überarbeiten Sie Ihr Konzept nach inhaltlichen, sprachlichen und formalen Aspekten. Stellen Sie Ihr Referat mit Deckblatt, Gliederung, darstellendem Text und Literaturverzeichnis fertig. Überprüfen Sie die Textgestaltung nach Layout und **Typografie**.

Im fünften Schritt bereiten Sie sich auf die Präsentation vor. Erstellen Sie einen Stichwortzettel für den Vortrag, welcher max. fünfzehn bis zwanzig Minuten dauern sollte. Fassen Sie die wesentlichen Aussagen schriftlich in einem Handout für Ihre Mitschüler(innen) zusammen. Entwerfen Sie eine zusätzliche Aufgabe, die Ihre Mitschüler(innen) nach Ihrem Referat lösen müssen (Fragebogen, Kreuzworträtsel o. Ä.).

Während des Vortrages sprechen Sie laut und deutlich und möglichst frei. Verwenden Sie bei Bedarf Ihre Stichwortzettel. Formulieren Sie kurze und verständliche Sätze, machen Sie kurze Pausen, wenn ein Gedanke abgeschlossen ist. Schauen Sie die Zuhörerinnen und Zuhörer an. Veranschaulichen Sie Ihre Ausführungen mithilfe der verfügbaren Medien (OHP/Folie, Tafel, Plakate, Wandzeitungen, Bilder ...). Nach dem Vortrag lassen Sie sich von den Zuhörerinnen und Zuhörern ein Feedback geben in Bezug auf Stärken und Schwächen hinsichtlich der Inhalte und der Art des Vortrags.

### Referaten zuhören

Stimmen Sie sich auf das Referat ein. Nehmen Sie sich vor, zuhören zu wollen. Inneres Sprechen kann diesen Vorgang unterstützen („Ich höre zu!"). Hören Sie genau zu. Achten Sie auf Hinweiswörter (z. B. Hervorzuheben ist, ...) auf Literaturhinweise, schriftlich präsentierte Informationen und auf Betonungen, Wiederholungen und Hervorhebungen. Schauen Sie auf die Referentin bzw. den Referenten. Achten Sie auf Gestik, Mimik und Körperhaltung der bzw. des Vortragenden. Sie erhalten so zusätzliche Hinweise, was als wichtig erachtet wird.

Schreiben Sie Wesentliches stichwortartig mit. Fangen Sie bei jedem neuen Gedanken einen neuen Absatz an. Stellen Sie Fragen. Erbitten Sie zusätzliche Erläuterungen. Ersuchen Sie um Begriffserklärungen. Reflektieren Sie das gehörte Referat. Erstellen Sie eine systematische Übersicht mit Stichwörtern und Diagrammen. Fragen Sie sich: Was habe ich gelernt? Wurden meine Erwartungen erfüllt? Gibt es weiterführende Fragen oder ist nun der Vorgang abgeschlossen?

# Metakognitive Lernstrategien – Lernfortschritt kontrollieren

## Lernzuwachs reflektieren

Sie haben schon Erfahrung mit Kontrollen, sei es in Hausaufgaben oder Prüfungen. Doch die Kontrollen sollten nicht immer von einer anderen Person durchgeführt werden. Zum selbstständigen Lernen ist es wichtig, sich selbst zu kontrollieren und noch einmal über alles nachzudenken. Nachdenken ist quasi die Vorstufe zum Reflektieren. Es ist etwas Alltägliches und jeder Mensch tut es unbewusst. Reflektieren jedoch sollten Sie bewusst, und zwar mit Abstand zu der Sache (d. h., vor bzw. nach dem Geschehen sich bewusst einige Dinge klarmachen).

Sie können in verschiedenen Ebenen reflektieren: Im Dialog, allein oder auch indem Sie es nochmals auf Papier bringen. Es gibt viele Dinge, die Sie reflektieren können: Erinnerungen, Wissen, Techniken usw.

Beim Reflektieren können Sie nochmals über sich selbst und das Erlernte nachdenken. Sie können Ihre eigenen Stärken und Schwächen reflektieren. Es hilft dabei, Fehler zu erkennen, um sie beim nächsten Mal zu vermeiden. Über das Erlernte noch einmal nachzudenken kann auch helfen, sich das Wissen noch einmal einzuprägen bzw. zu vertiefen. Manchmal erkennen Sie erst beim Reflektieren, dass Sie doch etwas nicht verstanden haben, und können sich dann wieder neues Wissen aneignen. Stellen Sie sich also für die Reflexion nachfolgende Fragen:

- Welche neuen Fachkompetenzen habe ich in dieser Lernsituation erweitert?
- Welche persönlichen Erfahrungen oder Einsichten habe ich gewonnen?
- Welche Methoden, Arbeitstechniken oder Lernstrategien habe ich vertieft?
- Was hat mich am Lernen behindert?
- Welche Emotionen habe ich in dieser Lernsituation empfunden?
- Wie bewerte ich die Lernsituation?
- Welche inneren Zustände habe ich empfunden?
- Welche Erwartungen resultieren aus dem neuen Kompetenzerwerb?
- Welche Ziele setze ich mir für die Zukunft?

## Lernprozess planen

Jedoch bedeutet Reflektieren nicht nur, über Geschehenes nachzudenken, sondern auch den ganzen Lernprozess von Anfang bis Ende zu lenken. Vor dem Beginn der Aufgabe sollten Sie sich überlegen, wie Sie sich in einer Lernsituation verhalten wollen. Dieser Prozess wird in drei Schritte unterteilt:

⇨ Erst einmal denken Sie über die Lernsituation nach und machen sich klar, um was es überhaupt geht.
⇨ Als Zweites überlegen Sie, welche Strategien Sie zum Bewältigen dieser Aufgabe anwenden können.
⇨ Zum Schluss wählen Sie ein bestimmtes Vorgehen für diese Lernsituation aus.

## Entwicklungs-Portfolio erstellen

Um Ihren Lernprozess systematisch zu steuern, sollten Sie regelmäßig Reflexionen durchführen, aber auch Ihre erstellten Handlungsprodukte (abgeschlossene Arbeitsergebnisse, z. B. Checkliste, MindMap, Aufzeichnung des szenischen Spiels usw.) in einer Mappe chronologisch abheften. Diese Mappe zeigt Ihren Kompetenzzuwachs, sowohl im Fachlichen als auch in Ihrer Persönlichkeit, und wird als Entwicklungs-Portfolio bezeichnet.

## Brainstorming organisieren

Das Brainstorming ist der Klassiker unter den Kreativitätsmethoden. Es eignet sich zum Finden möglichst vieler Ideen – zu einem vorgegebenen Thema oder zur Lösung eines vorgegebenen Problems. Moderatoren überwachen die Einhaltung der Regeln und dokumentieren die Ideen. Sie geben Impulse bzw. stellen Fragen. Eine kreisförmige oder quadratische Sitzordnung wird als sinnvoll angesehen.

### Vor dem Brainstorming

Der Brainstorming-Sitzung sollte eine Problemanalyse durch den Moderator (evtl. unter Hinzuziehung von Experten) vorausgehen. Wird dabei erkannt, dass es sich um ein sehr komplexes Problem handelt, so sollte dieses in übersichtlichere Teilprobleme untergliedert werden. Zum Beginn der Brainstorming-Sitzung wird dann die zu behandelnde Fragestellung allen Teilnehmern dargestellt, damit alle wissen, um was es geht. Gleichzeitig werden die Spielregeln des Brainstormings bekannt gegeben. Auf deren Einhaltung muss der Leiter achten. Grundregeln:

- Jede auch noch so ausgefallene Idee ist willkommen. „Je ausgefallener, desto besser."
- Ideen werden knapp und kurz formuliert.
- Ideen anderer können/sollten aufgegriffen und ausgebaut werden.
- Keine Bewertung der Beiträge der anderen.

### Durchführung des Brainstormings

Während der Brainstorming-Sitzung hat der Moderator die Aufgabe, die Gruppe zur Erarbeitung und Darstellung ihrer Vorschläge zu motivieren, zu stimulieren und zu ermutigen. Er sollte unsichere oder zögernde Teilnehmer unterstützen und darauf achten, dass jeder in der Gruppe zu Wort kommt.

- Äußerungen in beliebiger Reihenfolge.
- Alle Ideen werden für alle sichtbar stichwortartig festgehalten (z. B. auf Karten an der Pinnwand oder auf dem Fußboden = Brainpool).
- Das Aufschreiben der Ideen darf den Ideenfluss nicht hemmen.
- Denkpausen sind notwendig und zulässig.

Befindet sich die Gruppe in einer festgefahrenen Situation, so ist es Aufgabe des Moderators, diese wieder aufzubrechen. Dies kann zum Beispiel durch einen Wechsel der Perspektive geschehen: Das Problem wird umformuliert, vergrößert, verkleinert oder mit anderen Fragestellungen in Verbindung gebracht. Der Moderator sollte auch dafür sorgen, dass man sich nicht schon zu Anfang in Detailfragen verliert, sondern zunächst aus einer breitangelegten Sichtweise heraus auf das Problem eingeht. Und schließlich sollte der Moderator auch die Ideen ordnen, auswerten und mit eigenen Worten zusammenfassen.

## Kartenabfrage arrangieren

Bei der Kartenabfrage schreiben die Teilnehmer(innen) ihre Äußerungen auf Karten, die anschließend an der Pinnwand nach Ähnlichkeit sortiert werden. Hierdurch entsteht eine Sammlung verschiedenster Informationen zu einem Thema. Gleichzeitig sind alle Teilnehmer(innen) an dem Prozess beteiligt. Für diese Methode inkl. Auswertung sollten ca. dreißig Minuten eingeplant werden.

- Visualisierung der Frage-/Problemstellung
- Problemstellung nicht zu komplex anlegen

Das Moderatorenteam gibt ein Problem vor und schreibt dieses als Überschrift auf ein großes Blatt Papier. An die Teilnehmer(innen) werden Karten verteilt, worauf sie spontan ihre Gedanken zur Ausgangsfrage notieren sollen. Jede Karte sollte nur mit einem Gedanken stichwortartig beschrieben werden. Am besten eignet sich die Druckschrift in ca. fünf Zentimeter Höhe!

Das Moderatorenteam sammelt die Karten ein und sortiert sie gemeinsam mit der Gruppe auf dem vorbereiteten Plakat. Das kann auf dem Boden (im Sitzkreis) oder mit Klebestreifen an einer Stellwand geschehen. Kommentare sind nur den Kartenverfassern gestattet. Alternativ können die Lernenden die Karten einzeln an die Pinnwand heften und den Gedanken entsprechend kommentieren. Mehrfach genannte Begriffe werden übereinander gepinnt, um alle Beiträge zu honorieren und die Wichtigkeit eines Themas/Problems darzustellen.

Zwangsläufig zeichnen sich hierbei deutlich Sortierkriterien ab. Diese eigenen Problembereiche werden mit Überschriften versehen, durchnummeriert, mit einem dicken Filzstift umrandet und dadurch abgeschlossen.

Diese Sinneinheiten können für eine Gruppeneinteilung oder generell für die weitere Arbeit genutzt werden. Kriterien für die Zuordnung:

- Was lässt sich gemeinsam bearbeiten?
- Wofür sind ähnliche Lösungen denkbar?

## Clustering im Team durchführen

- Methode zur Ideenentwicklung und um die Verbindungen zu verdeutlichen
- Geeignet für Gruppen von drei bis fünf Personen
- Flipchart-Papier/Folie und Filz- bzw. Folienstifte

## Visualisierung der Frage-/Problemstellung

- Den Kernbegriff, von dem das Clustering ausgehen soll, in die Mitte der Folie/Papier schreiben.
- Um den Kernbegriff ein Rechteck zeichnen.

## Grundregeln des Clusterings

- Das Team schließt eine Minute die Augen, um sich auf ihre Assoziationen zum Kernbegriff konzentrieren zu können.
- Das erste Teamitglied notiert einen Einfall auf das Papier/Folie, setzt ihn in einen ovalen Rahmen und verbindet ihn mit dem Kernbegriff.
- Die Folie wird an den rechten Partner weitergereicht.
- Das zweite Teammitglied notiert seinen Einfall genauso wie sein Vorgänger – wenn sich sein Einfall aber irgendwie besser an den Einfall des Vorgängers anknüpfen lässt, verbindet er seinen eigenen Einfall nicht mit dem Kernbegriff in der Mitte, sondern nur mit dem seines Vorgängers.

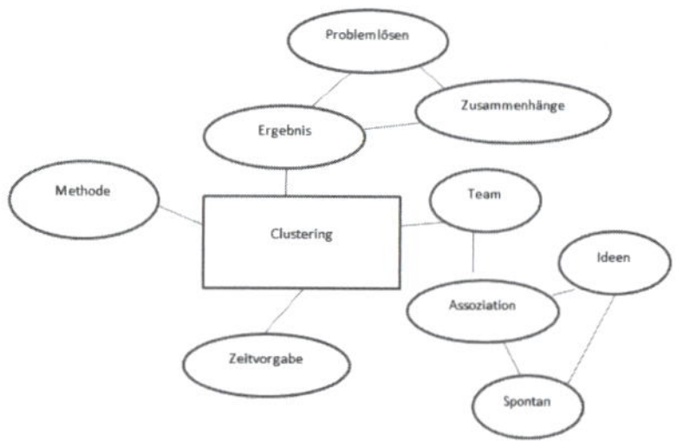


- Sollte ein Begriff nicht an andere anzuknüpfen sein, so bleibt er freischwebend ohne Verbindung.
- Das Clustering wird entweder nach einer bestimmten Zeitvorgabe weitergereicht oder so lange bis keine Ideen mehr kommen.
- Es darf weder verbal noch mit Mimik und Gestik kommuniziert werden.

## Auswertung des Clusterings

- Erläuterung der Ideen und Zusammenhänge
- Auswertung nach Erfordernissen und Zielen

## Placemat

Die Methode Placemat eignet sich zum Austauschen von Ideen, zur Verbesserung der Kommunikation, um Konsens zu entwickeln und um Ideen zu strukturieren.

Es werden Dreier- oder Vierergruppen gebildet. Auf Flip-Chart-Papier oder DIN-A3-Papier erhält jeder sein eigenes Schreibfeld. In der Mitte wird ein Kreis oder ein Viereck für die Zusammenfassung gezeichnet. Optimal ist, wenn das mittlere Feld leicht vom Placemat zu entfernen ist (Folie oder zusätzliches Papierblatt), damit es für die Präsentation separat zur Verfügung steht.

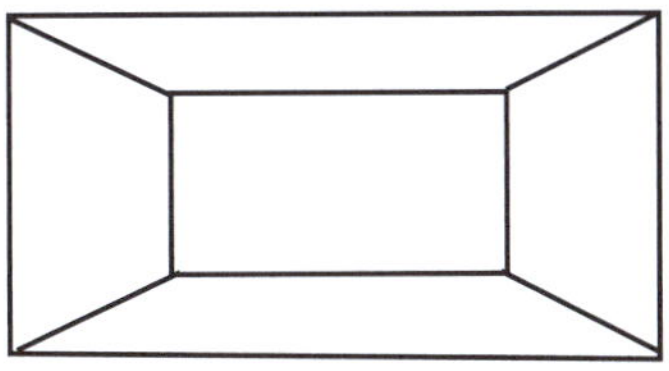

### 1. Phase

Nachdem das Thema bzw. die Fragestellung bekannt ist, schreiben die Teammitglieder zwei bis drei Minuten Ihre Ideen auf. Es können jedoch auch Fragen, Unklarheiten, Widersprüche oder Querverweise festgehalten werden. Während dieser Zeit wird nicht gesprochen (vgl. Green & Green, 2010, S. 136).

### 2. Phase

Nach der Stillarbeit diskutieren Sie im Team dann über alle Ideen. Sie einigen sich – berücksichtigen Sie dabei die Ideen der Teammitglieder – und notieren das Gruppenergebnis (Antworten bzw. Aussagen) in die Mitte.

### 3. Phase

In der dritten Phase werden nun die Ergebnisse aus den Teams im Plenum präsentiert. Als Hilfestellung dient hierzu das Feld aus der Mitte des Placemats, auf dem zuvor in der Gruppenarbeitsphase die zentralen Ergebnisse der Diskussion festgehalten wurden (vgl. Brüning & Saum, 2008, S. 25).

### Abwandlung

Nach der Stillarbeit wird das Placemat im Uhrzeigersinn gedreht, sodass Sie die Notizen im Segment eines anderen Gruppenmitgliedes lesen können. Tauschen Sie sich nur bei Verständnisproblemen aus (stummes Vergleichen). Wiederholen Sie den Vorgang. Anschließend diskutieren Sie, welche Hauptthemen in die Blattmitte geschrieben werden.

# Medien gestalten

## Plakate gestalten

Flipcharts und Plakate stehen während der gesamten Stunde bzw. Unterrichtseinheit zur Verfügung. Sie sind ein Dauermedium – also als Ankerpunkt für das Auge anzusehen. Sie eignen sich für Regeln, Übersichten oder als Leitfaden. Sie können vorbereitet oder während des Vortrages entwickelt werden.

### Regeln für die Plakatgestaltung

- Flipcharts sind nur bis zu einem Abstand von sechs Metern lesbar.
- Die Schriftgröße muss mindestens fünf Zentimeter betragen.
- Verschiedene Farben (max. vier) verwenden: eine Grundfarbe und die restlichen Farben für Betonungen.
- Spezielle Flipchartstifte verwenden.
- Auf dem Flipchart wird immer mit dicken Stiften geschrieben.
- Druckschrift verwenden, da sie am besten lesbar ist.
- Das Flipchart darf nicht voll beschrieben sein. Es sollen unbeschriebene Flächen auf dem Plakat erhalten bleiben.
- Flipcharts sollen so knapp wie möglich gehalten werden. Sie sollen eine klare, erkennbare Struktur aufweisen. Die Zusammenhänge sind durch Über- und Unterordnungen klar erkennbar zu machen.
- Besonders gut bleiben Flipcharts im Gedächtnis, wenn sie Merk-Anker und optische Auflockerungen enthalten:
  - Skalen (um die Einschätzungen sichtbar zu machen)
  - Koordinaten-Einschätzungen durch einen Punkt
  - Listen (Ideen- und Problemsammlung gewichten)
  - Tabellen (Beziehungen und Verknüpfungen herstellen)
  - Bäume (Über- und Unterordnung)
  - Netze (komplexe Zusammenhänge überschaubar machen)

### Einsatzmöglichkeiten

- Unterstützung eines Vortrags durch Notizen
- Präsentation von vorbereiteten Texten
- Dokumentation von Beiträgen und Fragen von Teilnehmenden
- Dokumentation der Arbeitsergebnisse von Kleingruppen
- Aufreihung der Flipcharts an der Wand, um den Seminarablauf zu dokumentieren

## Overheadfolien gestalten

Vor der Präsentation sollten Sie die Funktionstüchtigkeit des Overheadprojektors ausprobieren. Standort: Das Gerät nicht in der Mitte des Raumes platzieren, sondern in der fensterfernen Ecke des Raumes. Neben dem Projektor sollen Ablageflächen für die Unterlagen des Referenten vorgesehen sein. Eine Verdunkelung des Raumes ist nicht erforderlich.

### Regeln für die Foliengestaltung

- Die Zuhörer benötigen einige Zeit (ca. zehn Sekunden), um die Folie zu betrachten. Während dieser Zeit hören sie nicht zu. Für die Erklärung benötigen Sie aber die Aufmerksamkeit der Zuhörer. Aus diesem Grund wird erst dann weitergesprochen, wenn sie die Folie gelesen haben. Der Text der Folie soll nicht wortwörtlich vorgelesen werden, da jeder Zuhörer selbst lesen kann.

- Die Zuhörer sollen die Folien nicht abschreiben. Nach dem Vortrag bekommen sie die zusammengefasste Präsentation als Unterlage.

- Ihre Mitschüler(innen) betrachten die Folie wesentlich länger, als sie über die gesprochenen Sätze nachdenken. Daher wiegen Fehler bei der Foliengestaltung wesentlich schwerer.

- **Weniger ist mehr.** Es sollen nur wenige Folien verwendet werden. Nur die wichtigsten Aussagen werden visualisiert.

  Auch für die Folie selbst gilt „weniger ist mehr". Die Folie enthält nur wenige Aussagen, sie müssen aber übersichtlich gestaltet und gut lesbar sein. Die Folie soll das Verstehen der Inhalte erleichtern und nicht selbst Erklärungsbedarf benötigen.

- **Bild schlägt Text.** Wie schon erwähnt, sagt ein Bild mehr als tausend Worte. Die verwendeten Bilder müssen aber mit den Aussagen der Folie im Zusammenhang stehen.

- **Farben beleben.** Die Verwendung von Folien, die nur mit einer Farbe beschriftet sind, ist zu vermeiden. Für identische Aussagen sollen immer die gleichen Farben verwendet werden. Mehr als fünf Farben sollten aber nicht benutzt werden (schwarz und weiß zählen als Farben mit).

- **Schriftgröße.** Für gleiche Textarten immer die gleiche Schriftgröße verwenden (Überschrift, Zwischenüberschrift, Unterpunkte, Text ...). Als Faustregel gilt, dass die Folie ohne Projektor aus zwei Metern Entfernung noch lesbar sein muss. Bei handschriftlichen Folien soll die Schrift mindestens einen Zentimeter groß geschrieben werden. Bei computererstellten Folien mindestens Schriftgröße sechzehn Punkt, Fettdruck und eine serifenlose Schrift (z. B. Arial, Helvetica) verwenden (Überschriften = vierundzwanzig Punkt, Zwischenüberschriften = zwanzig Punkt).

## Präsentationsmöglichkeiten nutzen

### Sprache

Bei Ihren Präsentationen gehört die Sprache zu Ihrem Hauptmedium. Die Sprache besitzt einen wunderbaren Fundus an Wendungen und Bildern (Metaphern). Bauen Sie Spannung mit einer Metapher auf, um Besonderheiten hervorzuheben. Belegen Sie, was Sie zu sagen haben, mit Beispielen, damit eine lebendige Präsentation gelingt. Helfen Sie sich, indem Sie für die Präsentation einen A6-Handzettel erstellen, auf dem Sie stichwortartig Ihren Vortrag notieren.

### Körpersprache

Setzen Sie Ihre Mimik, Gestik und Körperhaltung bewusst ein. Ein freundlicher, offener Blick stimmt den Zuschauer positiv. Auch Gesten, die in Höhe der Taille ablaufen, werden positiver gewertet als jene, die sich unterhalb der Taille abspielen.

Hände sollten sichtbar bleiben. Sie sollten freundliche und öffnende Gesten zeigen, aber nicht übertreiben. Eine aufrechte Körperhaltung signalisiert, dass Sie hinter dem Gesagten stehen und sich Ihrer Argumente sicher sind.

### Anschauungsmaterial

Neben der Sprache bringen Sie durch alltägliche Gegenstände (z. B. Hüte, Sportgeräte, Pflanzen, Musikinstrumente) die nötige Würze in Ihre Präsentation. Wenn Sie reale Gegenstände verwenden, um abstrakte Sachverhalte zu verdeutlichen, dann fällt Ihren Teilnehmern das Zuhören leichter. Die Präsentation wird anschaulich und lebendig.

Durch den Einsatz von derartigem Anschauungsmaterial wird nicht nur das Interesse der Zuschauer geweckt, es wird auch ein unmittelbarer Bezug zur Realität hergestellt, und dadurch bleibt das Gesagte in Erinnerung. Sie sollten allerdings darauf achten, dass der Gegenstand groß genug und so für alle Anwesenden im Raum gut erkennbar ist.

Auf gar keinen Fall sollten Sie aber bestimmte Gegenstände nach Ihrem Einsatz im Publikum herumreichen. Das schafft nur Unruhe und lenkt von Ihrer weiteren Präsentation ab. Sie können aber einen Gegenstand, insbesondere wenn er außergewöhnlich und spektakulär ist, wirkungsvoll platzieren.

### Bühnenbild

In einem weiteren Punkt unterscheidet sich die Präsentation besonders klar vom Vortrag: Sie kann auch als ein Schauspiel verstanden werden, als eine Aufführung, die eine Inszenierung durchlaufen hat und auf einer Bühne mit einem wechselnden Bühnenbild – der Projektion – stattfindet (Lobin, 2011).

Sie als Präsentator reden auf dieser medialen Bühne frei und können sich mit Gestik oder raumgreifenden Bewegungen in Szene setzen. Bedenken Sie, dass es neben der Vermittlung von Inhalten dabei um Ihre Selbstpräsentation geht.

# Gestaltungsregeln für digitale Präsentationen

## 1. Passender Folieninhalt

Beim Erstellen von digitalen Präsentationen ist es wichtig, dass der Folientitel zum Inhalt der Folie passt. Der Folientitel sollte nur eine Zeile umfassen. Sehr ansprechend ist es, wenn Sie für den Folientitel einen einheitlichen Sprachstil wählen, z. B. immer als Frage.

## 2. Nichts überladen

Sehr komplexe, umfangreiche Inhalte müssen auf mehrere Folien verteilt werden. Auf keinen Fall dürfen sie in kleiner Schrift zusammengedrängt auf einer Seite vorgestellt werden. Der schlimmste Fehler: eine DIN-A4-Textseite, eng beschrieben, an die Wand projizieren. Das finden zwar viele Redner prima, denn so haben sie ständig ihr Manuskript vor Augen und brauchen nur von der Wand abzulesen, die Zuschauer aber finden das störend!

## 3. Wenig Text, viel Bild

Wozu haben Sie eine Präsentationssoftware, wenn Sie nur Texte präsentieren? Ein paar mündliche Informationen und die Sache wird lebendig. Komplexe und abstrakte Themen sollten durch Zeichnungen oder Strukturbilder veranschaulicht werden. Grafiken und Diagramme vereinfachen die Informationsaufnahme. Gut gestaltete Texte und Listen sind optimal lesbar, übersichtlich und verständlich. Ein Bild sagt mehr als tausend Worte. Daher sollten Sie an geeigneter Stelle Bilder einfügen, um die Aufmerksamkeit auf den richtigen Punkt zu lenken. Objekte werden so verteilt, dass der zur Verfügung stehende Raum genutzt wird.

## 4. Übersichtlich gestalten

Beim Text ist zu beachten, dass nur wichtige Kernaussagen geschrieben und diese einfach und klar formuliert werden (keine ausformulierten Sätze, keine Schachtelsätze). Die Schriftgröße sollte mindestens sechzehn Punkt und der Zeilenabstand mindestens 1,5-zeilig sein. Es sind maximal drei Schriftarten und drei Schriftgrößen zu verwenden. Die Schriftart ist entscheidend! Die geeignetste Schriftart ist Arial. Die Folien werden nicht bis zum Rand beschriftet. Bei Aufzählungen sollte der Textumfang auf maximal sieben Infopunkte begrenzt sein. Es sollten höchstens sechs Wörter in einer Zeile stehen.

## 5. Professionell arbeiten

Interaktive Schaltflächen erleichtern die Navigation innerhalb einer Bildschirmshow. Hyperlinks und interaktive Schaltflächen lösen Aktionen aus. Sie können sie mit Auto-Formen, Grafiken, Tabellen, Texten oder Audio- und Videosequenzen verbinden. Mit ihrer Hilfe gelangen Sie blitzschnell an jede beliebige Stelle in der aktuellen oder in einer anderen Präsentation, zu einer E-Mail-Adresse oder ins Internet.

### 6. Aufsehen erregen

Zuschauer sollten den Blick nicht mit Grauen von Ihrem Chart abwenden, sondern aufsehen und hinsehen, also den Blick auf das richten, was Sie ihnen „angerichtet und zubereitet" haben. Die Zuhörer möchten bei Vorträgen, Reden und Präsentationen beeindruckt, unterhalten, angeregt und informiert werden. Also überlegen Sie, was Ihr Publikum beeindrucken könnte! Wenn die Zuschauer hin- und aufsehen sollen, müssen Sie Aufsehen erregen! Aber mit Animationen sollten Sie sparsam umgehen!

### 7. Vorlesen verboten

Das, was der Zuschauer sieht, und das, was er hört, darf nicht dasselbe sein. Sonst ist es nicht spannend! Also niemals wörtlich vorlesen, was auf der Folie steht. Lautet der Folientext zum Beispiel „Umsätze 1. Quartal" sagen Sie: „Jetzt zu den Umsätzen vom ersten Quartal".

### 8. Mut zum Humor

Eine witzige Karikatur aus der Morgenzeitung vom Tag, kurz eingescannt und in die Präsentationssoftware eingebaut – schon haben Sie die Lacher auf Ihrer Seite. Entspannte Mienen danken es Ihnen.

### 9. Mut zur Variation

Sprechen Sie grundsätzlich um die Hälfte lauter und an besonders geeigneten Stellen doppelt so laut wie sonst. Dann klingt Ihre Stimme enthusiastischer und gleichzeitig sicherer. Das überträgt sich auf das Publikum. Und Ihr Körper baut Spannungen ab. Variieren Sie: Betonen Sie unterschiedlich, als ob Sie das, was Sie zu sagen haben, ganz ohne die Präsentationssoftware vor lauter Blinden erklären müssten.

### 10. Frei sprechen

Die Folien sind tolle Gedächtnisstützen. Ganz Sicherheitsbewusste können zu jeder Folie Kommentare eingeben, die bei der Präsentation auf dem eigenen Bildschirm erscheinen, für die Zuschauer aber unsichtbar bleiben.

### 11. Keine „Folienschleuder"

Jede Minute eine Folie, das hält kein Publikum aus. Die Folien (Charts) sollen visualisieren und Ihren Vortrag ergänzen, sie sollen ihn nicht ersetzen (vgl. redenwelt.de; 2008).

# Großmethoden

## Leittextmethode

Die Leittextmethode bietet vielfältige Möglichkeiten, Sie zu selbstorganisiertem Lernen anzuregen. Leittexte sind meist schriftliche, arbeitsbegleitende Materialsammlungen, die zu Beginn einer Unterrichtsstunde von der Lehrkraft ausgeteilt werden. Sie strukturieren den Lernprozess vor, geben jedoch nicht alle Informationen, die zur Bewältigung der Aufgabe nötig sind. Vorgegeben werden nur solche, die für Sie nicht direkt zugänglich sind oder in den Begleitmaterialien als zu umständlich empfunden wurden. Leittexte sollen Sie zum eigenen Lernen anregen.

Die Leittextmethode basiert auf dem **Modell der vollständigen Handlung**, das die folgenden Schritte umfasst:

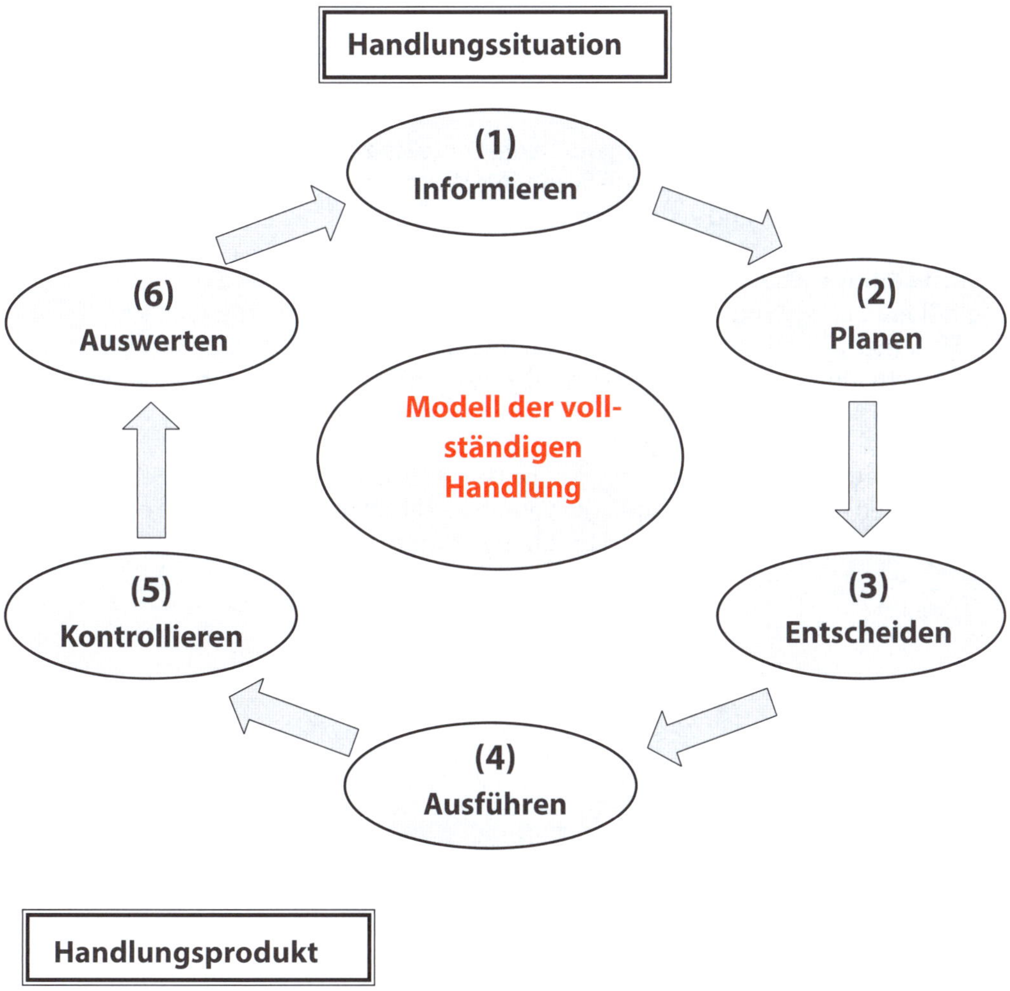

## Sechs Phasen der vollständigen Handlung

1. **Informieren und Analysieren** *(Beschaffen und Verarbeiten von Informationen)*
2. **Planen** *(Planen von Lösungswegen für Aufgaben und Problemstellungen)*
3. **Entscheiden** *(Gestalten von Entscheidungsprozessen)*
4. **Ausführen** *(Ausführung der Planung)*
5. **Kontrollieren** *(Kontrollieren und Bewerten von Arbeitsergebnissen)*
6. **Auswerten/Bewerten** *(Auswerten und Bewerten des Lernprozesses)*

Bei der Leittextmethode führen Sie selbstständig die genannten Schritte aus. Sie erhalten dadurch eine möglichst genaue Vorstellung des Ziels Ihrer Tätigkeit und der möglichen Wege zur Erreichung dieses Ziels. Sie kontrollieren Ihre Vorstellungen und Wege selbst, sollten aber auch der Lehrkraft eine konkrete Rückmeldung zu Ihrer Arbeit geben (vgl. BBS 1 Hannover).

## Zielsetzung der Methode

Mit dem Einsatz der Leittextmethode sollen folgende Kompetenzen vermittelt und geübt werden:

**Methodenkompetenz:** Sie werden durch die Leittexte zum selbstorganisierten Lernen geführt. Sie lernen unterschiedliche Wege des Wissenserwerbs kennen und Sie lernen kreativ und problemlösend zu denken.

**Fachliche Kompetenz:** Durch die höhere Methodenkompetenz und die damit verbundene höhere Selbstständigkeit und Selbstsicherheit steigt auch Ihre fachliche Kompetenz. Sie lernen, Probleme eigenständig zu lösen, und können dadurch Ihr Wissen auch in neuen Situationen anwenden und in unvorhersehbaren Situationen angemessen reagieren.

**Sozialkompetenz:** Beim Erarbeiten der Leittexte in Gruppen wird die Teamfähigkeit der Lernenden gefördert. Sie tragen die Verantwortung für Ihr Lernen und erleben Fortschritte, aber auch Rückschläge und Probleme unmittelbar.

## Gruppenpuzzle

Das Gruppenpuzzle ist eine Form von Gruppenunterricht. Sie erarbeiten einen Teil des Themas mit Selbststudienmaterial.

### 1. Stammgruppe – Informationsmaterial

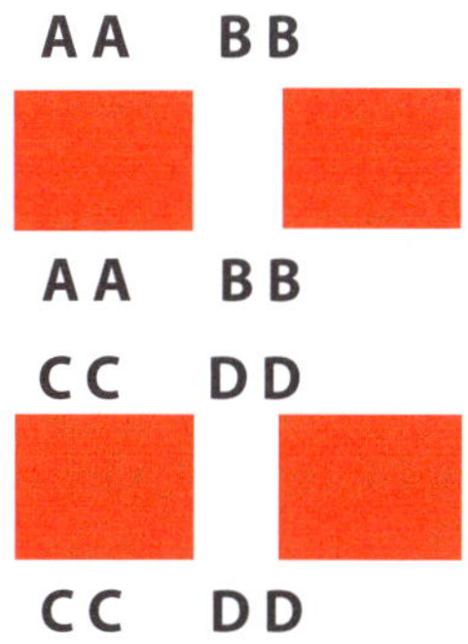


Die Lerninhalte werden in mehrere Gebiete aufgeteilt. Jedes Gruppenmitglied bekommt ein Gebiet. Nach einiger Erfahrung können Sie die Themen auch wählen lassen. Danach gehen Sie in Ihre Expertengruppe.

### 2. Expertengruppe

#### Selbststudium

Sie bearbeiten nun in Einzelarbeit Ihren Teil des Themas. Sie strukturieren Ihre Informationen auf einem Spickzettel oder mit einer MindMap. Es ist wichtig, dass Sie Ihr Thema verstanden haben, um Ihre Informationen korrekt und vollständig an Ihre Mitschüler(innen) weitergeben zu können. Deshalb folgt nach dem Selbststudium die Expertenrunde.

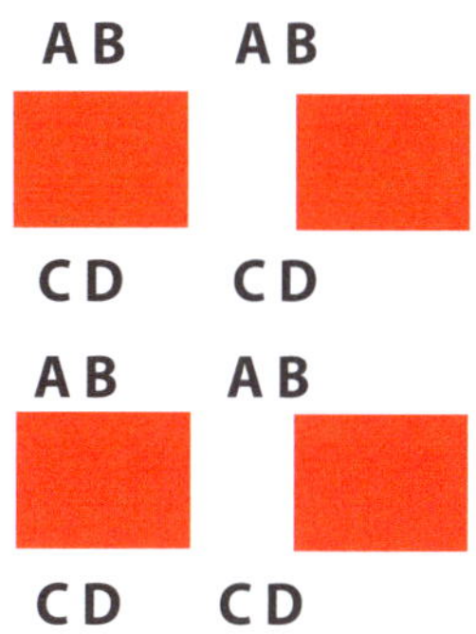


#### Kontrolle

Nun tauschen Sie sich mit Ihrer Expertengruppe – Mitschüler(innen) mit demselben Thema – aus. Hier besprechen Sie das zuvor Gelernte. Sie beantworten sich gegenseitig offene Fragen. Sie helfen einander, sich zu Experten zu machen.

#### Vorbereitung

Danach besprechen Sie, wie Sie Ihr Wissen am wirkungsvollsten vermitteln, welche Hilfsmittel Sie einsetzen und wie Sie die Zeit einteilen. Die Lerninhalte sind bekannt. Schließlich überlegen Sie gemeinsam einige Aufgaben, mit denen Sie Ihre Mitschüler(innen) überprüfen wollen.

### 3. Stammgruppe

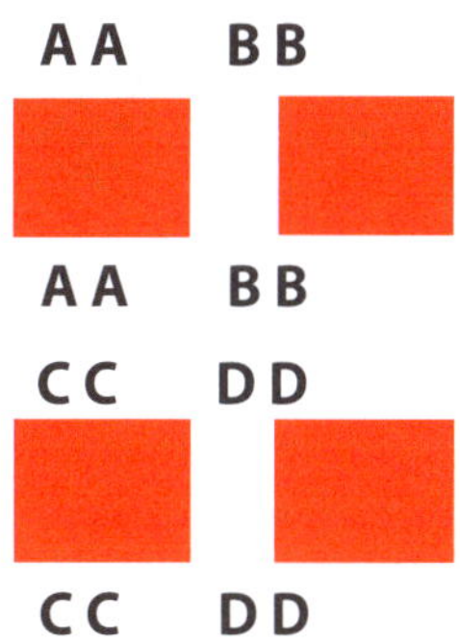


Sie gehen in Ihre Stammgruppe zurück. Reihum erläutern Sie Ihren Mitschüler(innen) Ihr vorbereitetes Thema und kontrollieren den Wissensstand. Nun sollten Sie optimal vorbereitet sein, um das in der Lernaufgabe gestellte Problem zu lösen.

## Kugellager

Die Intention des Kugellagers ist, dass Sie Ihren Zufallspartnern gegenüber in freier Rede über ein eng abgestecktes Thema berichten, und zwar so, dass jeweils die Hälfte der Klasse für kurze Zeit spricht. Sie sollen durch mehrfachen Partnerwechsel Gelegenheit erhalten, sich zum anstehenden Thema richtiggehend „warmzureden", sprachliche Sicherheit zu gewinnen und Selbstvertrauen zu tanken.

Zuvor bereiten Sie sich in einer kurzen Besinnungsphase auf Ihre themenzentrierten Ausführungen vor. Dann setzen oder stellen Sie sich in Kreisform paarweise gegenüber, sodass ein Innenkreis und ein Außenkreis entstehen (evtl. stehen dazwischen Tische).

Nun erläutern zunächst alle im Außenkreis sitzenden Schüler(innen) ihr Thema. Ihre jeweiligen Gesprächspartner hören zu, machen sich Notizen und fragen eventuell nach. Anschließend rücken die im Innenkreis sitzenden Schülerinnen bzw. Schüler z. B. zwei Stühle nach rechts weiter, sodass neue Gesprächspaare entstehen. Nun werden die Schüler(innen) im Innenkreis aktiv und berichten ihrerseits über das gleiche Thema.

Alsdann rücken die Innenkreis-Vertreter erneut zwei Stühle weiter etc. Diese gegenläufige Bewegung von Innen- und Außenkreis gleicht einer Kugellager-Bewegung, deshalb Kugellager-Methode.

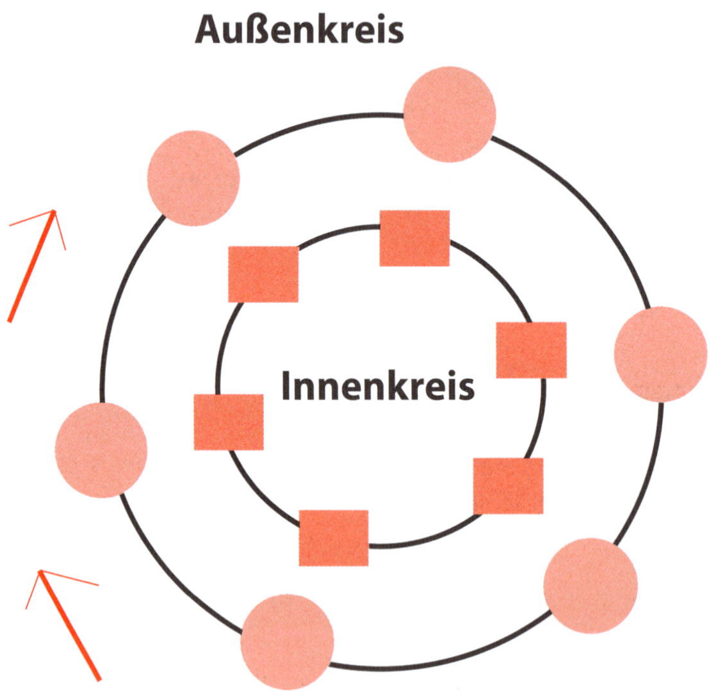

# Dokument vorbereiten

## Startbildschirm

1. Menüband
2. Registerkarte Start
3. Aktuelle Folie
4. Titelleiste
5. Statuszeile – Ansicht-Schaltflächen/Zoom
6. Statuszeile – Seitenzahl
7. Symbolleiste für den Schnellzugriff

## Menüband

1. Aktive Registerkarte (unterstrichen)
2. Befehlsgruppen (Zwischenablage – Schriftart – Absatz)
3. Startprogramm für ein Dialogfeld (Pfeil links von der Befehlsgruppe)

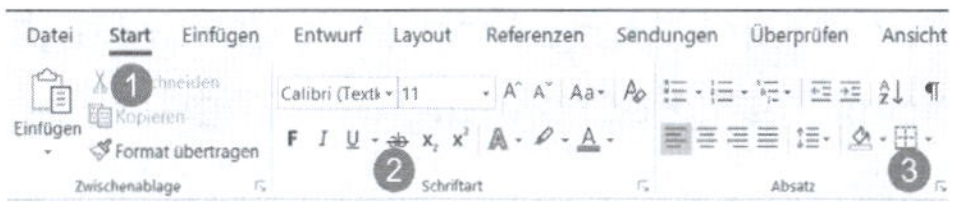


Das Menüband passt sich der Bildschirmbreite an – je nachdem werden große oder kleine Schaltflächen angezeigt.

## Backstage-Ansicht

Die Registerkarte Datei öffnet die Backstage-Ansicht.

Hier befinden sich die allgemeinen Befehle für die Dateiverwaltung.

Ganz links werden die Befehle angezeigt.

Um zum Dokument zurückzukehren, klicken Sie oben links auf den Pfeil (Zurück).

## Statuszeile

Am unteren Rand des Fensters befindet sich die Statusleiste, in der Informationen über die aktuelle Datei angezeigt werden. Diese kann konfiguriert werden, indem Sie einen Haken vor dem Befehl setzen oder wieder löschen.

## Symbolleiste für den Schnellzugriff

In der Symbolleiste für den Schnellzugriff befinden sich standardmäßig die Schaltflächen Speichern, Rückgängig und Wiederholen.

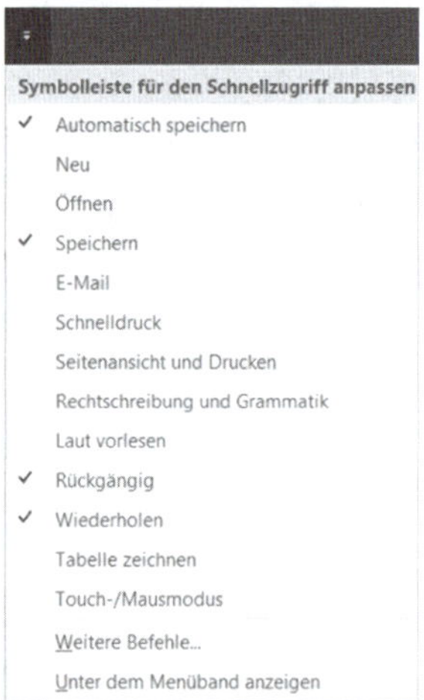


Sie können weitere Befehle einfügen, um einfacher zu navigieren.

Klicken Sie auf den rechten Pfeil und suchen Sie sich Ihre Wunschbefehle aus. Unter weitere Befehle finden Sie aus den verschiedenen Menübändern die Befehle.

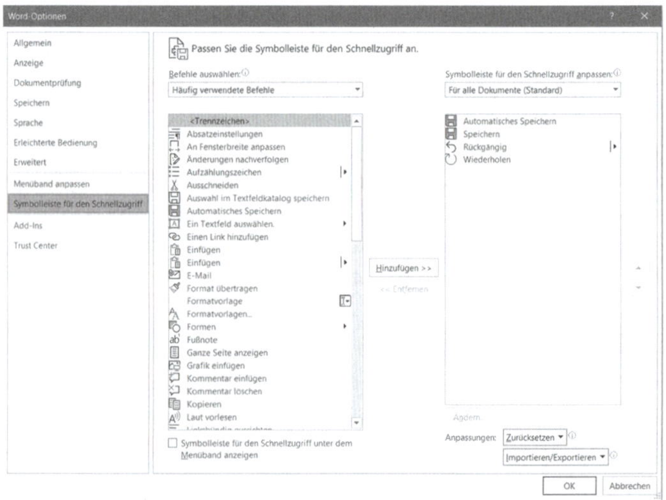

## Seite einrichten

Informationsblätter, Bewerbungen oder Geschäftsbriefe werden mit nachfolgenden Seitenrändern eingestellt:

Oben: 5,08 cm
Unten: 2 cm
Links: 2,5 cm
Rechts: 2,5 cm

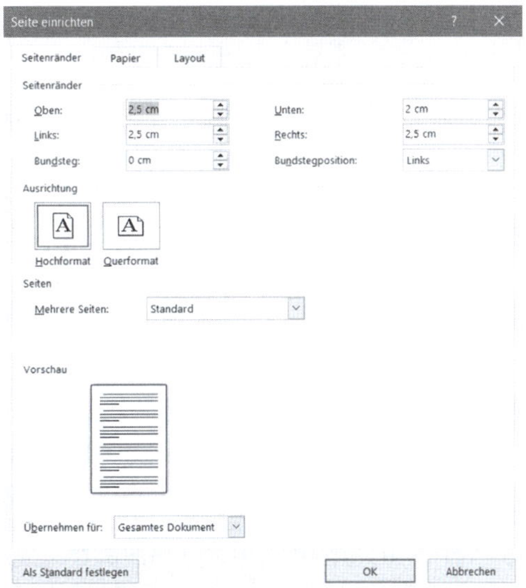


Um die Seitenränder oder das Papierformat zu verändern, gehen Sie auf die Registerkarte Layout – Befehlsgruppe Seite einrichten.

Klicken Sie auf den Pfeil (Dialogfeld) in der rechten unteren Ecke. Nun öffnet sich das nebenstehende Dialogfeld. Im Register Seitenränder geben Sie die neuen Maße ein. Wollen Sie die Maße für alle Dokumente verwenden, klicken Sie Standard an. Die Abfrage beantworten Sie mit ja.

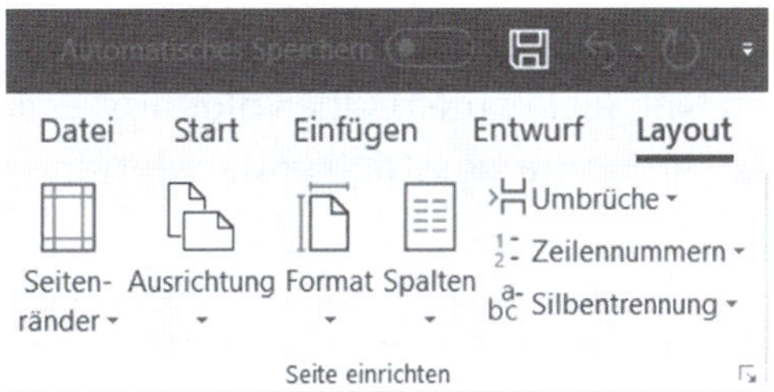


In diesem Register können Sie auch zwischen Hochformat und Querformat wählen.

## Rechtschreibprogramm

Aktivieren Sie die automatische Rechtschreibprüfung (F7). Dann können Sie sich während der Eingabe sicherer sein, dass Sie bei der Fertigstellung des Dokuments nicht noch viele Rechtschreibfehler korrigieren müssen. Falsch geschriebene Wörter werden während der Arbeit mit einer farbigen Wellenlinie gekennzeichnet, sodass Sie sie leicht entdecken können.

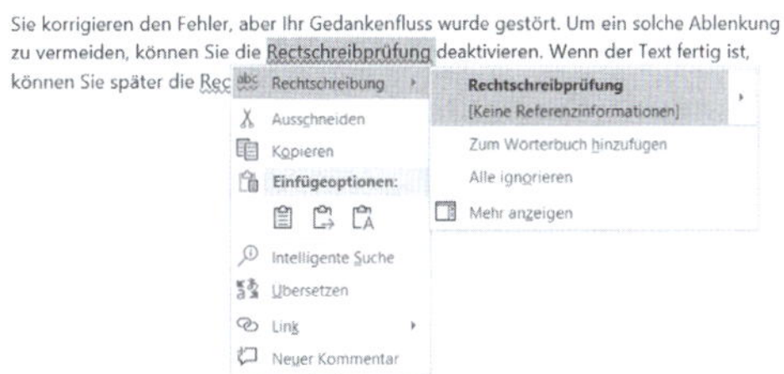


Markieren Sie das Wort und klicken mit der rechten Maustaste, dann werden im Kontextfeld Korrekturvorschläge angeboten.

## Silbentrennung aktivieren

Sie sollten grundsätzlich die Silbentrennung aktivieren, damit am rechten Rand in linksbündigen Texten die Zeilen nicht zu unregelmäßig umgebrochen werden oder im Blocksatz zu große Leerräume zwischen den Wörtern eingefügt werden. Überprüfen Sie die Trennungen immer, da sich manchmal falsche Trennungen einschleichen. Wenn Sie eine Wortkopplung wie MS-Word nie am Zeilenende trennen möchten, drücken Sie die Tastenkombination Strg + – (Bindestrich).

Gehen sie auf die Registerkarte Layout – Gruppe Seite einrichten – Schaltfläche Silbentrennung und aktivieren Sie Automatisch.

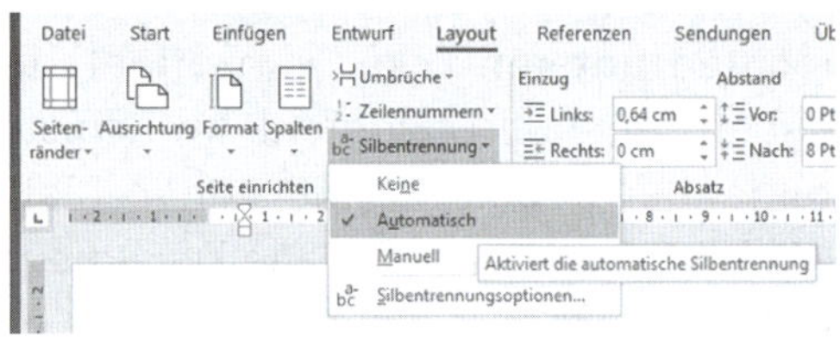


Bestimmen Sie im Dialogfeld Silbentrennung die Position am rechten Rand und geben Sie an, wie viele aufeinanderfolgende Zeilen mit einem Trennungsstrich enden dürfen.

### *Absatzkontrolle aktivieren*

Vermeiden Sie sog. „Hurenkinder" (die letzte Zeile vom Absatz rutscht auf die neue Seite) und „Schusterjungen" (ein Absatz wird direkt nach der ersten Zeile auf eine neue Seite umgebrochen), indem Sie in Ihrem Programm die Absatzkontrolle einstellen.

Gehen sie auf die Registerkarte Start – Gruppe Absatz – Registerkarte Zeilen- und Seitenumbruch – Absatzkontrolle aktivieren.

## Kopf- und Fußzeilen gestalten

Die Kopf- und Fußzeilen werden auf jeder Folgeseite wiederholt, wenn keine weiteren Einstellungen vorgenommen werden. Die Bewerbungsunterlagen bzw. Unternehmensdokumente z. B. werden in einem einheitlichen Design gestaltet. Das Design sollte dem Corporate Design des Unternehmens bzw. bei privaten Dokumenten zu Ihnen passen.

In die Kopfzeile kommen die Absenderangaben und Kontaktdaten. Sie können aber auch die Absenderangaben in die Kopfzeile und die Kommunikationsdaten (Telefon, Handynummer bzw. E-Mail) in die Fußzeile setzen. Bei mehreren Seiten fügen Sie in die Fußzeile auch die Seitennummerierung ein.

Sie finden die Befehle in der Registerkarte Einfügen – Befehlsgruppe Kopf- und Fußzeile. Klicken Sie auf den gewünschten Befehl. Wählen Sie ein Layout aus. Die Einfügemarke befindet sich im Kopfzeilenbereich und die Kopf- und Fußzeilentools – Entwurf werden angezeigt. Außerdem erscheint die Zeichentoolleiste – die sehr nützlich für die individuelle Gestaltung ist.

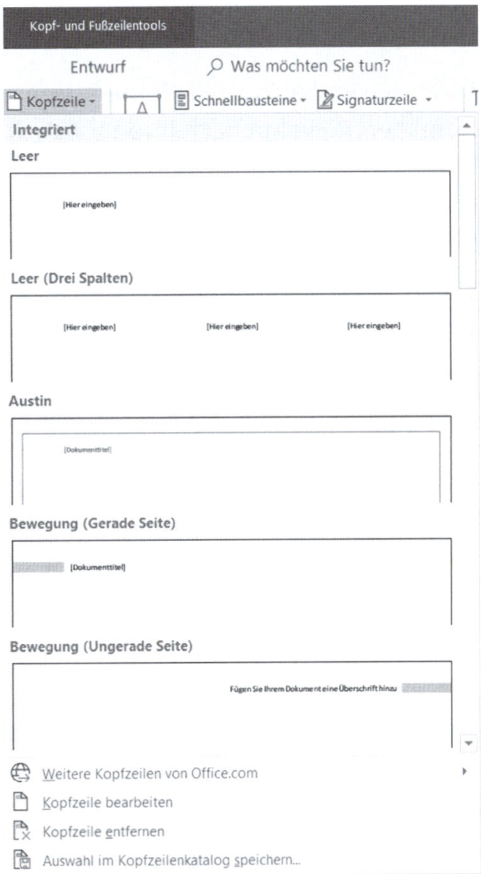


Geben Sie im Kopfzeilenbereich den gewünschten Text ein, den Sie beliebig formatieren können.

In der Registerkarte Entwurf der Kopf- und Fußzeile stehen Ihnen weitere Befehle (Einfügen von Bildern, Seitenzahlen etc.) zur Verfügung.

### *Kopf- und Fußzeilen schließen*

Nachdem Sie Ihre Kopfzeile fertig erstellt haben, schließen Sie sie, indem Sie einen Doppelklick in das Textfeld vornehmen.

## Kopf- und Fußzeilen bearbeiten

Wollen Sie bereits bestehende Kopf- und Fußzeilen weiterbearbeiten, müssen Sie diesen Bereich erneut aktivieren. Doppelklicken Sie dazu im Kopf- bzw. Fußzeilenbereich. Die Überarbeitung findet über die kontextbezogene Registerkarte Kopf- und Fußzeilentools/Entwurf statt.

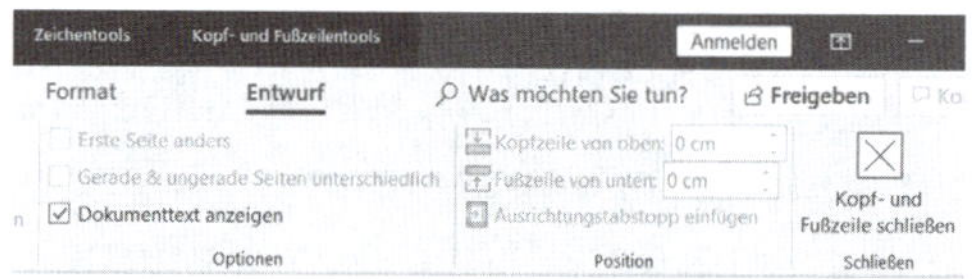


## Absender in der Kopfzeile gestalten

Fügen Sie in die Kopfzeile Ihren Absender und formatieren Sie Ihn nach Ihren Vorstellungen. Probieren Sie mehrere Möglichkeiten aus, bis Sie sich endgültig entscheiden bzw. gestalten Sie den Absender des Unternehmens.

Möchten Sie einen waagerechten Strich hinzufügen, so gehen Sie auf die Registerkarte Einfügen – Formen. Wählen Sie die gerade Linie aus und ziehen Sie diese waagerecht zwischen Name und Straße. Markieren Sie die Linie und klicken Sie auf die rechte Maustaste und formatieren Sie anschließend die Linie in Ihrer gewünschten Farbe und Strichstärke oder -form.

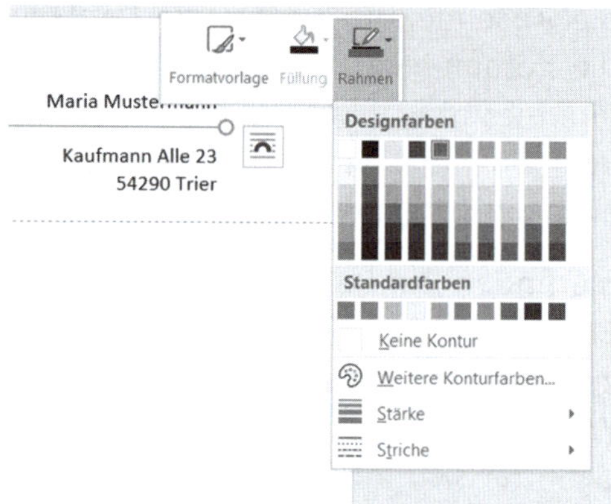

## Symbole einfügen

Für die Absenderangaben können Sie auch entsprechende Symbole verwenden.

Unter der Registerkarte Einfügen – Symbole – Symbol wählen Sie das gewünschte Zeichen.

Durch Schriftartwechsel z. B. Wingdings werden andere Symbole angezeigt.

Andere Symbole finden Sie unter der Registerkarte Einfügen – Illustrationen – Piktogramme wählen Sie das gewünschte Symbol.

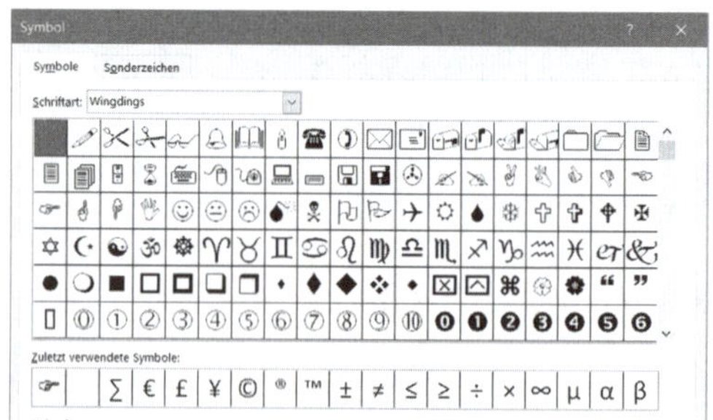

## *Kopf- und Fußzeilen in Abschnitte einteilen*

In Referaten, Projektarbeiten oder sonstigen umfangreichen Dokumenten sollen die Kopfzeilen mit den entsprechenden Abschnittsüberschriften formatiert sein. Dafür müssen Sie für jedes neue Kapitel einen Abschnittswechsel vornehmen.

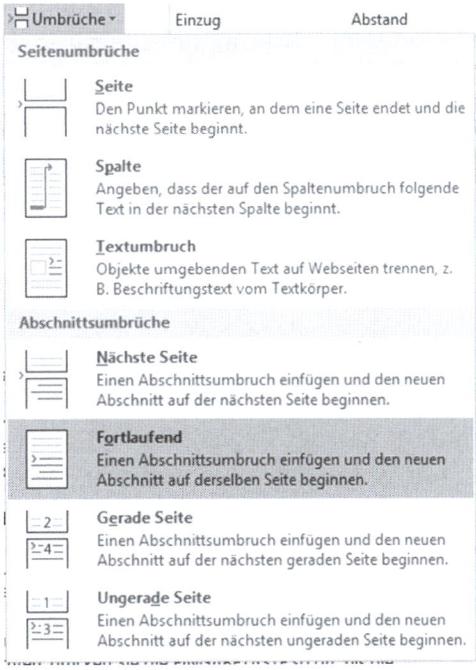


Setzen Sie die Einfügemarke an die Position, an der Sie den Abschnittswechsel vornehmen möchten.

Klicken Sie auf der Registerkarte Layout in der Befehlsgruppe Seite einrichten auf die Schaltfläche Umbrüche. Wählen Sie Ihren gewünschten Abschnittswechsel (Fortlaufend = wenn keine neue Seite angelegt werden soll; Nächste Seite = wenn Sie einen Seitenumbruch wünschen).

Gehen Sie zum gewünschten Abschnitt in Ihrem Dokument und doppelklicken Sie in den Kopf- und Fußzeilenbereich.

Klicken Sie auf die Befehlsgruppe Navigation – Mit vorheriger verknüpfen, um die Verknüpfung zur Kopf- und Fußzeile des vorherigen Abschnitts aufzuheben. Wenn Sie erneut klicken, wird die Verknüpfung wiederhergestellt.

Erstellen Sie nun für den neuen Abschnitt eine neue Kopf- und Fußzeile.

## *Aktuelle Abschnittsüberschriften anzeigen*

Aktivieren Sie Ihre Kopf- und Fußzeile, gehen Sie auf die Befehlsgruppe Einfügen – Schaltfläche Schnellbausteine und wählen Sie den Eintrag Feld – Kategorie Verknüpfungen und Verweise.

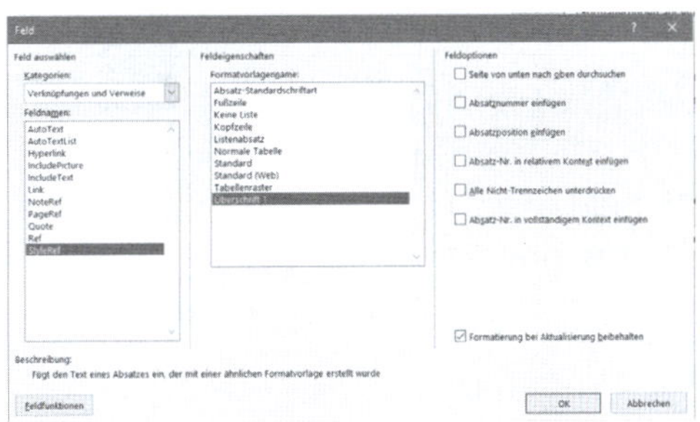

Bevor Sie mit der Formatierung der Kopf- und Fußzeile beginnen, müssen Sie für Ihre Überschriften die Formatvorlage Überschrift 1 zugewiesen haben, ansonsten wird sie unter den Formatvorlagenamen nicht angezeigt.

Klicken Sie im Listenfeld auf den Feldnamen StyleRef und markieren Sie im Listenfeld den Eintrag Überschrift 1, um die Überschrift der höchsten Hierarchie-Ebene in der Kopfzeile wiederzugeben. Deaktivieren Sie das Kontrollfeld und schließen Sie das Dialogfeld mit OK.

19

## Dokumentvorlagen erstellen

Das Layout z. B. für Ihre Bewerbungsunterlagen oder Ihres Informationsblattes haben Sie erstellt. Speichern Sie sie nun in eine eigene Dokumentvorlage unter einem aussagekräftigen Dateinamen ab. Auf diese Dokumentvorlage können Sie dann immer wieder zurückgreifen.

### *Speichern*

Um eine neu erstellte Vorlage zu speichern, muss unter der Registerkarte Datei – Speichern unter wie gewohnt der Dateiname angegeben und zusätzlich der Dateityp Word-Vorlage (.dotx) ausgewählt werden.

Achten Sie darauf, dass die Dokumentvorlage im Benutzerdefinierte-Office-Vorlagen abgespeichert wird, damit sie unter Neu unter Persönlich erscheint.

Der Dateibutton erhält einen blauen Balken (normales Dokument = kein Balken). Word vergibt die Datei-Endung *.dotx.

### *Öffnen*

Die so gespeicherte Vorlage finden Sie unter der Registerkarte Datei – Neu – Persönlich wieder. Sie können Ihre Vorlage nun nicht mehr versehentlich ändern.

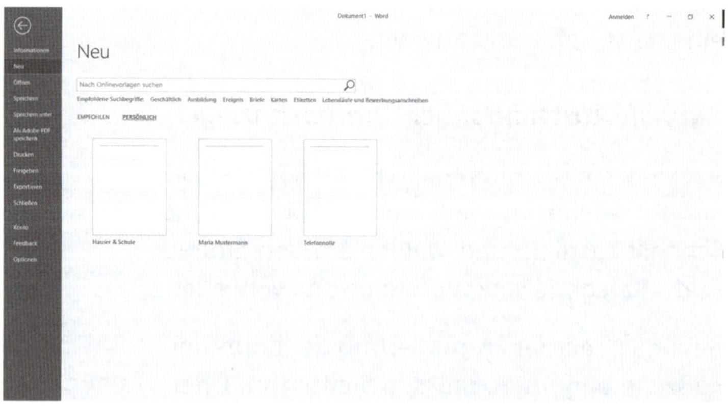

## Formatvorlagen einrichten

Gerade bei umfangreichen schriftlichen Arbeiten bietet der professionelle Umgang mit Formatvorlagen eine schnelle und einheitliche Formatierung. Legen Sie für Überschriften, Texte, Aufzählungen, Erläuterungstexte, Fußnoten etc. Ihre entsprechende Formatvorlage an. Die Formatvorlagen werden mit dem jeweiligen Dokument bzw. mit der aktuellen Dokumentvorlage verbunden.

Wird eine definierte Formatvorlage später einem markierten Text oder einem Absatz zugewiesen, so wendet Word alle in der Formatvorlage zusammengefassten Formatierungsanweisungen mit einem einzigen Befehl auf den Text an. Word kennt verschiedene Typen von Formatvorlagen.

Der Formatvorlagentyp Absatz beinhaltet Formatierungsanweisungen, die ganzen Absätzen zugewiesen werden; er kann beliebige Formatierungsanweisungen enthalten.

Der Formatvorlagentyp Zeichen wird markierten Texten zugewiesen und kann ausschließlich Formate aus dem Bereich Zeichen und Sprache (Wörterbücher) aufnehmen. Die Definition erfolgt auf die gleiche Weise wie die Formatierung über das Befehlsmenü. Wird ein formatierter Text markiert, so werden die Formate, bei entsprechender Bestätigung, in die Formatvorlage übernommen.

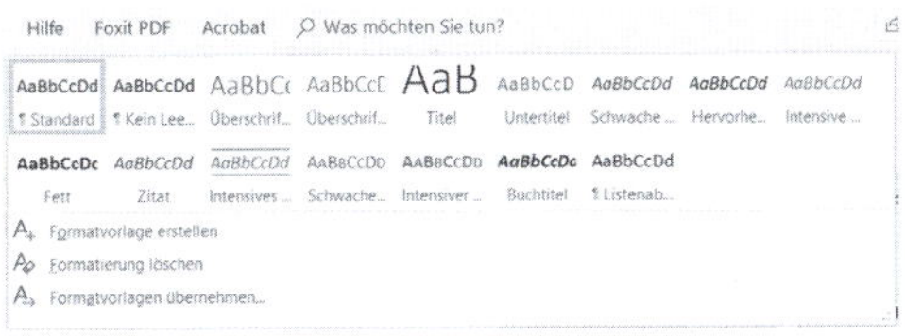

### *1. Möglichkeit*

Markieren Sie den Text, dem Sie eine Formatvorlage zuweisen möchten, und wählen Sie aus den Schnellformatvorlagen der Multifunktionsleiste/des Menübandes eine aus. Weitere Formatvorlagensätze finden Sie unter der Schaltfläche Formatvorlagen ändern – Formatvorlagensatz/Stil-Set.

### *2. Möglichkeit*

Gehen Sie auf die Registerkarte Start – Gruppe Formatvorlagen – Startprogramm für ein Dialogfeld, um den Aufgabenbereich Formatvorlagen einzublenden.

Aktivieren Sie das Kontrollkästchen Vorschau anzeigen, um die Liveschau prüfen zu können. Klicken Sie im Aufgabenbereich auf die gewünschte Formatvorlage.

Unter bestimmten Umständen kann es jedoch sinnvoll sein, die Attribute einer Formatvorlage in den Schnellformatvorlagen zu ändern.

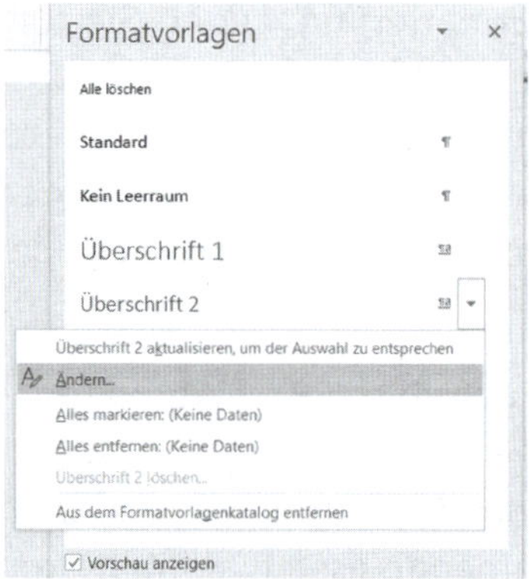


Eine Formatvorlage kann jederzeit verändert werden. Sie gehen in die Befehlsgruppe Formatvorlagen auf das Startprogramm, um das Dialogfeld Formatvorlagen zu öffnen. Sie wählen die entsprechende Formatvorlage aus (z. B. Überschrift 2), klicken rechts mit der Maus auf den Pfeil – Befehl Ändern.

## *Formatvorlagen zuweisen*

Es öffnet sich das Dialogfeld Formatvorlagen ändern. Hier können Sie nun die gewünschten Änderungen vornehmen. Weitere Befehle finden Sie in der linken unteren Ecke unter Format. In der Schnellformatvorlage erscheinen direkt die Veränderungen.

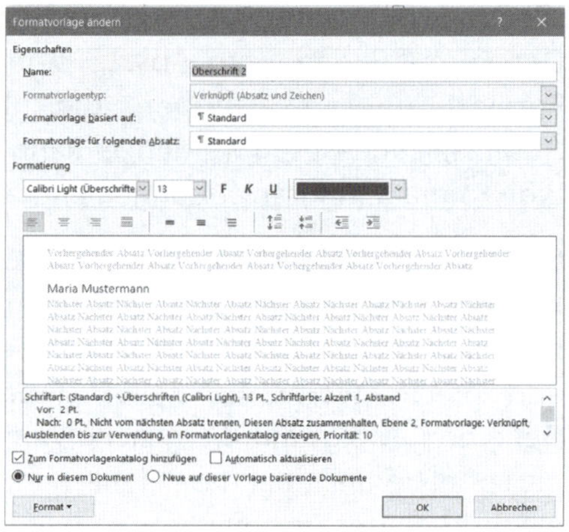


## *Formatvorlagen anzeigen*

Um innerhalb von Dokumenten mehr Übersicht über die Formatvorlagen zu behalten, schalten Sie im Aufgabenbereich „Formatvorlage" ganz unten unter Anzeigen Benutzte Formatierungen ein. Unter Verfügbare Formatierungen erhalten Sie die Gesamtübersicht.

## Neue Formatvorlagen anlegen

Unabhängig von den angelegten Formatvorlagen können Sie auch eigene Formatvorlagen erstellen. Dazu gehen Sie auf das Startprogramm für das Dialogfeld Formatvorlagen. Unten in der linken Ecke befindet sich der Befehl Neue Formatvorlage.

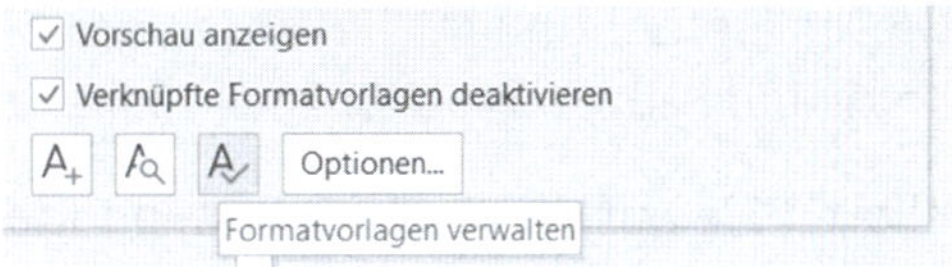


Unter Name tragen Sie einen aussagekräftigen Namen ein, bestimmen den Formatvorlagentyp und stellen dann die entsprechenden Formatierungen ein.

## Formatvorlagen verwalten

Es ist wichtig, dass Sie den Überblick über Ihre Formatvorlagen behalten. Klicken Sie im Aufgabenbereich „Formatvorlagen" rechts auf Optionen und legen Sie hier zum Beispiel fest, dass nur die verwendeten Formatvorlagen angezeigt werden.

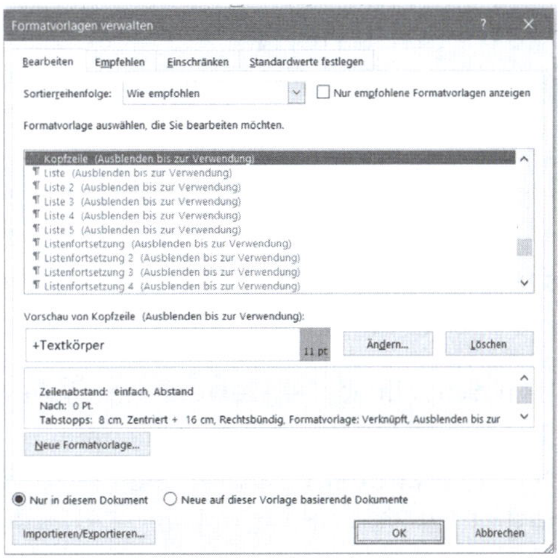

## Seitenzahl einfügen

Diesen Befehl finden Sie unter der Gruppe Kopf- und Fußzeile – Seitenzahl – Seitenzahlen.

Klicken Sie auf den Eintrag Seitenende, wählen Sie im Untermenü den Eintrag Einfache Zahl.

Klicken Sie auf die Schaltfläche Kopf- und Fußzeile schließen – oder klicken Sie doppelt in den Textbereich.

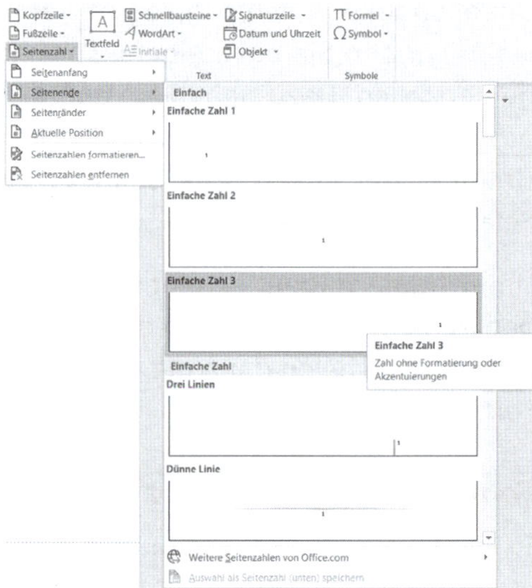


## Datei speichern

Wenn Sie einen Text schreiben, befindet er sich zunächst im Arbeitsspeicher, der nach jedem Ausschalten des Rechners gelöscht wird. Damit Ihr Text nicht verloren geht, müssen Sie ihn vorher speichern, z. B. auf die Festplatte oder auf den USB-Stick.

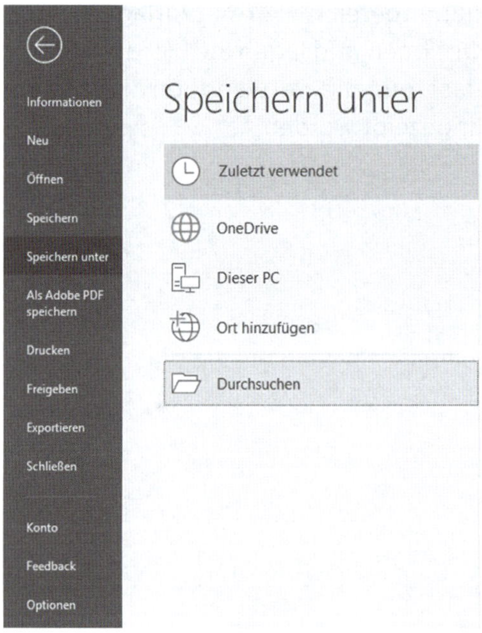


Den Speicherbefehl erreichen Sie auf der Registerkarte Datei. Klicken Sie dann auf Speichern unter oder benutzen Sie die Funktionstaste F12. Nun öffnet sich ein Dialogfenster. Hier können Sie den Speicherort bestimmen (z. B. Festplatte C:, Wechselträger E:) und Ihrer Datei einen Namen geben.

Ihr Dokument können Sie direkt in ein anderes Format (z. B. **PDF-Datei**) abspeichern. Dazu gehen Sie auf Dateityp und klicken auf Ihr gewünschtes Format. Nachdem Sie alle Einstellungen vorgenommen haben, gehen Sie auf Speichern.

### *Zwischenspeichern*

Speichern Sie Ihren Text nicht erst nach Fertigstellung ab. Durch „Abstürzen" des Rechners oder durch Stromausfall wäre Ihre Arbeit verloren. Sichern Sie deshalb Ihre Arbeit zwischendurch ab. Hier können Sie das Tastenkürzel STRG + S oder das Symbol Speichern in der Symbolleiste für den Schnellzugriff verwenden.

## Text erfassen

Beginnen Sie nun, Ihren Text einzugeben. Schreiben Sie den Text fortlaufend. Achten Sie darauf, dass Sie nach einem Absatz eine Leerzeile lassen.

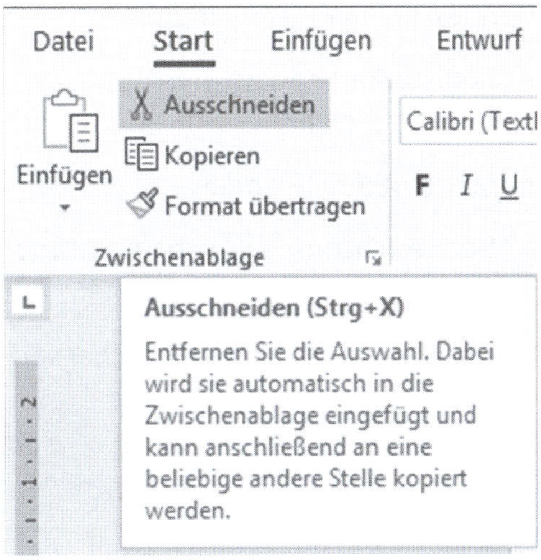


## Neue Seite einfügen

Wenn Sie eine neue Seite einfügen möchten, drücken Sie die Tastenkombination Strg + Return.

## Neuer Abschnitt

Für jedes neue Kapitel sollten Sie einen Abschnittswechsel vornehmen. Setzen Sie die Einfügemarke an die Position, an der Sie den Abschnittswechsel vornehmen möchten.

Klicken Sie auf der Registerkarte Layout in der Gruppe Seite einrichten auf die Schaltfläche Umbrüche. Wählen Sie Ihren gewünschten Abschnittswechsel (Fortlaufend = wenn keine neue Seite angelegt werden soll; Nächste Seite = wenn Sie einen Seitenumbruch wünschen).

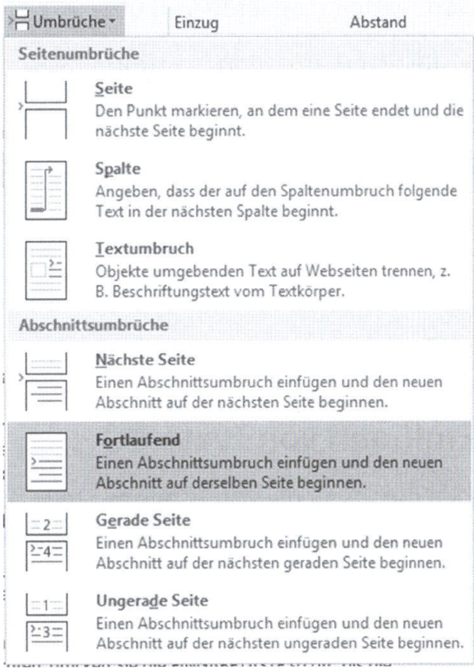


## Befehle rückgängig machen

Da Word sämtliche Bearbeitungs- und Formatierungsschritte registriert, besteht für Sie die Möglichkeit, mehrere Befehle bzw. den zuletzt ausgeführten wieder rückgängig zu machen.

Klicken Sie in der Symbolleiste für den Schnellzugriff auf die Schaltfläche Rückgängig oder die Tastenkombination STRG + Z; zum Wiederherstellen benutzen Sie STRG + Y oder die entsprechende Schaltfläche.

## Ausschneiden von Texten

Den Textteil markieren und über

- Registerkarte Start – Gruppe Zwischenablage – Befehl Ausschneiden oder
- Shortcut Strg + x oder
- Kontextmenü (rechte Maustaste) Ausschneiden

den Inhalt in den Zwischenspeicher speichern.

## Kopieren von Texten

Den Textteil markieren und über

- Registerkarte Start – Gruppe Zwischenablage – Befehl Kopieren oder
- Shortcut Strg + c oder
- Kontextmenü (rechte Maustaste) Kopieren

den Inhalt in den Zwischenspeicher speichern.

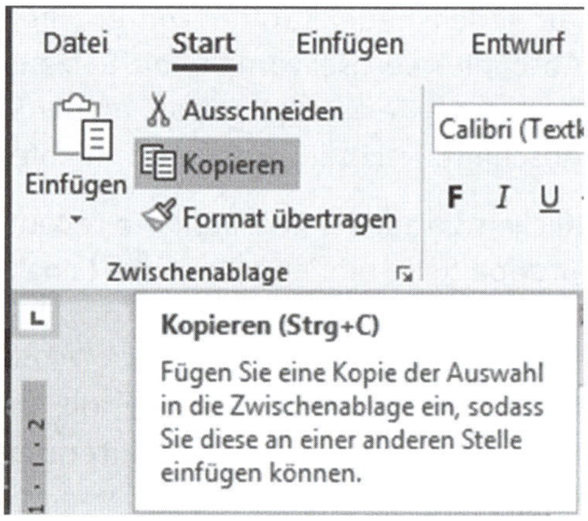


## Einfügen von Texten

Den Cursor an die vorgesehene Stelle bringen und den ausgeschnittenen bzw. kopierten Textteil über die

- Registerkarte Start – Gruppe Zwischenablage – Befehl Einfügen oder
- Shortcut Strg + v oder
- Kontextmenü (rechte Maustaste) Einfügen

den Inhalt des Zwischenspeichers einfügen.

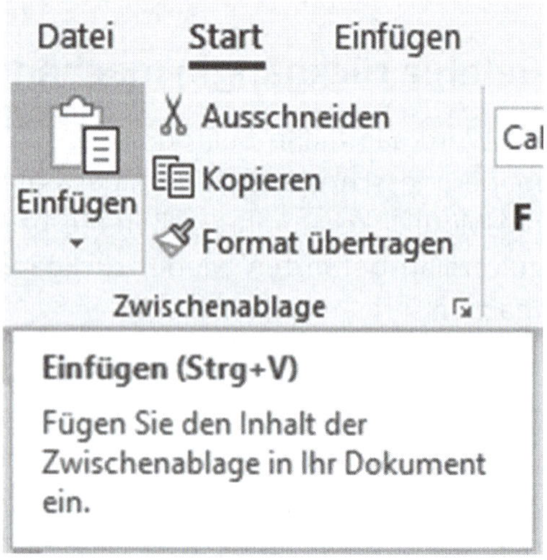

## Text suchen

Bei umfangreichen Dokumenten ist es oft schwierig, eine bestimmte Textstelle oder ein bestimmtes Wort im Text schnell zu finden. Word hilft Ihnen dabei mit der Funktion Suchen.

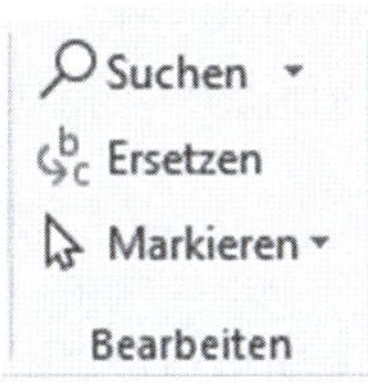


Außerdem bietet Word an, Begriffe, Zeichen oder Sonderzeichen, die in einem Dokument häufiger vorkommen, gezielt zu ersetzen.

Über die Registerkarte Start – Gruppe Bearbeiten – Befehl Suchen öffnet sich rechts der Aufgabenbereich Navigation oder drücken Sie Strg + F. Geben Sie im Textfeld den Suchbegriff ein. Word durchsucht das gesamte Dokument und listet alle Fundstellen im Aufgabenbereich auf.

Klicken Sie auf den nach unten bzw. auf den nach oben zeigenden Pfeil, um zu den jeweiligen Fundstellen zu kommen. Sie bekommen die Textstellen sowohl im Aufgabenbereich angezeigt als auch rechts im Dokument selbst.

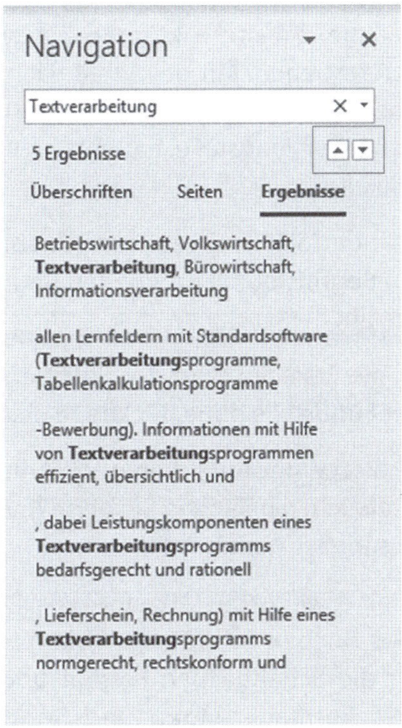


### *Weitere Suchmöglichkeiten*

Klicken Sie im Aufgabenbereich Navigation auf den rechten Pfeil und öffnen Sie das Dialogfeld Suchoptionen.

Aktivieren bzw. deaktivieren Sie die gewünschten Optionen. Eine recht häufig verwendete Option ist Platzhalter verwenden. Sie können mit einem „?“ oder „*“ alle Suchbegriffe mit einem bestimmten Wortstamm finden, z. B. bei „leben*“ wird auch lebendig gefunden.

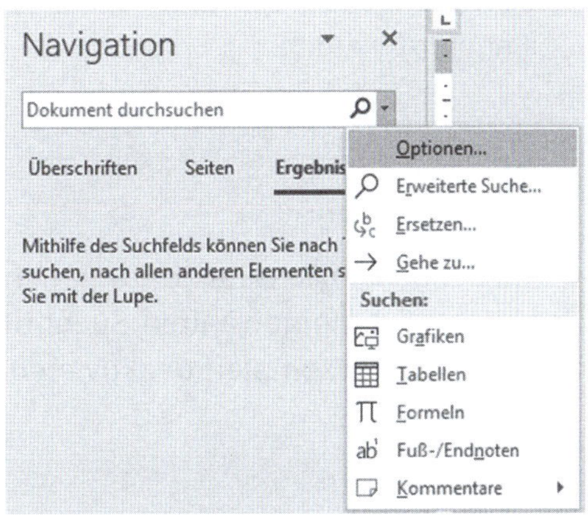


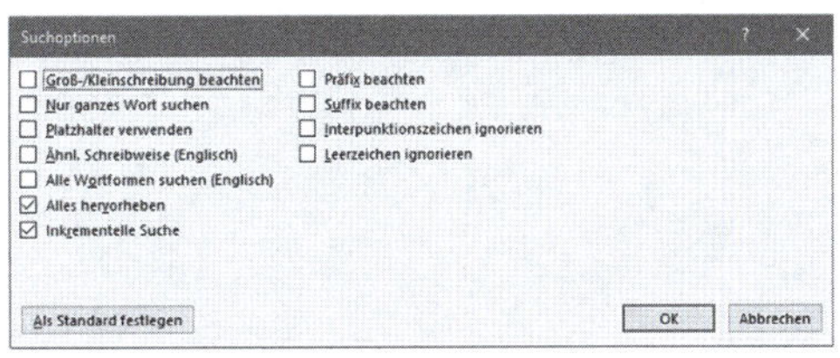

## Texte ersetzen

Über die Registerkarte Start – Gruppe Bearbeiten – Befehl Ersetzen erreichen Sie das Dialogfeld Ersetzen.

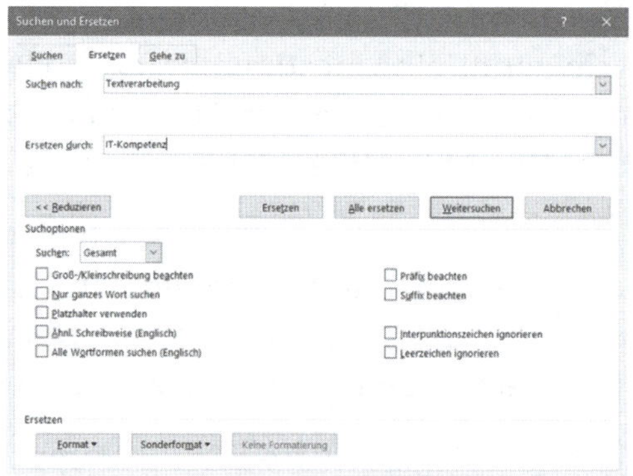


Geben Sie im Dialogfeld Ersetzen im Listenfeld das Suchwort (= zu ersetzender Begriff) und das Ersatzwort ein. Durch Anklicken der Schaltfläche Erweitern können Sie weitere Kriterien festlegen. Mit der Schaltfläche Weitersuchen starten Sie die Suche. Stoppt die Suche an einer Fundstelle, haben Sie folgende Möglichkeiten:

- Bestätigen Sie das Ersetzen des ursprünglichen Begriffs durch den neuen Begriff mit Ersetzen.
- Mit Alle Ersetzen wird der Suchbegriff an jeder Fundstelle ohne Rückfrage ersetzt.
- Durch erneutes Anklicken der Schaltfläche Weitersuchen gelangen Sie ohne Änderungen zur nächsten Textstelle.
- In der erweiterten Anzeige des Dialogfeldes Suchen und Ersetzen können Sie über die Schaltflächen Format und Sonstiges Formatierungen und Sonderzeichen suchen und ersetzen lassen, z. B. geschützte Leerschritte können hinterher eingefügt werden.

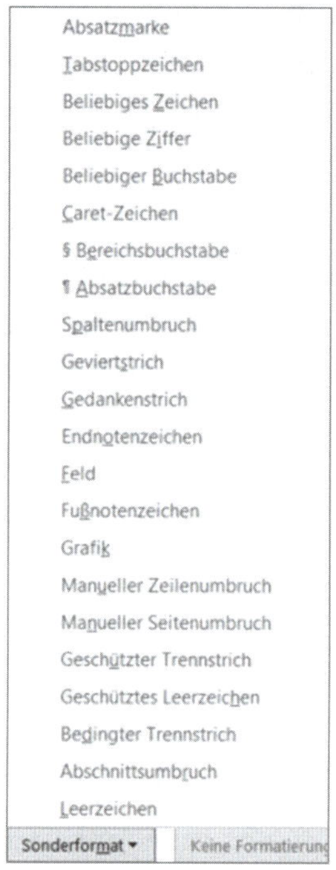


- Mit der Schaltfläche Keine Formatierungen können Sie die gewählten Suchoptionen im Dialogfeld komplett deaktivieren.

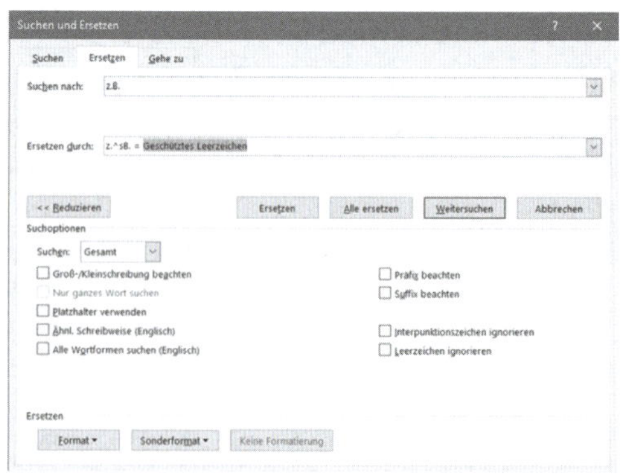

## Mathematische Formeln einfügen

Klicken Sie auf die Registerkarte Einfügen – Gruppe Symbol – Schaltfläche Formel.

Wählen Sie aus dem Bereich des Listenfelds die vorgefertigte Formel oder klicken Sie auf den Eintrag Neue Formel einfügen, um eine leere Formel zu erzeugen. Das entsprechende Inhaltselement wird eingeblendet.

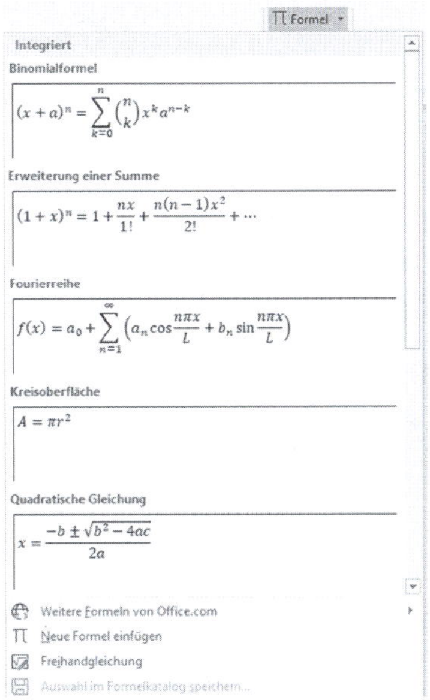


Klicken Sie in die Formel, um sie zu bearbeiten. Geben Sie die Formel ein. In der Gruppe Symbole können Sie dabei weitere Symbole auswählen und der Formel hinzufügen.

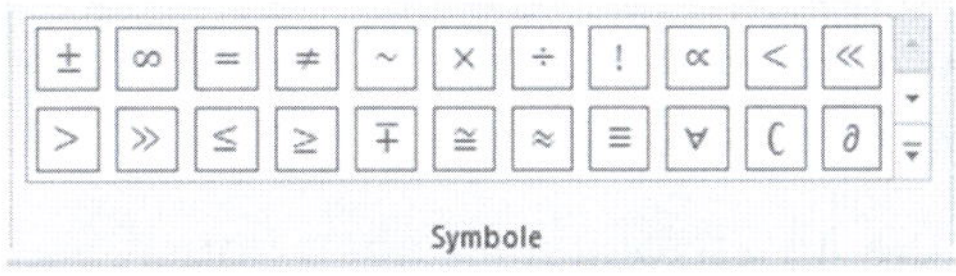


In der Gruppe Strukturen können Sie weitere Formelbestandteile auswählen. Klicken Sie nach Fertigstellung der Formel auf einen freien Bereich außerhalb des Inhaltssteuerelements.

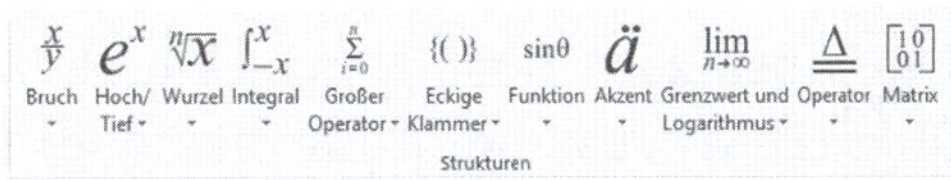


Formatieren Sie Ihre Formel. Die Standardeinstellung ist Professionell. Ansonsten können Sie zwischen Linear oder Normaler Text wählen.

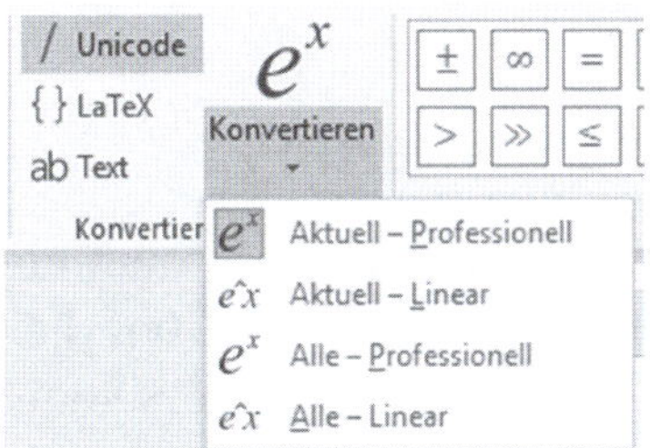


### *Verschieben oder löschen*

Klicken Sie mit der Maus links auf das Symbol Ihrer Formel und ziehen Sie sie an die gewünschte Position. Klicken Sie mit der Maus links auf das Symbol Ihrer Formel. Drücken Sie Entf-Taste.

## Zeichenformatierung

Markierte Textteile können Sie schnell über die Registerkarte Start – Gruppe Schriftart gestalten.

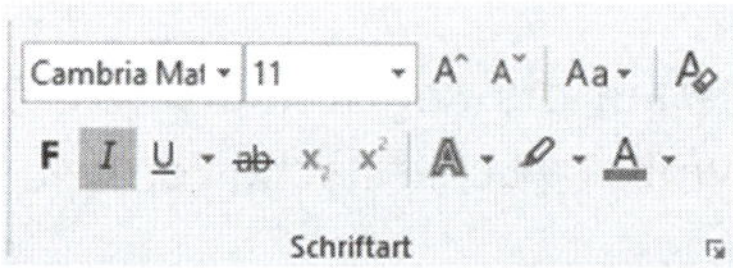


Alle zur Verfügung stehenden Zeichenformatierungen finden Sie unter dem Dialogfeld Schriftart. Dieses wird mit STRG + D geöffnet oder Sie klicken rechts unten auf das Startprogramm.

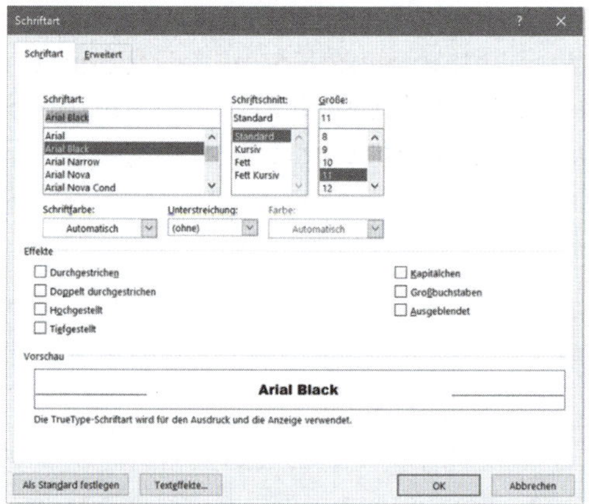


Unter der Registerkarte Zeichenabstand können Sie die Wörter sperren, indem Sie die Laufweite um eine entsprechende pt-Zahl erweitern.

## Absatzformatierung

Markierte Textobjekte können Sie auch mit Absatzattributen gestalten. Direkt sind sie über die Registerkarte Start – Gruppe Absatz zu erreichen.

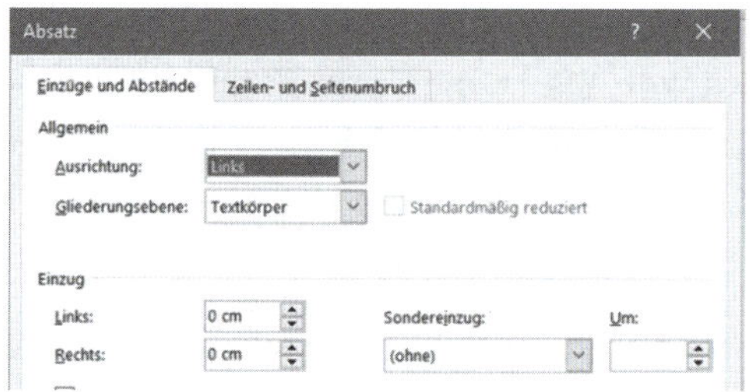


Alle Absatzformatierungen finden Sie rechts unten unter dem Startprogramm Absatz. Die Absatzattribute (Einzug rechts oder links, Zeilenabstand, Absatzabstand) beziehen sich immer auf einen oder mehrere Absätze, also den Textbereich zwischen zwei Absatzschaltungen.

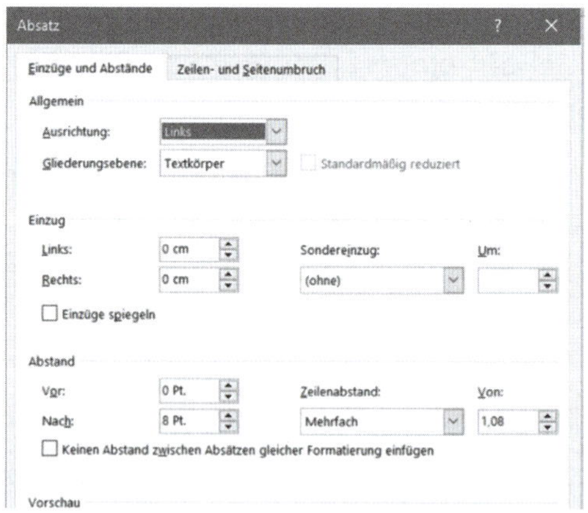


## Spaltenformatierung

Markieren Sie den Text, der in mehrere Spalten angeordnet werden soll. Über die Registerkarte Seitenlayout – Gruppe Seite einrichten – Befehl Spalte – Weitere Spalten erreichen Sie das Dialogfeld Spalten.

**Tipp:** Damit die Spalten gleich lang werden, markieren Sie hinter dem Text nicht die Zeilenschaltung.

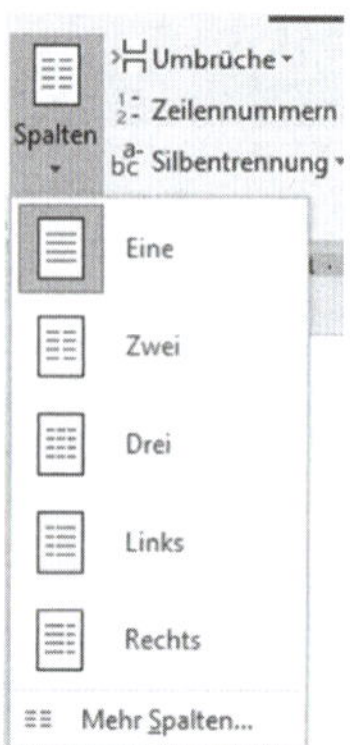


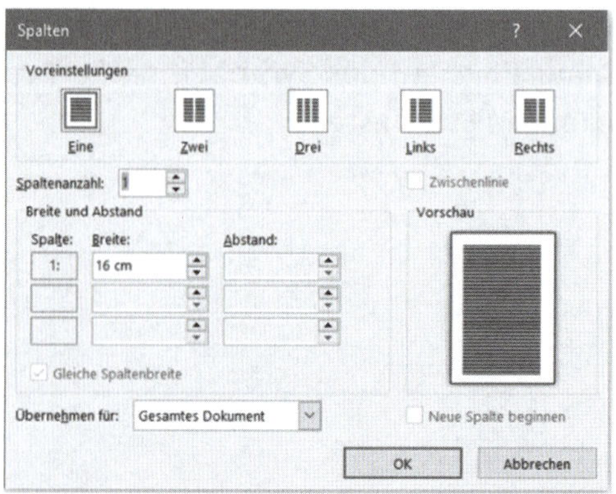

## Format übertragen

Wenn mehrere Textstellen gleich formatiert werden, arbeitet man rationell mit dem Befehl Format übertragen. Diesen finden Sie in der Registerkarte Start – Gruppe Zwischenablage – Befehl Format übertragen.

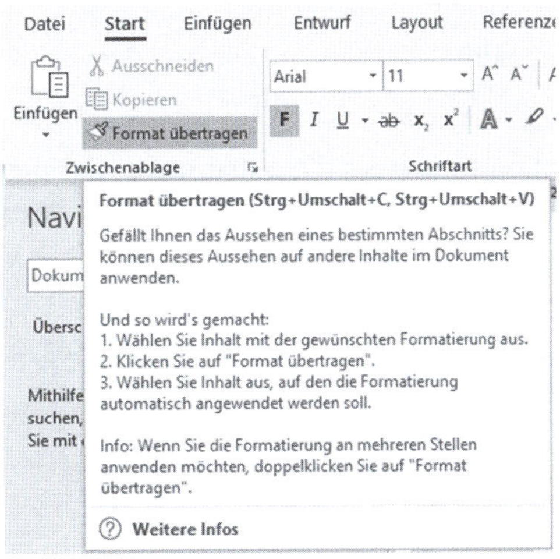


Dazu markiert man die richtig formatierte Textstelle und klickt mit der Maus das Symbol Format übertragen an. Der Mauszeiger wird zu einem Pinsel. Mit diesem Pinsel kann nun die gewünschte Textstelle formatiert werden.

**TIPP:** Wenn mehrere Textstellen mit diesem Format gestaltet werden sollen, müssen Sie auf das Symbol Format übertragen **doppelt** klicken.

## Initial einfügen

Repräsentative Texte werden gerne mit Initialen gestaltet. Über die Registerkarte Einfügen – Gruppe Text – Befehl Initial – Initialoptionen wird das Dialogfeld Initial aufgerufen.

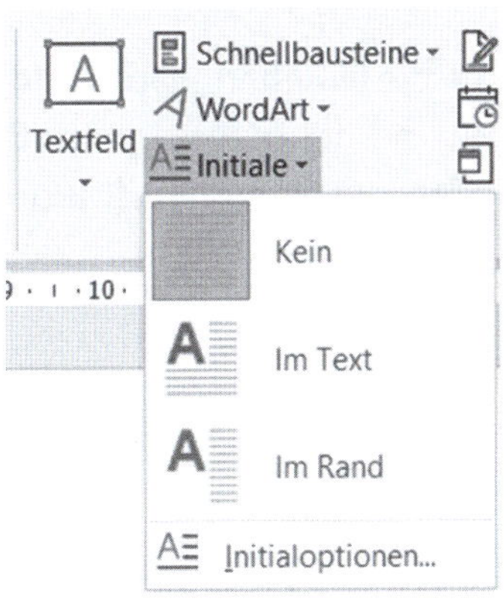


Hier können Sie die Position, Schriftart, Initialhöhe und den Abstand vom Text angeben.

## Symbole einfügen

In der Registerkarte Einfügen – Gruppe Symbole – Befehl Symbol – Weitere Symbole finden Sie das Dialogfeld Symbol. Hier können Sie unter der Registerkarte Symbol Zeichen auswählen. Markieren Sie das gewünschte Zeichen und fügen Sie es ein.

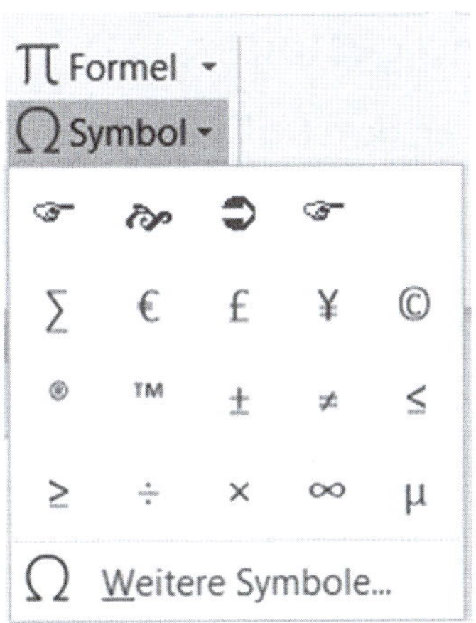


Durch Wechsel der Schriftarten werden andere Symbole angezeigt.

## Schattierung einstellen

Auf der Registerkarte Start – Gruppe Absatz – Befehl Schattierung können Sie das Dialogfeld Designfarben öffnen.

Hier wählen Sie die entsprechende Farbschattierung aus. Möchte man andere Farbnuancen, so geht man auf Weitere Farben. Möchte man die Schattierung entfernen, so wird die Textstelle markiert und im Dialogfeld Keine Farbe angeklickt.

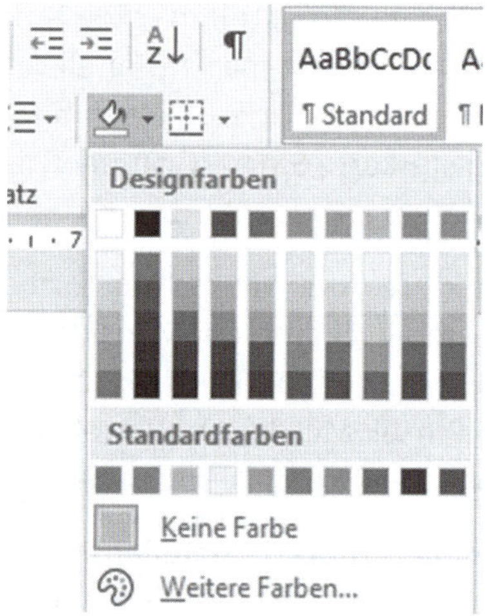


## Schattierung einstellen

Auf der Registerkarte Start – Gruppe Absatz – Befehl Rahmen – (ganz unten) Rahmen und Schattierung können Sie das Dialogfeld Rahmen und Schattierung öffnen.

Nun wählen Sie die Linienart, Farbe und Breite aus und unter Übernehmen für: den Bereich des Rahmens. In der Vorschau können einzelne Linien angeklickt werden.

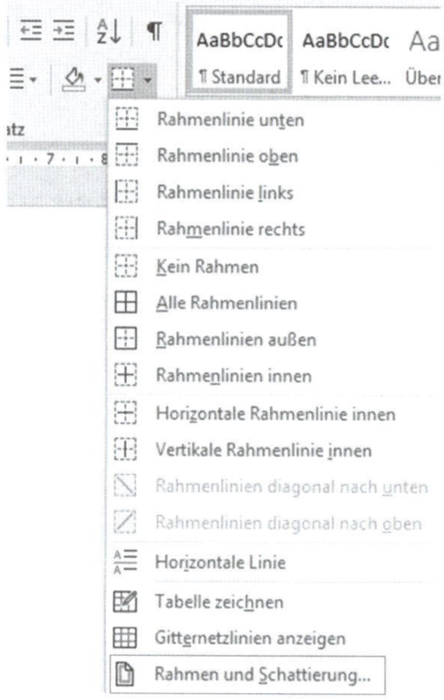


## Seitenrand gestalten

Wählen Sie von dem Dialogfeld Rahmen und Schattierung die Registerkarte Seitenrand aus. Hier können Sie für die ganze Seite Ränder mit und ohne Effekte einfügen und rechts unten unter Übernehmen für: den Bereich des Seitenrandes auswählen.

**Tipp:** Wird beim Ausdruck ein Linienrand nicht angezeigt, kann unter Optionen – gemessen von der Abstand vom Text eingestellt werden.

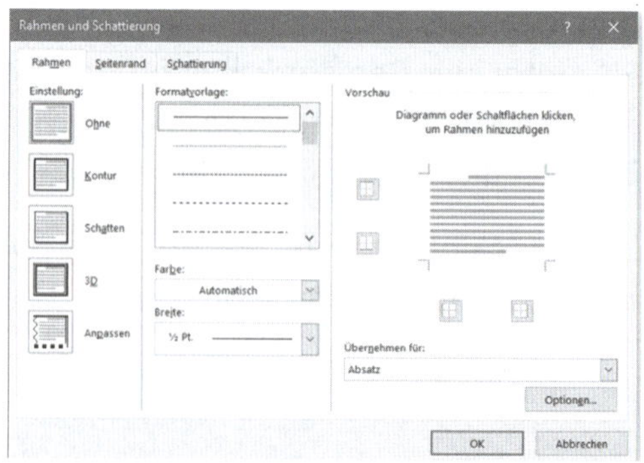

## Aufzählung bzw. Nummerierung einfügen

Zur besseren Übersicht sollten Sie z. B. in Ihren Dokumenten wie z. B. im Lebenslauf die Tätigkeiten mit Aufzählungen bzw. Nummerierungen auflisten. Dazu markieren Sie Ihren Text.

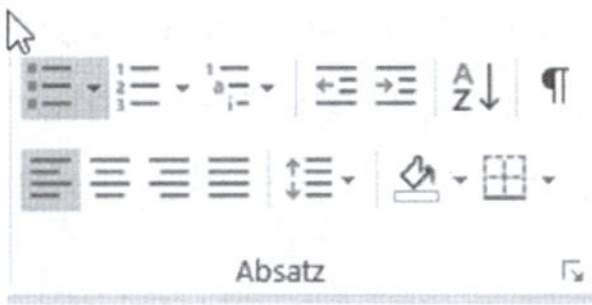


Wählen Sie in der Registerkarte Start – Befehlsgruppe Absatz – entweder den Befehl Aufzählung oder Nummerierung aus.

Ist das Gewünschte eingestellt, so können Sie sehr schnell über das Symbol – auf den rechten Pfeil klicken – Ihre Aufzählung oder Nummerierung aktivieren.

Wünschen Sie für die Nummerierung oder Aufzählung ein anderes Zahlenformat oder ein anderes Symbol, so gehen Sie über den Befehl Nummerierung auf Neues Zahlenformat definieren oder über den Befehl Aufzählung auf Neues Aufzählungszeichen definieren.

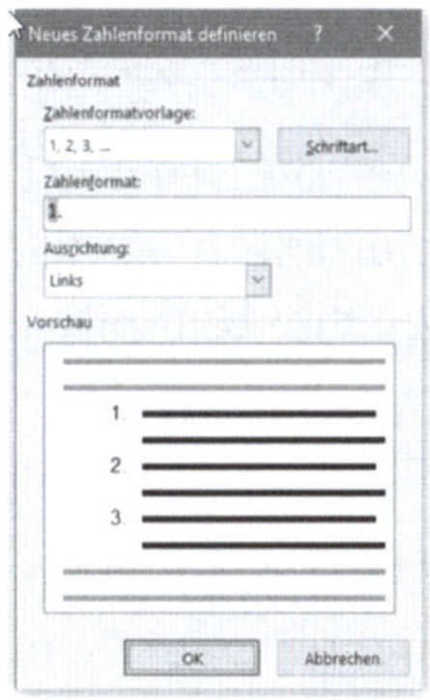

### *DIN 1421*

Nach der DIN 1421 steht die Aufzählung/Nummerierung links an der Fluchtlinie, und Beginn und Ende sind vom folgenden Text jeweils durch eine Leerzeile zu trennen.

Sie setzen eine Leerzeile zwischen die Aufzählungsglieder, indem Sie eine geschützte Zeilenschaltung SHIFT + Return vornehmen.

Klicken Sie mit der rechten Maustaste im Kontextmenü bzw. in der Befehlsgruppe Absatz auf Einzug verkleinern.

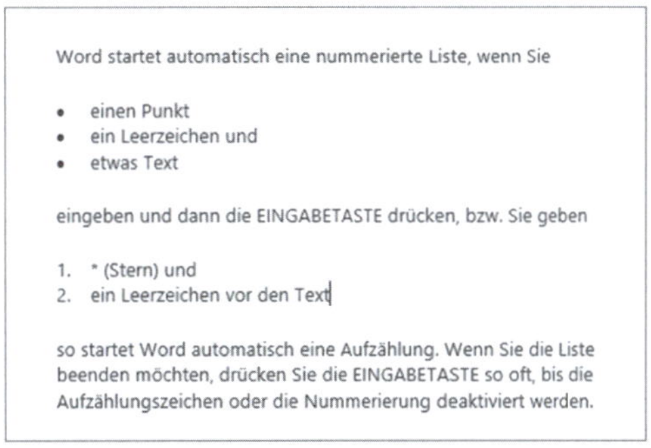
Word startet automatisch eine nummerierte Liste, wenn Sie

- einen Punkt
- ein Leerzeichen und
- etwas Text

eingeben und dann die EINGABETASTE drücken, bzw. Sie geben

1. * (Stern) und
2. ein Leerzeichen vor den Text

so startet Word automatisch eine Aufzählung. Wenn Sie die Liste beenden möchten, drücken Sie die EINGABETASTE so oft, bis die Aufzählungszeichen oder die Nummerierung deaktiviert werden.

### *Liste neu nummerieren*

Klicken Sie mit der rechten Maustaste auf den Listeneintrag, ab dem neu nummeriert werden soll.

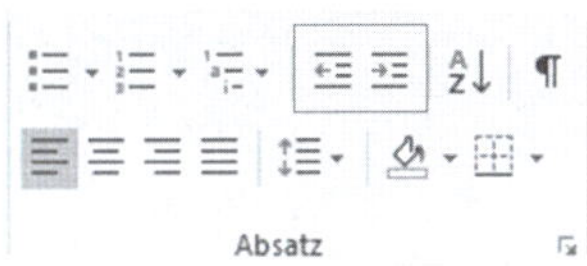


Klicken Sie mit der rechten Maustaste im Kontextmenü auf Neu beginnen mit 1 oder wählen Sie eine andere gewünschte Option aus.

## Liste mit mehreren Ebenen

Eine Gliederung besteht aus mehreren Ebenen, die individuell eingestellt werden können. Unter Position wird die Ausrichtung eingestellt, die im Vorschaufenster angezeigt wird.

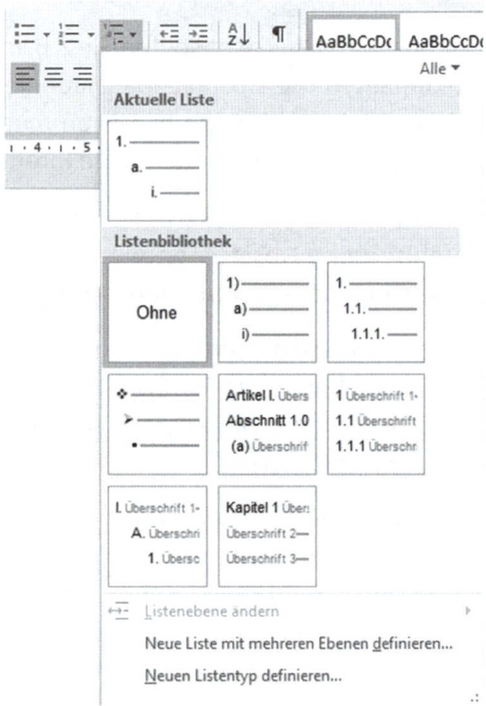


Zunächst markieren Sie Ihren Text und wählen dann auf der Registerkarte Start – Gruppe Absatz – Befehl Liste mit mehreren Ebenen. Hier suchen Sie sich die gewünschte Gliederung aus bzw. Sie gehen über Neue Liste mit mehreren Ebenen definieren.

Gemäß DIN 1421 beginnen alle Abschnittsnummern an derselben Fluchtlinie. Nach einer Abschnittsnummer folgt der Abstand von mindestens zwei Leerzeichen. Am Ende einer Abschnittsnummer steht kein Punkt.

Um diese Regeln einzuhalten, wird die Ausrichtung auf 0 cm eingestellt, der Texteinzug entsprechend erweitert (z. B. bei drei Ebenen auf 2 cm) und der letzte Punkt unter Formatierung für Zahl eingeben entfernt. Möchten Sie alle Ebenen auf einmal verändern, gehen Sie auf Für alle Ebenen festlegen und stellen dort Ihre Werte ein.

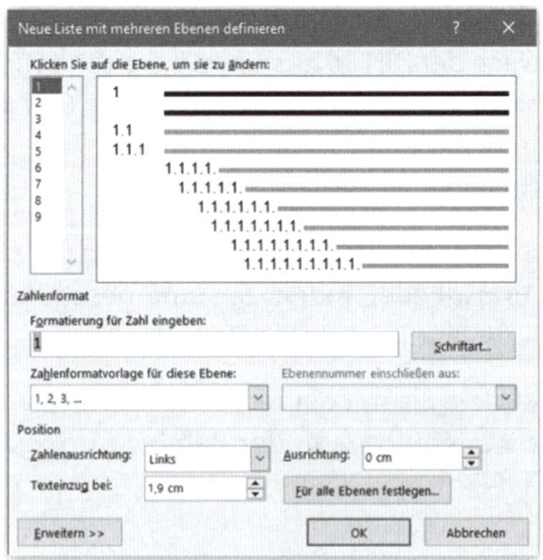


### *Ebenen einstellen*

Während der Texteingabe oder später erstellen Sie die verschiedenen Ebenen über die Symbole Einzug verkleinern – Einzug vergrößern.

- Klicken Sie auf Einzug vergrößern, um von der Ebene 1 auf die Ebene 1.1 zu gelangen.
- Klicken Sie auf Einzug verkleinern, um auf den Gliederungspunkt 2 zu gelangen.

# Dokument erstellen

## Tabstopp setzen

Natürlich können Sie z. B. Übersichten oder Ihren Lebenslauf auch mit Tabstopps formatieren. Dies ist allerdings umständlicher, und es gibt nicht so vielseitige Gestaltungsmöglichkeiten wie mit der Tabellenfunktion.

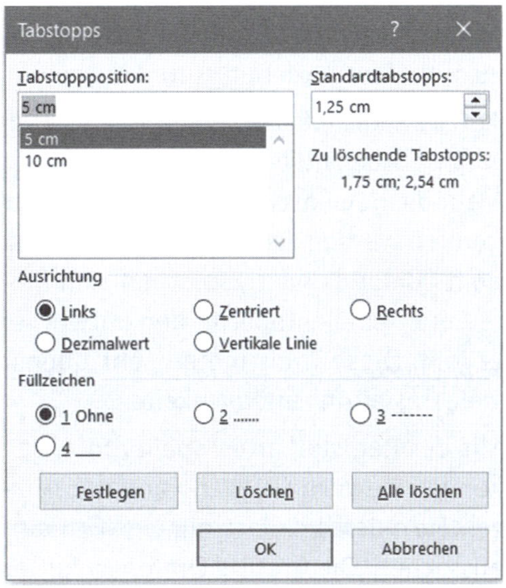


Dazu setzen Sie die Tabtaste an Ihre gewünschte Position.

Gehen Sie auf die Registerkarte Start – Gruppe Absatz unten rechts auf das Startprogramm – Tabstopps und geben Sie im Dialogfeld Tabstopps die gewünschte Tabstopp-Position ein.

Weiterhin ist die gewünschte Ausrichtung (links, zentriert, rechts, dezimal) anzugeben und ob Sie den Zwischenraum zwischen den Wort- oder Zahlenkolonnen mit Punkten, Strichen oder einer Linie auffüllen wollen. Bestätigen Sie Ihre Auswahl mit der Schaltfläche Festlegen.

Die Standard-Tabstopps im Abstand von 1,25 cm erscheinen im Zeilenlineal als senkrechte hellgraue Linien.

### *Arbeiten Sie rationell*

Über das Zeilenlineal können Sie die Tabstopps sehr schnell setzen. Klicken Sie am linken Linealende die Schaltfläche an, um die gewünschte Ausrichtung des Tabulatorstopps festzulegen. Setzen Sie anschließend den Mausanzeiger an die gewünschte Position im Zeilenlineal und bestätigen Sie die Position mit der linken Maustaste.

### *Tabstopp verschieben*

Um einen Tabstopp zu verschieben, klicken Sie mit der Maus auf den gesetzten Tabstopp und ziehen ihn anschließend mit gedrückter Maustaste an die gewünschte Position. Um einen Tabstopp millimetergenau zu setzen oder zu verschieben, muss zusätzlich zum Mausanzeiger die Alt-Taste gedrückt werden.

Ein Tabstopp im Zeilenlineal lässt sich einfach löschen, indem man mit dem Mauszeiger auf den Tabstopp klickt und mit gedrückter Maustaste den Tabstopp aus dem Lineal herauszieht und die Taste loslässt.

## Tabellen gestalten

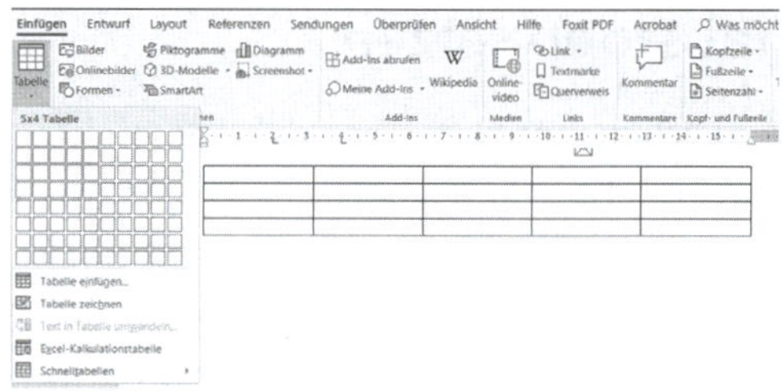

Mit dieser Tabellenfunktion formatieren Sie übersichtlicher und strukturierter. Word bietet eine Vielzahl von Möglichkeiten, Ihre Tabellen zu optischen Anziehungspunkten zu gestalten.

Auf der Registerkarte Einfügen – Befehlsgruppe Tabelle – Schaltfläche Tabelle können mit der Maus die gewünschten Zeilen und Spalten aufgerufen werden. Ist die Tabelle erstellt und mit dem Cursor aktiviert, so öffnet sich die Registerkarte Tabellentools für den Entwurf und das Layout. Diese Tools bieten sehr übersichtlich viele Gestaltungsmöglichkeiten.

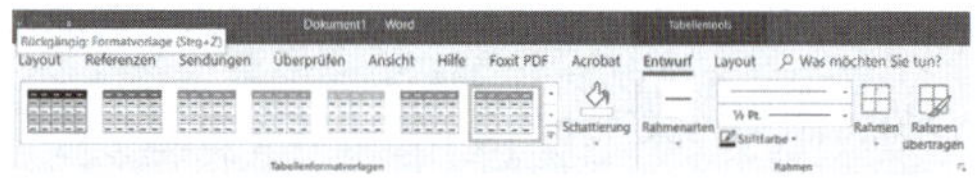

Mit der Registerkarte Tabellentool – Entwurf können Sie viele Tabellen-Formatvorlagen nutzen. Sie müssen einfach nur eine Formatvorlage aussuchen. Die Gruppe Optionen für Tabellenformat ermöglicht es Ihnen, in manchen Fällen die Tabellen lesefreundlicher zu gestalten.

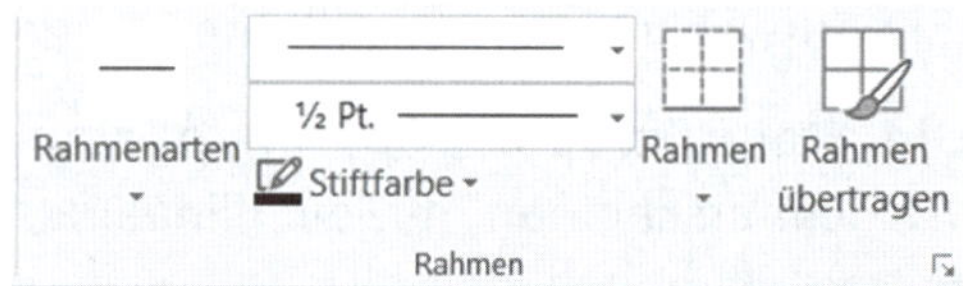


Die Gruppe Rahmenlinien zeichnen ermöglicht, Linien, Linienstärke und Farbe auszusuchen. Mit dem Radierer können Linien entfernt werden. Sie können auch eine komplexe Tabelle zeichnen, die unterschiedliche Zeilen oder unterschiedlich viele Spalten pro Zeile enthält. Wenn Sie auf den rechten unteren Pfeil klicken, so öffnet sich das Dialogfeld Rahmen und Schattierung.

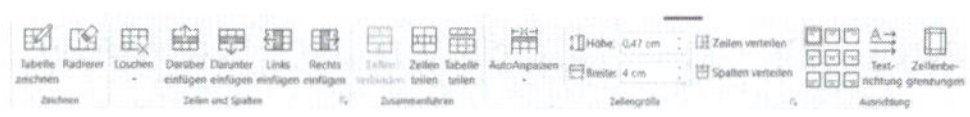

Mit der Registerkarte Tabellentool – Layout stellt Word Ihnen viele Werkzeuge zur Tabellengestaltung zur Verfügung.

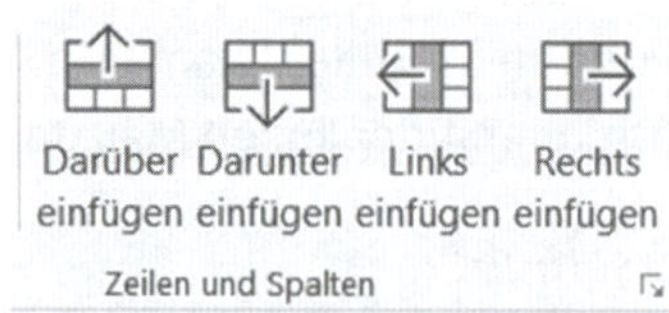


Die Gruppe Zeilen und Spalten ermöglicht, Zeilen und Spalten einzufügen und zu löschen.

Eine Tabelle, in der die Zeilen unterschiedlich hoch sind, wirkt sehr unruhig auf den Leser. Hier bietet die Gruppe Zellengröße an, Zeilen und Spalten gleichmäßig zu verteilen, um Zeilenhöhe und Spaltenbreite einander anzupassen.

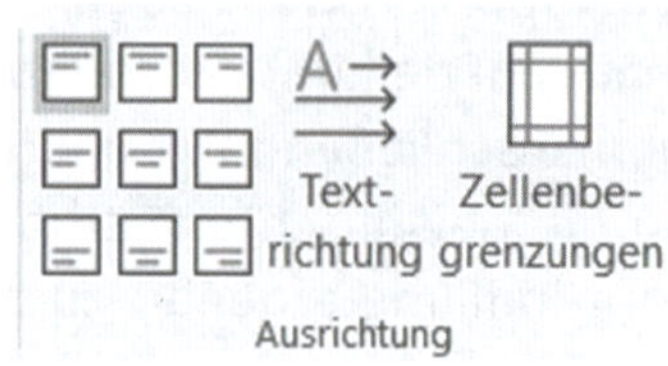


Die Gruppe Ausrichtung ermöglicht, den Text in der Zelle an entsprechende Positionen zu bringen. Außerdem kann der Text in verschiedene Richtungen fließen.

Die Gruppe Zusammenführen bietet Befehle, um Zellen zu verbinden, Zellen zu teilen bzw. die Tabelle zu teilen. Sie können in derselben Zeile bzw. Spalte zwei oder mehrere Zellen zu einer einzigen Zelle verbinden.

## Tabelle positionieren

Zum Anpassen des Tabellenlayouts stehen noch zahlreiche weitere Möglichkeiten zur Verfügung. Um eine ganze Tabelle, bezogen auf die Seitenränder auszurichten, markieren Sie zuerst die gesamte Tabelle und verwenden in der Gruppe Ausrichtung – den Befehl Zellenbegrenzung.

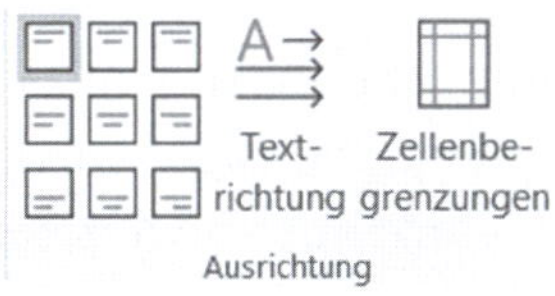


Die Ausrichtung, einen linken Einzug und den Textumbruch um eine Tabelle, können Sie in der Gruppe Tabelle – Befehl – Tabelleneigenschaften festlegen.

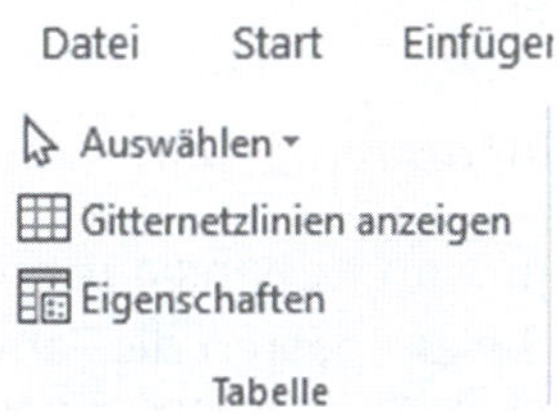


Möchten Sie eine Tabelle an eine bestimmte Position bringen, so aktivieren Sie unter dem Befehl Tabelleneigenschaften – Textumbruch Umgebend und klicken nun auf das Feld Positionierung.

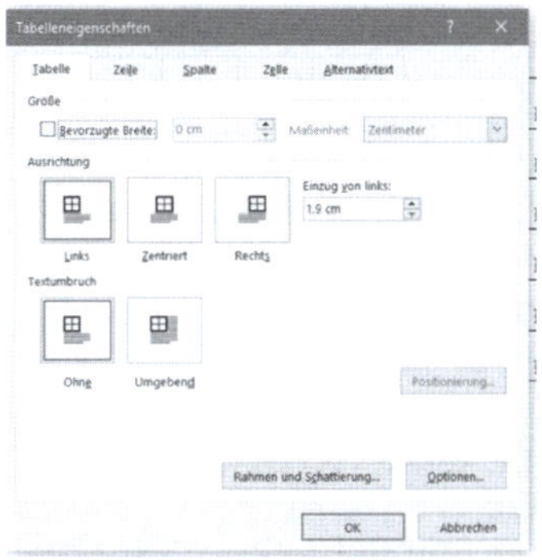

Hier stellen Sie nun Ihre gewünschten Werte ein, z. B. für den Geschäftsbrief mit Bezugzeichenzeile – Form B – die vertikale Position 9,74 cm, gemessen von der ganzen Seite.

Um den Text innerhalb einer Tabellenzelle auszurichten, markieren Sie den entsprechenden Bereich und klicken in der Gruppe Ausrichtung auf die gewünschte Zellenausrichtung. Hier können Sie auch den Text vertikal und horizontal ausrichten.

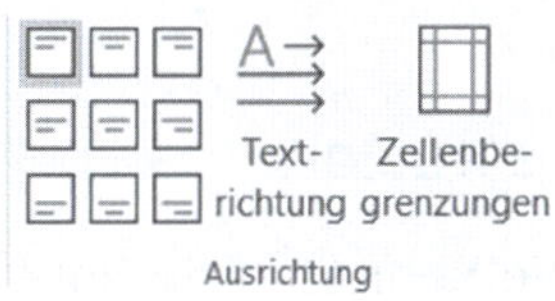


## Tabellarischen Lebenslauf gestalten

Öffnen Sie Ihre Dokumentvorlage „Bewerbungsvorlage". Schreiben Sie „Lebenslauf" in einem etwas größeren Schriftgrad (z. B. 16 pt).

Fügen Sie eine dreispaltige Tabelle ein, markieren Sie die Tabelle und gestalten Sie Ihren Tabellenrahmen – Kein Rahmen. Das Gitternetz/Rasterlinien sollte eingeschaltet sein.

Markieren Sie die Tabelle – gehen Sie auf Tabelleneigenschaften. Stellen Sie unter der Registerkarte Spalte – Bevorzugte Breite auf 7 cm, die zweite Spalte auf 1,25 cm und die dritte Spalte auf 8 cm. Anschließend stellen Sie unter Registerkarte Zelle – Höhe definieren auf 0,8 cm. Stellen Sie die Zellenausrichtung auf links zentriert. Verwenden Sie für

**Lebenslauf**

| **Meine persönlichen Daten** | | |
|---|---|---|
| Geburtstag | | 14. April 19.. |
| Geburtsort | | Trier |
| | | |
| **Schulbildung** | | |
| Von September 20.. bis | | |

**Lebenslauf**

| **Meine persönlichen Daten** | | |
|---|---|---|
| Geburtstag | | 14. April 19.. |
| Geburtsort | | Trier |
| | | |
| **Schulbildung** | | |
| Von September 20.. bis | | |

jedes Leitwort eine neue Zeile. Mit der Tabtaste erstellen Sie eine neue Zeile.

Gestalten Sie Ihren Lebenslauf individuell. Formatieren Sie Ihren Lebenslauf so, dass die Schwerpunkte hervorgehoben werden. Dazu bietet das Textverarbeitungsprogramm vielseitige Möglichkeiten.

### *Lebenslauf mit mehreren Seiten*

Benötigen Sie für den Lebenslauf mehrere Seiten, so teilen Sie am besten die Tabelle an der Stelle, die auf die neue Seite soll. Stellen Sie den Cursor in die erste Zelle der Zeile, die auf die nächste Seite soll.

Gehen Sie über die Registerkarte Tabellentools – Layout – Gruppe Zusammenführen – Tabelle teilen.

| **Sprachkenntnisse** | | |
|---|---|---|
| Englisch | | Verhandlungssicher |
| Französisch | | Basiskenntnisse |
| | | |
| **IT-Kompetenz** | | |
| Word | | – |

| **Freizeitaktivitäten** | | |
|---|---|---|
| | | Wandern ... |
| | | |

## Neue Seite einfügen

Für eine neue Seite drücken Sie die Tastenkombination Strg + Return.

## Formulare gestalten

Gehen Sie auf die Registerkarte Entwicklertools. Sollte diese nicht angezeigt werden, müssen Sie über die Registerkarte Datei – Word-Optionen – Menüband anpassen – Entwicklertools aktivieren.

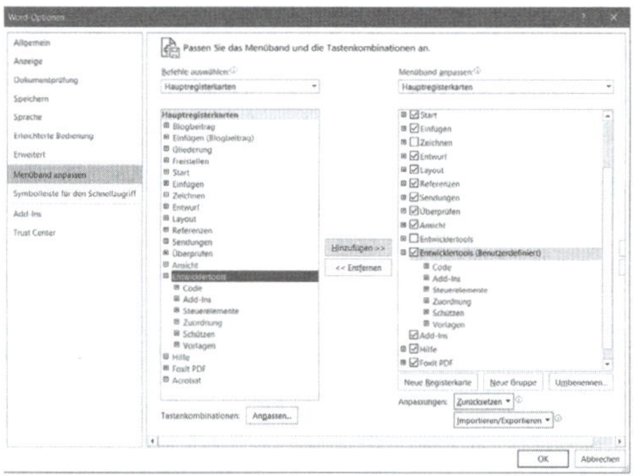

Ein Formular wird grundsätzlich in ein Tabellenraster eingefügt. Jedes Textfeld, Kontrollkästchen oder Dropdown-Formularfeld erhält eine eigene Zelle. Die Linien der Tabelle können ohne Rand gestaltet werden. Wichtig ist, dass das Formular übersichtlich, klar gegliedert und ablaufgerecht konzipiert wird.

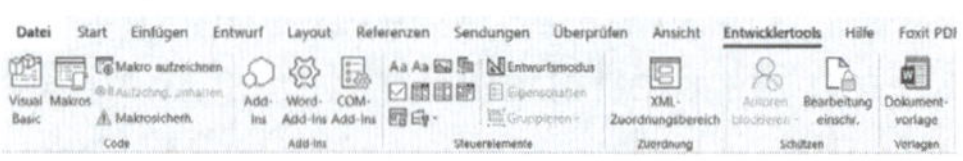

Wenn Sie eines der Steuerelemente einfügen, bekommen Sie einen Text vorgegeben, den der User als Eingabeaufforderung sehen kann. Diesen Text können Sie verändern, wenn Sie den Entwurfsmodus einschalten.

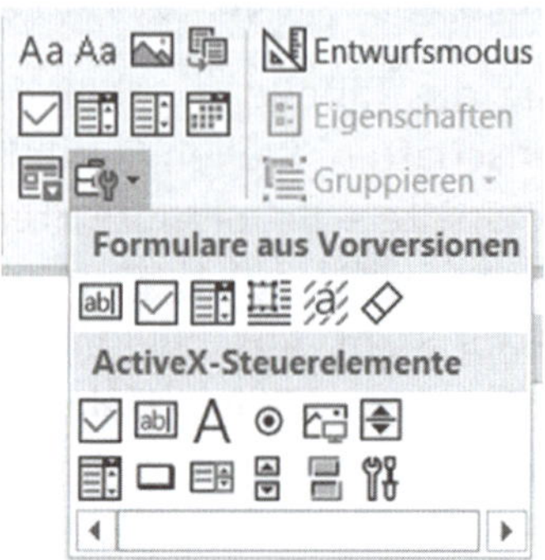


Beim Klicken auf die Vorversionstools öffnet sich eine Auswahl von Formular-Steuerelementen aus Vorversionen (Formularsymbolleiste).

Für einfache Texte wählen Sie das Textfeld (Formularsteuerelement). Für Entscheidungsfragen wählen Sie das Kontrollkästchen. Für Auswahlmöglichkeiten bietet sich das Dropdown-Formularfeld an. Für die Auswahl anderer Daten (Datum und Uhrzeit) klicken Sie auf das entsprechende Steuerelement.

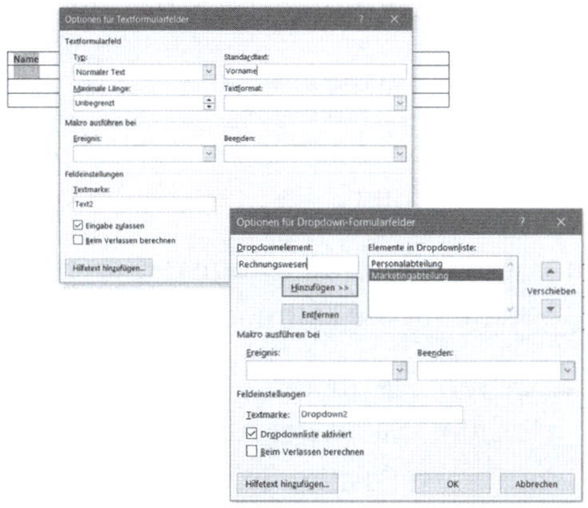


Mit einem Doppelklick auf das Dropdown-Formularfeld erreichen Sie die Optionen. Hier werden die Auswahlbegriffe ins Dropdownelement geschrieben und hinzugefügt. Bedenken Sie, dass später nur in den Formularfeldern geschrieben werden kann. Mit der Tabtaste erreichen Sie die einzelnen Felder.

Damit das Formular ausgefüllt werden kann, muss es nach Fertigstellung geschützt werden. Achten Sie darauf, dass der Entwurfsmodus ausgeschaltet ist. Wenn Sie auf die Gruppe Schützen – Bearbeitung einschränken klicken, öffnet sich der Arbeitsbereich Bearbeitung einschränken. Hier klicken Sie unter 2. Bearbeitungseinschränkungen – Nur diese Bearbeitungen im Dokument zulassen: Ausfüllen von Formularen und Ja, Schutz jetzt anwenden an. Geben Sie ein Passwort an. Testen Sie Ihr Formular.

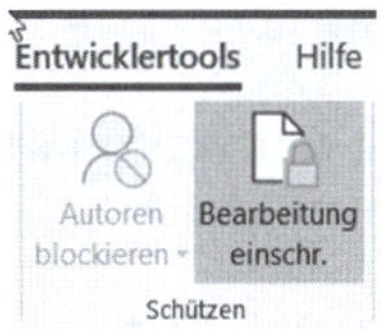


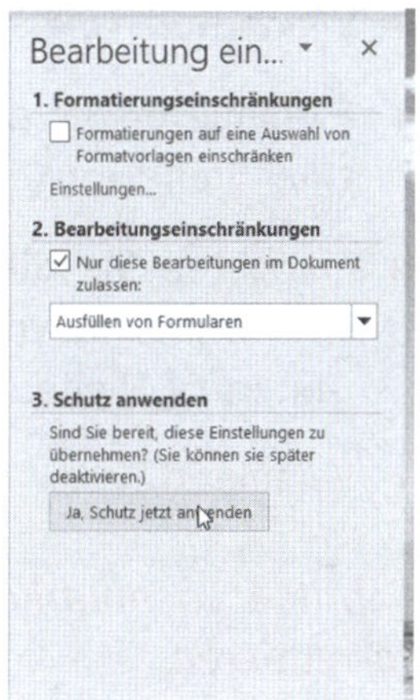


## Loch- und Falzmarke einfügen

Falt- und Lochmarken dienen dazu, den fertigen Brief an der richtigen Stelle zu falten bzw. zu lochen. Die Faltmarken werden innerhalb des Kopfzeilenfensters eingesetzt und dann an den linken Rand verschoben. Die genaue Position und Größe der Marken sind in der DIN festgelegt. Gehen Sie schrittweise für den Geschäftsbrief Form B vor:

### *Schritt 1: Faltmarke 1 – einfügen*

- Aktivieren Sie die Kopfzeile.
- Klicken Sie das Symbol Linie an und ziehen Sie bei gedrückter Maus eine waagerechte Linie – Registerkarte Einfügen – Illustrationen – Formen

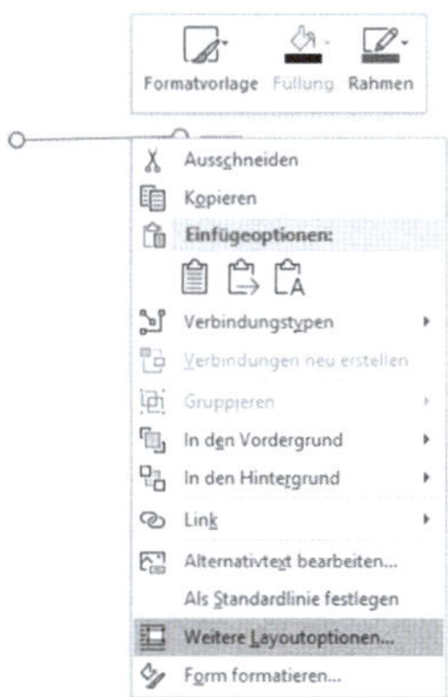

### *Schritt 2: Faltmarke 1 – formatieren*

- Klicken Sie die Linie an.
- Öffnen Sie mit der rechten Maustaste das Kontextmenü – Weitere Layoutoptionen.
- Geben Sie in der Registerkarte Größe die Breite für die Faltmarke mit 0,6 cm an.
- Geben Sie in der Registerkarte Layout/ Position die in der Abbildung rechts angegebenen Positionen und Bezugsstellen ein.
- Verankern Sie die Marke.

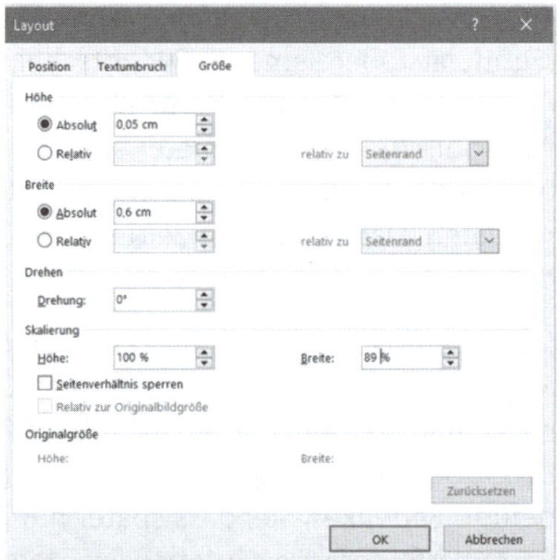


### *Schritt 3: Faltmarke 2 einfügen – formatieren*

- Wiederholen Sie Schritt 1.
- Formatieren Sie die zweite Faltmarke mit einer Breite von 0,6 cm .
- Platzieren Sie die zweite Faltmarke bei 0,6 cm. „rechts von" Seite und bei 21 cm „unterhalb" Seite.
- Verankern Sie die Marke.

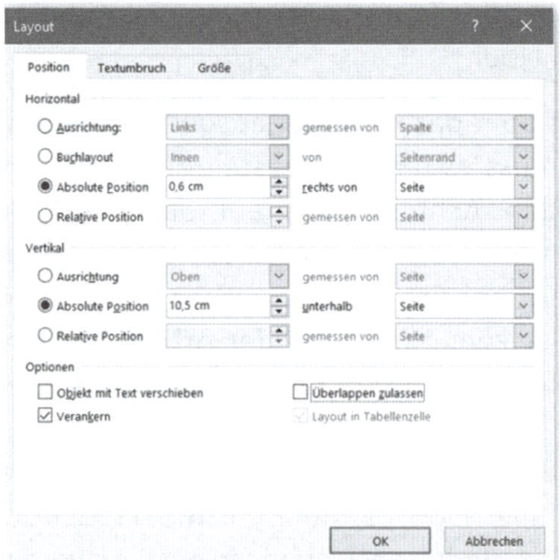


### *Schritt 4: Lochmarke einfügen – formatieren*

- Wiederholen Sie Schritt 1
- Formatieren Sie die Breite mit 0,75 cm
- Platzieren Sie die Lochmarke bei 0,6 cm „rechts von" Seite und bei 14,85 cm „unterhalb" Seite
- Verankern Sie die Marke.

## Grafiken und Bilder einfügen

Rechts oben im Lebenslauf oder auf das Deckblatt fügen Sie ein ansprechendes Foto ein.

Auf der Registerkarte Einfügen – Gruppe Illustrationen finden Sie verschiedene Elemente zum Einfügen. Klicken Sie auf das Symbol Grafik, so öffnet sich der Dateimanager, Sie wählen das entsprechende Laufwerk/Verzeichnis und fügen Ihr gewünschtes Bild ein.

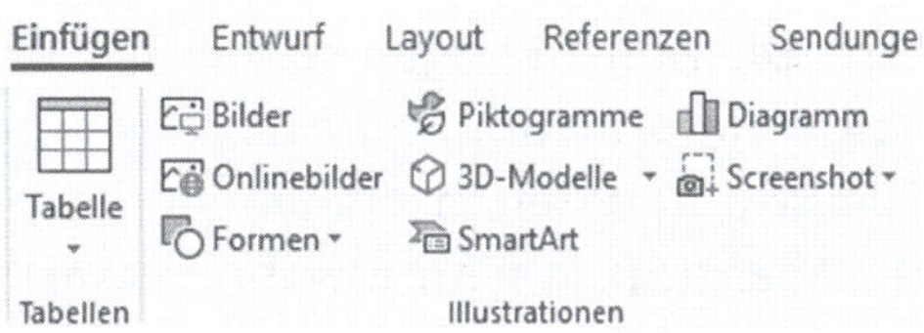


Innerhalb des Textes gibt es mehrere Möglichkeiten, Grafiken zu positionieren. Sehr rationell geht es über die Schaltfläche Textfluss in der Symbolleiste Grafik oder über das Kontextmenü Grafik formatieren – Layout. Markieren Sie die Grafik oder das Bild und verändern Sie den Textfluss auf Oben und unten.

## Bildgröße verändern

Markieren Sie Ihre Grafik. Zeigen Sie mit der Maus auf die Ziehpunkte. Der Mauszeiger verändert sich in einen Doppelpfeil. Ziehen Sie mit gedrückter Maustaste einen der Ziehpunkte nach innen bzw. nach außen, um das Bild zu verkleinern bzw. zu vergrößern. Beim Ziehen wird der Mauszeiger als Pluszeichen angezeigt. Lassen Sie die Maustaste los, wenn die gewünschte Größe erreicht ist.

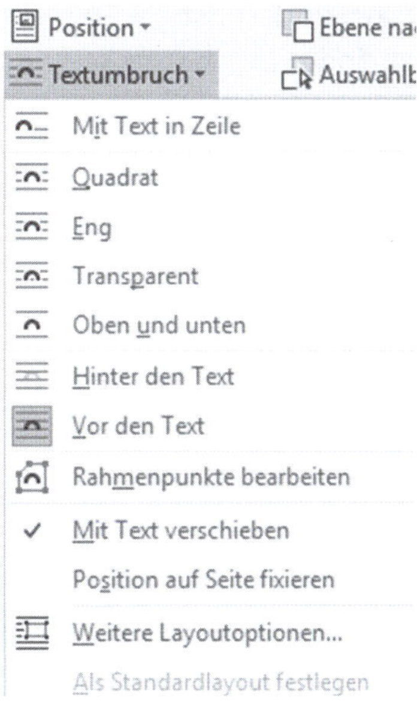


## Screenshot erstellen

Bei einem Screenshot handelt es sich um ein Bild, welches den vollständigen Bildschirminhalt enthält, der zum Zeitpunkt der Aufnahme angezeigt wurde.

Die Funktion unter der Registerkarte Einfügen – Gruppe Illustrationen – Screenshot. Dort stehen alle geöffneten Dateien zur Verfügung.

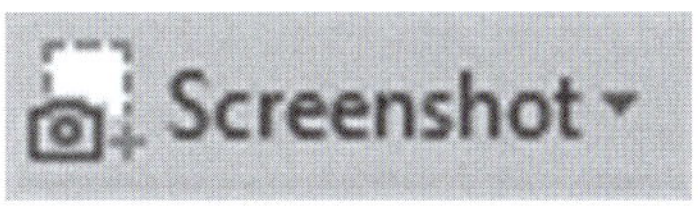

## *Fußnoten anlegen*

In Informationsblätter bzw. Facharbeiten nehmen Fußnoten u. a. zusätzliche Informationen auf, z. B. Definitionen von Fachwörtern. Die Anmerkungen sollten sich aber auf solche Informationen beschränken, die im Fließtext den Gedankenfluss stören würden, die aber trotzdem für erwähnenswert gehalten werden. Anmerkungen sollten aber keine wesentlichen Informationen enthalten.

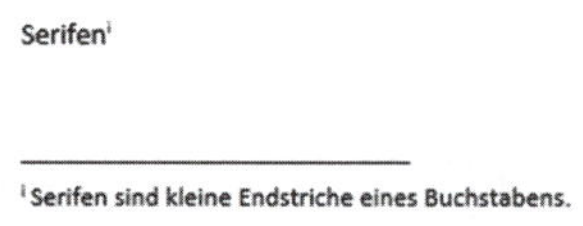


Fußnoten werden direkt hinter dem jeweiligen Begriff durch hochgestellte Fußnotenzeichen dargestellt und am Ende der Seite aufgelistet.

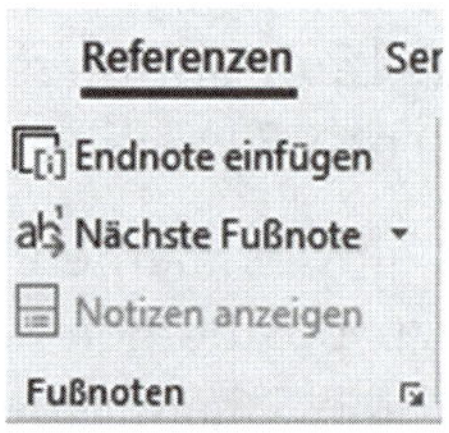


Positionieren Sie den Cursor an den gewünschten Begriff und drücken Sie Strg + Alt + F bzw. über Registerkarte Referenzen – Fußnoten – Fußnoten einfügen.

Gehen Sie auf das Startprogramm, um die Nummerierung und sonstige Fußnoteneinstellungen zu ändern.

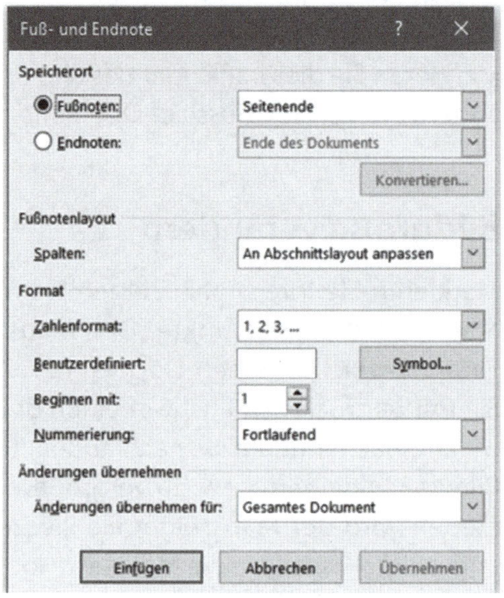

## Schaubilder erstellen

In Word, aber auch in PowerPoint lassen sich sehr einfach ansprechende Schaubilder erstellen. Es stehen Ihnen vielfältige Illustrationen zur Verfügung.

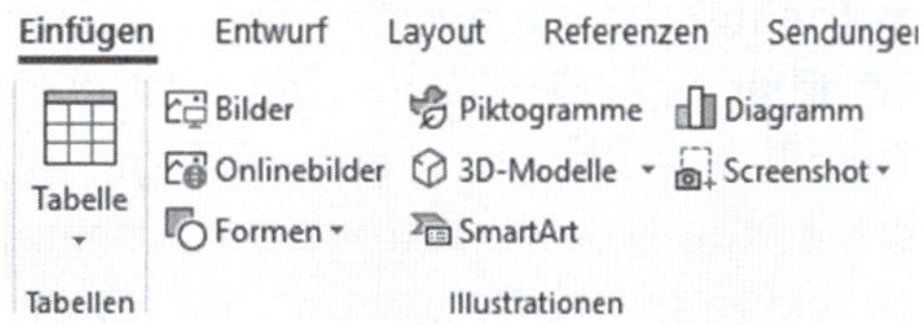


Klicken Sie auf die Registerkarte Einfügen – Gruppe Illustrationen – Schaltfläche Formen. Suchen Sie sich im Katalog die gewünschte Form aus, klicken Sie mit der linken Maustaste an und ziehen Sie in entsprechender Größe in Ihren Textbereich.

Die Formen lassen sich beschriften, indem Sie mit der rechten Maustaste das Kontextmenü öffnen und auf Text hinzufügen gehen.

Es öffnet sich nun zusätzlich die Registerkarte Format. Damit können Sie nun das Erscheinungsbild (Farben, Strichstärken, Schattierungen) der Form verändern.

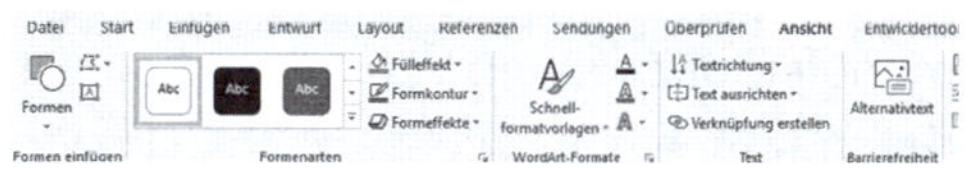

Die SmartArt-Grafik bietet viele Möglichkeiten, ein Thema visuell darzustellen, sei es die Befehlsstruktur am Arbeitsplatz oder ein Flussdiagramm eines Projektes.

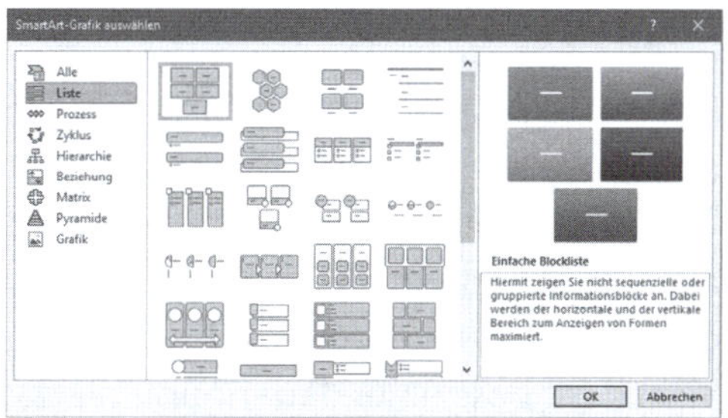

Klicken Sie auf die Registerkarte Einfügen – Gruppe Illustrationen – SmartArt. Wählen Sie den gewünschten Typ aus. Klicken Sie auf die Kategorie, lesen Sie die Beschreibung und klicken Sie auf OK.

Klicken Sie links auf das erste Element im Textbereich und geben Sie den Text ein.

Wird der Textbereich nicht angezeigt, klicken Sie unter der Registerkarte SmartArt-Tools auf die Registerkarte Entwurf – Textbereich. Drücken Sie die Tab-Taste oder den Pfeil nach unten, um zum nächsten Element zu wechseln. Mithilfe der Registerkarte Entwurf können Sie die Optik und den Aufbau verändern.

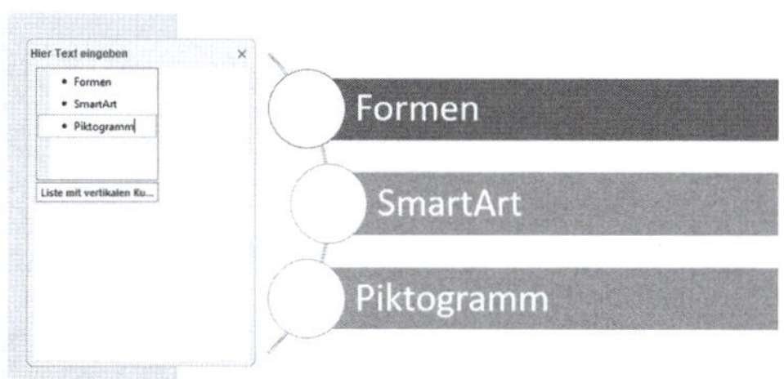


Ganz rechts in der Multifunktionsleiste bzw. im Menüband können Sie auf die Schaltfläche Grafik zurücksetzen klicken, um alle Änderungen rückgängig zu machen.

## Abbildungen einfügen

In Fachtexten werden Sie zum besseren Verständnis sicherlich Diagramme, Grafiken bzw. Tabellen einfügen. Word verfügt über verschiedene Möglichkeiten zum Einfügen von Objekten in ein Dokument. Sie können beispielsweise ein Objekt, ein Diagramm oder eine Tabelle auf einfache Weise kopieren.

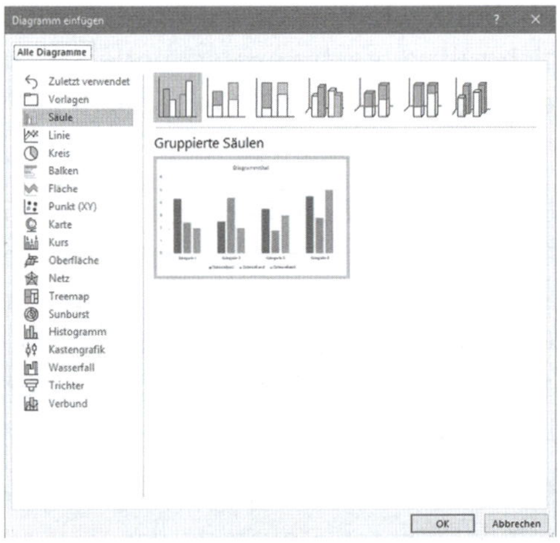


Sie können eine Tabelle auch als Objekt einfügen oder verknüpfen. Verknüpfen und Einfügen unterscheiden sich im Ort, an dem die Daten gespeichert werden, und in der Art der Aktualisierung nach dem Einfügen in das Dokument.

Bei der Verknüpfung enthält das Word-Dokument lediglich einen Verweis auf die Originaldaten (z. B. einer Excel-Tabelle). Die Verknüpfung ist eine Pfadangabe, die festhält, wo die Datei eines Objektes zu finden ist und welche eingefügt wurde.

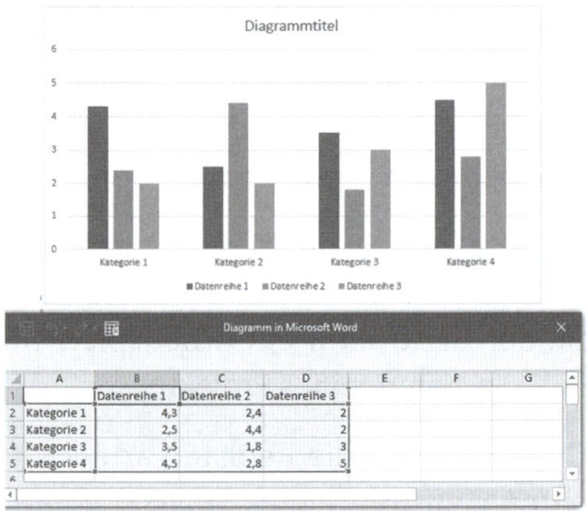


| | Datenreihe 1 | Datenreihe 2 | Datenreihe 3 |
|---|---|---|---|
| Kategorie 1 | 4,3 | 2,4 | 2 |
| Kategorie 2 | 2,5 | 4,4 | 2 |
| Kategorie 3 | 3,5 | 1,8 | 3 |
| Kategorie 4 | 4,5 | 2,8 | 5 |

Der Vorteil einer Verknüpfung ist zunächst, dass z. B. die Excel-Tabelle, welche in ein Word-Dokument eingefügt wird, dort automatisch aktualisiert wird, wenn sich Änderungen in der Quelldatei ergeben. Ein weiterer Vorteil ist, dass eine Pfadangabe platzsparender ist als die sogenannte Einfügung. Allerdings darf die Quelldatei nicht gelöscht oder zerstört werden.

## Datei einfügen

Gehen Sie auf die Registerkarte Einfügen – Ordner Text – Befehl Objekt. Hier öffnen Sie das Registerblatt Aus Datei erstellen und suchen Ihre entsprechende Excel-Datei mit einem Doppelklick aus.

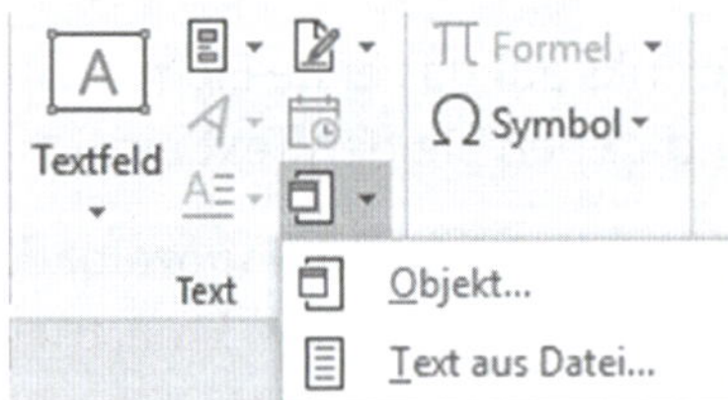


## Objekt einfügen

Gehen Sie auf die Registerkarte Einfügen – Ordner Text – Befehl Objekt. Hier öffnen Sie das Registerblatt Aus Datei erstellen und suchen Ihre entsprechende Excel-Datei mit einem Doppelklick aus.

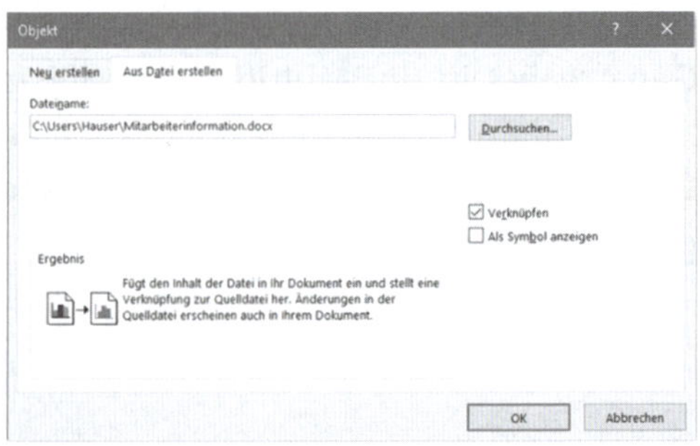


Aktivieren Sie Verknüpfen und klicken auf OK.

*Bildgröße verändern*

Markieren Sie Ihre Grafik. Zeigen Sie mit der Maus auf die Ziehpunkte. Der Mauszeiger verändert sich in einen Doppelpfeil. Ziehen Sie mit gedrückter Maustaste einen der Ziehpunkte nach innen bzw. nach außen, um das Bild zu verkleinern bzw. zu vergrößern. Beim Ziehen wird der Mauszeiger als Pluszeichen angezeigt. Lassen Sie die Maustaste los, wenn die gewünschte Größe erreicht ist.

## Abbildungen beschriften

Klicken Sie auf die rechte Maustaste und wählen Sie Beschriftung einfügen. Ergänzen Sie die Beschriftung – wählen Sie die Bezeichnung und die Position Über dem ausgewählten Element. Möchten Sie eine andere Bezeichnung bzw. die Abkürzung von Abbildungen verwenden, so fügen Sie unter Bezeichnung Ihren Text hinzu und positionieren den Titel der Abbildung unter dem ausgewählten Element. Wiederholen Sie den Vorgang, um die Quelle anzugeben und sie unter dem ausgewählten Element zu positionieren.

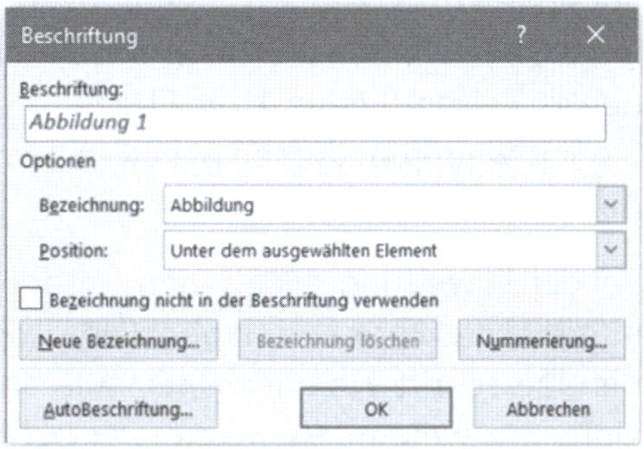


## Logo erstellen

Im Internet gibt es mittlerweile einige Programme mit denen Sie kostenlos Logos erstellen können. Allerdings können Sie mit wenigen Strichen, Formen oder Buchstaben Ihr eigenes Logo gestalten.

Unter Einfügen – Illustrationen finden Sie die Formen. Stellen Sie ein Logo zusammen. Markieren Sie die Formen, Striche oder Buchstaben. Klicken Sie auf die rechte Maustaste und gruppieren Sie alles. Fügen Sie anschließend die Grafik z. B. unter Windows-Zubehör in Paint ein und speichern Sie Ihr Logo unter *.jpg ab. Nun können Sie unter Einfügen – Grafik Ihr Logo einfügen. Nun können Sie an den Seiten diagonal ziehen, um es in die richtige Größe zu bringen.

Bevor Sie damit beginnen, sollten Sie sich Gedanken über die Farbgestaltung machen. Für ein Unternehmen, das mit Pflanzen handelt, würde sich sehr gut Grün eignen, dagegen für eine Feuerlöscherfirma eher rot. Auch sollte darauf geachtet werden, dass auch eine Schwarz-Weiß-Wiedergabe (Darstellung in Graustufen) möglich ist.

## Gliederung erstellen

### *Gliederung in der Gliederungsansicht erstellen*

Erstellen Sie zunächst die Gliederung für Ihr Dokument im Gliederungsmodus.

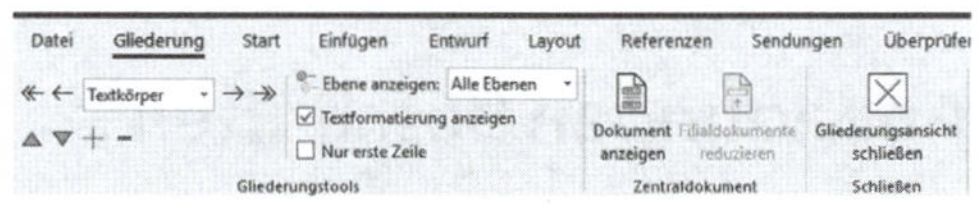


Voraussetzung dafür ist allerdings, dass Sie Ihren Überschriften die entsprechenden Ebenen zuweisen (Ebene 1 bis Ebene 3 – wenn Sie mit weiteren Ebenen arbeiten, wird Ihre Arbeit unübersichtlich).

Bei der Zuweisung der Ebenen werden automatisch die Formatvorlagen (Überschrift 1 bis Überschrift 3) zugeordnet. Alle anderen Elemente werden als Textkörper behandelt und somit auch der Formatvorlage Standard zugewiesen.

Klicken Sie in der Statuszeile auf die Gliederungsansicht. Gehen Sie im Gliederungsmodus folgendermaßen vor:

1. Beginnen Sie mit Ihrer Überschrift und ordnen dieser die erste Ebene zu.
2. Nach dem Schalten bleiben Sie in der Ebene 1. Wenn Sie Ihre Überschrift tiefer stufen möchten, wählen Sie entweder Ebene 2 aus oder gehen mit der rechten Pfeiltaste eine Stufe tiefer.
3. Mit der linken Pfeiltaste stufen Sie Ihre Ebenen wieder höher.
4. Nachdem Sie Ihre Gliederung fertiggestellt haben, klicken Sie über die Registerkarte Start das Symbol Liste mit mehreren Ebenen an.
5. Wählen Sie aus der Listenbibliothek die gewünschte Liste aus und passen Sie diese der DIN 1421 an (siehe Liste mit Ebenen erstellen).
6. Kehren Sie zurück zum (Seiten-)Layout und füllen Sie Ihre Gliederung mit Leben.

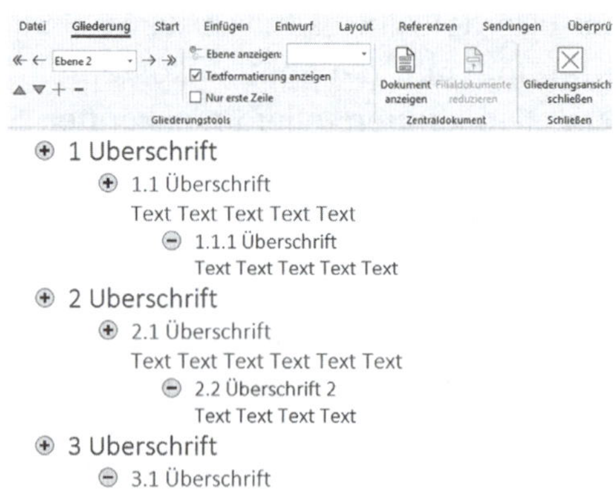

## Bausteine erstellen

Wenn Sie dasselbe Wort oder dieselbe Wendung wieder und wieder eingeben, sparen Sie eine Menge Zeit, wenn Sie den Eintrag als Schnellbaustein speichern. Er bekommt einen kurzen Namen, mit mindestens vier Buchstaben. Sie tippen nur den Kurznamen ein und rufen den Baustein dann aus dem Speicher ab.

Die Funktion ist nicht auf Text beschränkt, sondern nimmt alles auf, was auch im Dokument Platz findet – Tabellen, Bilder oder komplette Seiten. Bausteine werden in verschiedenen Katalogen gespeichert, die jeweils in mehrere Kategorien geteilt werden können.

### *Textbausteine definieren*

**Markieren** Sie im Dokument die Information, die Sie als Schnell- bzw. Textbaustein speichern möchten.

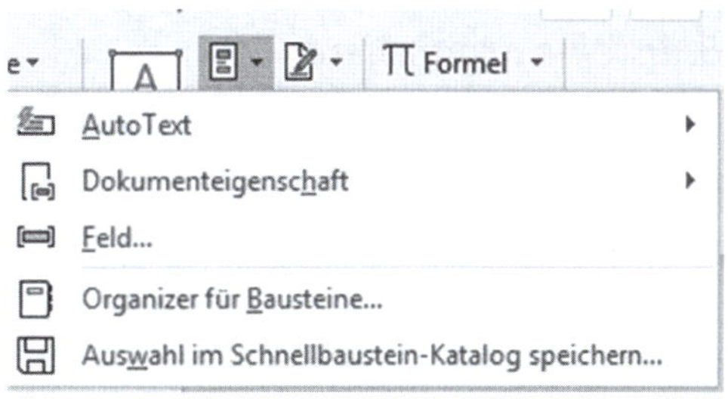


Klicken Sie auf die Registerkarte Einfügen – Befehlsgruppe Text – Schnellbausteine und dann auf Auswahl im Schnellbaustein-Katalog speichern (oder drücken Sie Alt + F3), um das Dialogfeld Neuen Baustein erstellen zu öffnen. Übernehmen Sie den vorgeschlagenen Namen oder geben Sie einen neuen ein.

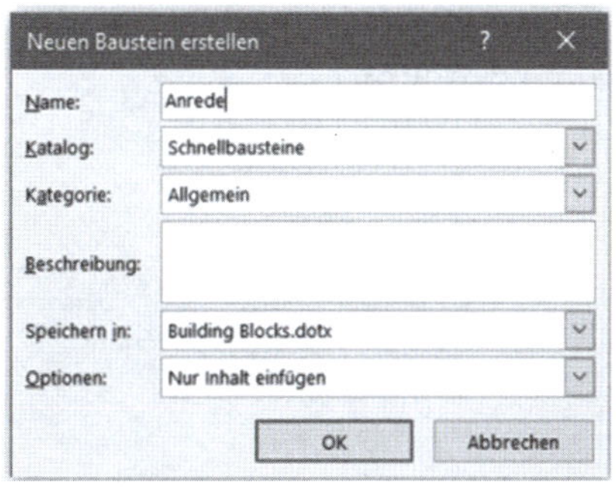


Wenn das Element zukünftig angezeigt werden soll, wählen Sie Schnellbausteine in der Liste Katalog aus. Wählen Sie eine Kategorie aus oder klicken Sie auf Neue Kategorie und legen Sie z. B. eine Kategorie Mahnung an.

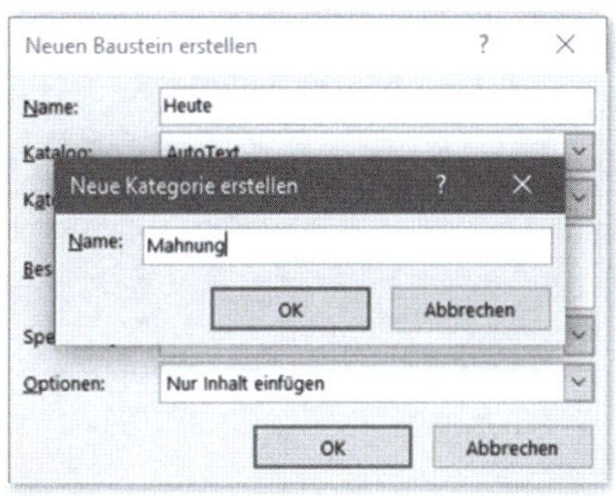


Legen Sie den Speicherort des Eintrags fest – die aktuelle Vorlage oder eine der globalen Vorlagen Normal oder Building Blocks.

Die Schnellbausteine der globalen Vorlage Building Blocks stehen immer zur Verfügung, egal mit welcher Dokumentvorlage Sie arbeiten. Geben Sie an, auf welche Art der Eintrag eingefügt werden soll und klicken Sie auf OK.

## *Schnellbausteine einfügen*

**1. Möglichkeit:** Setzen Sie die Einfügemarke an die Stelle, an der Sie den Baustein einfügen möchten, geben Sie den Namen ein und drücken Sie F3.

**2. Möglichkeit:** Klicken Sie auf die Registerkarte Einfügen Befehlsgruppe Text – AutoText. Scrollen Sie ggf. in der Liste, um den gesuchten Eintrag zu finden und führen Sie einen dieser Schritte aus:

- Klicken Sie auf den Eintrag, um ihn an der Einfügemarke im Dokument einzufügen.
- Klicken Sie mit der rechten Maustaste auf den Eintrag und wählen Sie die Einfügeposition.

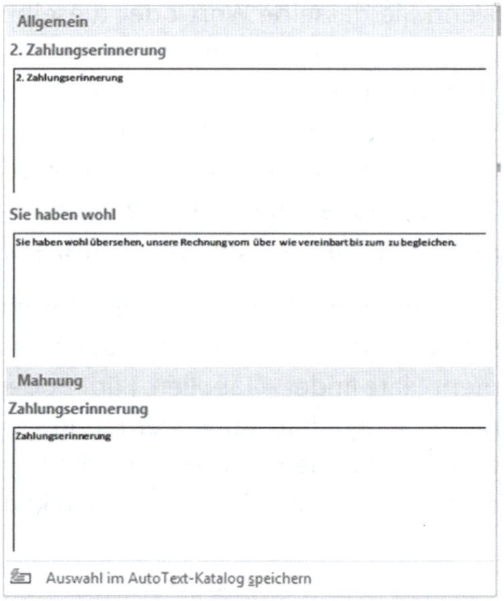


## *Bausteine organisieren*

Word stellt vielseitige Bausteine für AutoTexte, Deckblätter, Kopf- und Fußzeilen usw. zur Verfügung. Alle Bausteine, die Sie in Ihre Dokumente einfügen können, werden an einer zentralen Stelle, dem sogenannten Organizer für Bausteine verwaltet.

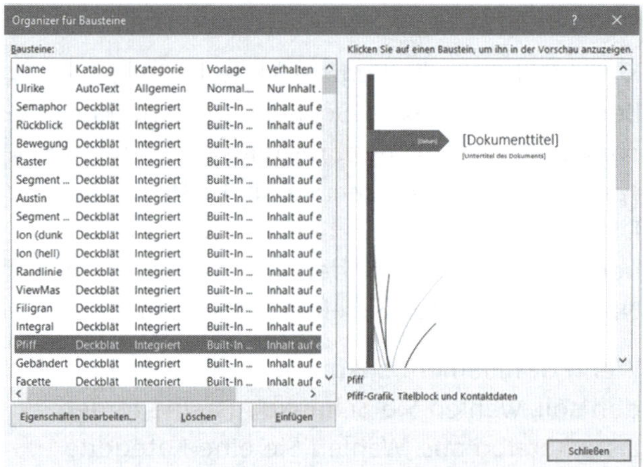

## Seriendruck

Erstellen Sie den Brief (Hauptdokument) wie üblich, aber lassen Sie die Stellen frei, an denen Daten aus einer Adressliste eingesetzt werden. Speichern Sie den Brief.

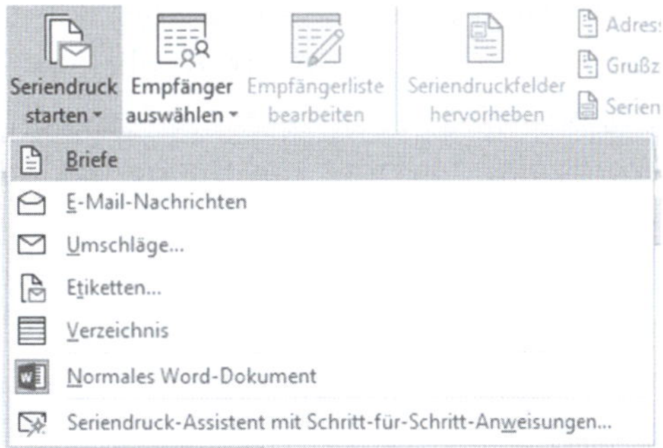


Klicken Sie in der Registerkarte Sendungen – Gruppe Seriendruck starten – Seriendruck starten und im Dropdown-Menü auf Briefe. Anschließend klicken Sie auf die Schaltfläche Empfänger auswählen.

### *Neue Datenquelle erstellen*

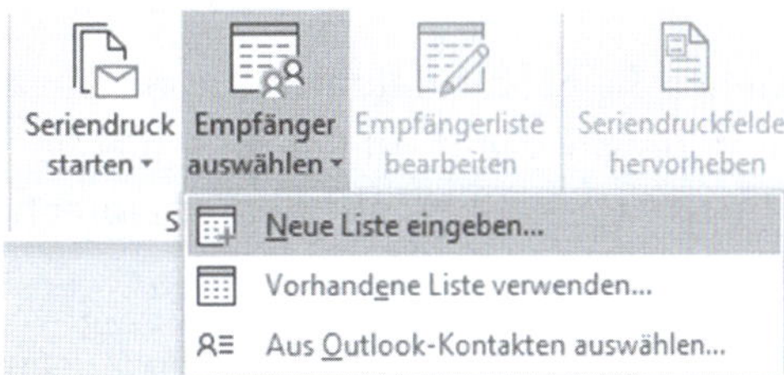


Wenn Sie bisher noch keine Datenquelle erstellt haben, die Sie für den Seriendruck verwenden wollen, dann wählen Sie die Option Neue Liste eingeben. Word zeigt daraufhin ein Formular an, in dem Sie die Adressdaten eingeben können.

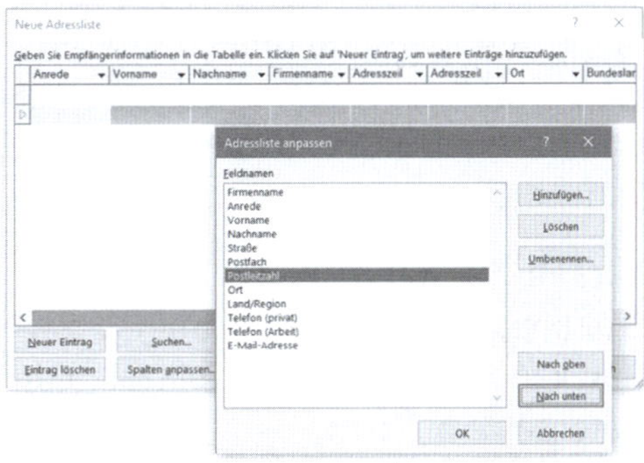


Klicken Sie zunächst auf Spalten anpassen und geben Sie entsprechend Ihrer Datenquelle die Feldnamen ein. Dazu löschen Sie die unnötigen und ergänzen die fehlenden Feldnamen. Berücksichtigen Sie für das rationelle Arbeiten die richtige Reihenfolge der Datenbank.

Um einen weiteren Listeneintrag zu erstellen, klicken Sie die Schaltfläche Neuer Eintrag an. Wenn Sie im Formular auf OK klicken, wird das Dialogfeld Adressliste speichern angezeigt.

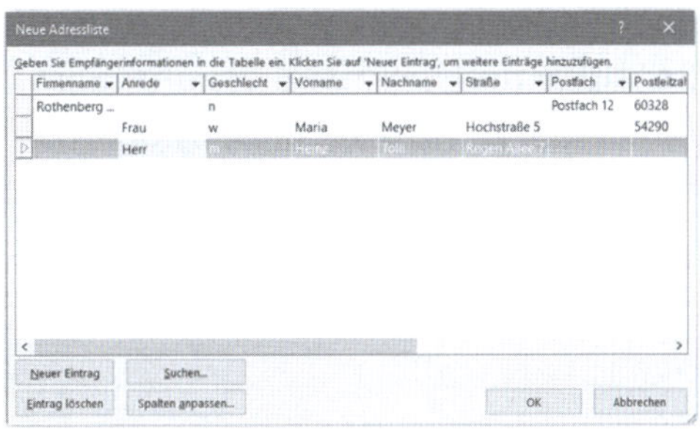


Geben Sie dort einen aussagekräftigen Namen für die Liste ein. Achten Sie unbedingt darauf, an welcher Stelle/Speicherort Sie die Datei ablegen und klicken Sie dann auf Speichern.

### *Vorhandene Datenquelle öffnen*

Wählen Sie unter der Registerkarte Sendungen – Gruppe – Seriendruck starten – Empfänger auswählen die Option Vorhandene Liste verwenden aus. Öffnen Sie Ihre Datenquelle. Klicken Sie auf Empfängerliste bearbeiten. Aktivieren Sie die Kontrollkästchen der Personen, die das Schreiben erhalten sollen.

## *Adressen aus Outlook*

Wenn Sie Ihre Adressen im Kontakte-Ordner von MS Outlook verwalten, klicken Sie die Option Aus Outlook-Kontakten auswählen an. Word zeigt daraufhin das Dialogfeld Kontakte auswählen an, in dem alle Kontaktordner aufgeführt werden, die in Ihrem Outlook-Profil enthalten sind. Klicken Sie in der Liste zuerst die Kontakte an, die Sie verwenden wollen, und dann auf OK.

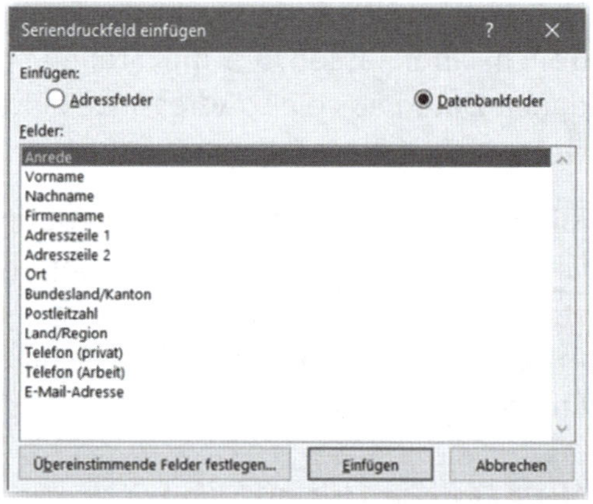


Klicken Sie nun im Dokument auf die Stelle, an der Daten aus der Datenquelle eingefügt werden sollen.

Gehen Sie auf die Befehlsgruppe Schreib- und Einfügefelder und auf der Schaltfläche Seriendruckfeld einfügen auf den entsprechenden Feldnamen.

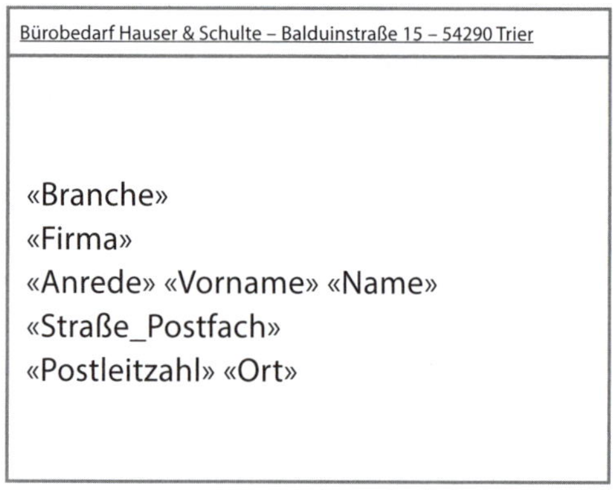


Um sich vor dem tatsächlichen Zusammenführen von Hauptdokument und Datenquelle die Ergebnisse auf dem Bildschirm anzusehen und so eventuelle Fehler erkennen und beheben zu können, verwenden Sie die Seriendruckvorschau.

Klicken Sie dafür in der Gruppe Vorschau Ergebnisse auf die gleichnamige Schaltfläche. Nun können Sie mit den Pfeiltasten durch die Datensätze blättern.

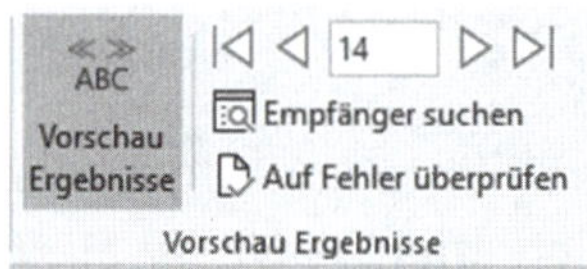


## *Zusammenführen und Drucken*

Klicken Sie in der Gruppe Fertig stellen die Schaltfläche Fertig stellen und zusammenführen an. Wählen Sie die Option Dokumente drucken. Hier können Sie die Datensätze auswählen, die zusammengeführt werden.

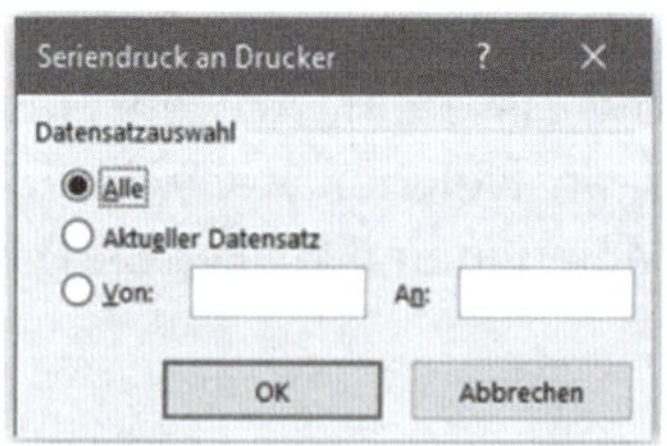


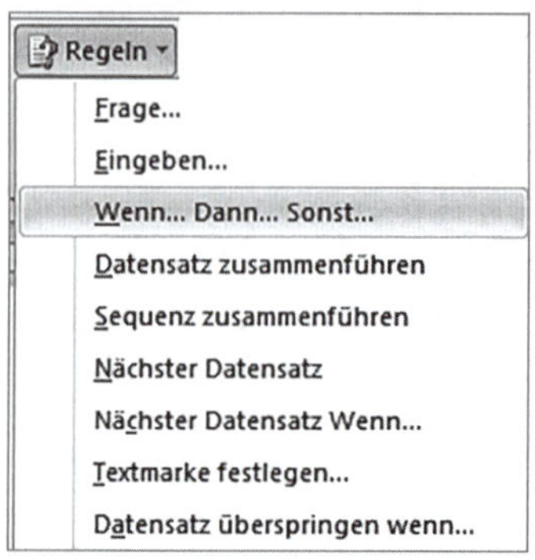

## Seriendruck – Bedingungsfeld

Bei der persönlichen Anrede ergibt sich einmal das Problem, dass bei weiblicher Anrede „Sehr geehrte" und bei männlicher Anrede „Sehr geehrter" zu schreiben ist. Zudem werden die männlichen Briefempfänger mit „Herr" angesprochen, in der Datenquelle befindet sich aber in der Regel im Seriendruckfeld „Anrede" der Begriff „Herrn" (im Anschriftfeld erforderlich). Dieses Problem löst das Einfügen eines Bedingungsfeldes.

Positionieren Sie den Cursor an die Stelle, an der das Bedingungsfeld eingefügt werden soll. Wählen Sie über die Registerkarte Sendungen den Ordner Schaltfläche Regeln die Option Wenn … Dann … Sonst …

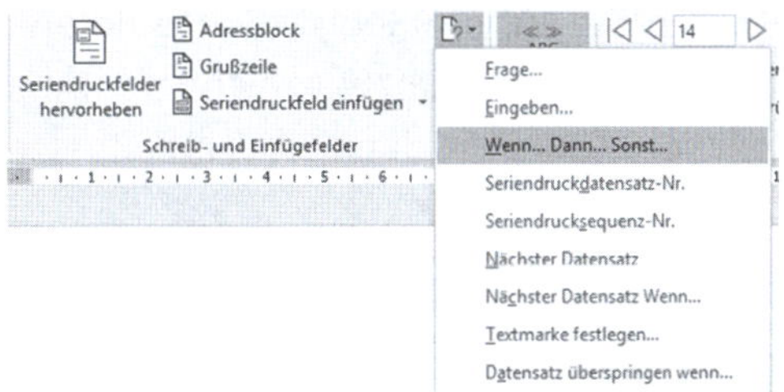


Geben Sie die folgenden Daten ein; achten Sie darauf, dass Sie hinter den Eintragungen kein Leerzeichen setzen! Fügen Sie hinter der Anrede das Seriendruckfeld Nachname – mit einem Leerzeichen abgesetzt – ein. Denken Sie an das Komma nach der Anrede!

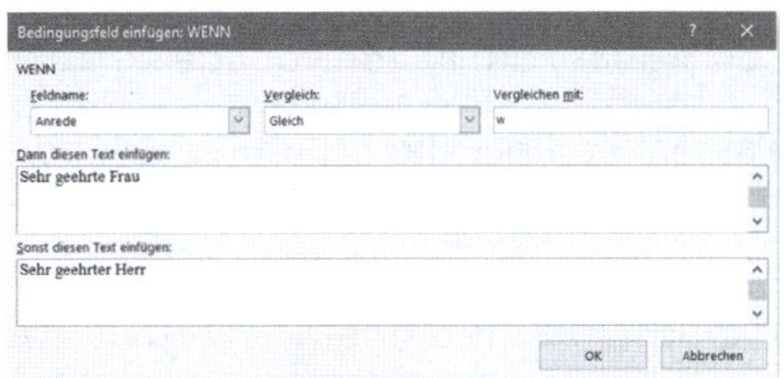


## Seriendruck – Filtern von Daten

Im Serienbrief kann eine Auswahl bestimmter Empfänger getroffen werden. Wenn Sie z. B. aus der Datenquelle nur die Empfänger aus einer bestimmten Stadt anschreiben möchten, dann wählen Sie ...

In der Registerkarte Sendungen – Ordner Seriendruck starten – Schaltfläche Empfängerliste bearbeiten. Markieren Sie unten links die Datenquelle, damit die Funktionen unter Empfängerliste verfeinern aktiviert werden.

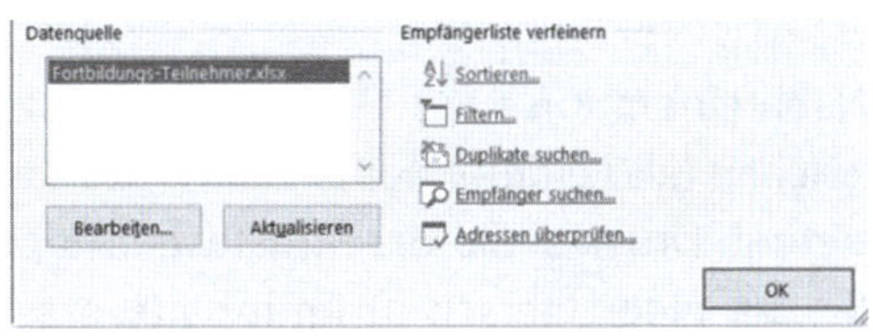


Legen Sie nun unter Empfängerliste verfeinern – Option Filtern die Kriterien fest, die für den Filter verwendet werden sollen.

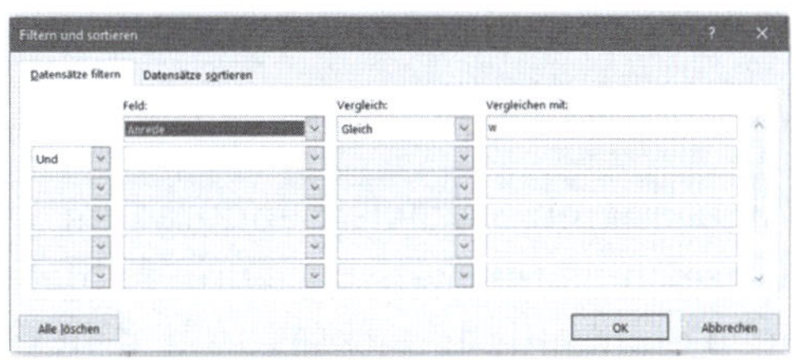

19

## Inhaltsverzeichnis

Word bietet die überaus praktische Funktion, ein Inhaltsverzeichnis automatisch zu erstellen. Voraussetzung dafür ist, dass Sie allen Überschriften die speziellen Formatvorlagen zugewiesen haben und somit eine Gliederungsstruktur des Dokumentes vorhanden ist. Positionieren Sie die Einfügemarke an jener Stelle, an der das Inhaltsverzeichnis eingefügt werden soll.

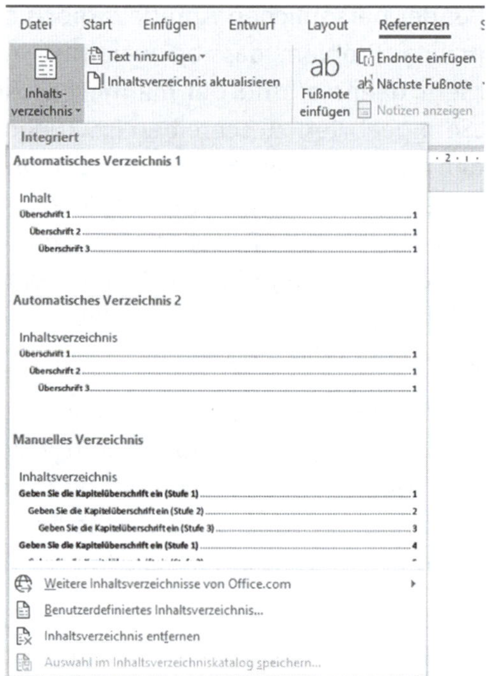


### *Inhaltsverzeichnis erstellen*

Klicken Sie auf die Registerkarte Referenzen – Befehlsgruppe Inhaltsverzeichnis – Inhaltsverzeichnis – Benutzerdefiniertes Inhaltverzeichnis.

Zunächst legen Sie die Anzahl der Ebenen fest, die in das Inhaltsverzeichnis übernommen werden. Um ein normgerechtes Inhaltsverzeichnis nach DIN 1421 zu erstellen, müssen Sie das Format Von Vorlage nehmen.

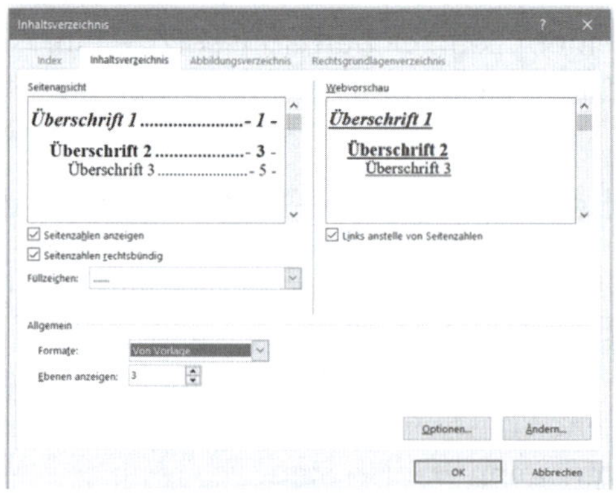


Passen Sie über die Schaltfläche Ändern die Formatierung der Formatvorlagen Verzeichnisse 1 bis 3 an. Klicken Sie dazu wiederum auf die Schaltfläche Ändern – Format – Absatz. Den Einzug links setzen Sie auf 0.

Klicken Sie auf OK. Anschließend klicken Sie auf Format – Tabstopp und setzen zwei Tabstopps. (1. Tabstopp 2 cm, Ausrichtung links – 2. Tabstopp z. B. 16 cm, Ausrichtung rechts, Füllzeichen). Ebenso passen Sie die Schriftart Ihrem Text an.

Nach einem Klick auf OK wird das Inhaltsverzeichnis (als Feldfunktion) in das Dokument eingefügt. Drücken Sie die Strg-Taste und klicken Sie auf eine Überschrift im Inhaltsverzeichnis, so wechselt Word zu dieser Stelle im Text.

### *Inhaltsverzeichnis aktualisieren*

Aktualisieren Sie zwischendurch Ihr Inhaltsverzeichnis. Klicken Sie zum Aktualisieren in das Inhaltsverzeichnis und drücken Sie F9 oder wählen Sie im Kontextmenü Felder aktualisieren. Entscheiden Sie, ob Sie nur die Seitenzahlen aktualisieren oder das gesamte Inhaltsverzeichnis neu erstellen möchten.

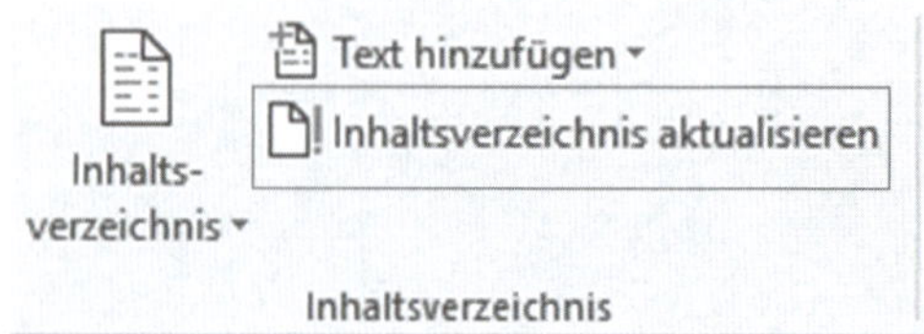

## Abbildungsverzeichnis

Wenn Sie Ihre Abbildungen und Ihre sonstigen Elemente wie Formeln, Tabellen oder Schaubilder einheitlich beschriftet haben, können Sie sehr schnell ein Verzeichnis automatisch erstellen.

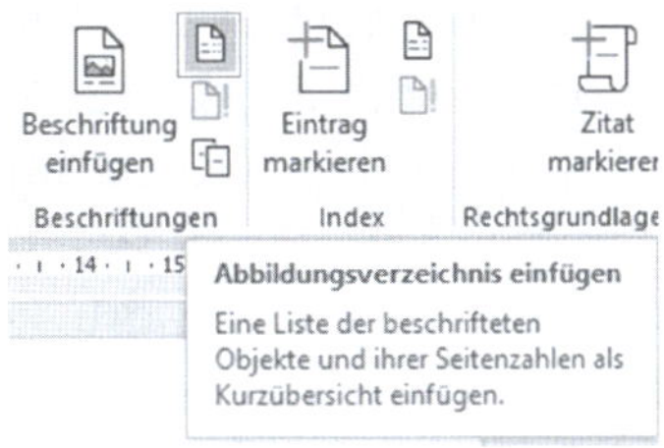


Klicken Sie in Ihrem Dokument an die Stelle, wo Sie das Abbildungsverzeichnis einfügen möchten. Gehen Sie auf der Registerkarte Referenzen – Befehlsgruppe Beschriftungen – Schaltfläche Abbildungsverzeichnis einfügen.

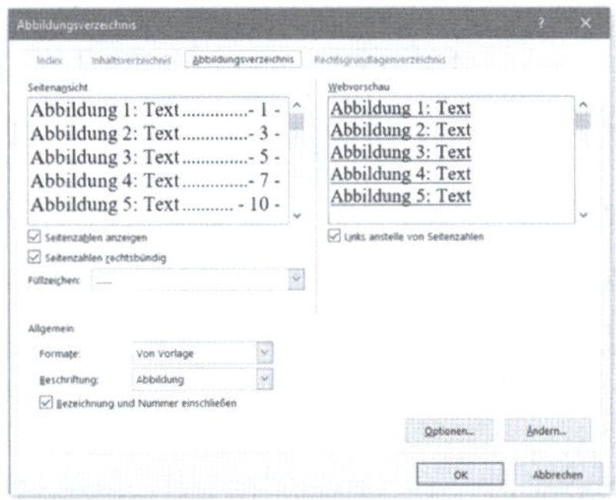


## Index erstellen

In umfangreichen Dokumenten sind Stichwortverzeichnisse sehr wichtige Hilfsmittel für die Leser. Bei einem gedruckten Dokument wird dadurch das rasche Auffinden einer bestimmten Textstelle wesentlich erleichtert.

Als ersten Schritt müssen Sie bestimmen, welche Wörter Ihres Textes in das Stichwortverzeichnis aufgenommen werden sollen. Markieren Sie dazu ein Wort, oder nur einen Wortteil oder auch mehrere Wörter, und drücken Sie Alt + Shift + X. Der markierte Text erscheint nun unter „Haupteintrag". Ändern Sie eventuell diesen Eintragungstext und klicken Sie auf Festlegen.

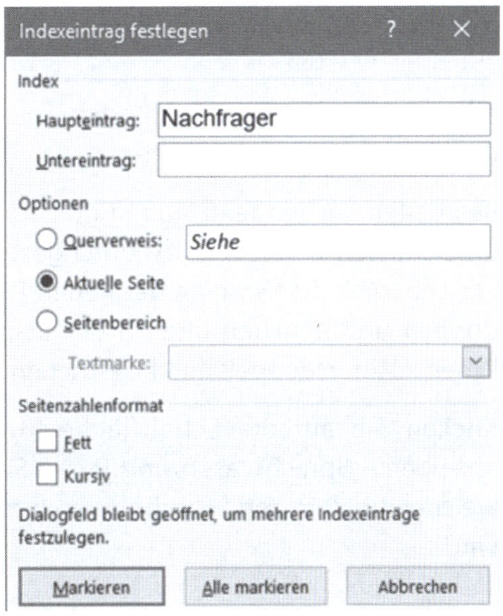


Dadurch wird im Text ein Indexeintrag eingefügt. Das Dialogfeld Indexeintrag festlegen bleibt im Vordergrund. Markieren Sie im Text das nächste Stichwort und klicken Sie in das Feld Haupteintrag. Wenn Sie auf Markieren bzw. Alle markieren klicken, wird das Wort/Wörter überall im Text als Stichwort gekennzeichnet.

Klicken Sie auf die Registerkarte Referenzen – Index einfügen, um das Dialogfeld Index einfügen anzuzeigen. Wählen Sie Format, Typ und Position der Seitenzahl aus. Geben Sie die Anzahl der Spalten ein. Klicken Sie auf OK.

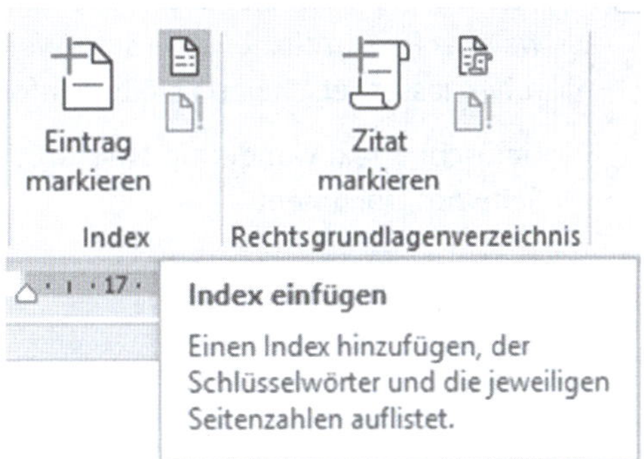

### *Index aktualisieren*

Wenn Sie nachträglich noch Stichwörter festgelegt haben oder durch Bearbeitungen der Seitenumbruch verändert wurde, müssen Sie das Indexverzeichnis aktualisieren. Markieren Sie dazu den Index und drücken Sie F9 oder wählen Sie im Kontextmenü Felder aktualisieren.

## Dokumente überprüfen

Ein einziges Dokument wird oft mehrmals von vielen verschiedenen Personen gelesen, überprüft und geändert. Mit der Überarbeitungsfunktion behält man ganz leicht die Übersicht.

Aktivieren Sie auf der Registerkarte Überprüfen – Befehlsgruppe Nachverfolgung die Schaltfläche Änderungen nachverfolgen.

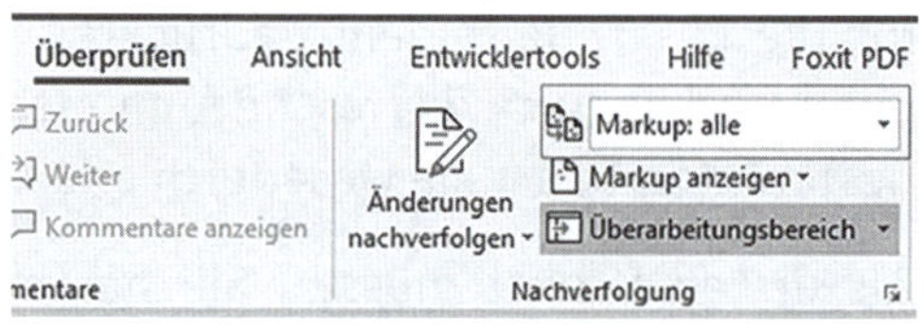


Um die Änderungen anzuzeigen, muss Markups: alle aktiviert sein.

Klicken Sie auf Überarbeitungsbereich, um Ihre Aktionen zu protokollieren.

Bearbeiten Sie den Text. Eingefügter Text wird unterstrichen, gelöschter Text durchgestrichen; verschobener Text wird an der neuen Position doppelt unterstrichen und an der ursprünglichen Position doppelt durchgestrichen.

Klicken Sie auf die Schaltfläche Markups anzeigen – Sprechblasen und legen Sie fest, welcher Inhalt in den Sprechblasen angezeigt wird.

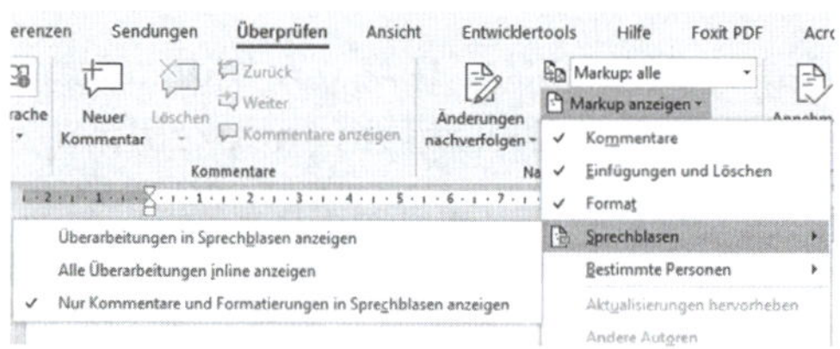


| | |
|---|---|
| **1.** | Eingefügter Text wird durch farbliche Kennzeichnung vom restlichen Text unterschieden. Word weist jeder Person, die am Dokument arbeitet, eine andere Farbe zu (bis zu acht Personen/Farben). Damit sehen Sie auf einen Blick, welche Kommentare und Änderungen welcher Person zuzuordnen sind. Wenn Sie den Mauspfeil über dem eingefügten Text ruhen lassen, erscheinen weitere Informationen. |
| **2.** | Gelöschter Text wandert in eine farblich gekennzeichnete Kommentarblase an der rechten Seite des Dokuments. |
| **3.** | Auch Änderungen des Formats, z. B. der Schriftart, werden in der Kommentarblase erwähnt. |

## Kommentar einfügen

Das Einfügen von Kommentaren funktioniert in Word genauso wie mit Papier und Bleistift, wo Sie Ihre Notizen am Rand des Dokuments machen. In Word erscheinen diese Notizen rechts vom Text zusammen mit weiteren Informationen in einer Kommentarblase, die ebenfalls in der persönlichen Farbe der jeweiligen Person gehalten ist.

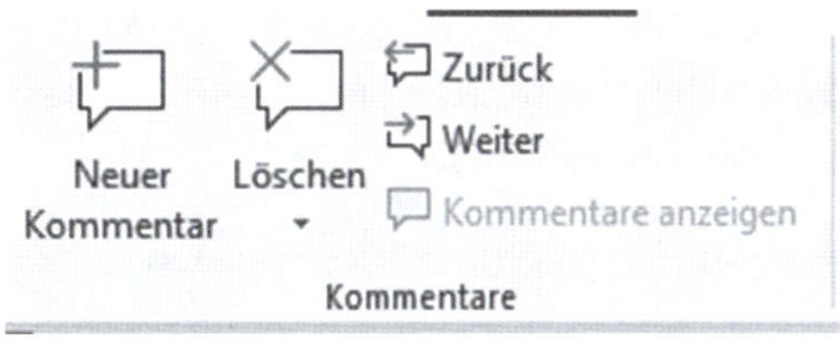


Wählen Sie den Text aus, den Sie kommentieren möchten, oder klicken Sie ans Ende des betreffenden Textabschnitts. Klicken Sie auf die Registerkarte Überprüfen – Neuer Kommentar. Geben Sie Ihren Kommentar direkt in die Kommentarblase ein.

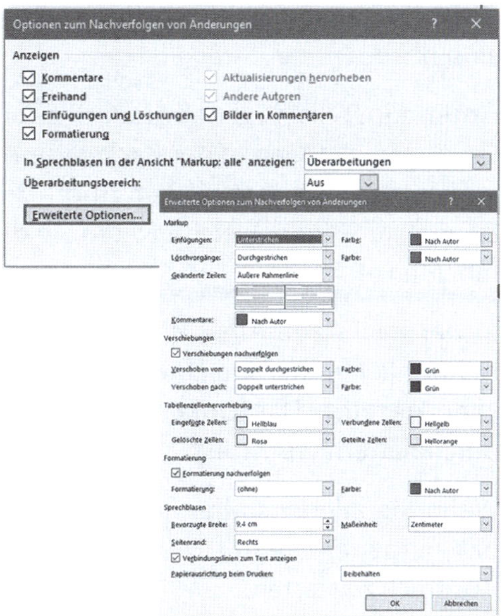


### *Änderungen bearbeiten*

Nachdem alle Bearbeiter über das betreffende Dokument gegangen sind, können Sie die Änderungen begutachten, akzeptieren oder auch individuell ablehnen.

Öffnen Sie das Dokument mit den Änderungen. Deaktivieren Sie ggf. auf der Registerkarte Überprüfen – Nachverfolgung die Funktion Änderungen nachverfolgen. Klicken Sie auf das Feld Einfaches Markup.

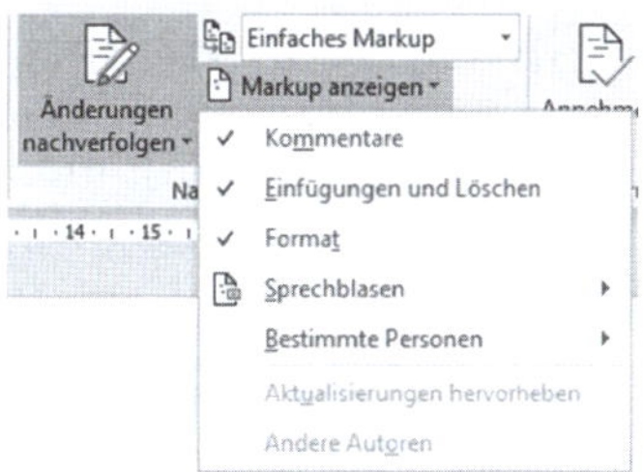


Klicken Sie auf Markup anzeigen und wählen Sie aus, welche Änderungen angezeigt werden sollen. Geben Sie ggf. den Bearbeiter an, dessen Änderungen Sie prüfen möchten.

Klicken Sie in der Gruppe Änderungen auf Weiter, um die nächste Änderung anzuzeigen.

Klicken Sie auf Annehmen, um die Änderung zu integrieren, oder auf Ablehnen, um sie zu verwerfen. Um alle Änderungen zu übernehmen, klicken Sie auf den Pfeil der Schaltfläche Annehmen und dann auf Alle Änderungen im Dokument annehmen. Um Änderungen zu verwerfen, klicken Sie auf den Pfeil der Schaltfläche Ablehnen und dann auf Alle Änderungen im Dokument ablehnen.

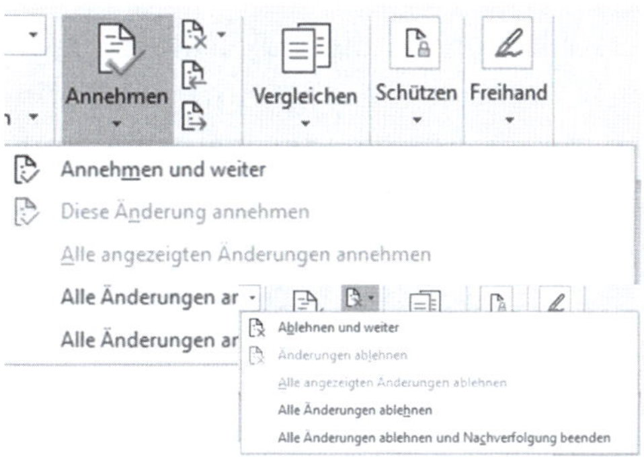


Wechseln Sie zum Schluss zur Ansicht Endgültig/Abgeschlossen, prüfen Sie das Dokument abschließend noch einmal auf Fehler, speichern und schließen Sie es.

## Drucken

Klicken Sie auf der Registerkarte Datei auf den Befehl Drucken oder benutzen Sie die Tastenkombination STRG + P.

Wählen Sie den gewünschten Drucker (1).

Danach können Sie die Einstellungen (2) ändern, z. B. Papierformat, Farbdruck usw.

Die Auswahlmöglichkeiten sind druckerspezifisch.

Unter Einstellungen können Sie weitere Druckeinstellungen in der Backstage-Ansicht vornehmen (z. B. Anzahl der zu druckenden Exemplare (3) oder welche Seiten Sie drucken möchten (4).

In der Backstage-Ansicht alle Einstellungsmöglichkeiten für den Drucker und das Drucken gezeigt. Das Dokument können Sie durchblättern (5).

Wenn Sie alle Einstellungen vorgenommen haben, gehen Sie auf Drucken (6), um den Ausdruck zu starten.

## PDF-Datei erstellen

Unterlagen, die per E-Mail versandt werden bzw. eine Online-Bewerbung versenden Sie am besten im kilobytesparenden PDF-Format – außerdem ist es schwieriger, sie zu manipulieren. Diese Dateien werden mit dem Acrobat Reader gelesen – dieses Programm befindet sich auf fast allen Rechnern.

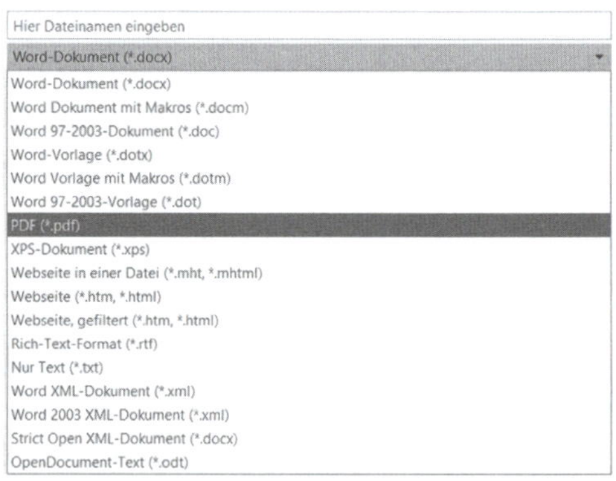


Erstellt werden die PDF-Dateien mit einem PDF Creator. Dieses Programm können Sie kostenlos downloaden bzw. sie sind schon standardmäßig installiert.

Speichern Sie Ihre Datei unter dem Dateityp PDF ab.

# Präsentationen vorbereiten

## PowerPoint-Bildschirm

1. Menüband
2. Miniaturansichten
3. Aktuelle Folie
4. Registerkarte Start
5. Notizfenster
6. Foliensortierung
7. Ansicht-Schaltflächen/Zoom

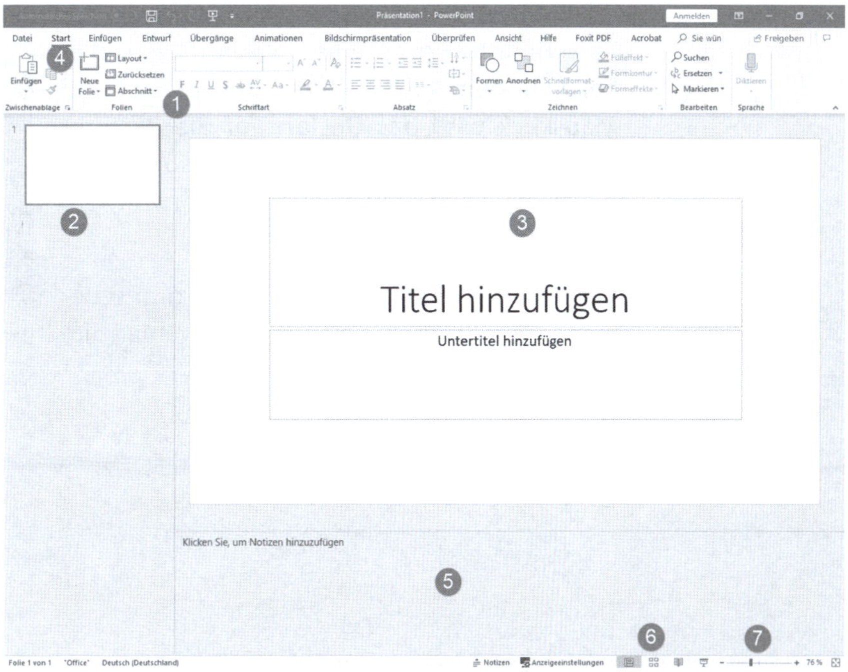


## Folienansichten

1. In der **Normalansicht** ist die Bearbeitungsansicht. Sie umfasst drei Arbeitsbereiche (links die Miniaturansichten, unten den Platz für die Sprechernotizen und im großen Feld die aktuelle Folie), die es Ihnen ermöglicht, an allen Bestandteilen Ihrer Präsentation in einem Fenster zu arbeiten.
2. In der **Foliensortierungsansicht** werden alle Folien der Präsentation als Miniaturansichten horizontal angeordnet angezeigt. Diese Ansicht ist nützlich, wenn Sie die Anordnung der Folien ändern müssen.
3. In der **Leseansicht** wird die Präsentation auf dem gesamten Bildschirm angezeigt.
4. In der **Bildschirmpräsentationsansicht** können Sie Ihre Präsentation einem Publikum vorführen.

## Neue Präsentation

Wählen Sie unter der Registerkarte Datei den Eintrag Neu. Auf der rechten Seite erscheinen vielfältige Entwurfsvorlagen.

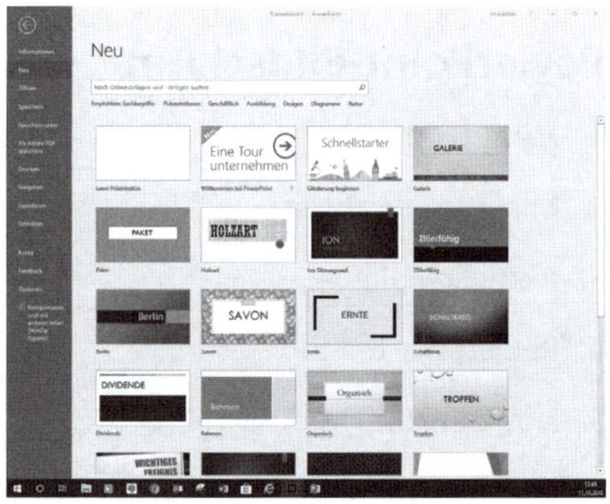


PowerPoint zeigt in einer Live-Vorschau die Folie mit dem ausgewählten Design. Erst per Mausklick wird das Design auf die Präsentation übernommen. Ein Design sollte der gesamten Präsentation zugewiesen werden und nicht nur der aktuellen Folie.

Um eine leere Präsentation ohne grafische Hintergrundelemente zu erstellen, wählen Sie in den Vorlagen Leere Präsentation.

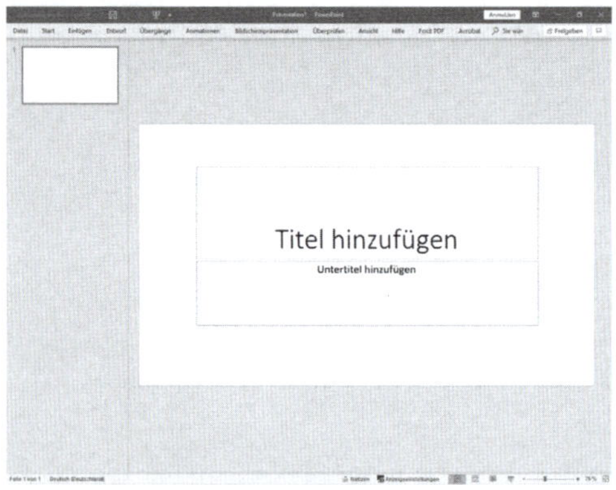


## Neue Folien erstellen

Jede Präsentation besteht aus einzelnen Folien. PowerPoint bietet Ihnen für jede mögliche Anforderung Folienarten an.

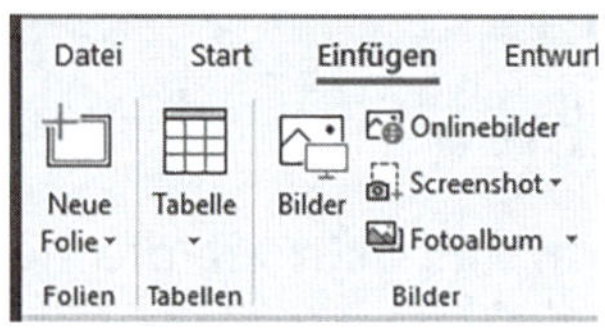


Über die Registerkarte Datei – Gruppe: Folien – Neue Folie können Sie verschiedene Layouts auswählen, die Platzhalter zum Eingeben von Text und Einfügen von Objekten bereits integriert haben.

Klicken Sie in die Platzhalter, um den gewünschten Text einzugeben oder Ihr gewünschtes Objekt aufzurufen.

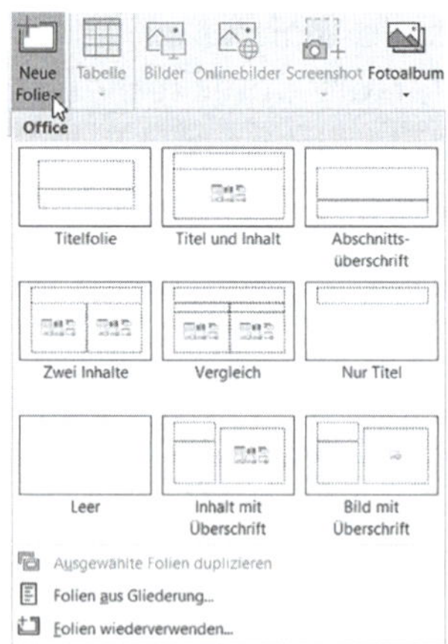


Nicht erwünschte Platzhalter sollten markiert und mit der Entfernungstaste gelöscht werden. Mit Ziehpunkten können Sie die Platzhalter vergrößern oder verkleinern.

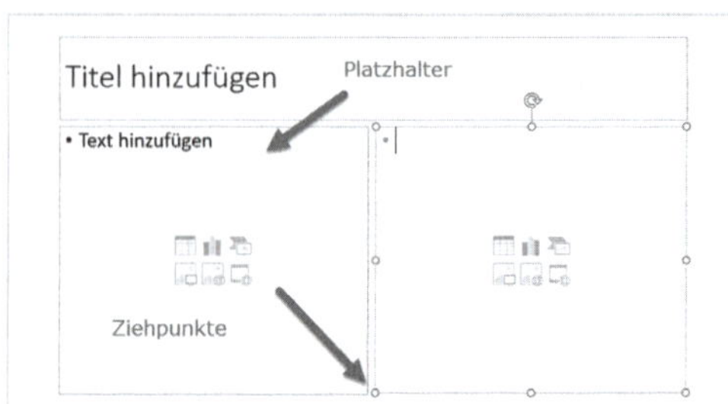


Weitere Folien können Sie über die Registerkarte Start – Gruppe Folien – Neue Folie erstellen.

## Fußzeile einfügen

Über die Registerkarte Einfügen – Gruppe: Text – Kopf- und Fußzeile werden

- Datum
- Foliennummer
- Fußzeile
- Auf Titelfolie nicht anzeigen

aktiviert. In der Masterfolienansicht können Sie die Position und Schriftgröße und -farbe bestimmen.

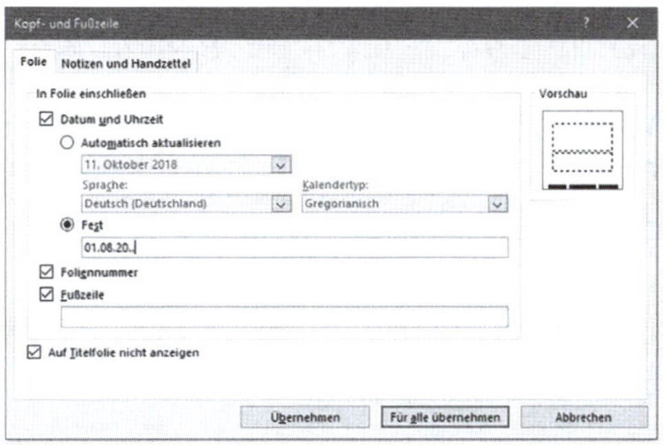


## Masterfolie erstellen

Sie können das Erscheinungsbild Ihrer PowerPoint-Präsentationen schnell verändern, wenn Sie mit dem Folienmaster arbeiten. Sie gestalten nach Ihren Vorstellungen die Masterfolie. Später erhält jede neue Folie die zugewiesene Masterfolie. Sehr rationell können Sie nun eine Serie von Folien im einheitlichen Design anlegen.

Ein Masterfoliendesign beinhaltet: die auf der Folie vorhandenen Objekte (Textfelder, Bilder, Linien ...), die Eigenschaften der auf der Folie vorhandenen Objekte (Farben, Linienstärken, Zeichen- und Absatzformatierungen ...). Eingefügte Überschriften oder Texte erscheinen später nicht in der Präsentation.

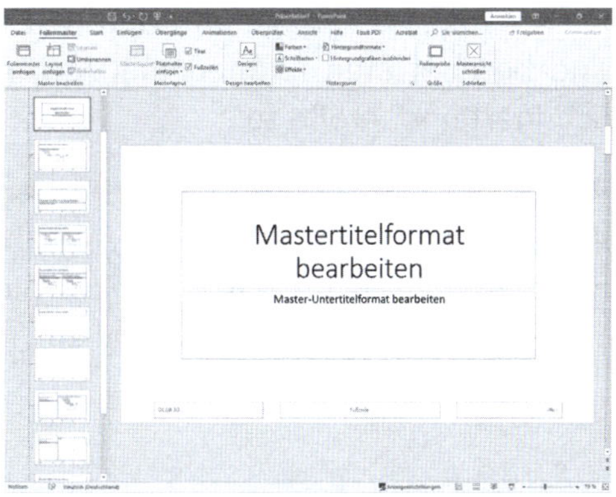


Um eine eigene Masterfolie komplett neu zu erstellen, gehen Sie über Ansicht – Gruppe Masteransicht – Folienmaster. PowerPoint wechselt in die Folienmasteransicht und blendet die zugehörige Registerkarte ein.

# Folienmaster einrichten

## *Schriftformate für alle Folien ändern*

Wählen Sie dazu im Menü Ansicht die Befehlsfolge Master – Folienmaster. Markieren Sie die Platzhalter, deren Schriftart Sie ändern möchten, und weisen Sie über Format – Zeichen oder über die Format-Symbolleiste die gewünschte Schriftart zu.

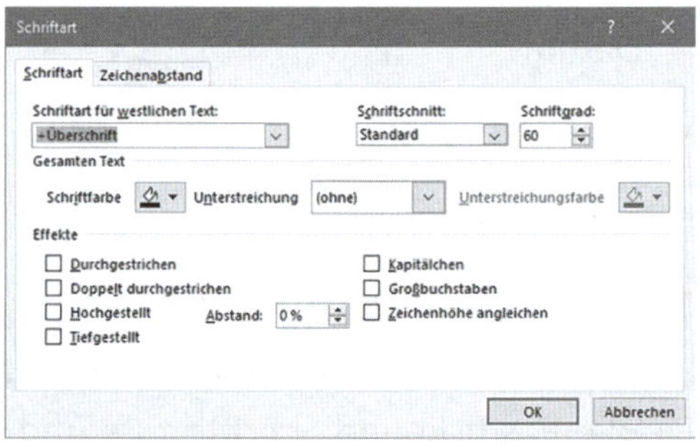


Wählen Sie dazu die Registerkarte Ansicht – Masteransichten – Folienmaster. Markieren Sie die Platzhalter, deren Schriftart Sie ändern möchten, und weisen Sie auf der Registerkarte Start – Schriftart die gewünschte Schriftart zu.

**Aufzählung.** Im Platzhalter für Aufzählungstext können Sie auf diese Weise jede der fünf Ebenen individuell formatieren. Auf dem gleichen Weg können Sie auch die Schriftgröße oder -farbe sowie den Schriftschnitt (fett, kursiv) folienübergreifend ändern.

**Schrift für Textfelder/Formen definieren.** Auch die Schriftformate für frei gezeichnete Textfelder und für beschriftete Formen können Sie gleich hier im Folienmaster definieren. Klicken Sie neben die Folie, damit nichts markiert ist. Weisen Sie nun den Textfeldern und beschrifteten Formen die gewünschte Schriftart und -größe zu.

**Abstände und Einzüge bestimmen.** Die Abstände zwischen den Zeilen eines Absatzes und zwischen den Absätzen stellen Sie über Start – Absatz – Dialogfeld Absatz ein.

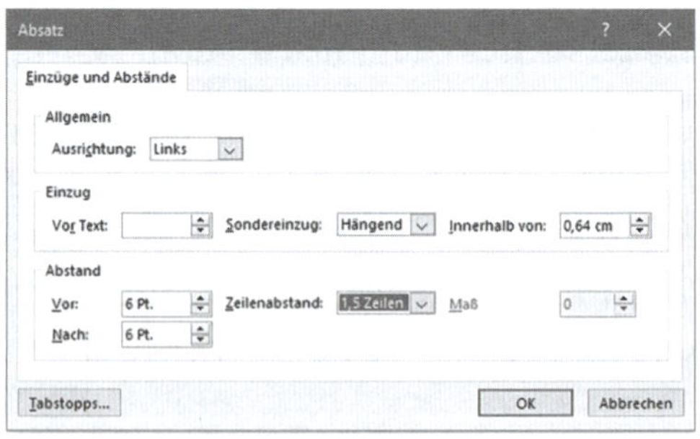


Schließen Sie nun die Masteransicht.

# Präsentationen gestalten

## Textfelder einfügen

Zusätzliche Textfelder lassen sich über das Menü/die Registerkarte Einfügen – Text – Textfeld erstellen. Wie bei jedem Objekt lassen sich über dessen Kontextmenü diverse Einstellungen zur Formatierung vornehmen. Die Formatierungen eines markierten Objekts erreichen Sie auch über das Kontextmenü.

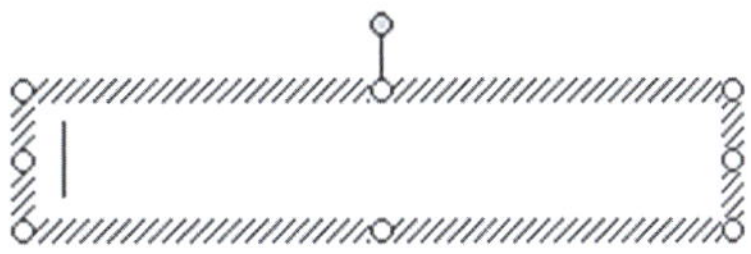

### *Größe und Position der Textfelder*

Die Textfelder (allgemein Objekte) lassen sich markieren: Klicken Sie dazu auf den Rand des Textfeldes. Angewählte Textfelder tragen einen grauen Rahmen. Markierte Objekte lassen sich frei durch Drag & Drop verschieben und skalieren. Drag & Drop = mit linker Maustaste greifen, bei gedrückter Maustaste ziehen (engl. drag), linke Maustaste loslassen (engl. drop). An den Eckpunkten lässt sich Höhe und Breite einstellen, an den Mittelpunkten der Seitenlinien jeweils nur die Höhe bzw. nur die Breite. Zum Positionieren das Objekt mit der Maus am grauen Markierungsrand greifen und verschieben. Geringe Positionsänderungen lassen sich meist besser mit der Tastatur statt mit der Maus vornehmen. Die Strg-Taste + die Cursortasten verschieben das markierte Objekt pixelgenau.

### *Textumbruch*

Wenn der Text den rechten Rand eines Platzhalters erreicht, schaltet PowerPoint automatisch in die nächste Zeile. Es entsteht ein Zeilenumbruch. Brechen Sie den Text dagegen manuell um, entsteht ein neuer Absatz – in der Regel hat eine Absatzschaltung einen größeren Abstand.

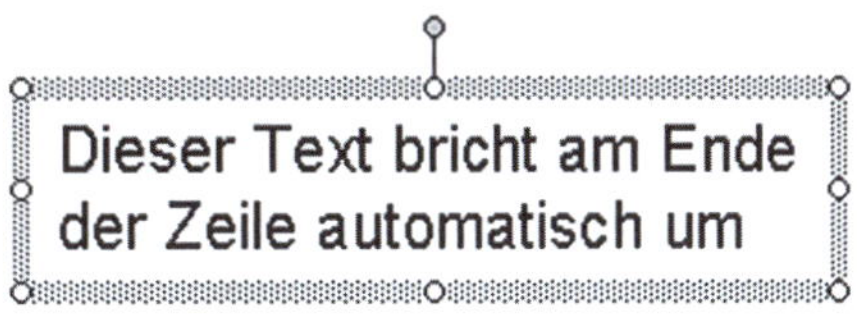


- Manuelle Absatzschaltung = ENTER
- Geschützte Absatzschaltung = SHIFT + ENTER

### *Silbentrennung*

Eine automatische Silbentrennung wird in PowerPoint nicht unterstützt. Text mit Silbentrennung ist in einer Präsentation schlecht lesbar. Setzen Sie die manuelle Silbentrennung nur in Ausnahmefällen ein. Spätere Änderungen am Text führen nämlich dazu, dass der Trennstrich mitten in der Zeile steht.

## Nummerierung und Aufzählung

Absätze in Textfeldern können automatisch nummeriert oder mit Aufzählungszeichen versehen werden. Die Aufzählungszeichen und die Art der Nummerierung können Sie selbst einstellen.

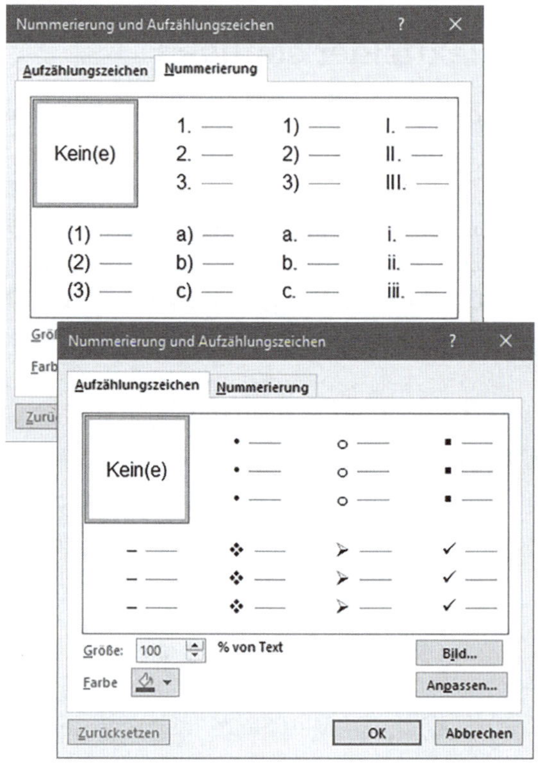


Unter der Registerkarte Start – Gruppe Absatz – Nummerierung oder Aufzählung finden Sie Bilder und Symbole.

Hier können Sie aus verschiedenen Schriftarten Symbole aussuchen und später farbig gestalten.

Sind nur wenige Aussagen vorhanden, kann jede von ihnen durch ein passendes Bild als „Bullet" aufgewertet werden. Allerdings erfordert das Suchen von geeigneten Bildern mehr Zeit, aber bei wichtigen Folien ist dies ein Aufwand, der sich durchaus lohnt.

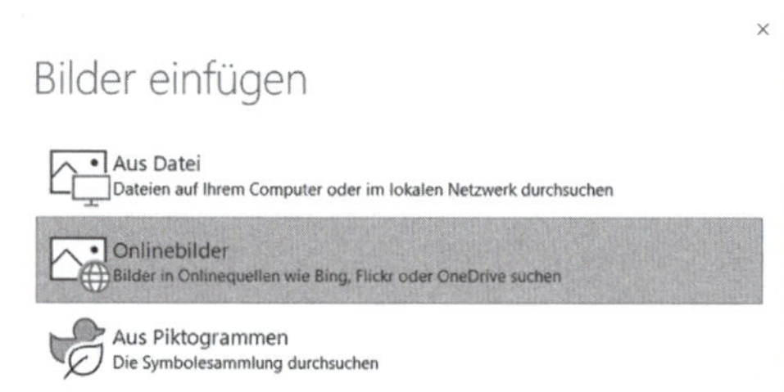


Wenn Sie die Aufzählungszeichen auf einer Folie ändern, gelten die Änderungen nur für diese Folie. Möchten Sie die Aufzählungszeichen für alle Folien ändern, so müssen Sie dies auf dem Folienmaster tun.

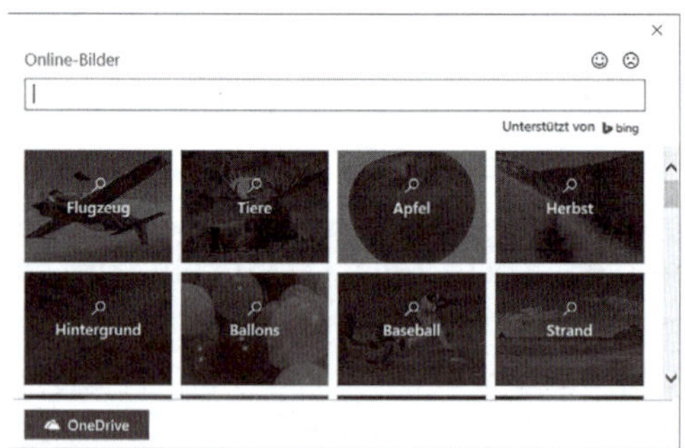


- Umgangsformen
- Kleidung
- Körperpflege und -hygiene

## Bilder und Illustrationen

Verwenden Sie in PowerPoint nach Möglichkeit Bilder in Formaten .jpg, .png, oder .gif. Diese Formate benötigen vergleichsweise wenig Speicherplatz und halten die Dateigröße der PowerPoint-Präsentation in einem angemessenen Rahmen.

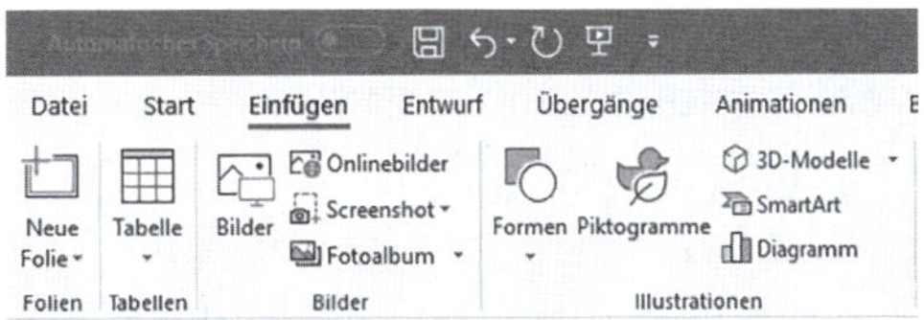


Wählen Sie in der Registerkarte Einfügen – Gruppe Illustrationen oder Gruppe Bilder – die entsprechenden Grafiken oder Formen aus bzw. fügen Sie sie direkt über die Icons auf der Folie ein.

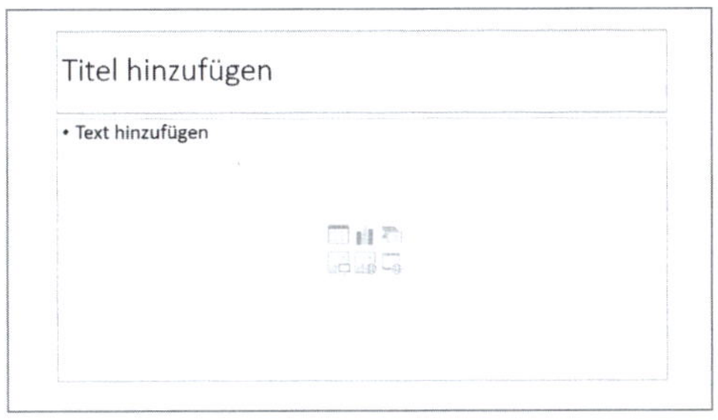


### *Grafiken bearbeiten*

Markieren Sie die Grafik, dann öffnet sich automatisch die Formatleiste für die Grafiken. Hier haben Sie umfangreiche Möglichkeiten, die Grafiken zu bearbeiten. Nachfolgend sind drei erläutert:

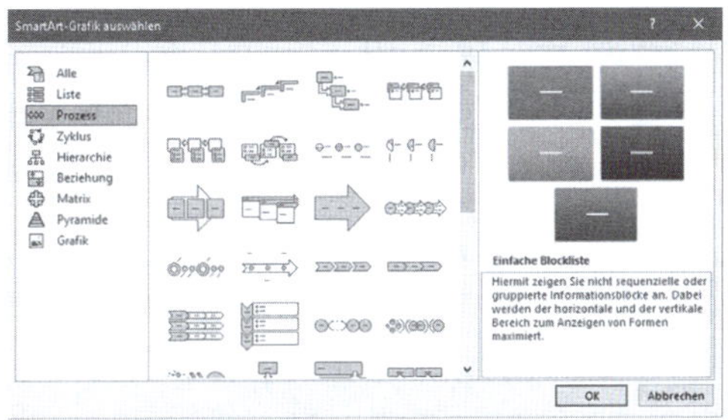


- Mit der Maus über die Bildformatvorlagen ziehen und sich verschiedene Ergebnisse anzeigen lassen und sich für eins entscheiden.
- Das Zuschneide-Werkzeug ist hilfreich, wenn Sie unschöne Ränder von Bildern ausblenden oder einfach nur einen Ausschnitt zeigen möchten.
- Mit dem Transparenz-Werkzeug können Sie den Hintergrund einer GIF-Grafik transparent gestalten. Das bedeutet, wenn Sie ein transparentes GIF in eine gelbe Tabellenzelle einfügen, dass wird der Hintergrund der Grafik gelb.

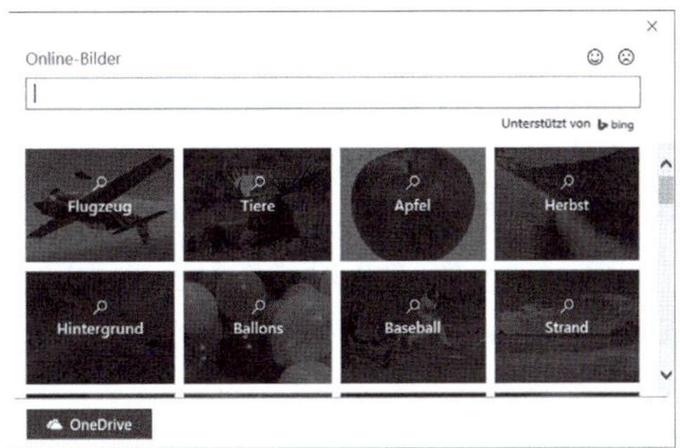


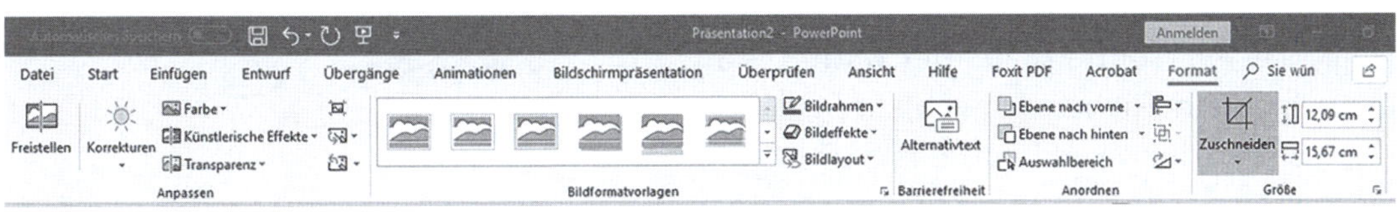

## Zeichnen in PowerPoint

In den meisten Präsentationen überwiegen Textfolien. Ein Vortrag, der vorwiegend aus Text besteht, kann schnell langweilig wirken. „Beleben" Sie daher Ihre Folien mit Schaubildern. Haben Sie Mut zu kreativen Darstellungsweisen.

Unter der Registerkarte Einfügen – Gruppe Illustrationen – Formen finden Sie viele Möglichkeiten für die Gestaltung Ihrer Folien. Sobald auf der Folie eine Form markiert ist, wird die Registerkarte Format mit Gestaltungsmöglichkeiten zum Formatieren und Anordnen von Formen eingeblendet.

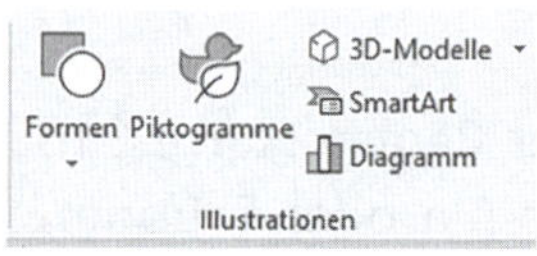


### *Formen beschriften*

Markieren Sie Ihre Form, drücken Sie die rechte Maustaste und klicken Sie auf Text bearbeiten.

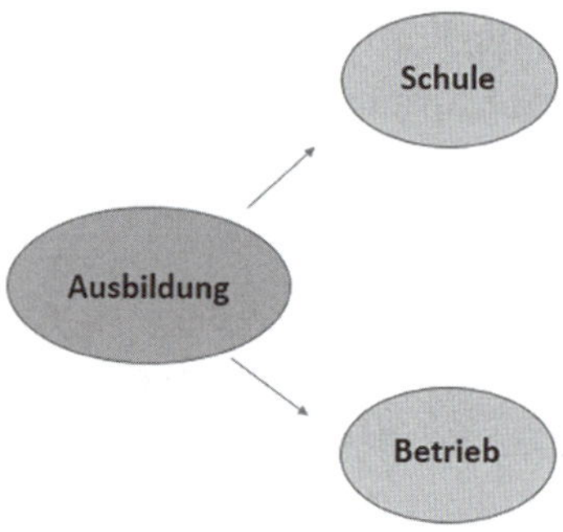


Die **Shift-Taste** bewirkt, dass Objekte in Höhe und Breite die gleichen Maße erhalten. Rechtecke werden zu Quadraten, Ellipsen zu Kreisen etc. Beim Zeichnen von Linien erreichen Sie durch Festhalten der Shift-Taste, dass sich der Winkel der Linie in Fünfzehn-Grad-Schritten ändert. Nachdem Objekte gezeichnet wurden, bewirkt die gedrückte Shift-Taste, dass Sie mehrere Objekte zu einer Markierung hinzufügen können. Klicken Sie auf die rechte Maustaste, dann können Sie die Objekte zu einem Objekt gruppieren.

Das Drücken der Shift-Taste beim Ziehen von Objekten mit der Maus hat zum Ergebnis, dass die Objekte genau horizontal oder vertikal bewegt werden.

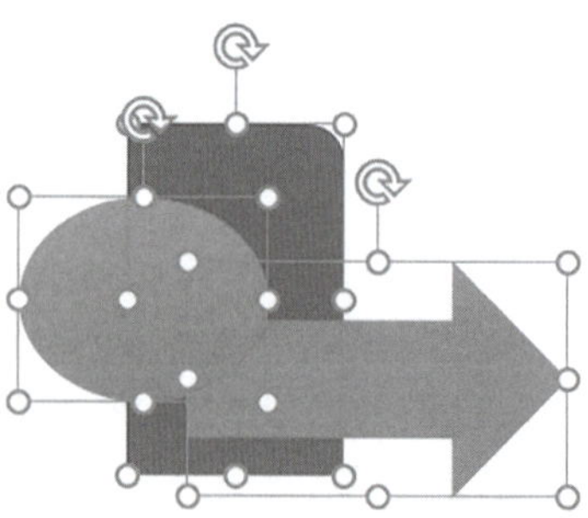

Die **Strg-Taste** sorgt beim Zeichnen von Objekten dafür, dass Sie diese nicht von einem Eckpunkt her, sondern aus der Mitte heraus erstellen. Beim Ziehen von Objekten mithilfe der Maus können Sie durch das gleichzeitige Festhalten der Strg-Taste erreichen, dass eine Kopie des Objekts erstellt wird.

Halten Sie beim Ziehen von Objekten mit der Maus gleichzeitig Strg- und Shift-Taste gedrückt, stellen Sie eine Kopie vom Original her, die vertikal in der gleichen Flucht bzw. horizontal auf gleicher Höhe liegt.

**Duplizieren** Sie ein Objekt mit Strg + Shift und verschieben anschließend die Position des Duplikats gegenüber dem Original, wird beim Erstellen weiterer Duplikate diese Verschiebung relativ übernommen. Den Verlauf einer gewinkelten Verbindungslinie beeinflussen Sie, indem Sie an der gelben Raute ziehen.

### *Verdeckte Objekte auf einer Folie auswählen (markieren)*

Klicken Sie auf eine Fläche außerhalb der Folie. Betätigen Sie nun einmal die Tab-Taste. Daraufhin wird ein Objekt markiert, egal in welcher Ebene es liegt. Drücken Sie ein weiteres Mal die Tab-Taste, und das nächste Objekt wird markiert. Auf diese Weise können Sie auf einer Folie nacheinander die Objekte markieren. Wenn Sie einmal zu schnell auf der Tab-Taste sind und das gewünschte Objekt übersprungen haben, legen Sie mit Shift + Tab den Rückwärtsgang ein.

 

## Tabelle

Gehen Sie auf die Registerkarte Start – Gruppe Folie – Neue Folie.

Mit einem Klick auf das Symbol Tabelle einfügen (1) können Sie die gewünschte Spalten- und Zeilenzahl einstellen und bestätigen.

Nach dem Einfügen der Tabelle erscheint die zusätzliche Registerkarte für Tabellentools für die Arbeit mit Tabellen. Markieren Sie die entsprechenden Zellen und klicken Sie auf das gewünschte Formatsymbol, um Ihre gewünschte Formatierung durchzuführen.

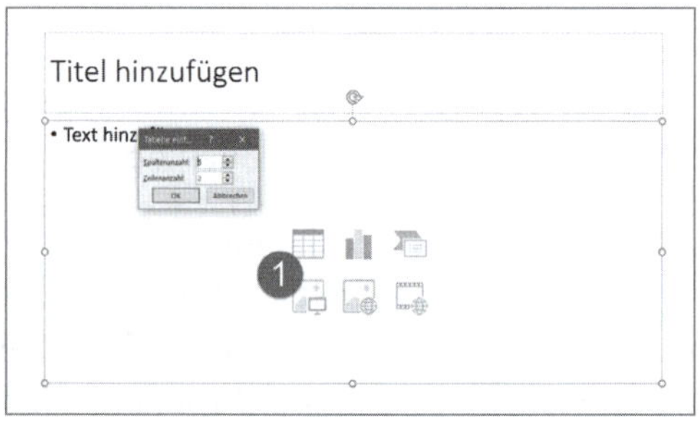


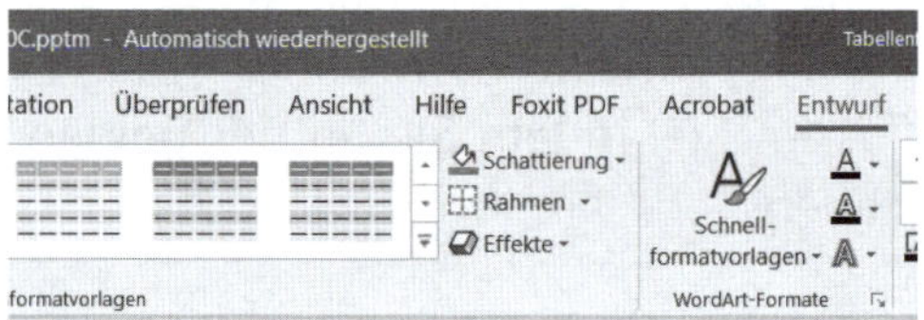


## Diagramm

Es gibt sehr viele Funktionen und Optionen, mit denen Sie Ihr Diagramm gestalten können. Doch bedenken Sie: Weniger ist mehr! Mit einem Diagramm wollen Sie Zusammenhänge erkennbar machen, die aus den nackten Zahlen nicht zu ersehen sind. Erschweren Sie diesen Prozess nicht durch hemmungsloses Formatieren.

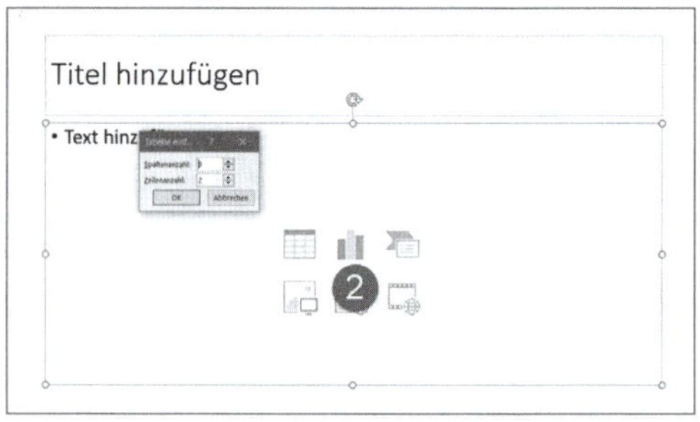


### *Diagramm einfügen*

Mit PowerPoint lassen sich sehr brauchbare Diagramme ruckzuck erstellen. Dafür ist eigens eine Art Mini-Excel in das Programm integriert.

Mit einem Klick auf das Diagramm (2) öffnet sich das Dialogfeld Diagramm einfügen und es öffnet sich die zusätzliche Registerkarte Diagrammtools.

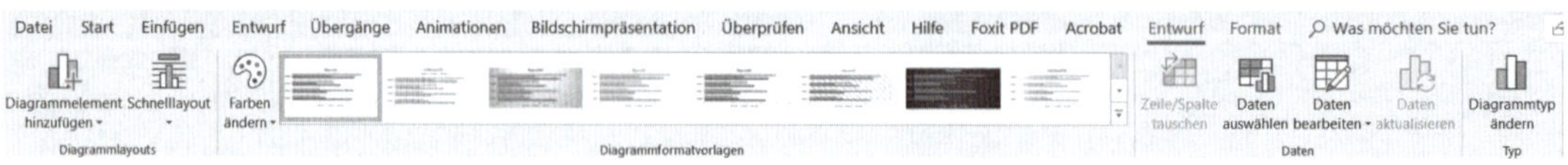

Sie erstellen ein einfaches Balkendiagramm, indem Sie links auf die Registerkarte Alle Diagramme auf Balken gehen.

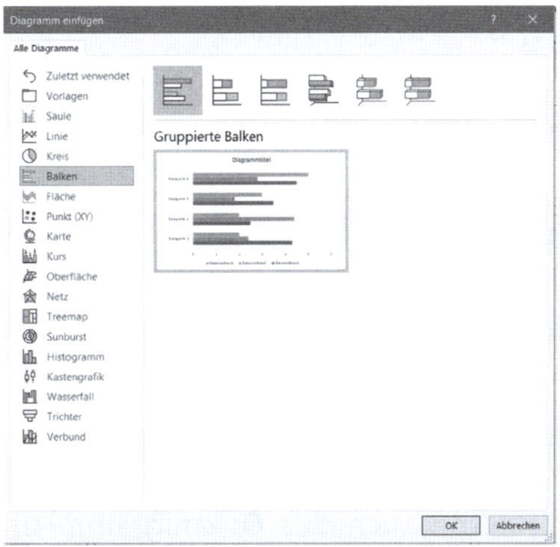


Automatisch wird nun ein vorgegebenes Diagramm mit dazugehörigem Datenblatt eingeblendet, das Sie für Ihre Zwecke verändern können.

Das Datenblatt lässt sich wie von Excel ge--wohnt bearbeiten. Die Daten werden entsprechend ausgetauscht. Sie können die Zeilen- und Spaltendaten gemäß Ihrer Vorstellung verändern.

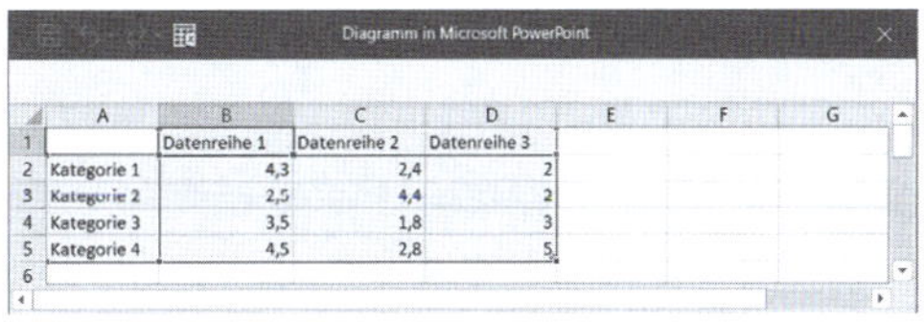


Ganze Zeilen oder Spalten entfernen Sie, indem Sie auf den Zeilen- oder Spaltenkopf mit der rechten Maustaste klicken und im Kontextmenü Zellen löschen auswählen.

Achten Sie darauf, dass das Diagramm die Daten der Tabelle „nach Zeile" oder „nach Spalte" darstellt, also dass die Datenpunkte aus den einzelnen Werten der Zeilen oder Spalten der Datentabelle im Diagramm dargestellt sind.

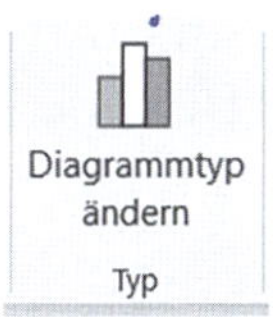


**Diagramm umwandeln.** Mit ein paar Mausklicks lässt sich ein Diagramm formatieren bzw. in einen anderen Diagrammtyp umwandeln.

In der Registerkarte Diagrammtools gehen Sie ganz rechts auf Diagrammtyp ändern. Entscheiden Sie sich für einen anderen Diagrammtyp.

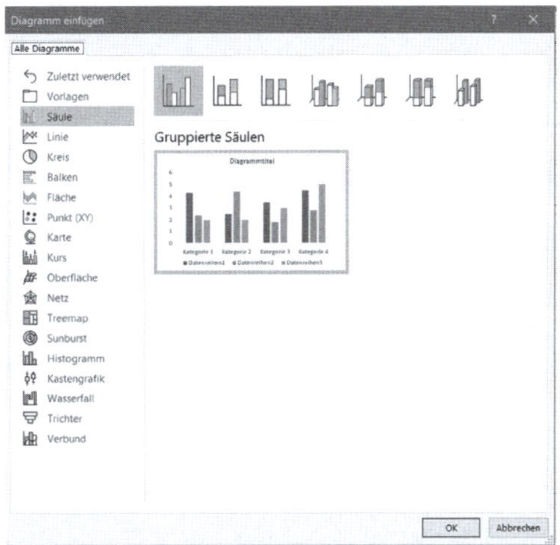


**Bild statt Säule.** Klicken Sie auf eine der Säulen, klicken Sie in der Registerkarte Diagrammtools/Formate – Formenarten – Fülleffekte – Bild ... Suchen Sie die gewünschte Grafik aus und bestätigen Sie mit Einfügen.

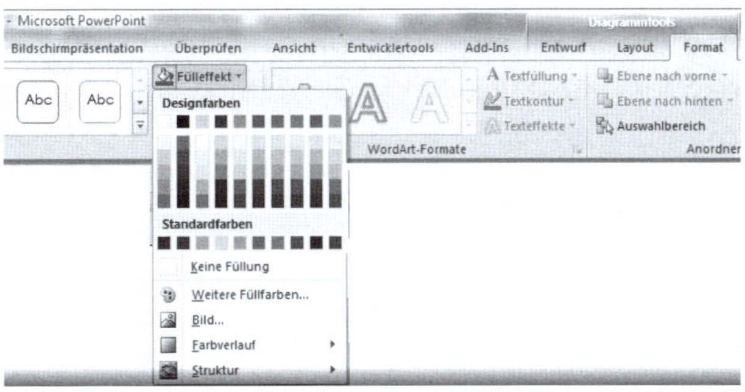

## Organigramm

Unter der Registerkarte Illustrationen finden Sie unter SmartArt-Grafik auswählen – Hierarchie.

Wählen Sie ein Organigrammlayout aus und klicken Sie anschließend auf OK.

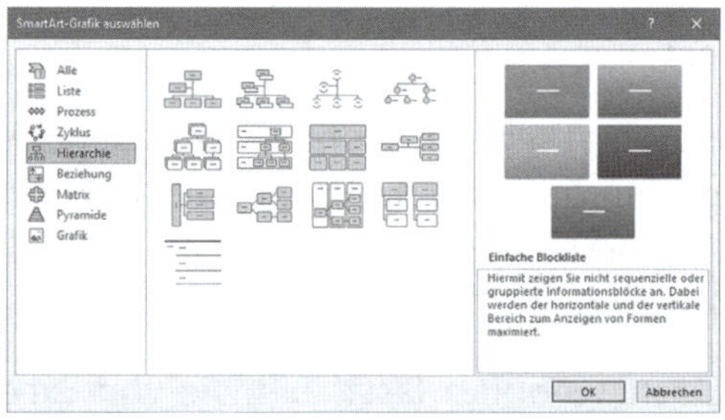


Es öffnet sich das Organigramm und die SmartArt-Tools mit der Registerkarte Entwurf.

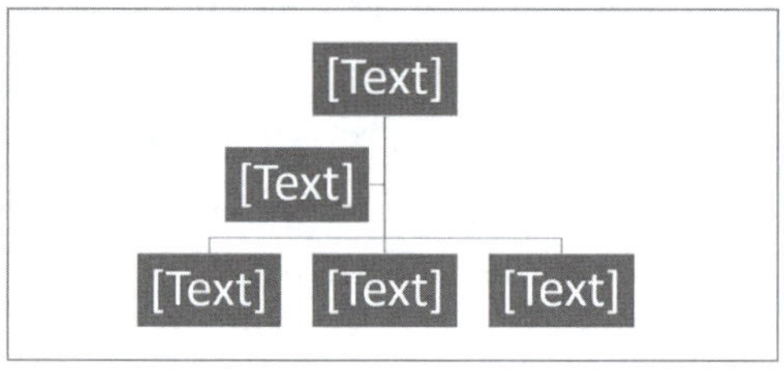


Es gibt zwei Kataloge, mit deren Hilfe Sie das Erscheinungsbild Ihrer SmartArt-Grafik schnell ändern können: SmartArt-Formatvorlagen und Farben ändern.

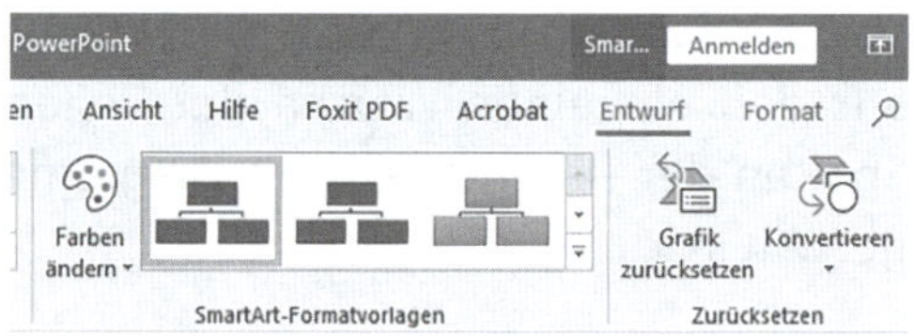


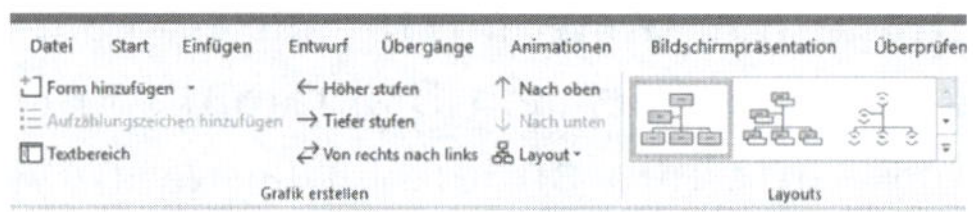


Fügen Sie zunächst die gewünschten Felder ein. Markieren Sie dazu das Textfeld, anwelches eine Form angeschlossen wird.

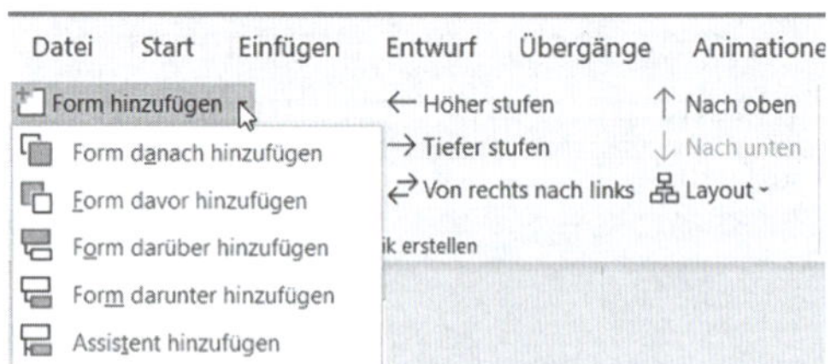


Klicken Sie in ein Feld in der SmartArt-Grafik und geben Sie Ihren Text ein bzw. fügen Sie den Text direkt links in die Gliederung ein.

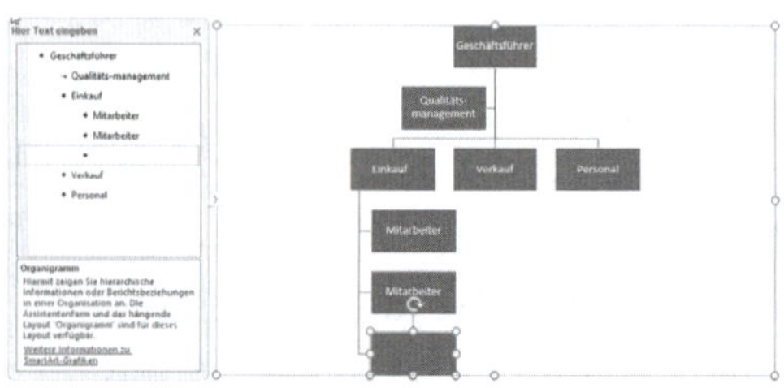

## Visuelle Darstellungen

Unter der Registerkarte Illustrationen gehen Sie auf SmartArt. Hier finden Sie eine vielfältige Auswahl, um Ihre Informationen visuell zu gestalten.

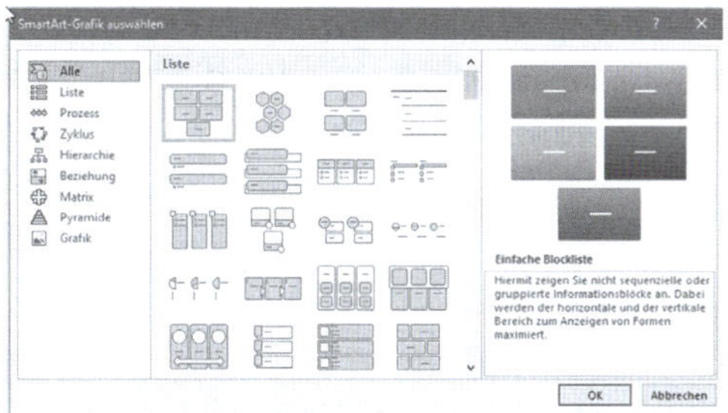


| Zweck der Grafik | Grafiktyp |
|---|---|
| Nicht sequenzielle Informationen anzeigen | Liste |
| Schritte in einem Prozess oder auf einer Zeitachse anzeigen | Prozess |
| Einen kontinuierlichen Prozess anzeigen | Zyklus |
| Eine Entscheidungsstruktur anzeigen | Hierarchie |
| Ein Organigramm erstellen | Hierarchie |
| Verbindungen veranschaulichen | Beziehung |
| Anzeigen, wie sich Teile auf ein Ganzes beziehen | Matrix |
| Anzeigen der proportionalen Beziehungen zur größten Komponente auf der Ober- oder Unterseite | Pyramide |

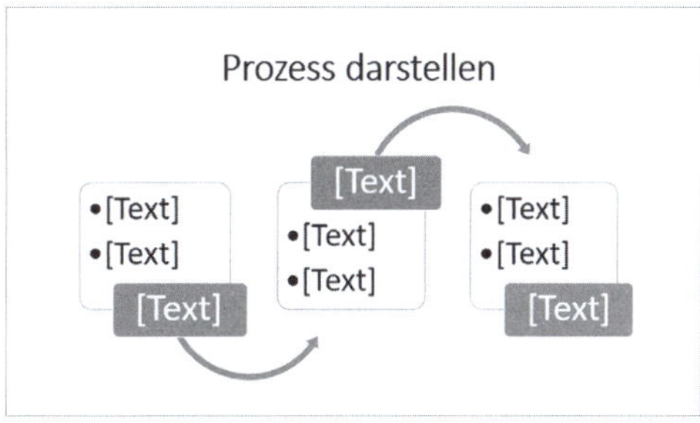


Sobald Sie die Grafik aktiviert haben, können Sie mit der Beschriftung links beginnen.

### *Vorführen der Bildschirmpräsentation*

| Die wichtigsten Befehle beim Vorführen der Präsentation: | |
|---|---|
| Aufrufen der nächsten Folie (sofern keine Animation) | Return-Taste |
| Aufrufen der letzten Folie (sofern keine Animation) | Backspace-Taste |
| Aufrufen bestimmter Folien | Foliennummer + Return-Taste |
| Schwarzer Bildschirm (an- und ausstellen) | Punkt-Taste |
| Weißer Bildschirm (an- und ausstellen) | Komma-Taste |
| Bildschirmpräsentation beenden | Esc-Taste |

## Hyperlink einfügen

Als Hyperlink (auch Link; aus dem Englischen für Verknüpfung, Verbindung, Verweis) bezeichnet man einen Verweis innerhalb eines Dokuments auf eine andere Stelle in demselben Dokument, einem anderen Dokument oder auf eine Internetseite. Während der Präsentation erfolgt die Verknüpfung automatisch, sobald Sie auf das verlinkte Wort klicken.

In einer PowerPoint-Folie können Sie Hyperlinks einfügen.

Zuerst markieren Sie das Wort, das eine Verknüpfung erhalten soll. Anschließend fügen Sie einen Hyperlink ein.

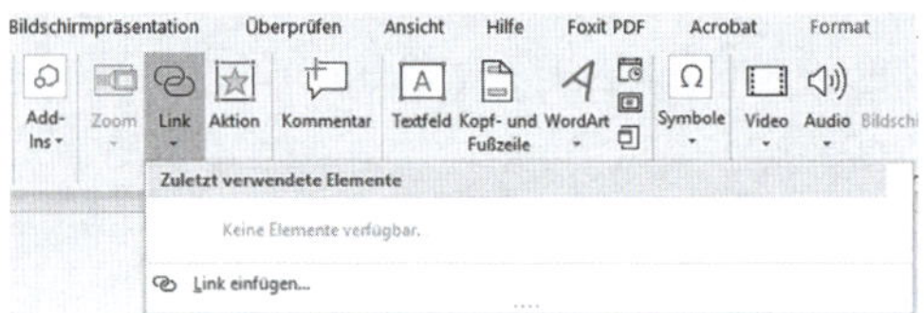


Gehen Sie über die Registerkarte Einfügen – Links – Link einfügen

Nun öffnet sich ein neues Fenster mit dem Titel Link einfügen. Sie haben nun vier Möglichkeiten zu bestimmen, an welche Stelle der Link führen soll, wenn Sie ihn anklicken:

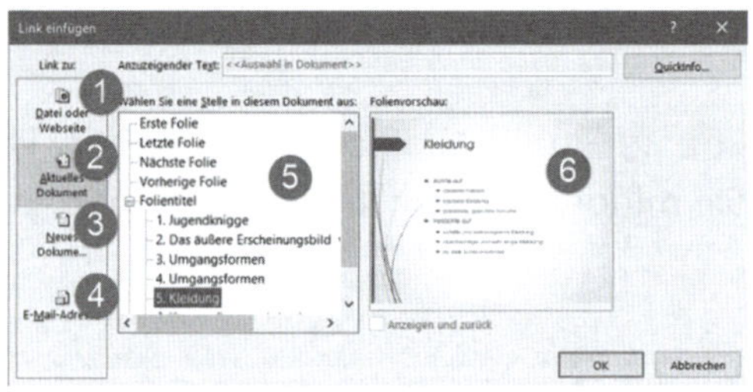


1. Zu einer bestimmten Datei oder Webseite
2. Zu einer bestimmten Stelle im aktuellen Dokument
3. Zu einem neuen Dokument, das bisher noch nicht existiert hat
4. Zu einer E-Mail-Adresse

Wenn Sie Aktuelles Dokument (2) anklicken, wählen Sie im nebenstehenden Fenster eine bestimmte Folie an, auf die der Link gesetzt werden soll (5). Automatisch erscheint diese in der Folienvorschau. Mit OK bestätigen Sie die Auswahl und kehren zurück zur Präsentation.

Wenn Sie nun in den Präsentationsmodus wechseln, können Sie sich per Klick durch die Präsentation bewegen.

## Interaktive Schaltflächen

Unter der Registerkarte Einfügen – Illustrationen – Formen finden Sie ganz unten die Interaktiven Schaltflächen.

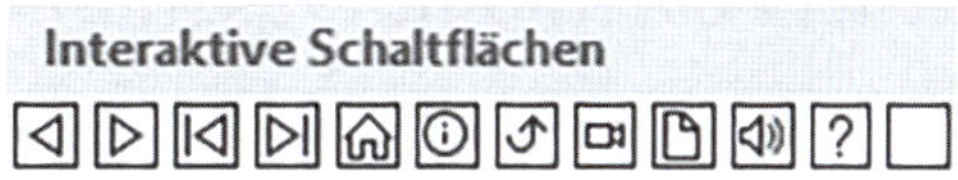


Sie suchen sich also einfach eine Schaltfläche aus, klicken sie an und ziehen dann die Schaltfläche auf der Folie auf. Es öffnet sich sofort das Dialogfeld Aktionseinstellungen.

Bei den Schaltflächen ist bereits ein entsprechender Link eingerichtet, den Sie aber ändern können.

Wenn Sie keine vordefinierten Aktionen einsetzen, sondern eine ganz bestimmte Folie der Präsentation aufrufen möchten, aktivieren Sie die Option Hyperlink und scrollen nach unten, bis der Eintrag Folie ... zu sehen ist.

Wählen Sie nun anhand des Folientitels die Folie aus, zu der die Schaltfläche verweisen soll. Beschriften Sie die Schaltfläche mit einem aussagekräftigen Namen.

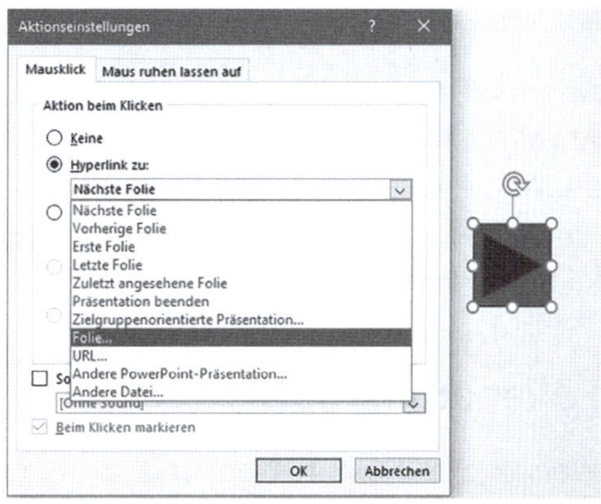

# Vorbereiten und Durchführen einer PowerPoint-Präsentation

Jede Idee ist nur so gut wie ihre Präsentation. Deshalb soll aus den erstellten Folien nun eine Präsentation entstehen. Auch hier gilt die Devise: Weniger ist mehr.

Alle Einstellungen erfolgen in der Foliensortierungsansicht, wo alle Folien als Miniaturbilder dargestellt werden. Das erleichtert es, mit dem Kontextmenü Folien zu verschieben, zu kopieren oder auszublenden. Folien können hier auch gelöscht werden.

## Folienübergang

Gehen Sie auf die Registerkarte Übergang – Übergang zu dieser Folie. Wählen Sie zunächst den Folienübergang aus, um von Folie zu Folie zu wechseln.

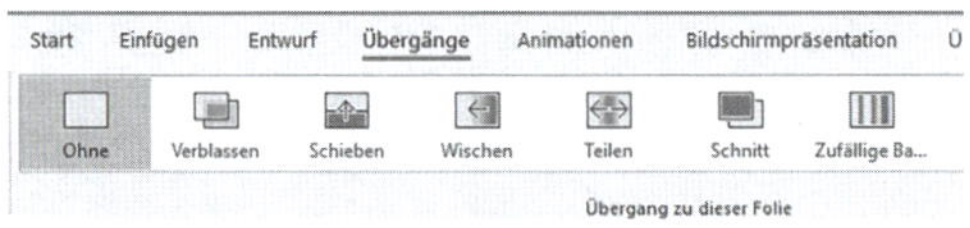


Anschließend klicken Sie ganz rechts unter Anzeigedauer – Nächste Folie – Bei Mausklick an. Wählen Sie aus der Effektgruppe Eingang einen Effekt aus, um ein Objekt erst per Mausklick auf der Folie einzublenden.

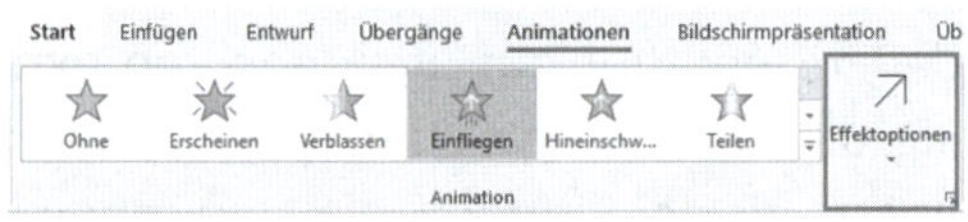


## Folienanimation

Weisen Sie Ihren Texten und Grafiken und Effektoptionen die entsprechenden Animationseffekte zu. Denken Sie auch hier daran: „Weniger ist mehr".

### *Aufzählungen und Formen animieren*

Gliederungspunkte einer Aufzählung können einzeln animiert werden.

Dazu klicken Sie auf den Effekt in der Animationsleiste im Aufgabenbereich und öffnen die Effekt-optionen. Je nach Effekt erscheinen unterschiedliche Möglichkeiten.

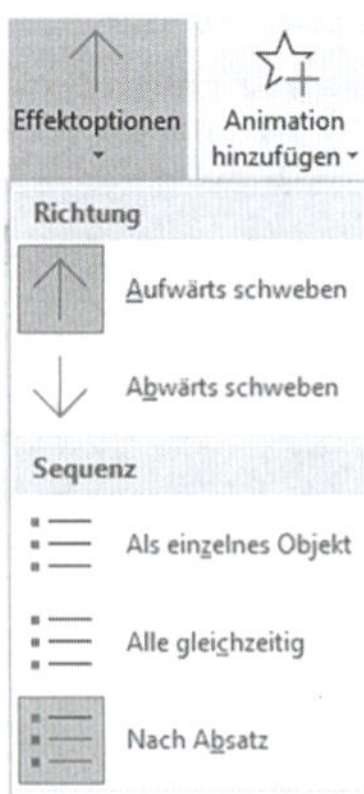


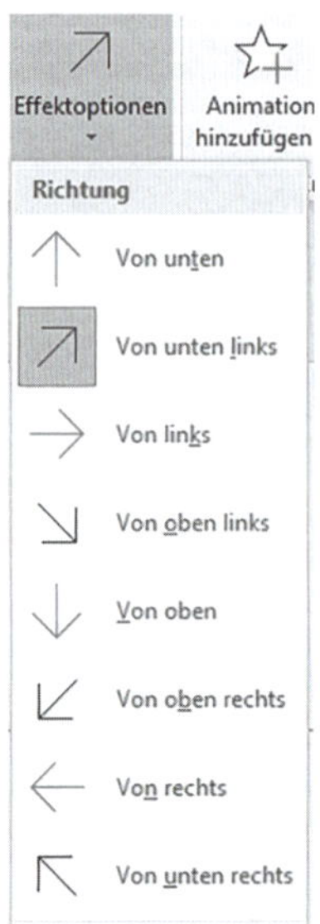

### *SmartArt-Objekte animieren*

Markieren Sie Ihr Objekt und klicken im Aufgabenbereich auf Effektoptionen und rufen die Registerkarte SmartArt-Animation auf.

Sie können, je nach verwendetem Layout, aus folgenden Optionen auswählen:

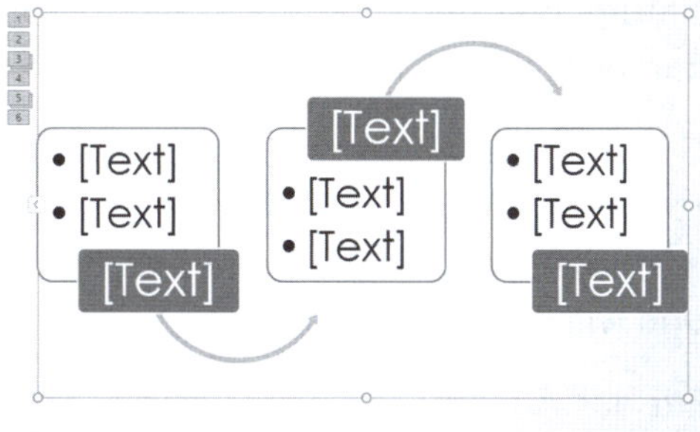


| | |
|---|---|
| **Als einzelnes Objekt** | Die Animation wird angewendet, als sei die gesamte Smart Art-Grafik ein großes Bild oder ein Objekt. |
| **Alle gleichzeitig** | Alle Formen in der SmartArt-Grafik werden gleichzeitig animiert. Die Unterschiede zwischen dieser Animation und „Als einzelnes Objekt" kommen vor allem bei Animationen zum Vorschein, bei denen sich die Formen drehen oder wachsen. |
| **Nacheinander** | Jede Form wird einzeln nacheinander animiert. |
| **Ebene gleichzeitig** | Alle Formen auf derselben Ebene werden gleichzeitig animiert. |
| **Ebene schrittweise** | Die Formen in der SmartArt-Grafik werden zuerst nach Ebene und anschließend in der betreffenden Ebene einzeln animiert. |

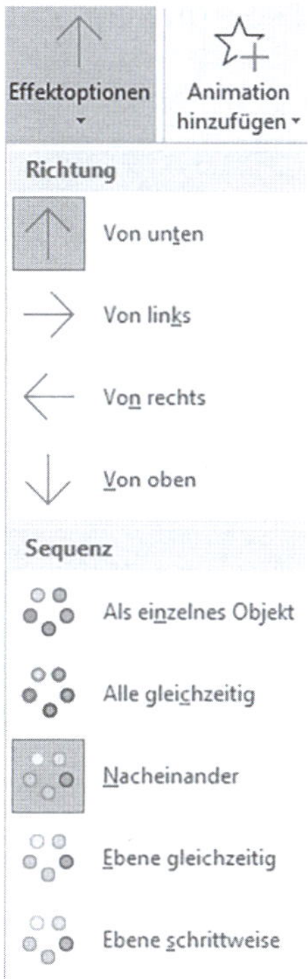


## Bildschirmpräsentation einrichten

Über die Registerkarte Bildschirmpräsentation – Gruppe Einrichten – Schaltfläche Bildschirmpräsentation einrichten können Sie die verschiedenen Einstellungen wählen.

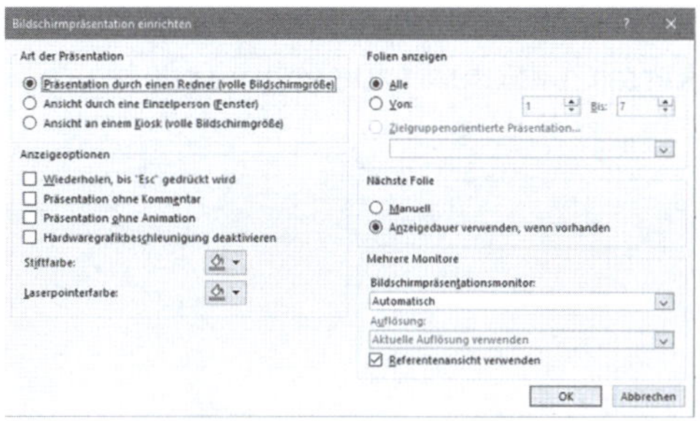

Sollte eine Präsentation selbstständig durchlaufen, so müssen Sie die Option Wiederholen, bis „ESC" gedrückt wird aktivieren.

Unter der Registerkarte Bildschirmpräsentation ganz rechts Bildschirme – wählen Sie den Bildschirm und ob Sie auf Ihrem eigenen Bildschirm die Referentenansicht möchten.

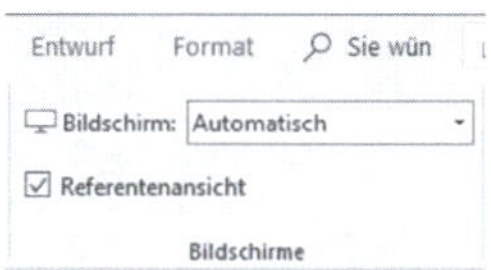

## Präsentation drucken

Natürlich können Sie die Präsentation auch komplett auf Papier ausdrucken.

Gehen Sie auf Datei – Drucken, um auf der rechten Seite die Backstage-Ansicht zu öffnen. Hier können Sie genau festlegen, was und wie Sie drucken möchten.

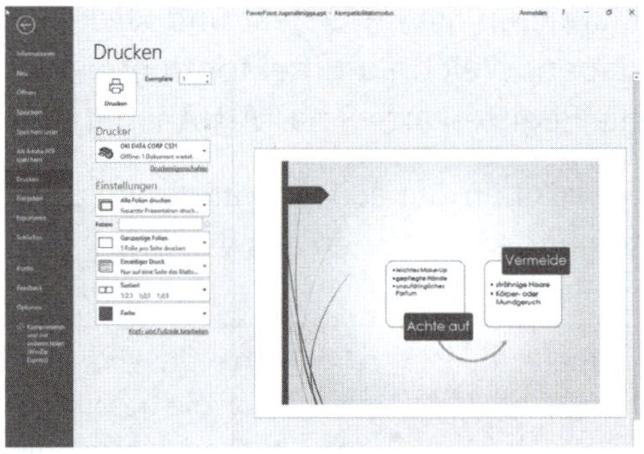


Für das Ausdrucken bietet Microsoft PowerPoint vier Ausgabetypen an: Folien, Handzettel, Notizseiten und Gliederungsansicht.

## Folien drucken

Unter Einstellungen werden die Folien so ausgedruckt, wie Sie sie auf dem Bildschirm sehen. Sie können die komplette Präsentation oder einzelne Folien drucken.

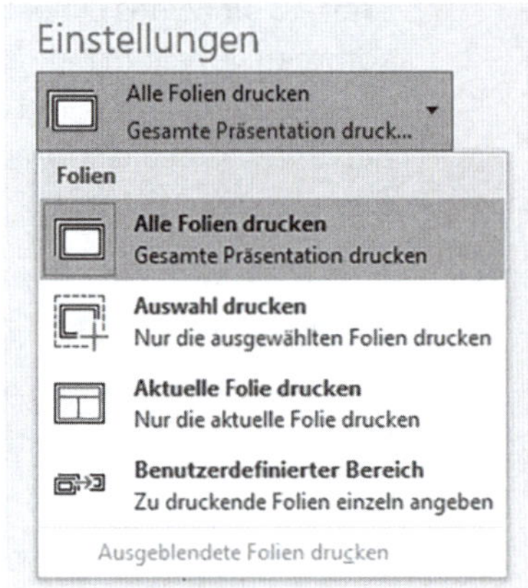


Wählen Sie Handzettel, werden mehrere Folien zusammen auf einer Seite ausgedruckt.

Wählen Sie 3 Folien, so werden auf der rechten Seite Linien für Notizen mit ausgedruckt.

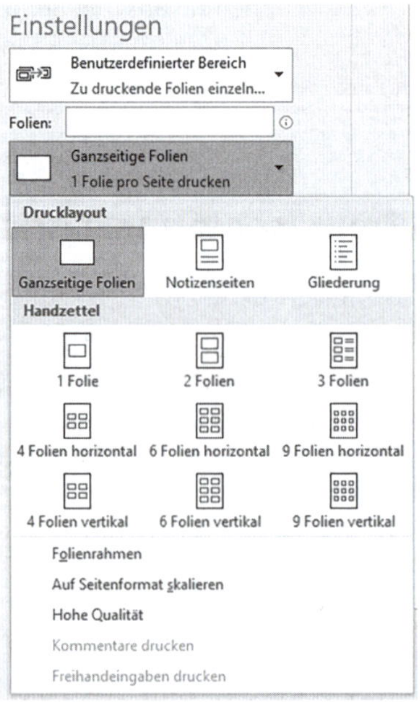


Die Notizen werden bei der Auswahl Notizseiten pro Folie mitgedruckt.

Die Auswahl Gliederungsansicht gibt den Ausdruck so wieder, wie er auf der Registerkarte Gliederung zu sehen ist.

## Handzettel erstellen

Für die Handzettel können Sie einen Handzettelmaster anlegen.

Klicken Sie auf Ansicht – Masteransicht – Handzettelmaster. Fügen Sie Ihre Kopf- und Fußzeile ein, bestimmen Sie die Handzettelausrichtung und legen Sie die Seiten pro Folie fest. Gehen Sie anschließend wieder auf die Normalansicht.

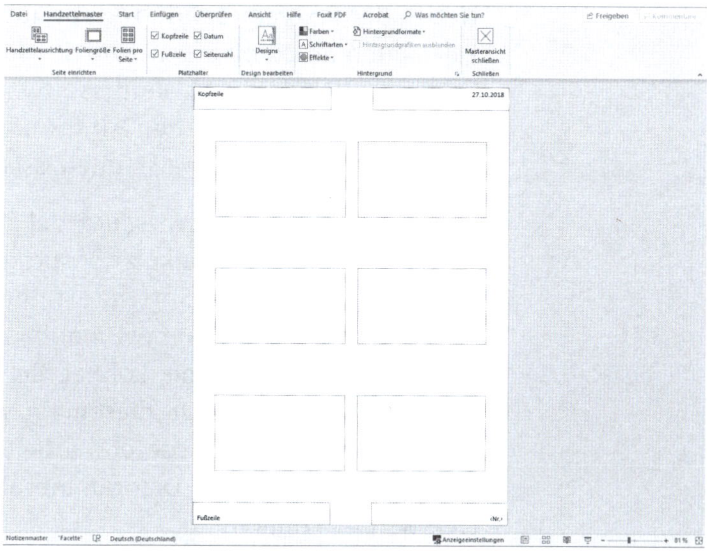

## Vortragsnotizen erstellen

In der Normalansicht erscheint unter der Folie der Hinweis Klicken Sie, um Notizen einzufügen.

Im Präsentationsmodus erscheinen diese Notizen nicht, was auch nicht sinnvoll wäre. Sie können sich während eines Vortrags die Notizen anzeigen lassen, indem Sie das Kontextmenü öffnen und die Vortragsnotizen einblenden.

Beim Drucken Ihrer Notizen wählen Sie Drucken – Einstellungen – unter Ganzseitige Folie – Notiz

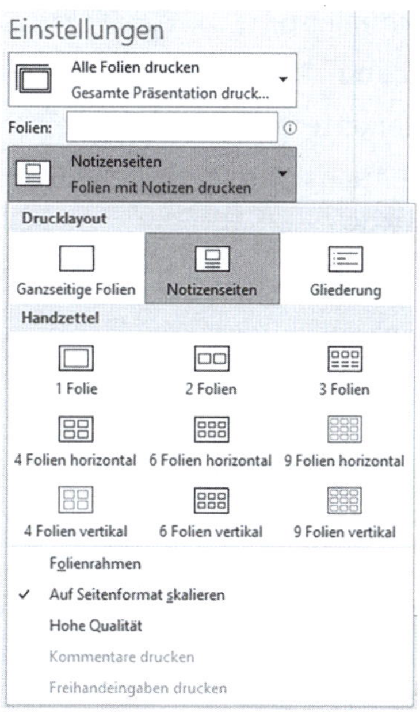

# Excel-Funktionen

Neben der Textverarbeitung ist die Tabellenkalkulation im Bürobereich eine der am häufigsten verwendeten Anwendersoftware. Für kaufmännische Tätigkeiten sind Softwarekenntnisse in diesem Bereich unerlässlich.

In vielen Unternehmen wie auch bei Prüfungen wird das Tabellenkalkulationsprogramm Excel eingesetzt. Die Software findet Anwendungsmöglichkeiten bei Produktionsplanung, Vertriebssteuerung, Lohnabrechnung, Lagerverwaltung usw. Mit diesem Programm können Sie äußerst zeitsparend arbeiten, da jederzeit Tabellen und Diagramme aktualisiert werden können.

## *Excel-Bildschirm*

1. Programmleiste
2. Menüband
3. Registerkarten
4. Bearbeitungsleiste
5. Zeilenkopf
6. Tabellenblätter
7. Spaltenkopf
8. Namensfeld
9. Hilfe
10. Aktive Zeile
11. Seitenansicht

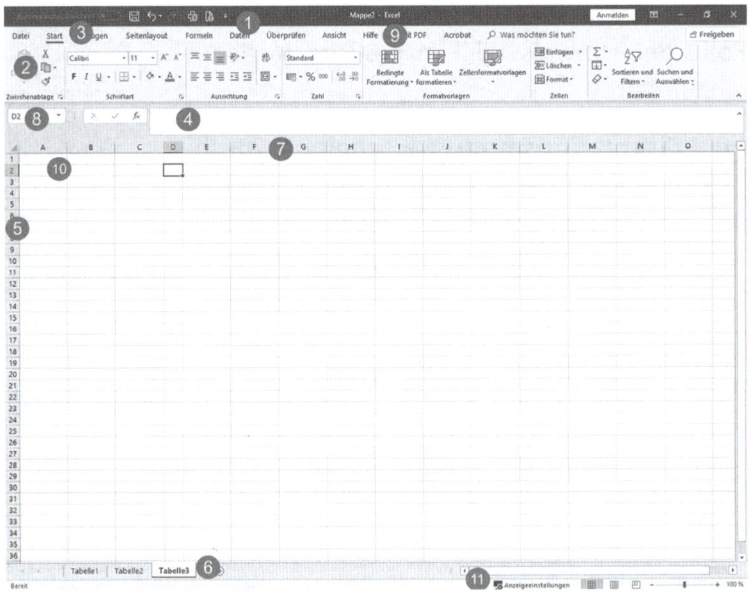

Ein Tabellenkalkulationsprogramm basiert auf Tabellen, die wiederum aus einer Vielzahl von einzelnen Zellen bestehen. Eine Excel-Tabelle kann maximal 65 536 Zeilen und 256 Spalten enthalten. Das ergibt über 16 Millionen Zellen. Eine Zelle kann bis zu 32 000 Zeichen für Text oder 10 240 Zeichen für den Formelinhalt enthalten.

Die Zellen können unterschiedliche Inhalte ausweisen. Ebenso können sie logische (z. B. <, >) und arithmetische (z. B. +, *) Operationen miteinander verknüpfen.

### *Anwendungsfenster*

Daten eingeben. Die Bearbeitungsleiste dient zur Eingabe von Daten in die ausgewählte Zelle. Änderungen können mit der Eingabetaste bestätigt oder mit der Taste Esc abgebrochen werden. Im Namenfeld wird die Adresse der Zelle angezeigt, in der die Daten eingegeben werden. Die Eingabe der Daten kann auch direkt in der Zelle erfolgen.

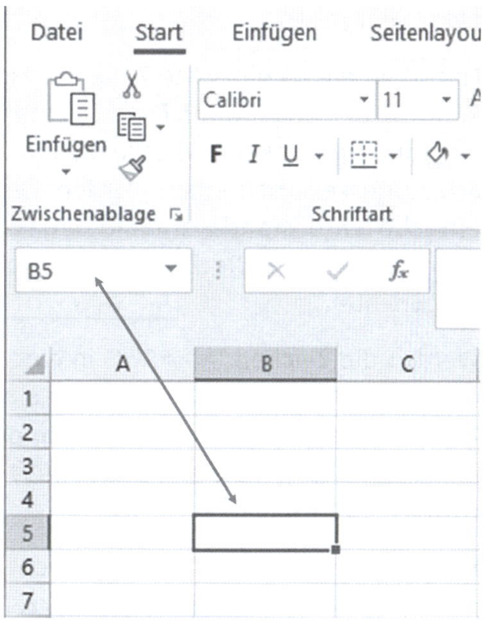


Tabellenblätter, deren Daten zusammenhängen, können in einer Arbeitsmappe als Dateityp *.xlsx gespeichert werden. Um von einem Tabellenblatt zum nächsten zu gelangen, wird das entsprechende Tabellenblatt angeklickt.

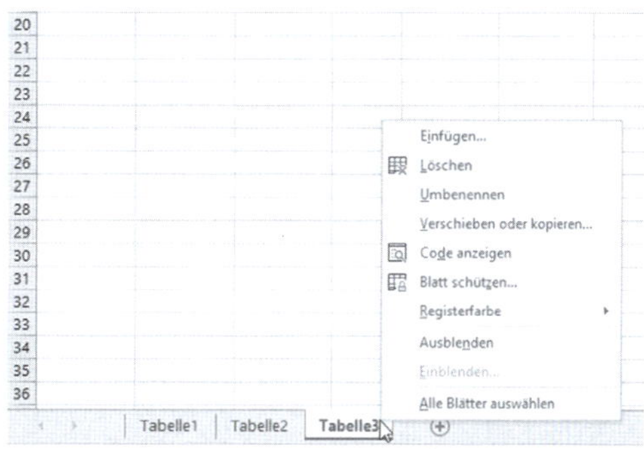


Über die Registerkarte Start – Zellen – Einfügen – Blatt einfügen oder über das Kontext-Menü zum Tabellenblatt können einzelne Tabellenblätter eingefügt werden.

Durch einen Doppelklick auf den Tabellennamen kann das Tabellenblatt schnell umbenannt werden.

Zum Navigieren in einer Arbeitsmappe stehen folgende Symbole zur Verfügung.

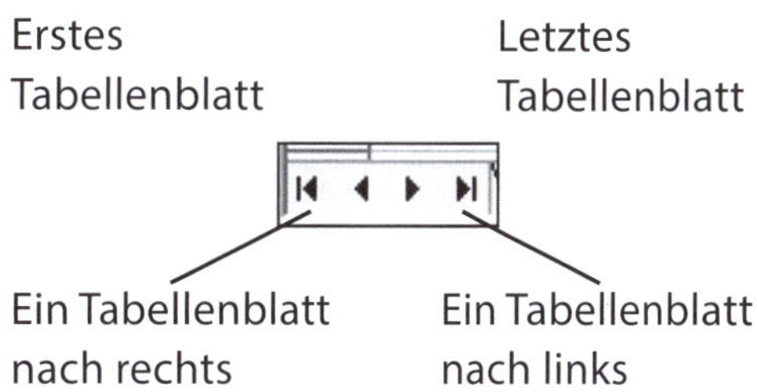


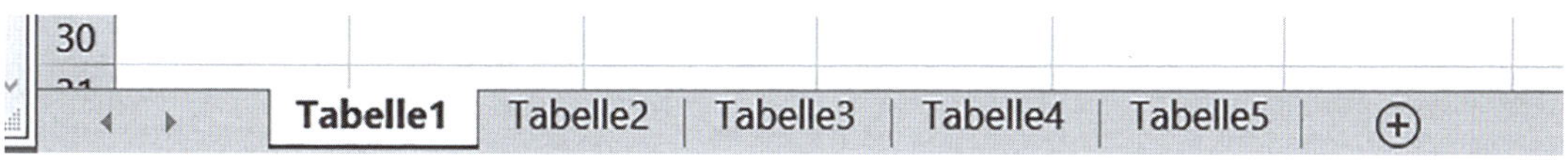

## *Daten eingeben*

Nachdem die gewünschte Zelle markiert ist, kann mit der Eingabe von Daten (Texten, Zahlen, Formeln) direkt in die Zelle oder in die Bearbeitungszeile begonnen werden. Die Texteingabe wird standardmäßig linksbündig geschrieben und die Zahlen rechtsbündig ausgerichtet.

Werden die Zeichen "#######" in einer Zelle angezeigt, dann ist die Spalte für die eingegebenen Zahlen zu klein. Mit einem Doppelklick im Spaltenkopf zwischen der Spalte D und E wird die optimale Breite erreicht.

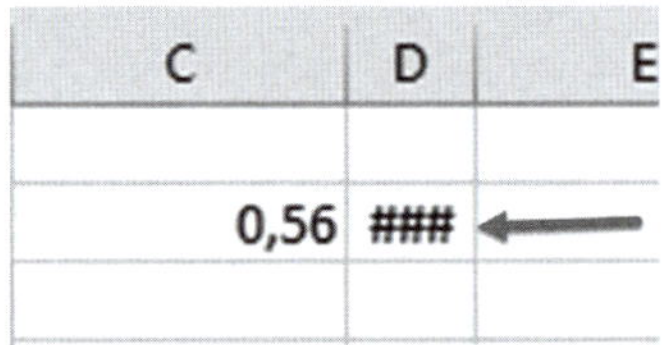


Reicht eine Spalte für den eingegebenen Text nicht aus, wird die rechte Nachbarzelle mit verwendet. Ist diese Zelle nicht leer, wird der Text abgeschnitten und nur von der Bearbeitungszeile komplett angezeigt. Der Text kann durch das Tastenkürzel Alt + ⇒ (Return) entsprechend aufgeteilt werden oder unter der Gruppe Ausrichtung – Startmenü – Zellen formatieren – Textsteuerung – Zeilenumbruch aktivieren. Alternativ kann im Spaltenkopf die Spalte erweitert werden.

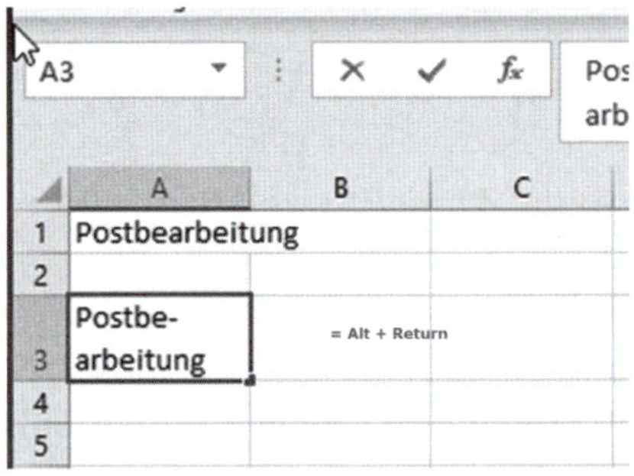


Soll die Zahl als Text (linksbündig) erkannt werden, muss die Eingabe mit einem Apostroph beginnen. Mit dieser Zahl kann dann allerdings in einer Formel nicht gerechnet werden.

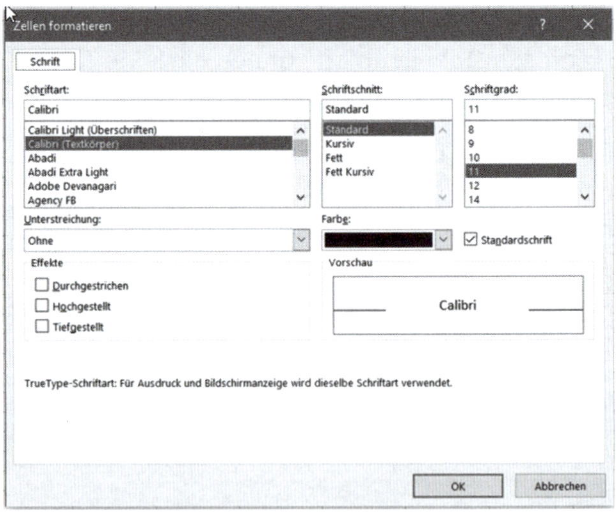


## *Zelleninhalte löschen*

Markieren Sie die Zelle und drücken Sie die Entfernen-Taste oder Rücklöschtaste.

Wird die Löschung über die Leertaste vorgenommen, entsteht ein leerer Eintrag in der Zelle. Dies kann bei späteren Aufgabenstellungen zu Problemen führen.

## Markieren von Zellen

Markiert ist die Zelle oder der Bereich, der von einem schwarzen Rahmen umgeben ist und in dessen rechter unterer Ecke sich ein kleines Quadrat (Anfasser) befindet.

**Markierte Zelle (A1)**

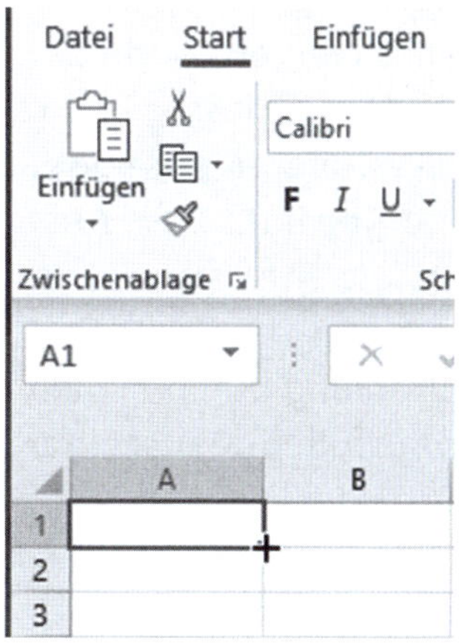


- Um eine Spalte/Zeile in ihrer gesamten Länge zu markieren, klicken Sie auf den Spalten-/Zeilenkopf.
- Mit Strg können Sie voneinander entfernte Zellen markieren.

**Markierter Bereich (A1 bis C8)**

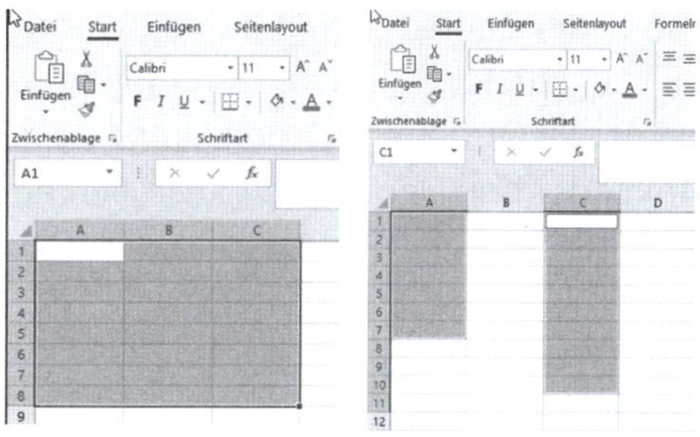

- Um den gesamten Inhalt eines Tabellenblattes schnell zu kopieren, markieren Sie das gesamte Tabellenblatt sowohl beim Kopieren als auch beim Einfügen.

**Markiertes Tabellenblatt**

Schaltfläche zum Markieren des gesamten Tabellenblattes

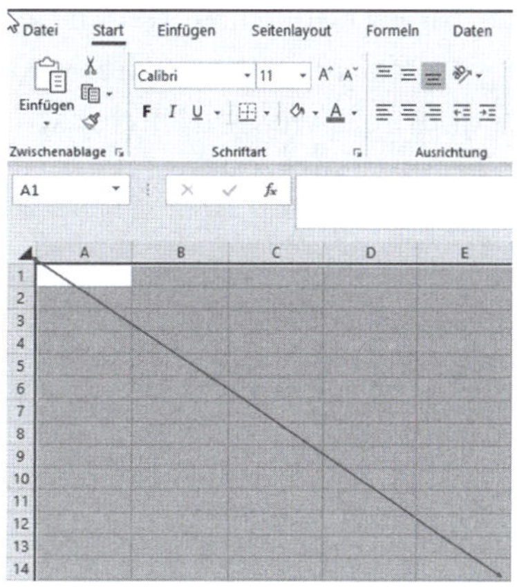

## *AutoAusfüllen von Zellen*

Ausgehend von einem Eintrag lassen Sie eine Reihe von vorgegebenen Einträgen automatisch folgen. Wenn der Mauszeiger auf dem Anfasser steht, wird der AutoAusfüllen-Mauszeiger (Fadenkreuz) angezeigt. Der Ausgangswert bzw. die Ausgangswerte müssen markiert sein, damit die Systematik der Aufzählung durch Ziehen mit dem AutoAusfüllen-Mauszeiger erkannt wird.

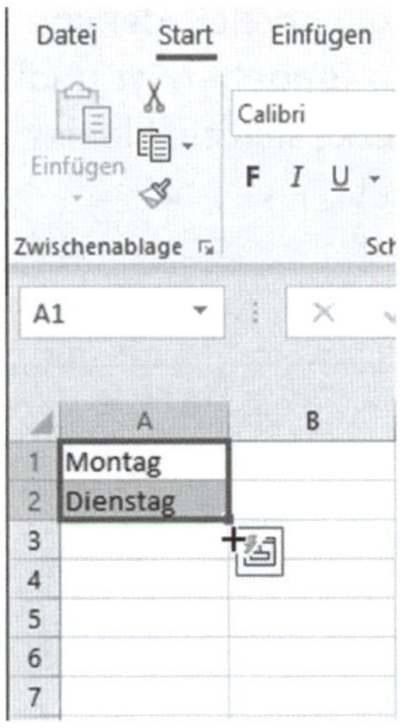

Die Schaltfläche AutoAusfülloptionen wird unmittelbar unterhalb der Füllauswahl eingeblendet, nachdem Sie ein Tabellenblatt mit Text oder Zahlen gefüllt haben. Wenn Sie auf die Schaltfläche klicken, wird eine Liste angezeigt, die Optionen für den Umgang mit dem Text oder den Daten beim Ausfüllen enthält.

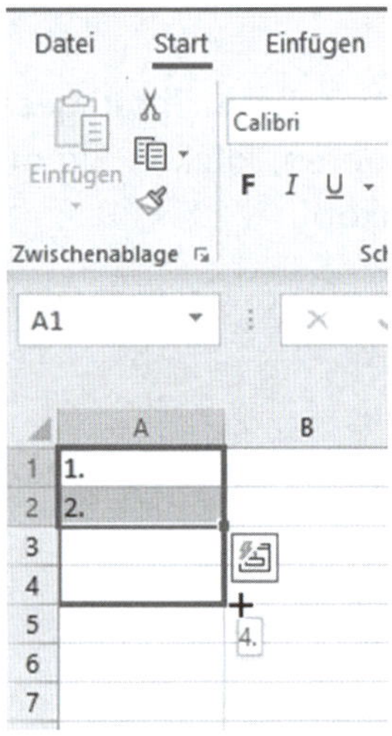


Wird AutoAusfüllen-Mauszeiger (Fadenkreuz) mit der Strg-Taste gezogen, wird immer der gleiche Textinhalt kopiert. Anders ist es beim Kopieren von Zahlenreihen. Hier muss die Strg-Taste gedrückt werden, ansonsten wird die eingegebene Zahl kopiert.

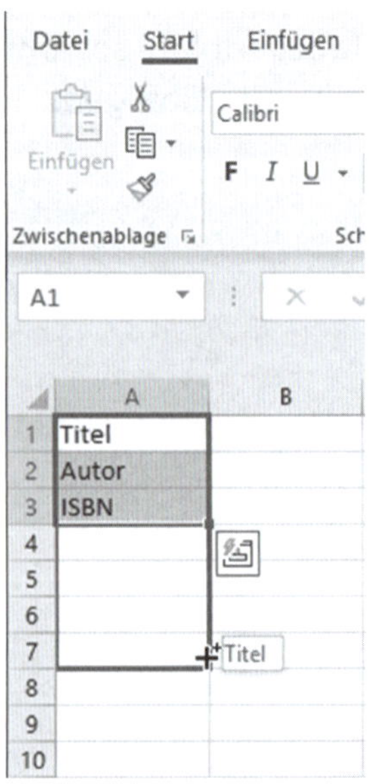

## Formatierungsmöglichkeiten

Die Gitternetzlinien auf Ihrem Bildschirm sind nur als Orientierung gedacht und werden nicht mitgedruckt. Daher sollten Sie Ihre Tabellen so formatieren, dass sie schnell verstanden werden.

### *Zellen formatieren*

Auch Tabellen werden ansprechend gestaltet. Dazu müssen Formatierungen (Schriftart, Farbe, Rahmen, Zahlenformate usw.) vorgenommen werden. Vor jeder Formatierung müssen die zu bearbeitenden Zellen markiert werden.

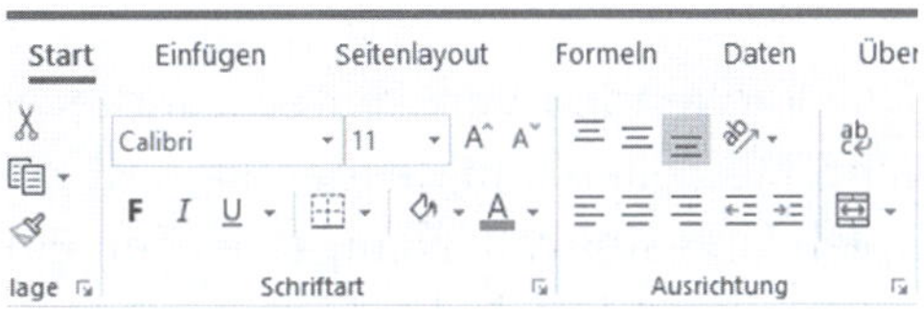


### *Texte formatieren*

Mit Textformaten können Schriftart, Schriftgrad und Ausrichtung gewählt werden. Auf der Registerkarte Start – Gruppe Schriftart und Ausrichtung oder über das Kontext-Menü können Zellen markiert werden.

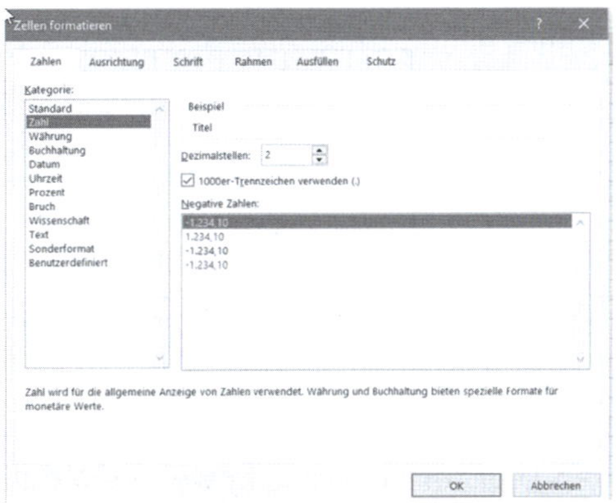


### *Zahlen formatieren*

Tabellenkalkulationssprogramme bieten die Möglichkeit, Zahlen optisch unterschiedlich zu formatieren (1 000er-Trennzeichen, als Währung, Nachkommastellen).

| | |
|---|---:|
| **Standard** | 2500 |
| **1000er-Teilung** | 2 500 |
| **Währungsformat** | 2 500 € |
| **Nachkommastellen** | 2 500,00 € |

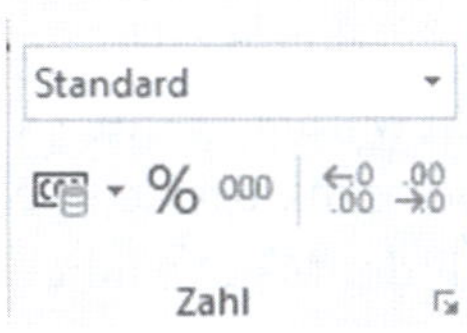


Durch Zahlenformatierungen ändert sich nur die Ansicht, der interne Wert, mit dem die Berechnungen durchgeführt werden, bleibt gleich.

Über die Registerkarte Start – Gruppe Zahl klicken Sie auf das Startprogramm, oder über das Kontext-Menü Zellen formatieren haben Sie die Möglichkeit, Zahlen zu formatieren.

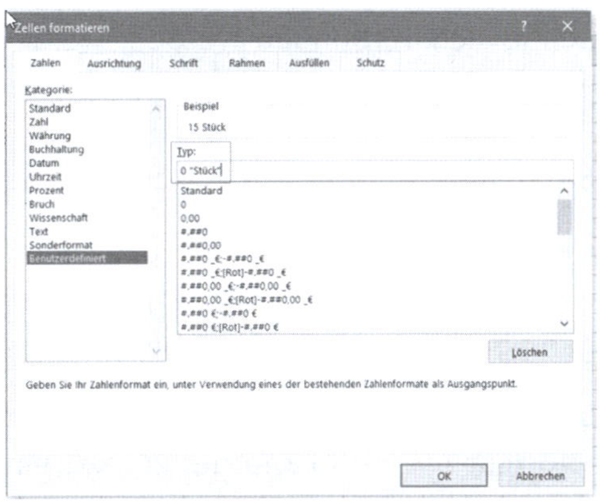


In der Kategorie Benutzerdefiniert können Sie ein eigenes Zahlenformat, z. B. zum Rechnen mit Mengenangaben (Liter, Stück) kreieren.

- Um Text mit Zahlen in einer Zelle darzustellen, setzen Sie den Text in Anführungszeichen.
- Um Zahlen mit Dezimalstellen darzustellen, fügen Sie Ziffernplatzhalter ein.
  - # = zeigt nur bedeutende Ziffern an
  - 0 = zeigt nichts bedeutende Nullen an

### *Hintergrundfarben*

Das Verwenden von Hintergrundfarben für einzelne Zellen und Zellbereiche ist zum Beispiel dann sinnvoll, wenn zwischen Eingabefeldern und Ergebnisfeldern unterschieden wird. Der Nutzer dieser Excel-Tabelle sieht dann sofort, in welchen Zellen Formeln oder Funktionen hinterlegt wurden, die durch Eingaben von neuen Werten gelöscht würden. Unter Zellen formatieren – Ausfüllen können Sie die verschiedensten Farben auswählen.

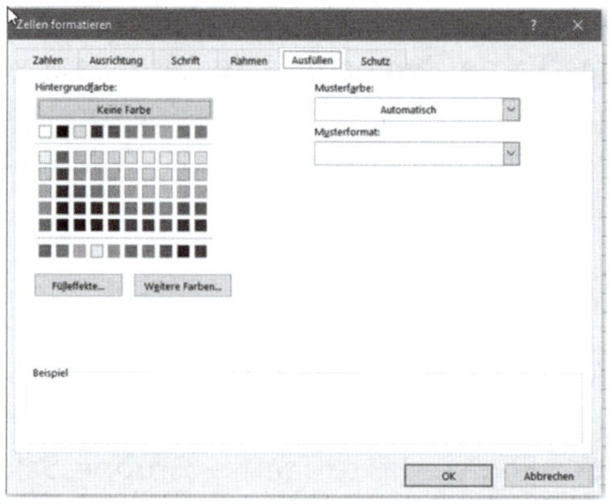


### *Zellausrichtung*

Standardmäßig werden Zahlen rechts- und Texte linksbündig formatiert. Diese Einstellung können Sie schnell über die Symbole abändern.

Über das Dialogfenster Zellen formatieren werden Register Ausrichtung weitere Möglichkeiten der Zellausrichtung angeboten. Die Textausrichtung kann Horizontal und Vertikal verändert werden, ebenso kann bei der Ausrichtung nach links ein Einzug gesetzt werden. Unter Orientierung können Texte auch senkrecht eingerichtet werden. Dazu wird mit der Maus ein beliebiger Winkel festgelegt. Unter Textsteuerung können Sie den Zeilenumbruch und die Spaltenbreite bestimmen. Mehrere Zellen können zu einem Zellbereich verbunden werden, wenn Sie an entsprechender Stelle einen Haken setzen.

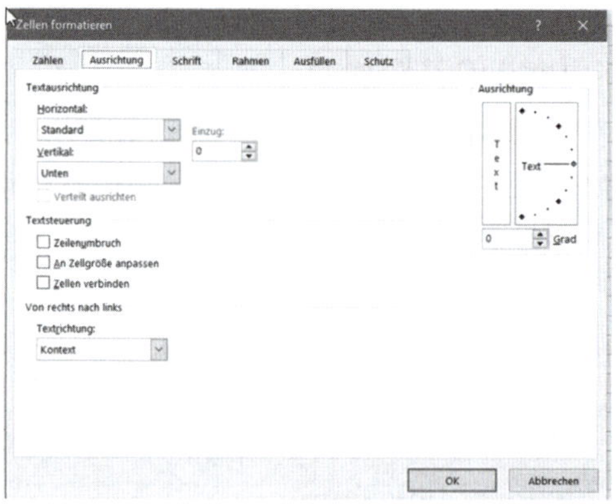


### *Befehl Wiederholen/Rückgängig machen*

Über den Befehl Rückgängig bzw. dem Shortcut Strg + Z machen sie den letzten Befehl rückgängig um fehlerhafte Eingaben zu beheben.

Über den Befehl Wiederholen oder dem Shortcut Strg + Y kann der zuletzt eingegebene Befehl beliebig oft wiederholt werden.

In der Symbolleiste für den Schnellzugriff können die gewünschten Befehle aktiviert werden.

### *Zellen mit Prozent formatieren*

Anders ist es, wenn die Zelle auf das Format Prozent formatiert wird. Der eingegebene Wert erhält automatisch als Erweiterung das Prozentzeichen (%). Zunächst werden die Zellen markiert und dann das Prozentformat zugewiesen.

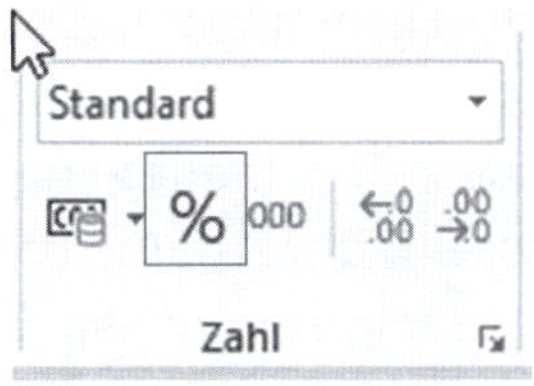


Wenn die Zellen erst später auf Prozent formatiert werden, müsste für 25 % dann die Zahl 0,25 eingegeben werden.

### *Format übertragen*

Besonders schnell können Sie die Formate mit dem Pinsel kopieren. Markieren Sie zunächst die Zelle mit dem zu kopierenden Format – klicken Sie auf das Symbol mit dem Pinsel – klicken Sie auf eine Zelle oder ziehen Sie den Pinsel über den Bereich, auf den das Format übertragen werden soll.

## Rechnen mit Excel

### *Grundrechenarten, Prozent und Potenz*

#### Operatoren mit Zellbezügen

Verwenden Sie in der Formel Zellbezüge anstelle von konstanten Werten (Zahlen).

Erfassen Sie zunächst die Zahlen. Um das Ergebnis zu errechnen, beginnt die Formel immer mit einem Gleichheitszeichen. Klicken Sie bei der Formeleingabe mit der Maus auf die gewünschte Zelle, um die Zellbezüge herzustellen.

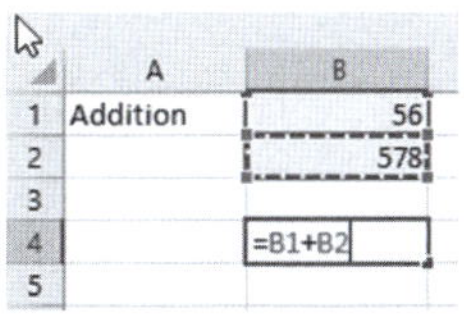


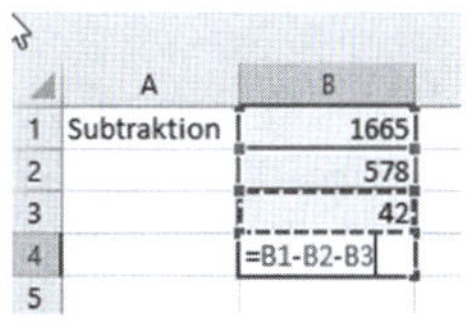


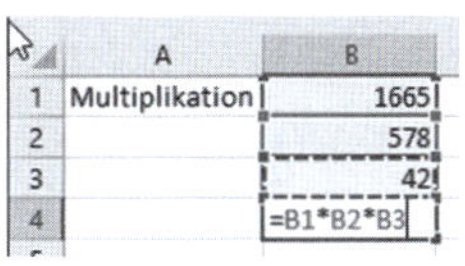


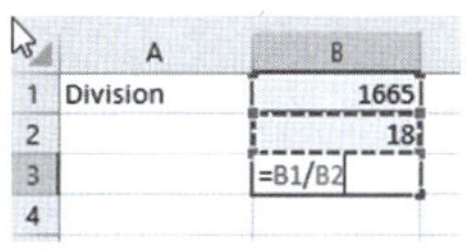


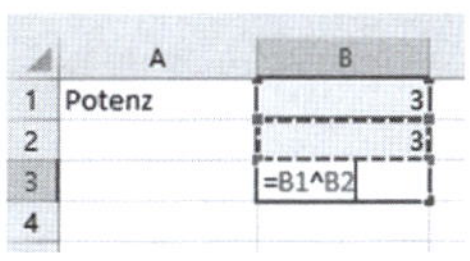


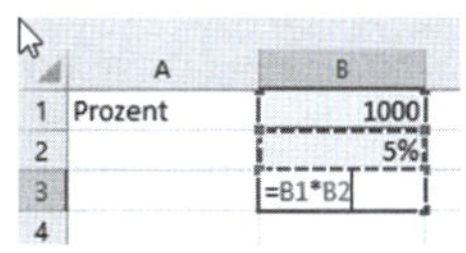


| | |
|---|---|
| **56** | schreiben Sie in Zelle B1 |
| **578** | schreiben Sie in Zelle B2 |
| **581** | schreiben Sie in Zelle B3 |
| **Ergebnis** | = |
| **Addition** | klicken Sie auf Zelle B1<br>+ klicken Sie auf Zelle B2<br>+ klicken Sie auf Zelle B3 |
| **Summe** | klicken Sie auf Return |

 

# Rationelles Arbeiten mit Excel (LA 3.2.4)

## *Kopieren von Formeln*

Beim Kopieren von Formeln mit Zellbezügen wird die Zelle, in der die zu kopierende Formel steht, markiert. Der Mauszeiger wird dann auf den Anfasser platziert, und mit dem Auto-Ausfüllen-Mauszeiger wird die Formel in die gewünschten Zellen kopiert. Dabei ist es wichtig, zwischen relativen und absoluten Bezügen zu unterscheiden.

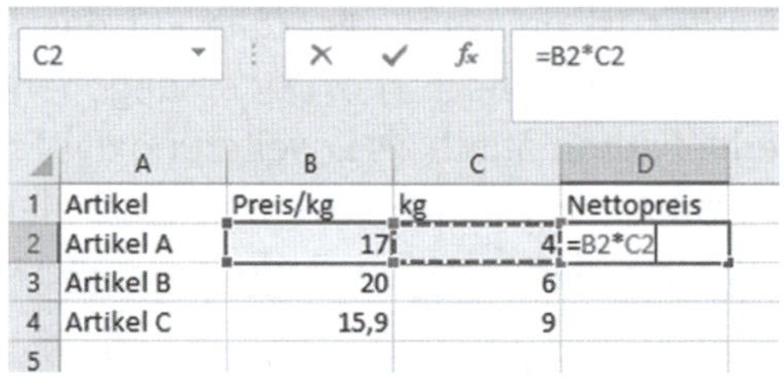

C2 =B2*C2

| | A | B | C | D |
|---|---|---|---|---|
| 1 | Artikel | Preis/kg | kg | Nettopreis |
| 2 | Artikel A | 17 | 4 | =B2*C2 |
| 3 | Artikel B | 20 | 6 | |
| 4 | Artikel C | 15,9 | 9 | |
| 5 | | | | |

## *Relative Adressierung (Zellbezüge)*

Ein relativer Bezug berechnet Zellen relativ zu seiner Position. Werden Zellen mit relativem Bezug kopiert, wird der Bezug angepasst.

Wird die Formel von der Zelle D2 in die Zelle D3 und D4 kopiert, wird der Bezug angepasst.

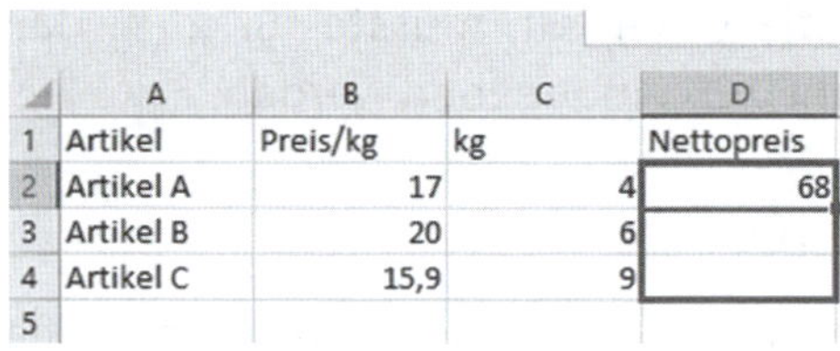

| | A | B | C | D |
|---|---|---|---|---|
| 1 | Artikel | Preis/kg | kg | Nettopreis |
| 2 | Artikel A | 17 | 4 | 68 |
| 3 | Artikel B | 20 | 6 | |
| 4 | Artikel C | 15,9 | 9 | |
| 5 | | | | |

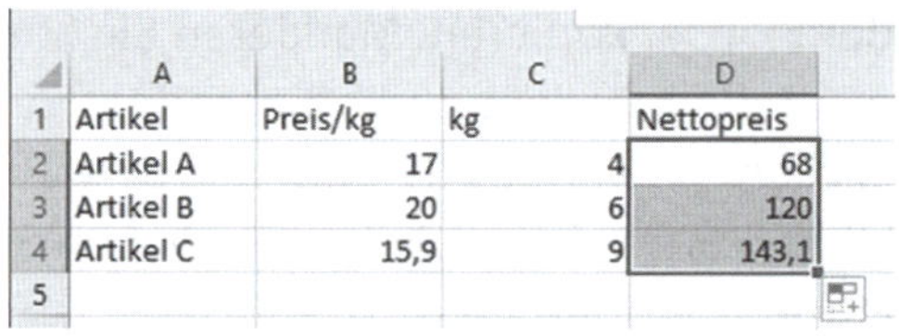

| | A | B | C | D |
|---|---|---|---|---|
| 1 | Artikel | Preis/kg | kg | Nettopreis |
| 2 | Artikel A | 17 | 4 | 68 |
| 3 | Artikel B | 20 | 6 | 120 |
| 4 | Artikel C | 15,9 | 9 | 143,1 |
| 5 | | | | |

## *Absolute Adressierung (Zellbezüge)*

Wollen Sie verhindern, dass ein Bezug beim Kopieren einer Formel angepasst wird, müssen absolute Bezüge verwendet werden. Ein $-Zeichen vor einer Zeile/Spalte verhindert deren Veränderung. Dies erreichen Sie auch mit der Taste F4.

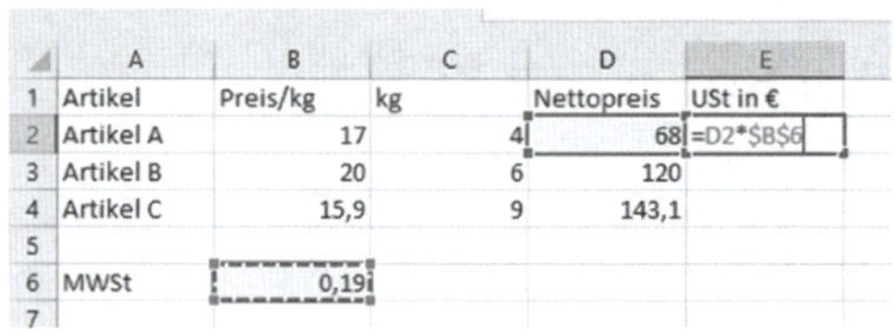

| | A | B | C | D | E |
|---|---|---|---|---|---|
| 1 | Artikel | Preis/kg | kg | Nettopreis | USt in € |
| 2 | Artikel A | 17 | 4 | 68 | =D2*$B$6 |
| 3 | Artikel B | 20 | 6 | 120 | |
| 4 | Artikel C | 15,9 | 9 | 143,1 | |
| 5 | | | | | |
| 6 | MWSt | 0,19 | | | |
| 7 | | | | | |

Wird die Formel von der Zelle E2 in die Zellen E3 und E4 kopiert, wird der absolute Bezug $B$5 nicht angepasst. Also es wird immer Bezug auf Zelle B5 genommen.

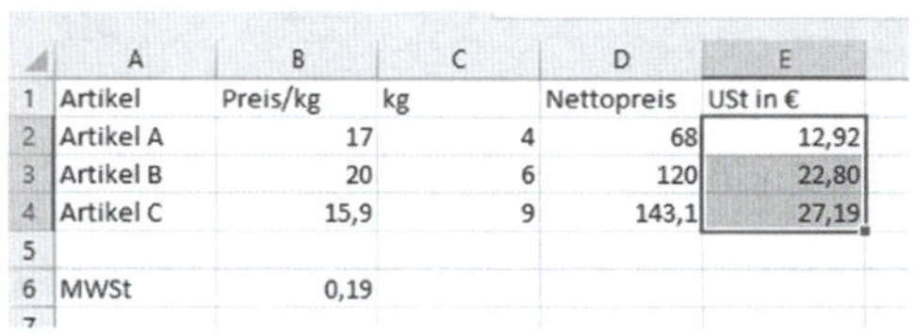

| | A | B | C | D | E |
|---|---|---|---|---|---|
| 1 | Artikel | Preis/kg | kg | Nettopreis | USt in € |
| 2 | Artikel A | 17 | 4 | 68 | 12,92 |
| 3 | Artikel B | 20 | 6 | 120 | 22,80 |
| 4 | Artikel C | 15,9 | 9 | 143,1 | 27,19 |
| 5 | | | | | |
| 6 | MWSt | 0,19 | | | |

## Syntax von Excel-Funktionen

Eine Funktion muss immer in einer bestimmten Form, der sogenannten Syntax, geschrieben werden. Zusätzlich sind einige Regeln einzuhalten, damit eine Funktion fehlerlos und gültig ist.

| Funktion | Syntax |
|---|---|
| Sie wird immer mit = eingeleitet. | =E2+E4 |
| Sie hat immer einen Funktionsnamen. | =HEUTE() |
| Zu ihr gehören immer runde Klammern. Innerhalb dieser Klammern können Argumente (Werte, Zahlen etc.) stehen. Einige Funktionen benötigen innerhalb der Klammern keine Argumente. Trotzdem müssen die Klammern vorhanden sein. | Funktion ohne Argumente:<br>=HEUTE()<br><br>Funktion mit Argumenten:<br>=SUMME(28;50;41) |
| Der Doppelpunkt steht in Excel für „bis" nicht aber als Divisionszeichen. | =SUMME(B3:B12) |
| Zwischen Funktionsname und der öffnenden Klammer darf kein Leerzeichen sein. | =SUMME(28;50;41) |
| Wenn sie Argumente besitzt, so werden die Argumente mit einem Semikolon (;) getrennt. | =SUMME(28;50;41). |
| Sie kann mit weiteren mathematischen Formeln verknüpft werden. | =MITTELWERT(28;54;89)+15 |
| Als Argumente einer Funktion können Sie Zahlen eingeben. | =MITTELWERT(24;50) |
| Als Argumente einer Funktion können Sie Zellbezüge eingeben. Die Zahlen in den Zellen werden von Excel automatisch ausgelesen. | =MITTELWERT(A2;A5) |
| Als Argumente einer Funktion können Sie eine Formel eingeben. | =MITTELWERT(A2+A7;A9-A16) |
| Als Argumente werden nicht nur Zahlen, Zellbezüge oder Formeln benötigt, sondern oftmals zusätzliche Informationen über die Berechnung. Beispielsweise möchten Sie den Wert einer Zelle runden. Excel braucht die Anzahl der Nachkommastellen, nach denen gerundet werden soll, als Argument. Die Zelle A2 wird in diesem Beispiel nach der dritten Nachkommastelle gerundet. Die Zahl 3 steht für die Anzahl der Nachkommastellen. | =RUNDEN(A2;3) |
| Sie können auch mehrere Funktionen verschachteln. Beachten Sie dabei, dass jede Funktion sein Klammerpaar behält. In diesem Beispiel haben wir zwei Funktionen sowie 2 Klammerpaare. Mit dieser Funktion wird das Ergebnis vom Mittelwert (B2;B3) auf die zweite Nachkommastelle gerundet. | =RUNDEN(Mittelwert(B2;B3);2) |
| Argumente können auch Textkonstanten sein. Diese müssen in Anführungszeichen geschrieben sein. Bei dieser Funktion wird geprüft, ob in der Zelle F4 der Text „MwSt" steht.<br>Soll keine Zahl und kein Text erscheinen, sondern die Zelle leer bleiben, werden doppelte Anführungszeichen gesetzt. | =WENN(F4=„MwSt";1;0)<br><br>=WENN(F4=„MwSt";1;"") |

# Funktionen

## *SUMME, MAX, MIN, MITTELWERT*

Die Funktion Summe veranlasst Excel, markierte Zellen automatisch zu addieren.

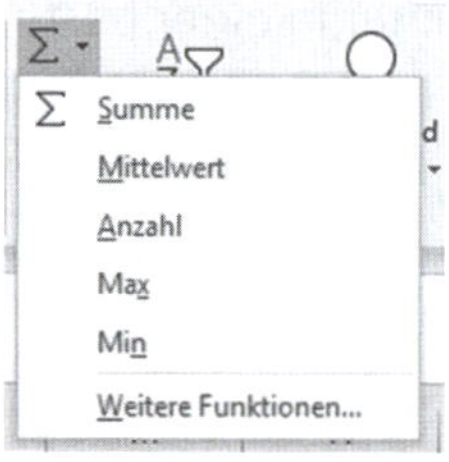


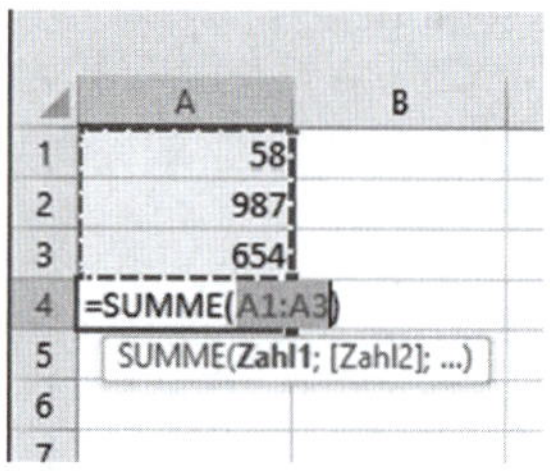


Die Funktion Mittelwert bewirkt, dass die Werte in zuvor markierten Zellen addiert werden. Das Ergebnis wird durch die Anzahl der markierten Zellen dividiert, um den Durchschnitt zu ermitteln.

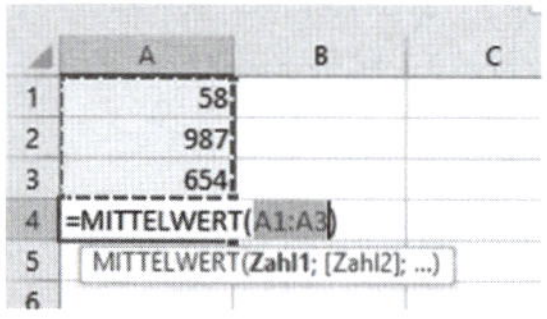


Der Doppelpunkt [= Summe (A1:A3)] steht in Excel für „bis", nicht aber als Divisionszeichen.

| Syntax | Bedeutung | Ergebnis |
|---|---|---|
| =SUMME (Zahl1:Zahl2 ...) | Summe | bildet die Summe des angegebenen Bereiches |
| =MITTELWERT (Zahl1:Zahl2 ...) | Durchschnitt | bildet den Durchschnitt des angegebenen Bereiches |
| =MIN ((Zahl1:Zahl2 ...) | kleinster Wert | ermittelt den minimalen Wert aus dem angegebenen Ber |
| =MAX (Zahl1:Zahl2 ...) | größter Wert | ermittelt den maximalen Wert aus dem angegebenen Ber |
| =HEUTE() | | gibt das aktuelle Datum aus |
| =JETZT() | | gibt das Datum sowie die aktuelle Uhrzeit aus |

## *Auf- und Abrunden, Ganzzahl und Kürzen*

Mit diesen Funktionstasten können Zahlen mit Dezimalstellen auf die gewünschte Art gerundet werden oder Sie gehen unterhalb von AutoSumme auf Weitere Funktionen und geben unter Funktion suchen die gewünschte Funktion ein.

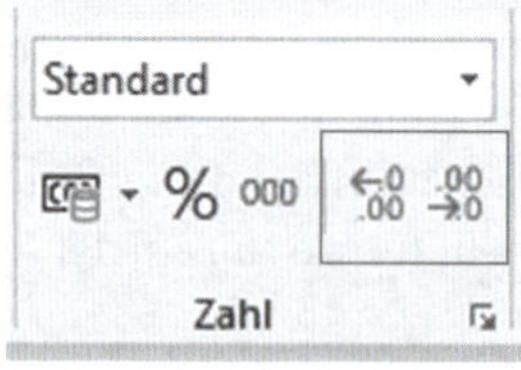


Markieren Sie die Funktionen und bestätigen Sie mit OK.

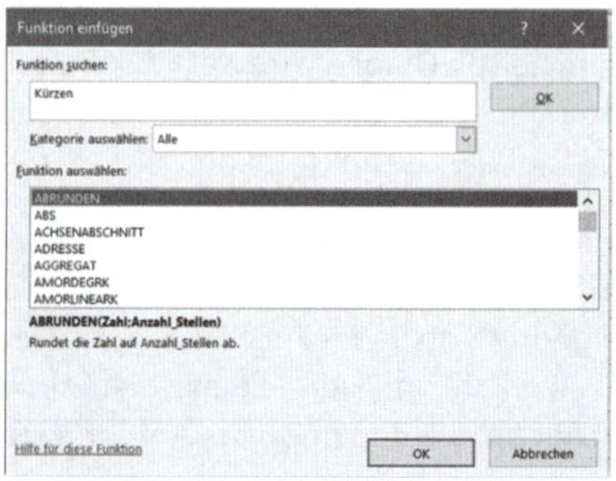

## *ANZAHL und ANZAHL2*

Die Funktion ANZAHL und ANZAHL2 gibt an, wie viele Zahlen sich in einem vorgegebenen Zellbereich befinden. Zellen, die keinen Zahlenwert enthalten, werden nicht mitgezählt. Ebenso kann auch gezählt werden, wie oft eine bestimmte Zahl vorkommt.

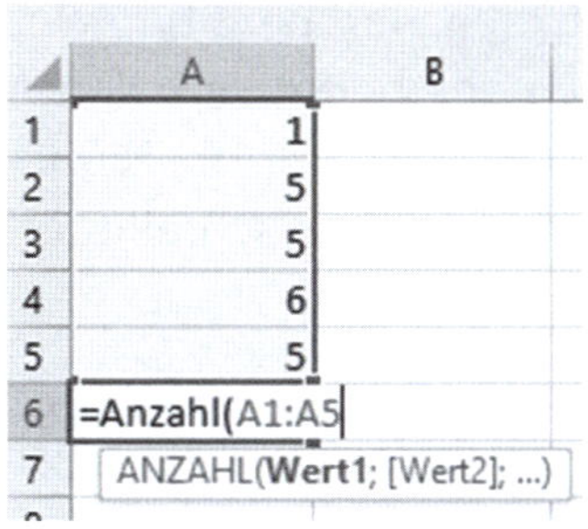


Verwenden Sie die Funktion ANZAHL, um herauszufinden, aus wie vielen Einträgen ein Zahlenfeld besteht, das in einem Bereich gespeichert ist.

Verwenden Sie die Funktion ANZAHL2, wenn Sie herausfinden möchten, wie viele zu einem Bereich gehörende Zellen Daten enthalten. In diesem Fall werden also auch Zellen mit Text gezählt.

## *Daten sortieren*

Oft müssen umfangreiche Tabellen nachträglich sortiert werden. Markieren Sie zunächst die komplette Tabelle, die sortiert werden soll. Klicken Sie das entsprechende Symbol an, um die Tabelle entweder absteigend oder aufsteigend zu sortieren.

Über Benutzerdefiniert haben Sie die Möglichkeit, nach einem oder mehreren Sortierschlüsseln bzw. auch einer individuellen Reihenfolge zu sortieren.

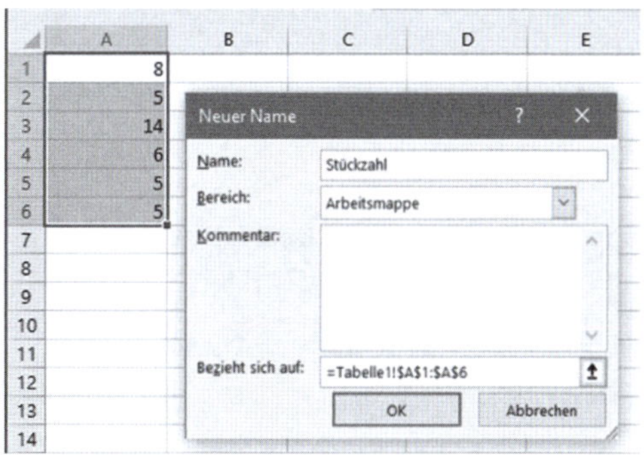


## *Bereichsnamen vergeben*

Für umfangreiche Tabelle ist es sinnvoll, für einzelne Bereiche Namen zu vergeben, um übersichtlicher zu arbeiten.

Um einen Bereichsnamen festzulegen, markieren Sie die Zellen – rechte Maustaste – Name definieren oder unter der Registerkarte Formeln – Definierte Namen – Namen definieren.

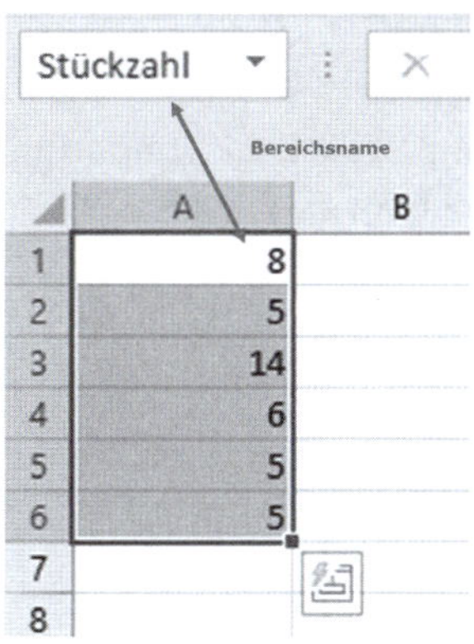

## *Einfache WENN-Funktion*

Die WENN-Funktion wird benötigt, wenn z. B. mit Provisionen gearbeitet wird. Ein Außendienstmitarbeiter erhält 3 % Provision – wenn der Umsatz 200.000 € überschreitet erhält er 4 % Provision.

Der Provisionssatz wird mit dem Umsatz multipliziert.

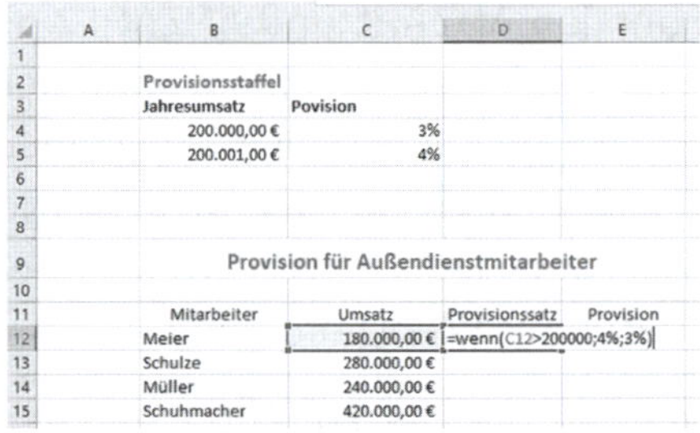

| | A | B | C | D | E |
|---|---|---|---|---|---|
| 1 | | | | | |
| 2 | | Provisionsstaffel | | | |
| 3 | | Jahresumsatz | Povision | | |
| 4 | | 200.000,00 € | 3% | | |
| 5 | | 200.001,00 € | 4% | | |
| 6 | | | | | |
| 7 | | | | | |
| 8 | | | | | |
| 9 | | Provision für Außendienstmitarbeiter | | | |
| 10 | | | | | |
| 11 | | Mitarbeiter | Umsatz | Provisionssatz | Provision |
| 12 | | Meier | 180.000,00 € | =wenn(C12>200000;4%;3%) | |
| 13 | | Schulze | 280.000,00 € | | |
| 14 | | Müller | 240.000,00 € | | |
| 15 | | Schuhmacher | 420.000,00 € | | |

| =WENN(Aussage;DANN-Anweisung;SONST-Anweisung) | =WENN |
|---|---|
| **Zu prüfende Aussage:** Ist der Umsatz größer als 200.000 €? | =WENN(C12>200000; |
| **DANN-Anweisung:** Der Provisionssatz beträgt 4 %. | =WENN (C12>200000;4%; |
| **SONST-Anweisung:** Ist die Bedingung > (größer) nicht erfüllt, beträgt die Provision **3 %.** | =WENN (C12>200000;4%;3%) |

## *Verschachtelte WENN-Funktion*

Als weiteren Anreiz bekommen die Außendienstmitarbeiter bei einem Umsatz von 400.000 € 5 % Provision.

In diesem Fall wird mit einer verschachtelten WENN-Funktion gearbeitet.

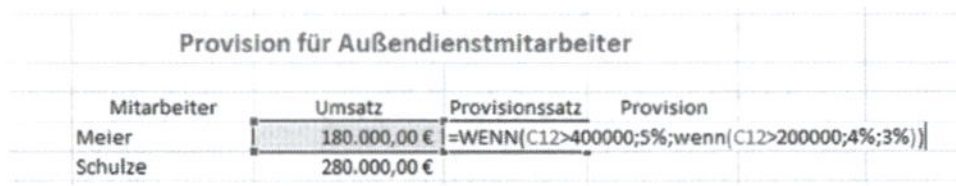

Provision für Außendienstmitarbeiter

| Mitarbeiter | Umsatz | Provisionssatz | Provision |
|---|---|---|---|
| Meier | 180.000,00 € | =WENN(C12>400000;5%;wenn(C12>200000;4%;3%)) | |
| Schulze | 280.000,00 € | | |

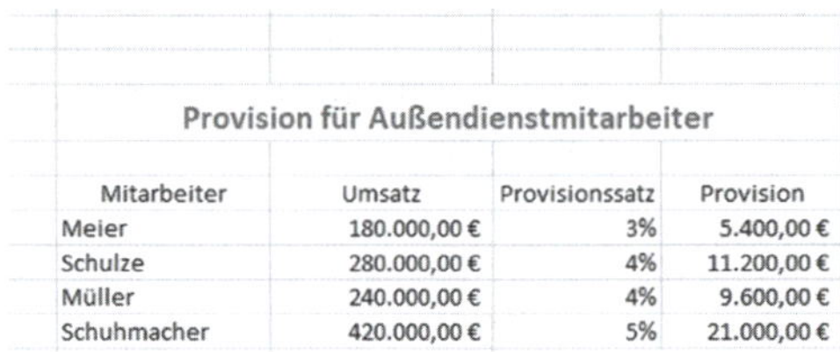

Provision für Außendienstmitarbeiter

| Mitarbeiter | Umsatz | Provisionssatz | Provision |
|---|---|---|---|
| Meier | 180.000,00 € | 3% | 5.400,00 € |
| Schulze | 280.000,00 € | 4% | 11.200,00 € |
| Müller | 240.000,00 € | 4% | 9.600,00 € |
| Schuhmacher | 420.000,00 € | 5% | 21.000,00 € |

| WENN-Funktion | =WENN |
|---|---|
| **1. Zu prüfende Aussage:** Ist der Umsatz größer als 400.000 €? | =WENN(C9>400000; |
| **DANN-Anweisung:** Der Provisionssatz beträgt 5 %. | =WENN (C12>400000;5%; |
| **2. Zu prüfende Aussage:** Ist der Umsatz größer als 200.000 €? | =WENN (C12>400000;5%;WENN(C12>200000;4% |
| **DANN-Anweisung:** Der Provisionssatz beträgt 4 %. | =WENN (C12>400000;5%;WENN (C12>200000;4%;3%)) |
| **SONST-Anweisung:** Ist die Bedingung > (größer) nicht erfüllt, beträgt die Provision **3 %.** | =WENN (C12>400000;5%; WENN(C12>200000;4%;3 %) |

## *Erweiterte WENN-Funktion*

1. Innerhalb der DANN- oder SONST-Anweisung kann auch eine Rechnung erfolgen (z. B. A3 + B3). Das Ergebnis wird direkt in die gewünschte Zelle geschrieben.
2. Statt Zahlen können auch Texte als Ergebnis herauskommen. Der Text muss in Anführungszeichen geschrieben werden.

Provision für Außendienstmitarbeiter

| Mitarbeiter | Umsatz | Provisionssatz | Provision |
|---|---|---|---|
| Meier | 180.000,00 € | keine | |
| Schulze | 280.000,00 € | 4% | 11.200,00 € |
| Müller | 240.000,00 € | 4% | 9.600,00 € |
| Schuhmacher | 420.000,00 € | 4% | 16.800,00 € |

| | |
|---|---|
| WENN-Funktion | =WENN |
| **Zu prüfende Aussage:** Ist der Umsatz größer als 200.000 €? | =WENN(C12>200000; |
| **DANN-Anweisung:** Der Provisionssatz beträgt 4 %. | =WENN (C12>200000;4%; |
| **SONST-Anweisung:** Ist die Bedingung > (größer) nicht erfüllt, gibt es **keine** Provision. | =WENN (C12>200000;4%;„keine“) |

## *Funktionsassistent*

Die Arbeit mit dem Funktionsassistenten vereinfacht das Handling und es verringert die Fehlerquote. Rufen Sie den Assistenten auf ($f_x$) und wählen Sie die WENN-Funktion. Geben Sie in das jeweils dafür vorgesehene Feld die einzelnen Funktionsargumente ein:

1. Prüfende Aussage
2. DANN-Anweisung
3. SONST-Anweisung

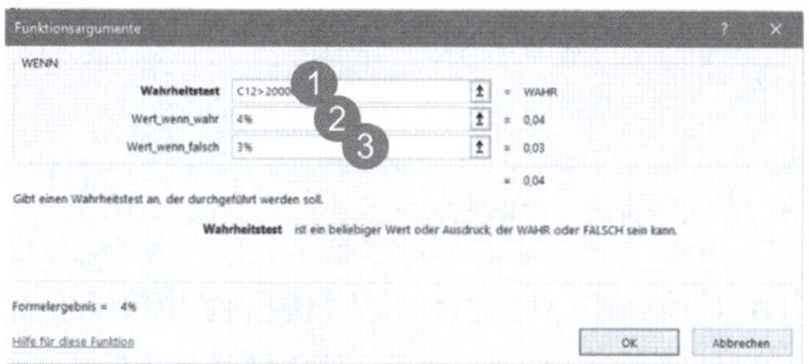


## *WENN-UND-Funktion*

Die WENN-UND-Funktion wird benötigt, wenn z. B. mit Provisionen gearbeitet wird, die aber zwischen zwei Beträgen liegen. Ein Außendienstmitarbeiter erhält 4 % Provision – wenn der Umsatz zwischen 200.000 € und 300.000 € liegt, andernfalls erhält er 3 %.

Provision für Außendienstmitarbeiter

| | Mitarbeiter | Umsatz | Provisionssatz | Provision |
|---|---|---|---|---|
| 11 | Mitarbeiter | Umsatz | Provisionssatz | Provision |
| 12 | Meier | 180.000,00 € | 3% | 5.400,00 € |
| 13 | Schulze | 280.000,00 € | 4% | 11.200,00 € |
| 14 | Müller | 240.000,00 € | 4% | 9.600,00 € |
| 15 | Schuhmacher | 420.000,00 € | 4% | 16.800,00 € |
| 16 | Schnitzius | 295.000,00 € | 4% | 11.800,00 € |
| 17 | Holzaprfel | 165.000,00 € | 3% | 4.950,00 € |

| | |
|---|---|
| WENN-UND-Funktion(Aussage1;Aussage2;...)<br>Die Funktion liefert das Ergebnis „wahr“. | =WENN(UND(C12>=200000;C12<=300000);4%;3%) |

## *WENN-ODER-Funktion*

Hier muss mindestens eine Aussage „wahr“ sein. In diesem Beispiel bleibt die Spalte leer, ansonsten soll mit den Mitarbeitern ein Gespräch geführt werden.

Provision für Außendienstmitarbeiter

| | Mitarbeiter | Umsatz | Provisionssatz | Provision |
|---|---|---|---|---|
| 11 | Mitarbeiter | Umsatz | Provisionssatz | Provision |
| 12 | Meier | 180.000,00 € | 4% | 7.200,00 € |
| 13 | Schulze | 280.000,00 € | Gespräch | |
| 14 | Müller | 240.000,00 € | Gespräch | |
| 15 | Schuhmacher | 420.000,00 € | 3% | 12.600,00 € |
| 16 | Schnitzius | 295.000,00 € | Gespräch | |
| 17 | Holzaprfel | 165.000,00 € | 3% | 4.950,00 € |

| | |
|---|---|
| WENN-ODER-Funktion(Aussage1;Aussage2;...) | =WENN(ODER(C12<=200000;C12>=300000);3%;"Gespräch") |

21

## *WENN-NICHT-Funktion*

Hier wird der Wahrheitswert umgedreht. Wenn die Provision nicht kleiner ist als 300.000 € werden 4 %, ansonsten 3 % gezahlt.

| Provision für Außendienstmitarbeiter | | | |
|---|---|---|---|
| Mitarbeiter | Umsatz | Provisionssatz | Provision |
| Meier | 180.000,00 € | 3% | 5.400,00 € |
| Schulze | 280.000,00 € | 3% | 8.400,00 € |
| Müller | 240.000,00 € | 3% | 7.200,00 € |
| Schuhmacher | 420.000,00 € | 4% | 16.800,00 € |
| Schnitzius | 295.000,00 € | 3% | 8.850,00 € |
| Holzaprfel | 165.000,00 € | 3% | 4.950,00 € |
| | 1.580.000,00 € | | |

| | |
|---|---|
| WENN-NICHT-Funktion(Aussage) | =WENN(NICHT(C12<=300000);4%;3%) |

## *ZÄHLENWENN-Funktion*

Die Funktion ZÄHLENWENN beantwortet zum Beispiel die Frage: „Wie häufig wurde der Umsatz überschritten?"

Dazu zählt die Funktion „Jede Position, bei der die Mitarbeiter die Provision von 250.000 EUR überschritten haben". Zu beachten ist hierbei, dass das Suchkriterium in Anführungszeichen gesetzt werden muss.

| Provision für Außendienstmitarbeiter | | | |
|---|---|---|---|
| Mitarbeiter | Umsatz | Provisionssatz | Provision |
| Meier | 180.000,00 € | 3% | 5.400,00 € |
| Schulze | 280.000,00 € | 3% | 8.400,00 € |
| Müller | 240.000,00 € | 3% | 7.200,00 € |
| Schuhmacher | 420.000,00 € | 4% | 16.800,00 € |
| Schnitzius | 295.000,00 € | 3% | 8.850,00 € |
| Holzaprfel | 165.000,00 € | 3% | 4.950,00 € |
| | 1.580.000,00 € | | |
| Die Anzahl der Mitarbeiter über 250.000 € beträgt | | | 3 |

| | |
|---|---|
| =ZÄHLENWENN(Suchbereich;Suchkriterium) | =ZÄHLENWENN(C12:C17;"<250000") |

## *SUMMEWENN-Funktion*

Im Gegensatz zur ZÄHLENWENN-Funktion addiert die Funktion =SUMMEWENN noch die Werte, welche dem Suchkriterium entsprechen.

Die erreichten Provisionen werden addiert.

| Provision für Außendienstmitarbeiter | | | |
|---|---|---|---|
| Mitarbeiter | Umsatz | Provisionssatz | Provision |
| Meier | 180.000,00 € | 3% | 5.400,00 € |
| Schulze | 280.000,00 € | 3% | 8.400,00 € |
| Müller | 240.000,00 € | 3% | 7.200,00 € |
| Schuhmacher | 420.000,00 € | 4% | 16.800,00 € |
| Schnitzius | 295.000,00 € | 3% | 8.850,00 € |
| Holzaprfel | 165.000,00 € | 3% | 4.950,00 € |
| | 1.580.000,00 € | | |
| Die Anzahl der Mitarbeiter über 250.000 € beträgt | | | 3 |
| Der Gesamtumsatz der erfolgreichsten Mitarbeiter beträgt | | | 585.000,00 € |

| | |
|---|---|
| =SUMMEWENN(Suchbereich;Suchkriterium) | =SUMMEWENN(C12:C17;"<250000") |

## *RANG-Funktion*

Diese Funktion wird genutzt, um z. B. die Reihenfolge festzulegen.

Wer hat den höchsten, wer den niedrigsten Umsatz?

| Provision für Außendienstmitarbeiter | | | | |
|---|---|---|---|---|
| Mitarbeiter | Umsatz | Rang | Provisionssatz | Provision |
| Meier | 180.000,00 € | 2 | 3% | 5.400,00 € |
| Schulze | 280.000,00 € | 4 | 4% | 11.200,00 € |
| Müller | 240.000,00 € | 3 | 4% | 9.600,00 € |
| Schuhmacher | 420.000,00 € | 6 | 4% | 16.800,00 € |
| Schnitzius | 295.000,00 € | 5 | 4% | 11.800,00 € |
| Holzaprfel | 165.000,00 € | 1 | 3% | 4.950,00 € |

| | |
|---|---|
| =RANG(Zahl;Bezugbereich;Reihenfolge | =RANG(C12;$C$12:$C$17;1) |

Ist Reihenfolge mit 0 (Null) belegt oder nicht angegeben, bestimmt Excel den Rang von Zahl so, als wäre Verweis eine in absteigender Reihenfolge sortierte Liste (vom höchsten Wert zum kleinsten Wert. Beispiel: =Rang(B1;$B$1:$B$8)

Ist Reihenfolge mit einem Wert ungleich 0 belegt, bestimmt Excel den Rang von Zahl so, als wäre Verweis eine in aufsteigender Reihenfolge sortierte Liste (vom kleinsten Wert zum höchsten Wert. Beispiel: =Rang(B1;$B$1:$B$7;1)

## *SVERWEIS*

Neben der verschachtelten WENN-Funktion kann auch die Suchfunktion SVERWEIS gewählt werden. Bei umfangreichen Werten ist dies viel bequemer.

Für die Außendienstmitarbeiter wurden detailliertere Provisionssätze ausgearbeitet. Für jede Steigerung um 40.000 € gibt es 0,4 % mehr Provision.

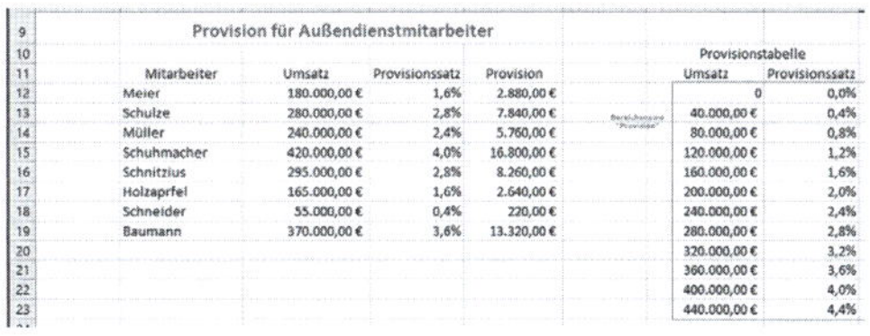

| | | | | | | | |
|---|---|---|---|---|---|---|---|
| 9 | Provision für Außendienstmitarbeiter | | | | | | |
| 10 | | | | | | Provisionstabelle | |
| 11 | Mitarbeiter | Umsatz | Provisionssatz | Provision | | Umsatz | Provisionssatz |
| 12 | Meier | 180.000,00 € | 1,6% | 2.880,00 € | | 0 | 0,0% |
| 13 | Schulze | 280.000,00 € | 2,8% | 7.840,00 € | | 40.000,00 € | 0,4% |
| 14 | Müller | 240.000,00 € | 2,4% | 5.760,00 € | | 80.000,00 € | 0,8% |
| 15 | Schuhmacher | 420.000,00 € | 4,0% | 16.800,00 € | | 120.000,00 € | 1,2% |
| 16 | Schnitzius | 295.000,00 € | 2,8% | 8.260,00 € | | 160.000,00 € | 1,6% |
| 17 | Holzaprfel | 165.000,00 € | 1,6% | 2.640,00 € | | 200.000,00 € | 2,0% |
| 18 | Schneider | 55.000,00 € | 0,4% | 220,00 € | | 240.000,00 € | 2,4% |
| 19 | Baumann | 370.000,00 € | 3,6% | 13.320,00 € | | 280.000,00 € | 2,8% |
| 20 | | | | | | 320.000,00 € | 3,2% |
| 21 | | | | | | 360.000,00 € | 3,6% |
| 22 | | | | | | 400.000,00 € | 4,0% |
| 23 | | | | | | 440.000,00 € | 4,4% |

| | |
|---|---|
| =SVERWEIS(Suchwert;Suchbereich;Ergebnisspalte | |
| Beispiel für Herrn Meier: Suchwert ❶ (180.000 €) | = SVERWEIS(C12; |
| Suchbereich ❷ (Provisionstabelle und Provisionssatz, die erste Zelle links und die letzte Zelle rechts) | = SVERWEIS(C12; $G$12:$H$23 |
| Ergebnisspalte ❸ (in der 2. Spalte des Suchbereichs stehen die zu ermittelnden Ergebnisse) | = SVERWEIS(C12; $G$12:$H$23;2) |
| Der Suchbereich kann statt den Zellbezügen ($G$9:$H$2) auch mit einem Bereichsname festgelegt werden. Dadurch werden die Formeln übersichtlicher. | = SVERWEIS(C12; Provision;2) |

Der SVERWEIS sucht **senkrecht** nach dem Suchwert in der ersten Spalte des Suchbereichs.

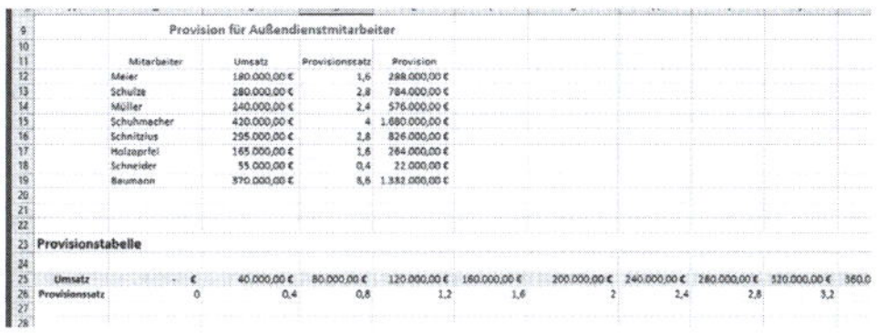

| | | | | | | | | | | | |
|---|---|---|---|---|---|---|---|---|---|---|---|
| 9 | | Provision für Außendienstmitarbeiter | | | | | | | | | |
| 11 | | Mitarbeiter | Umsatz | Provisionssatz | Provision | | | | | | |
| 12 | | Meier | 180.000,00 € | 1,6 | 288.000,00 € | | | | | | |
| 13 | | Schulze | 280.000,00 € | 2,8 | 784.000,00 € | | | | | | |
| 14 | | Müller | 240.000,00 € | 2,4 | 576.000,00 € | | | | | | |
| 15 | | Schuhmacher | 420.000,00 € | 4 | 1.680.000,00 € | | | | | | |
| 16 | | Schnitzius | 295.000,00 € | 2,8 | 826.000,00 € | | | | | | |
| 17 | | Holzaprfel | 165.000,00 € | 1,6 | 264.000,00 € | | | | | | |
| 18 | | Schneider | 55.000,00 € | 0,4 | 22.000,00 € | | | | | | |
| 19 | | Baumann | 370.000,00 € | 3,6 | 1.332.000,00 € | | | | | | |
| 23 | Provisionstabelle | | | | | | | | | | |
| 25 | Umsatz | - € | 40.000,00 € | 80.000,00 € | 120.000,00 € | 160.000,00 € | 200.000,00 € | 240.000,00 € | 280.000,00 € | 320.000,00 € | 360.0 |
| 26 | Provisionssatz | 0 | 0,4 | 0,8 | 1,2 | 1,6 | 2 | 2,4 | 2,8 | 3,2 | |

## *WVERWEIS*

Der WVERWEIS sucht waagerecht nach dem Suchwert in der ersten Spalte des Suchbereichs.

| | |
|---|---|
| =WVERWEIS(Suchwert;Suchbereich;Ergebnisspalte) | |
| Beispiel für Herrn Meier: Suchwert ❶ (180.000 €) | = WVERWEIS(C12; |
| Suchbereich ❷ (Provisionstabelle und Provisionssatz,die erste Zelle links und die letzte Zelle rechts) | = WVERWEIS(C12; $B$25:$M$26; |
| Ergebnisspalte ❸ (in der 2. Spalte des Suchbereichs stehen die zu ermittelnden Ergebnisse) | = WVERWEIS(C12; $B$25:$M$26;2) |
| Der Suchbereich kann statt den Zellbezügen ($G$9:$H$2) auch mit einem Bereichsname festgelegt werden. Dadurch werden die Formeln übersichtlicher. | = WVERWEIS(C12; Provision;2) |

## *Diagramm*

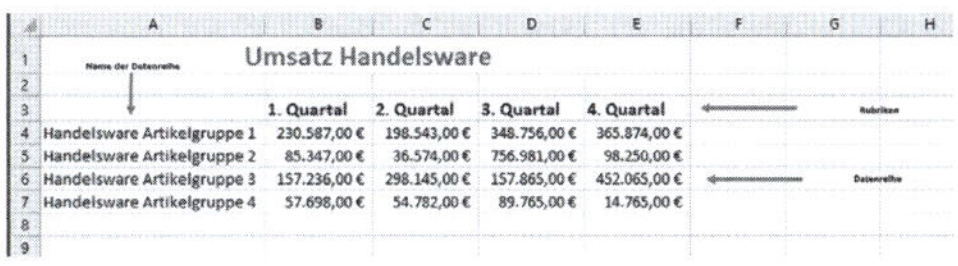

| | A | B | C | D | E | F | G |
|---|---|---|---|---|---|---|---|
| 1 | Name der Datenreihe | Umsatz Handelsware | | | | | |
| 3 | | 1. Quartal | 2. Quartal | 3. Quartal | 4. Quartal | ← | Rubriken |
| 4 | Handelsware Artikelgruppe 1 | 230.587,00 € | 198.543,00 € | 348.756,00 € | 365.874,00 € | | |
| 5 | Handelsware Artikelgruppe 2 | 85.347,00 € | 36.574,00 € | 756.981,00 € | 98.250,00 € | | |
| 6 | Handelsware Artikelgruppe 3 | 157.236,00 € | 298.145,00 € | 157.865,00 € | 452.065,00 € | ← | Datenreihe |
| 7 | Handelsware Artikelgruppe 4 | 57.698,00 € | 54.782,00 € | 89.765,00 € | 14.765,00 € | | |

Um ein Diagramm zu erstellen, müssen die Daten zuerst in einem Tabellenblatt erstellt sein. Excel stellt zur Erzeugung von Diagrammen einen Assistenten zur Verfügung. Sie werden in Dialogfenstern schrittweise zum fertigen Diagramm geführt. Zunächst müssen Sie den in Form eines Diagramms darzustellenden Bereich markieren. Dann klicken Sie auf die Registerkarte Einfügen – Gruppe Diagramme. Sie können nun einen passenden Diagrammtyp (z. B. Balkendiagramm, Liniendiagramm) auswählen. Es besteht die Möglichkeit, den gewählten Diagrammtyp im Nachhinein noch zu verändern. Excel fügt das neue Diagramm dann direkt auf dem aktuellen Arbeitsblatt ein.

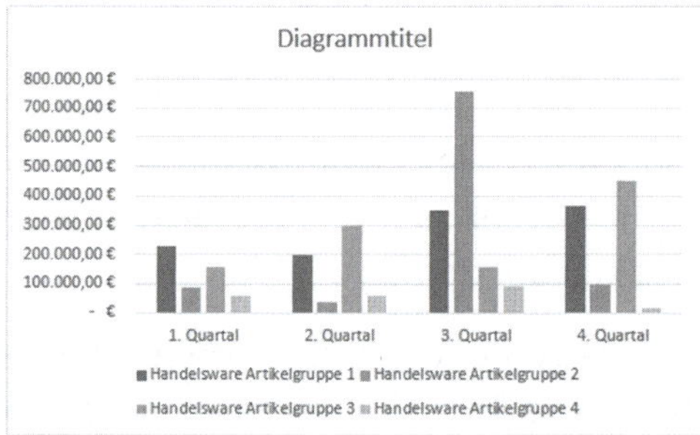


Beachten Sie, dass in der Multifunktionsleiste drei neue Registerkarten aufgetaucht sind. Schieben Sie das Diagramm an eine geeignete Position auf dem Blatt. Mit dem Anfasser lassen sich die Diagramme vergrößern und verkleinern.

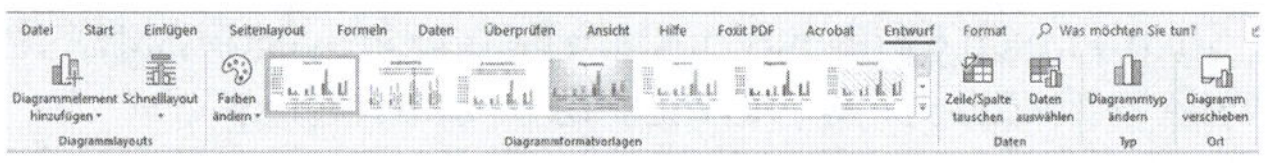


**Diagrammlayout.** Jedes Excel-Diagramm besteht aus verschiedenen Elementen wie zum Beispiel einem Titel, einer Legende, Beschriftungen usw. Jedes Element kann separat bearbeitet werden. Oft ist es jedoch gar nicht nötig, da das Programm mit den Diagrammlayouts eine ganze Palette fertiger Alternativdarstellungen anbietet. Markieren Sie das Diagramm und gehen Sie über die Registerkarte Entwurf auf die Gruppe Diagrammlayout. Wählen Sie Ihr gewünschtes Layout aus. Die farbliche Gestaltung lässt sich am einfachsten über die Gruppe Diagrammformatvorlage erledigen.

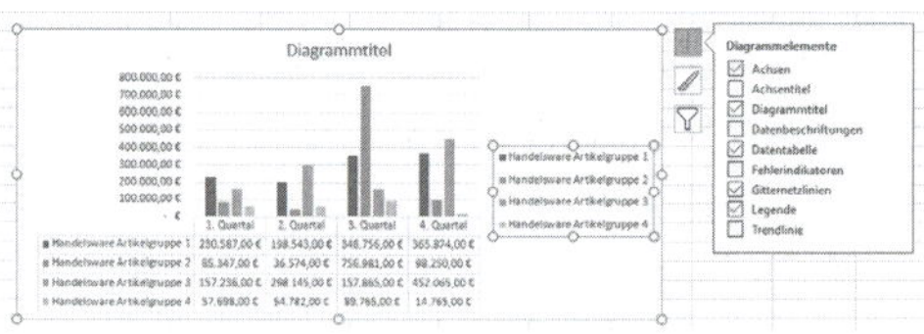


**Beschriftung ändern**. Die Beschriftungen in einem Diagramm können Sie individuell positionieren und formatieren. Auf der Registerkarte Layout – Gruppe Beschriftung finden Sie Funktionen für den Diagrammtitel, den Achsentitel, die Datenbeschriftung und um die Legende zu verändern oder zu ergänzen. Die einzelnen Werte einer Datenreihe werden als Datenbeschriftung bezeichnet.

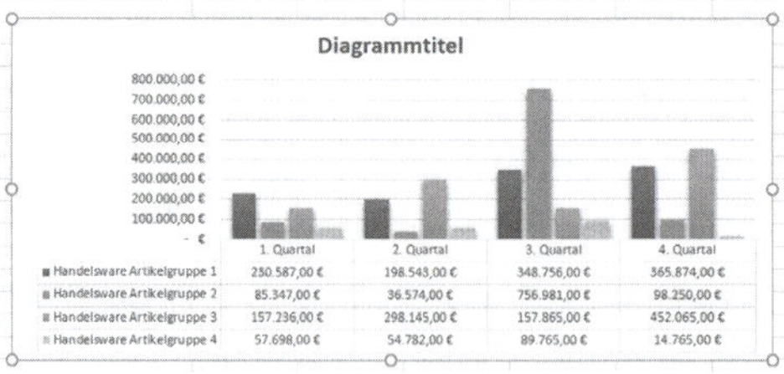


Falls Excel nicht alle Elemente optimal positionieren konnte, klicken Sie die Elemente an und ziehen Sie sie dann mit der Maus an die gewünschte Stelle.

## *Drucken*

Beim Drucken müssen Sie sich genau überlegen, was gedruckt werden soll (Tabellenblatt oder Arbeitsmappe). Das Seitenlayout, das Papierformat, die Seitenränder, der Seitenwechsel, Kopf- und Fußzeile und evtl. der Drucktitel werden eingerichtet.

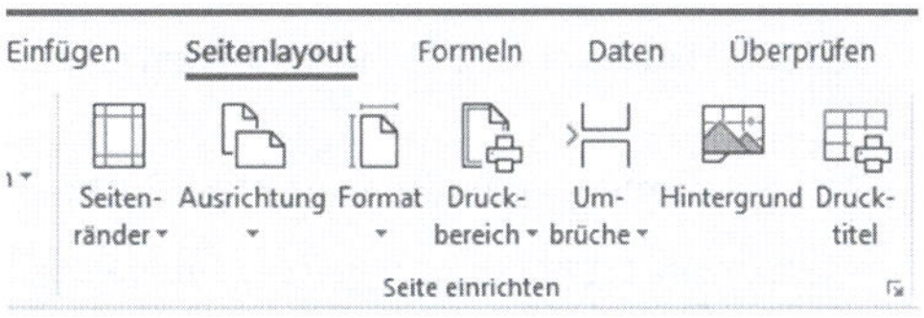


Über die Registerkarte Seitenlayout – Startprogramm Seite einrichten kommen Sie auf die Registerkarten: Papierformat, Kopf- und Fußzeile, Seitenränder und Tabelle.

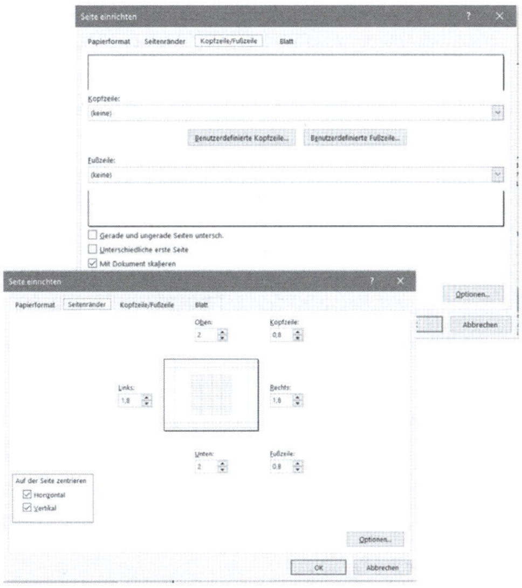

Kopf- und Fußzeile. Die Einstellungen für die Kopf- und Fußzeilen sind sehr komfortabel. Über die benutzerdefinierte Schaltfläche können Sie direkt dreispaltig arbeiten. Für Datum, Seitenzahlen bzw. Dateipfad stehen dort Icons zur Verfügung.

Tabelle zentrieren. Damit die Tabelle auf dem A4-Blatt genau in der Mitte steht, muss das Kontrollkästchen Horizontal und Vertikal aktiviert sein.

Seitenumbruch. In der Registerkarte Ansicht finden Sie die Gruppe Arbeitsmappenansichten. Unter Umbruchvorschau können Sie mit der Maus Ihre Tabelle auf eine Seite schieben. Unter Seitenlayout können Sie den Originalausdruck kontrollieren.

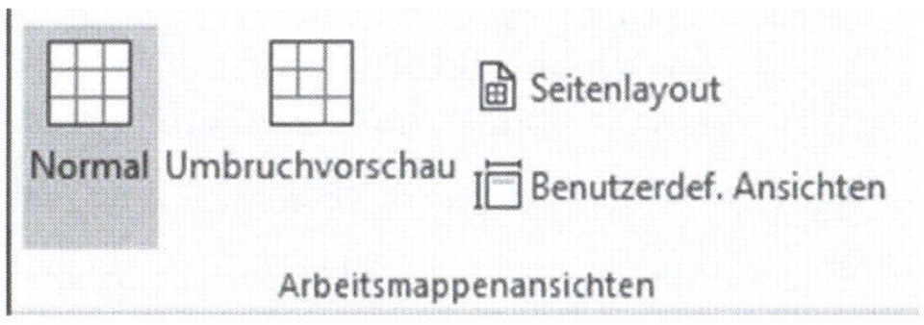


Drucken. Haben Sie alles eingestellt, so können Sie unten auf die Schaltfläche Drucken klicken. Folgende Optionen stehen Ihnen zur Verfügung:

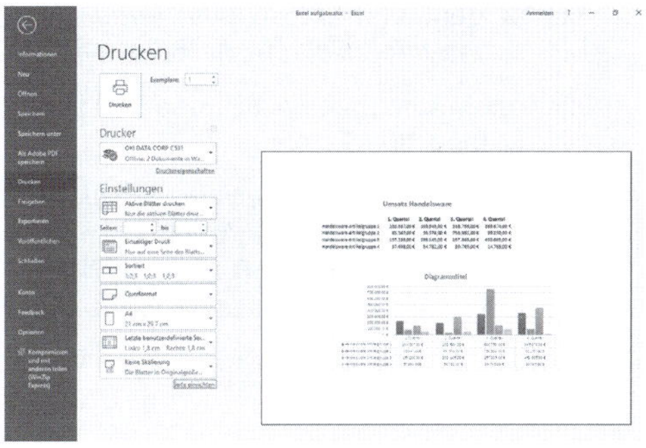


| Druckbereich | Erläuterung |
|---|---|
| Alles | Standardmäßig aktiviert, Tabellenblatt wird komplett gedruckt |
| Seiten | Bestimmte Seiten drucken |
| Ausgewählte Blätter | Druckt ausgewählte Tabellenblätter innerhalb einer Arbeitsmappe |
| Gesamte Arbeitsmappe | Gesamte Arbeitsmappe mit allen Tabellenblättern wird gedruckt |

Ahrens, A. (2009) *Ausbildung, Studium, Praktika, Jobs, Uni + Karriere*. Gefunden am 6. März 2012 unter http://www.stellenboersen.de.

BBS 11 Hannover (2002). *Mit Methoden lernen. Ein Angebot für Interessierte.*

Benesch, H. (2013) *Zeitmanagement - Alpen-Methode.* Gefunden am 28. Mai 2013. www.brain-fit.com/html/alpenmethode.html. Wörrishofen.

Berekoven, L. (1995): *Erfolgreiches Handelsmarketing: Grundlagen und Entscheidungshilfen.* München: C. H. Beck Verlag.

Bierle, K. (2002). *Grundlagen der Betriebswirtschaftslehre.* Saarbrücken: Alpha-Verlag GmbH.

Bischoff, I. (2007) *Körpersprache und Gestik trainieren.* Weinheim, Beltz-Verlag.

Bohlinger, S. (2007). *Einführung in wissenschaftliches Arbeiten – Eine Anleitung für Studierende.* (4. Aufl.) Fachgebiet Berufspädagogik des Instituts für Allgemeine Pädagogik und Berufspädagogik. (Hg.), Technische Universität Darmstadt.

Boos, F. et. al. (1992) *Soziale Netzwerke sind anders*. Gefunden am 11.01.2013. www.exnerberatung.at. Wien.

Brämer, U. & Blesius, K. (2010). *Fit für das Projektmanagement – Arbeitsbuch mit Lernarrangements für Planungs- und Organisationskompetenz.* München: SOL-Verlag GmbH.

Brämer, U. & Blesius, K. (2010). *Fit für die Präsentation – Arbeitsbuch mit Lernarrangements für Berufsorientierungs- und Bewerbungskompetenz.* München: SOL-Verlag GmbH.

Brämer, U. & Blesius, K. (2012). *Fit für die Berufsorientierung – Arbeitsbuch mit Lernarrangements für Selbst- und Wissenschaftskompetenz.* München: SOL-Verlag GmbH.

Brämer, U. & Blesius, K. (2011). *Fit für die wissenschaftliche Arbeiten – Arbeitsbuch mit Lernarrangements für selbst- und Wissenschaftskompetenz.* München: SOL-Verlag GmbH.

Brämer U. & Blesius K. (2010). *Fit für die Büroorganisation – Arbeitsbuch mit Lernarrangements für Büropraxis- und Textverarbeitungskompetenz.* Düsseldorf: SOL-Verlag GmbH.

Brämer U. & Blesius K. (2012). *Fit fürs Büro – Arbeitsbuch mit Lernarrangements für die professionelle Textverarbeitungskompetenz.* Düsseldorf: SOL-Verlag GmbH.

Braun, H. (2008). *Aspekte zur Körpersprache.* Gefunden am 24. Januar 2008. unter www.lehrerfortbildung-bw.de/kompetenzen/projektkompetenz/durchfuehrung/abschlusspraes/koerpersprache/praesentation.htm.

Braun, R. (2007) *Die Macht der Rhetorik*. München, Piper-Verlag.

Buchberger, C. (2011-2). *TALENTS - Die Jobmesse.* bmv Consulting GmbH Hamburg. Gefunden am 29. November 2011 unter www.talents.de/bewerber/tipps-fuer-die-messe/lebenslauf.html.

Bürgerliches Gesetzbuch (BGB), (2002) - (BGBl. I S. 42, 2909; 2003 I S. 738), zuletzt geändert durch Art. 6 G v. 28.8.2013 I 3458.

Bürohaus Leuchs GmbH (2013). *Büroeinrichtung*. Gefunden am 24. September 2013 unter www.buerohaus-leuchs.de/einrichtung/bueroeinrichtung.

Bundesagentur für Arbeit (2011). *Rechte und Pflichten der Auszubildenden*. Gefunden am 14.01.2013 unter www.arbeitsagentur.de.

Bundesagentur für Arbeit (2009). *Nationaler Pakt für Ausbildung und Fachkräftenachwuchs – Kriterienkatalog zur Ausbildungsreife.* Bundesagentur für Arbeit Marketing.

Bundesministerium für Arbeit und Soziales (2011). *Praktika – Nutzen für Praktikanten und Unternehmen.* Bonn: BMAS.

Dedecek, R. (2008). *Vorüberlegungen zur Präsentation.* Gefunden am 5. Februar 2008. unter www.magic-point.net/fingerzeig/praesentation/praesentation-ausfuehrlich/vorueberlegungen/vorueberlegungen.html; und: *Formen des Manuskripts.* Gefunden am 8. Februar 2008. unter www.magic-point.net/fingerzeig/praesentation/praesentation-ausfuehrlich/manuskript/manuskript.html.

Deutsche Gesellschaft für Ernährung e. V. (2004). *Essen am Arbeitsplatz und in der Kantine.* Gefunden am 27. Januar 2013 unter www. dge.de.

DIN Deutsches Institut für Normung e. V. (2013). *DIN-Formate.* Gefunden am 14. Januar 2013. www.din.de/sixcms_upload/media/2896/DIN_Formate_2.pdf.

DIN e. V. (2013) *Normen erarbeiten*. Gefunden am 14.01.2013. http://www.din.de.

DIN (2011). *Schreib- und Gestaltungsregeln für die Textverarbeitung – Sonderdruck von DIN 5008:2011 (5 Aufl.).* Berlin: Beuth Verlag GmbH.

Domschke, W. & Scholl, A. (2008): *Grundlagen der Betriebswirtschaftslehre: Eine Einführung aus entscheidungsorientierter Sicht*. Berlin: Axel Springer Verlag AG.

Falterbaum, H., Reiß W. & Kirchner, T. (2010): *Buchführung und Bilanz: Unter besonderer Berücksichtigung des Bilanzsteuerrechts und der steuerrechtlichen Gewinnermittlung bei Einzelunternehmen und Gesellschaften*. Achim bei Bremen: Efv Erich Fleischer Verlag GmbH & Co. KG.

Frey, K. (1996). *Der Weg zum bildenden Tun*. Weinheim/Basel: Beltz.

Geisselhart R. & Hofmann, Ch. (2013) *Die besten Tipps und Tricks für eine bessere Konzentration*. Gefunden am 28. Mai 2013 www.arbeits-abc.de/die-besten-tipps-und-tricks-fuer-eine-bessere-konzentration.

Glaubitz, U. (2011). *Warum kann ich mich nicht für einen Beruf entscheiden?* Gefunden am 24. Februar 2012 unter www.zeit.de/campus/2012/s1/entscheiden-interview. Gralki, H. (2010). *Wie gestalte ich meinen Vortrag?*. Gefunden am 4. Juni 2010. unter www.staff.uni-marburg.de/~kersting/lehre/gralki98.htm.

Hankes, J. & Ollenik, J. (2009). *Tipps und Übungen zum Assessment-Center.* Gefunden am 29. Februar 2012 unter www.ruv.de/de/r_v_ratgeber/ausbildung_berufseinstieg/bewerbung/2_bewerbungac.jsp.

Hellmich, F. & Wernke, St. (2009) *Was sind Lernstrategien ... und warum sind sie wichtig? Stuttgart:* Kohlhammer.

Hillebrand, M. et al. (2004). *Ausbildung im Einzelhandel.* Berlin: Cornelsen-Verlag.

Hinkel, J. (2013): *Mehr Umsatz pro Quadratmeter!: In 5 Schritten zu Erfolg im Fashion Retail*. Frankfurt am Main, Deutscher Fachverlag GmbH.

Hofert, S. (2009). *Praxismappe für die perfekte Internet-Bewerbung. E-Mail-Berwerbung, Online-Formulare, Online-Assessment, Online-Bewerbung auf Englisch.* Frankfurt am Main: Eichborn Verlag.

IHK Köln (2012). *Merkblatt Praktika – was Arbeitgeber wissen müssen.* Köln: Industrie- und Handelskammer Bonn/Rhein-Sieg.

Klenk, G. (2010). *Crosswater Job Guide.* Gefunden am 6. März 2012 unter www.crosswater-job-guide.com.

Lauth, W. & Schlottke, P. F. (2002). Training mit aufmerksamkeitsgestörten Kindern. (5. Aufl.). Weinheim: Beltz.

Manthei, H., Schieke, D., Schieke, V. & Walter, S. (2007) PowerPoint aktuell (Hg.). *Präsentieren ist mehr als reden und zeigen – so aktivieren Sie Ihr Publikum.* Ausgabe 8/2007. Bonn: VNR Verlag für die Deutsche Wirtschaft AG.

Manthei, H., Schieke, D., Schieke, V. & Walter, S. (2008) *PowerPoint aktuell* (Hg.). Ausgabe 1 - 12/2008. Bonn: VNR Verlag für die Deutsche Wirtschaft AG.

Mattes, W. (2002). *Methoden für den Unterricht.* Paderborn: Schöningh.

May, H. & May, U. (2009): *Wirtschaftsbürgertaschenbuch – wirtschaftliches und rechtliches Grundwissen.* München: Oldenbourg Verlag.

Mayer, M. (2000). *Einführung in die Präsentation.* Gefunden am 4. Juni 2010 unter home.schule.at/teaching/art/Infoblaetter/Präsentation.rtf.

Mayer, L. & Gebley, S. (2001). *Projekt und Präsentation*. Linz: Trauner Verlag.

Metzger, Ch. (2008). *Wie lerne ich? Eine Anleitung zum erfolgreichen Lernen für Mittelschulen und Berufsschulen.* Oberentfelden: SauerländerVerlage AG.

Michelsen, J. (2013) *Kaufvertrag*. Gefunden am 04.02.2013 unter www.buerokauffrau-online.de/Downloads/Lernskripte/Wiso/Kaufvertrag.pdf.

Mock, U. (2013). *Motivation.* Gefunden am 26. Janurar 2013 unter: www.lernen-heute.de/motivation.html.

Molcho, S. (2006) *ABC der Körpersprache*. München, Heinrich Hugendubel.

Moschner, B. & Wagener, U. (2006). *Lernstrategien – der Weg zum Lernerfolg? Ein Überblick über den Stand der Lernstrategien-Forschung. I*n: Grundschule 7-8/2006, S. 48-50.

O. A. (2012). *Geld und Geldpolitik,* Frankfurt am Main: TH. Mann Verlag & Co. KG.

Pabst-Wienschenk, M. (2004) Spielregeln für die gemeinsame Projekt-Arbeit – Team-Vertrag. Gefunden am 20. Juni 2008 unter www.uni-duesseldorf.de/muendlichkeit/Projekt-Netz/regeln.htm.

Peterßen, W. H. (1994). *Wissenschaftliche(s) Arbeiten. Eine Einführung für Schüler und Studenten.* (4. Aufl.). München: Ehrenwirth.

Püttjer, Ch. & Schnierda, U. (2011) *Ihre beste Bewerbung. Perfekte Unterlagen im Originalformat. Mit Insiderkommentaren.* Frankfurt. Campus Verlag.

Püttjer, Ch. & Schnierda, U. (2003) *Die Bewerbungsmappe mit Profil. Für Führungskräfte.* Frankfurt: Campus Verlag.

PZ Rheinland-Pfalz. (2009). *Handreichung zur höheren Berufsfachschule.* Pädagogisches Zentrum Rheinland-Pfalz.

Redenwelt (2008). *So gestalten Sie Präsentationen als Blickfang.* Gefunden am 20. Februar 2008. unter www.redenwelt.de/rede-tipps/medieneinsatz.html.

Ringelsiep, M. (2013). *Normen, DIN & Co. – Sinn und Unsinn der Normung.* Gefunden am 14.01.2013. www.planet-wissen.de/politik_geschichte/wirtschaft_und_fnanzen/geburt_normen.jsp.

Schiecke, D.; Becker T. & Walter, S. (2006). *Das Ideenbuch für kreative Präsentationen.* Unterschleißheim: Microsoft Press Deutschland.

Schmalenbach, L. (2008) *Lernstrategien, Lerntypen und Lernstile.* Norderstedt: Grin Verlag.

Schönherr (2004). *Wovon 80 % Ihres Erfolgs bei Präsentationen abhängen.* Gefunden am 29. Januar 2008. unter www.schoenherr.de/download/pdf-06-tipp_005.php.

Schwoppe, A. (2008). *Eine Präsentation nachbereiten.* Gefunden am 10. Januar 2008. unter www.selbstmanagen.de/Selbstmanagement/Prasentation/prasentation.html.

Seifert, J. (2000). *Visualisieren/Präsentieren/Moderieren.* (15. Aufl.). Offenbach: Gabal Verlag.

Senftleben, R. (2013) *10 Tipps sich selbst zu motivieren.* Gefunden am 26.01.2013 unter. www.zeitzuleben.de/2044-10-tipps-sich-selbst-zu-motivieren/. Lüneburg: Zeit zu leben Verlags- und Trainingsgesellschaft mbH.

Springer Gabler Verlag (2013) , Gabler Wirtschaftslexikon (Hg.), Stichwort: Zahlungsverkehr. Gefunden am 21.07.2013. Online im Internet: www.wirtschaftslexikon.gabler.de/Archiv/398/zahlungsverkehr-v6.html.

Stary, J. & Kretscher, H. (1999). *Umgang mit wissenschaftlicher Literatur. Eine Arbeitshilfe für das sozial- und geisteswissenschaftliche Studium.* Frankfurt a. M.: Cornelsen Scriptor.

Teubener, K. & Harders, C. (2004). *Das Internet als Quelle des wissenschaftlichen Arbeitens.* Gefunden am 24. Juni 2010. unter www.katy-teubener.de/Ringvorlesung/start.htm.

Tille, B. (2008). *Schlüsselqualifikationen werden im Beruf immer wichtiger.* Gefunden am 7. Mai 2008 unter www.nlp-trainings-tille.de/nlp/blog/schluesselqualifikationen-werden-im-beruf-immer-wichtiger-397.html.

Tietz, B. (1993): *Der Handelsbetrieb: Grundlagen der Unternehmenspolitik.* München: Verlag Franz Vahlen GmbH.

Vahs, D. & Schäfer-Kunz, J. (2012): *Einführung in die Betriebswirtschaftslehre.* Stuttgart: Schäffer-Poeschel.

Walter, S. (2007). *Präsentionen mit PowerPoint 2007.* München: Markt + Technik Verlag.

Weis, H.-Ch. (2012). *Maketing.* Ludwigshafen am Rhein: Kiehl Verlag.

Widmer, M. (2007). *PowerPoint für Fortgeschrittene.* Gefunden am 14. Dezember 2008. unter www.wings.ch/images/LP_PowerPoint_F_03.pdf.

Wiesner, H.-J. (2009). *Wissenschaftliche Publikationen – Grundlagen der Gestaltung.* Berlin: Beuth Verlag.

Winter, F. (2004). *Leistungsbewertung. Eine neue Lernkultur braucht einen anderen Umgang mit den Schülerleistungen.* Hohengehren: Schneider Verlag.

Wöhe, G. & Döring, U. (2010). *Einführung in die Betriebswirtschaftslehre.* München: Verlag Franz Vahlen GmbH.

Wöltje, J. Murzin, M. & Giesecke, St. (2010). *Marketing – just the facts.* Rinteln: Merkur Verlag Rinteln Hutkap GmbH & Co. KG.

# Index

## E



## F



## G

## M



## N



## O



## P

# Lernmodule-Übersicht

| Nr. | Lernsituation mit Lernaufgaben | Handlungsprodukt | Bewegungs-methode |
|---|---|---|---|
| **1** | **Erfolgreich lernen – aber wie** | | |
| 1.1 | Wie verhalten Sie sich erfolgreich im Team? | Regelwerk mit Ich-Botschaften | Kugellager<br>Stuhlkreis |
| 1.2 | Wie erschließen und verarbeiten Sie Informationen effektiv und urheberrechtlich korrekt? | • Ablaufplan zu den drei Phasen des Lesens<br>• MindMaps zu Recherche, Datenschutz, Urheberrecht | Think – Pair –Share |
| 1.3 | Wie organisieren und motivieren Sie sich, um eigenständig Aufgaben zu lösen? | Persönlicher Leitfaden zu Motivation, Zeitmanagement, Konzentration Arbeitsplatzgestaltung | Gruppenpuzzle |
| 1.4 | Wie meistern Sie für sich schwierige Situationen? | • Matrix zu beziehungsfördernden bzw. -hemmenden Verhaltensweisen<br>• Tabellarische Übersicht zum eigenen Gefühlsbarometer | Diskussionsrunde |
| 1.5 | Wie steigern Sie systematisch Ihre Präsentations- und Reflexionskompetenz? | | Kugellager<br>Team-Interview |
| 1.6 | **Reflexion des Lernzuwachses**<br>Wie überwachen Sie Ihre Vorgehensweise beim Lernen, um optimale Ergebnisse zu erzielen? | | |

| | | | |
|---|---|---|---|
| **2** | **Sich in der Berufswelt zurechtfinden und positionieren (ca. 20 Stunden)** | | |
| 2.1 | Wie bereite ich mich vor, damit meine künftigen Bewerbungsunterlagen ansprechend gestaltet und aussagekräftig sind? | • Regelmerkblatt Typografie<br>• Tabelle Hard- und Softskills | Im Tandem präsentieren |
| 2.2 | Wie finden Sie den passenden Ausbildungsberuf? | Tabelle Berufsprofile | Stuhlkreis<br>Museumsgang |
| 2.3 | Welches Unternehmen eignet sich für Sie für ein Praktikum bzw. eine Ausbildung? | Unternehmens-Auswertungs-Raster | Unterrichtsgang |
| 2.4 | Wie verhalten Sie sich korrekt im Praktikum? | • Merkblatt Rechte und Pflichten von Praktikanten<br>• Rollenkarten zum szenischen Spiel | Szenisches Spiel |
| 2.5 | **Reflexion des Lernzuwachses**<br>Wie finden Sie einen passenden Ausbildungsberuf? | | |

| | | | |
|---|---|---|---|
| **3** | **Systematisch und individuell bewerben (20 ca. Stunden)** | | |
| 3.1 | Wie sieht ein aussagekräftiger, ansprechender Lebenslauf aus? | Persönliche Dokumentvorlage<br>Tabellarischer Lebenslauf | |
| 3.2 | Wie sehen passgenaue Bewerbungsunterlagen aus? | Bewerbungsmappe (Bewerbungsanschreiben, Deckblatt, Foto, Zeugnisse, beschrifteter Umschlag) | Kreisbrief |
| 3.3 | Welche Aspekte sind bei einer Online-Bewerbung zu beachten? | Screenshot der Bewerbungs-E-Mail | |
| 3.4 | Wie wird Ihr Bewerbungsgespräch zum Erfolg? | Rollentexte eines Bewerbungsgesprächs<br>Reflexion des Bewerbungsgesprächs | Inszeniertes Bewerbungsgespräch |
| 3.5 | **Reflexion des Lernzuwachses**<br>Wie lernen Sie erfolgreich? | | |

| | | | |
|---|---|---|---|
| **4** | **Büroarbeitsplatz gestalten (ca. 12 Stunden)** | | |
| 4.1 | Wie muss ein Arbeitsplatz aussehen, um sich wohlzufühlen? | **Büro-Arbeitsplatz-Guide**<br>• Mindmap Umweltfaktoren/Gestaltung am Arbeitsplatz mit eigenem Logo<br>• Empfehlungsschreiben für das Schwarze Brett | Im Tandem präsentieren |
| 4.2 | Welche Büroräume eignen sich für die neuen Arbeitskollegen? | • Gestaltete Entscheidungsmatrix Raumformen mit Vor- und Nachteilen | Im Tandem präsentieren |
| 4.3 | Welche Anforderungen werden an einen ergonomischen und gesundheitsschützenden Bildschirmarbeitsplatz gestellt? | • Gestalteter visualisierter Anforderungskatalog Büroeinrichtung | Gruppenpuzzle |
| 4.4 | **Reflexion des Lernzuwachses**<br>Wie richten Sie ergonomische Büroarbeitsplätze ein? | | |

| | | | |
|---|---|---|---|
| 5 | **Abläufe der Post optimieren** (ca. 20 Stunden) | | |
| 5.1 | Wie gestalten Sie ein aussagekräftiges Firmenporträt? | • Gestaltete Handzettel Powerpoint-Präsentation Firmenporträt | Think – Pair – Share<br>Im Tandem präsentieren |
| 5.2 | Welche folgenschweren Fehler können bei der Postbearbeitung passieren? | • Gestaltete Handzettel Powerpoint-Präsentation „Ablauf Postein- und -ausgang" | Im Tandem präsentieren |
| 5.3 | Was müssen Sie beachten, um die optimalen Postgebühren für die Tagespost zu ermitteln? | • Gestaltete Excel-Tabelle: Papierformate und Falzarten<br>• Gestaltete Excel-Tabelle: Gebühren Tagespost | Lebendiger Vortrag mit Übungen zu diversen Falzarten |
| 5.4 | Wie viel Prozent kann der Bürobedarf an Postgebühren mit einem privaten Anbieter einsparen? | • Gestaltete Excel-Tabelle mit Diagramm: Leistungen und Kosten privater Paketdienste | Überzeugend gehaltener Vortrag |
| 5.5 | Welche Anforderungen werden an ein Faxformular gestellt? | • Gestaltetes Fax-Online-Formular | Vortrag mit aktivem Ausfüllen des Formulars |
| 5.6 | **Reflexion des Lernzuwachses**<br>Welche Aufgaben kommen in einer Poststelle vor? | | |

| | | | |
|---|---|---|---|
| **6** | **Ablage effizient organisieren (12 Stunden)** | | |
| 6.1 | Nach welchen Ordnungsmarkmalen legen Sie ein Schriftstück ab? | • Gestaltetes Regelwerk zur alphabetischen Ordnung nach DIN 5007 | Alphabetisches Sortieren |
| 6.2 | Weshalb müssen Sie Schriftstücke aufbewahren? | • Gestaltetes tabellarisches Informationsblatt über Aufbewahrungsfristen mit Beispielen | Lebendig gestaltete Präsentation |

| | | | |
|---|---|---|---|
| 6.3 | Wie können Kosten bei der Unterbringung von Schriftgut eingespart werden? | • Gestaltetes tabellarisches Informationsblatt über Aufbewahrungsfristen mit Beispielen (Ergebnis Nr. 12) wird ergänzt mit Wertstufen | Lebendig gestaltete Präsentation |
| 6.4 | Wo bewahren Sie Schriftgut der verschiedenen Wertstufen auf? | • Gestaltetes Infoblatt mit Foto von Plakat/Collage mit Ablagetechniken und Aufbewahrungsorten | Gruppenpuzzle |
| 6.5 | Welche Vorteile bietet ein Dokumenten-Management-System dem Bürobedarf Hauser & Schulte GmbH? | • Gestalteter Informationsflyer über Dokumenten-Management-Systeme<br>• **Büro-Arbeitsplatz-Guide** wird beendet mit Deckblatt und Inhaltsverzeichnis | Lebendig gestaltete Präsentation |
| 6.6 | **Reflexion des Lernzuwachses**<br>Welche Rolle spielt die Schriftgutablage in einem Unternehmen? | | |
| **7** | **Kaufverträge rechtsgültig abschließen (20 Stunden)** | | |
| 7.1 | Wer darf Kaufverträge abschließen? | **Beginn mit Glossar**<br>• Ablaufplan szenisches Spiel über Stufen der Geschäftsfähigkeit<br>• Organigramm/Zeitstrahl über Stufen der Geschäftsfähigkeit | Szenisches Spiel |
| 7.2 | Welcher Lieferant erhält die Bestellung? | • Ergänzung des Glossars<br>• Tabelle Angebotsvergleich | Think – Pair – Share |
| 7.3 | Wie schließen Sie einen rechtsgültigen Kaufvertrag ab? | • Ergänzung des Glossars<br>• Rollenkarten mit Begründung des jeweiligen Rechtsgeschäfts | Szenisches Spiel |
| 7.4 | Welche Möglichkeiten haben Sie, um Ihre Rechnung zu begleichen? | • Ergänzung des Glossars<br>• Ablaufplan noch nicht fertig | Think – Pair – Share |
| 7.5 | Was macht ein Unternehmen mit den vielen Verpackungen? | • Referat<br>• Programmablauf | Gemeinsame Präsentation |
| 7.6 | Welche Möglichkeiten gibt es eine Rechnung zu begleichen? | • Schaubild: Zahlungsalternativen | Think – Pair – Share |
| 7.7 | Zu welchem Preis wird das WLAN-Headset verkauft? | • Handelskalkulation | Think – Pair – Share |
| 7.8 | Kompetenz-Portfolio<br>Wie wickeln Sie einen Kaufvertrag ordnungsgemäß ab? | | |
| **8** | **Waren kundenorientiert anbieten (ca. 20 Stunden)** | | |
| 8.1 | Wo und wie bewahren Sie die Ware artgerecht auf? | Anleitung – korrekte Warenaufbewahrung | Think – Pair – Share |
| 8.2 | Wie verkaufen Sie die Ware kundenorientiert und werbewirksam? | Checkliste Warenpräsentation | Unterrichtsgang |
| 8.3 | Wie werden Werbemaßnahmen zielgruppenorientiert entwickelt? | Fragenkatalog zu Werbemaßnahmen<br>Produktinformation | Think – Pair – Share<br>Markt der Möglichkeiten |
| 8.4 | Wie erstellen Sie eine werbewirksame Monitor-Werbung für den Verkaufsraum? | Monitor-Werbung | Think – Pair – Share<br>Markt der Möglichkeiten |
| 8.5 | Worauf achten Sie bei der Kundenwerbung? | Mind-Map<br>Handzettel zum szenischen Spiel | Think – Pair – Share<br>Szenisches Spiel |
| 8.6 | Wie gehen Sie mit Kundeneinwänden um? | Lernkarten<br>Handzettel | Think – Pair – Share<br>Szenisches Spiel |
| 8.7 | **Reflexion des Lernzuwachses**<br>Wie biete ich die Ware zielgruppenorientiert und fachgerecht an? | | |

| 9 | Geschäftsbriefe repräsentativ erstellen (ca. 15 Stunden) | | |
|---|---|---|---|
| 9.1 | Wie erstellen Sie ein formal korrektes Angebot? | Geschäftsbrief „Angebot" | Gruppenpuzzle |
| 9.2 | Wie erreichen Sie beim Kunden die notwendige Aufmerksamkeit? | Geschäftsbrief „leserfreundlich gestaltetes Angebot" (z. B. Angebot oder Aufzählung) | Lebendig gestaltete Präsentation |
| 9.3 | Wie erstellen Sie ein umfangreiches Angebot übersichtlich und leserfreundlich? | Geschäftsbrief „zweiseitiges übersichtliches Angebot" (plus Teilbetreff) | Kugellager |
| 9.4 | Wie ermitteln Sie den Verkaufspreis für die Stadtverwaltung Saarburg? | Excel-Tabelle „Preiskalkulation" | Lebendig gestaltete Präsentation |
| 9.5 | Wie erstellen Sie rationell eine Rechnung? | Geschäftsbrief „Rechnung" mit verknüpfter Excel-Tabelle | Lebendig gestaltete Präsentation |
| 9.6 | **Reflexion des Lernzuwachses**<br>Wie verfasse ich Geschäftsbriefe normgerecht und repräsentativ? | | |

| 10 | Geschäftsbriefe rationell erstellen (ca. 10 Stunden) | | |
|---|---|---|---|
| 10.1 | Wie schreiben Sie effektiv eine gleichlautende Anfrage an mehrere Anbieter? | Serienbrief | Lebendig gestaltete Präsentation |
| 10.2 | Wie schreiben Sie individuelle Werbebriefe? | Serienbrief mit persönlicher Anrede | Lebendig gestaltete Präsentation |
| 10.3 | Welche weiteren Vorteile bringt Ihnen der Seriendruck? | Serienbrief mit gefilterten Adressen und Faxantwort als Anlage | Lebendig gestaltete Präsentation |
| 10.4 | **Reflexion des Lernzuwachses**<br>Wie schreiben Sie rationell leserfreundliche Briefe? | | |

| 11 | Kommunikationsmedien situationsbezogen einsetzen (ca. 20 Stunden) | | |
|---|---|---|---|
| 11.1 | Welche Funktionen bietet eine Telefonanlage? | Informationsblatt über Telefonanlagen und Ablaufplan Beratungsgespräch | Selbst entworfener Dialog/Beratungsgespräch |
| 11.2 | Welche Dokumente dürfen per Telefax übermittelt werden? | Informationsblatt (Aufzeichnungen) über Funktionsweise des Faxgerätes sowie der Rechtslage und Ablaufplan Beratungsgespräch | Selbst entworfener Dialog/Beratungsgespräch |
| 11.3 | Wie verfassen Sie eine professionelle Geschäfts-E-Mail? | E-Mail (Screenshot) über Infoveranstaltung zum Thema „Kundenorientierte und normgerechte E-Mail-Gestaltung" mit Anlage „E-Mail-Netiquette" | Lebendig gestaltete Präsentation |
| 11.4 | Welches digitale Kommunikationswerkzeug wird wann am besten eingesetzt? | Infoblatt mit Vor- und Nachteilen über soziale Netzwerke/Chatroom Cybermobbing/Chatiquette sowie über Telefon/Telefax/E-Mail | Gruppenpuzzle |
| 11.5 | **Reflexion des Lernzuwachses**<br>Welche Möglichkeiten bieten Ihnen Telefon, Fax, E-Mails bzw. die sozialen Netzwerke? | | |

| 12 | Kommunikationsmittel verkaufsfördernd nutzen (ca. 20 Stunden) | | |
|---|---|---|---|
| 12.1 | Wie erzielen Sie von Anfang an den gewünschten Eindruck? | Knigge „Korrektes Erscheinungsbild im Berufsleben" und Ablaufplan „Szenisches Spiel aus dem Berufsleben" | Szenisches Spiel |
| 12.2 | Wie führen Sie ein professionelles berufliches Telefonat? | „Ratgeber für gutes Telefonieren" und Notizen über Fehlerquellen im Telefonat | Selbst gestaltetes Telefonat |
| 12.3 | Wie funktioniert eine überzeugende Selbstdarstellung? | Handzettel über Selbstpräsentation, ggf. Fotos oder Video | Durchführung einer Selbstpräsentation |
| 12.4 | **Reflexion des Lernzuwachses**<br>Was wird von Ihnen im Berufsleben erwartet? | | |